シリーズ・中世関東武士の研究

第二七巻

今川義元

大石泰史 編著

戎光祥出版

序にかえて

今川義元は戦国時代中期において、駿河・遠江・三河の三国と尾張の一部を領有した大名である。それほどの大大名が、二七歳の若い織田信長に桶狭間合戦で討たれた。その際、「輿に乗って戦場に向かった」と紹介されたため、「弱い戦国大名」として著名となった。

さらに、江戸期の巷説で「御所（足利家）が絶えれば吉良が継ぎ、吉良が絶えれば今川が継ぐ」と流布されたこともあって、彼の西上は上洛を考えてのこととされた。いまでは上洛説を唱える研究者もほとんどいなくなったが、一般の人々の間では根強く上洛説が語られている。後にこれは、多くの戦国大名の願望とされたと考えられるが、そういった点では、彼の西上はある意味「罪深い」ことであったと思われる。だが、彼にこうした負のイメージが付されたのは、彼の実像についての基礎的研究が等閑視されてきたからといえる。

義元は、東海地域に覇を成した一六世紀前半の戦国大名今川氏親を父とする。母は氏親正妻の寿桂尼とされるが、近年ではそれが事実であったか疑問も生じてきた。幼少期に僧籍に入ったが、その際に太原崇孚雪斎が教導役となり、上洛も果たした。その時点では兄氏輝が今川家の家督であったため、彼は氏輝に不測の事態が生じた際に家督を継ぐ可能性のある候補者の一人に過ぎなかった。

氏輝が甲斐武田氏と合戦を行った頃には駿河に戻り、富士善得寺に入ったという。同時期と思われる段階で氏輝のスペアの彦五郎も元服し、義元は「氏輝後継候補者」でなくなったと思われたが、天文五年（一五三六）に氏輝と彦五郎が同時に死没したことで、彼が今川家の家督後継者となった。それを庶兄であった玄広恵探とその一門の福嶋氏が了とせず、「花蔵の乱」と呼ばれる家督継承争いに発展した。その際、氏親後室の寿桂尼が反義元となったのでは、との疑問も生じたが、結局義元が勝利して家督を継いだ。

花蔵の乱では、相模の北条氏綱の支援で家督となったものの、翌年には北条氏と手切をして、従来対立していた甲斐の武田信虎と同盟を結んだ。そのため、氏綱は興津近辺まで攻め込んできた。この富士川東部＝河東での第一次合戦では劣勢に陥ったものの、膠着状態に持ち込み、その後、第二次河東一乱に「勝利」して、駿河東部の領域化に成功した。

次に義元は三河へ目を向け、当初は三河（岡崎）の松平広忠と対立していたものの、尾張の織田信秀との関係から手を結んだ。そこから織田氏との抗争は始まるが、その時点で広忠の子竹千代（後の徳川家康）は信秀の許にあった。義元は数年にわたって織田氏と合戦を続けた後、ようやく竹千代を駿河国内で庇護することができるようになった。その後、竹千代を元服させて「元」字も与え、さらには御一家関口氏純の女を妻に迎えさせるなど、三河の領国化に力を尽くし、多くの三河国衆らの叛乱も押さえて同国の領主であることを明確にした。

その間に北条氏綱の子の氏康、及び武田信虎の子の晴信と自身を加えた三者間で、婚姻による駿甲相三国同盟を結んで東方の安全を確保したり、嫡子氏真への家督継承、さらには自身も隠居して駿遠の政務の一部を氏真に任せ、三河方面の対応を重視した。その延長線上で三尾国境への出兵を行い、桶狭間で信長に敗れたのである。

こうした彼の生涯を振り返るにあたり、本書では彼の政治動向を中心に、二〇本の論稿を収録した。そのうえで「第1部　家督継承の前提」「第2部　花蔵の乱と河東一乱」「第3部　三河と義元」「第4部　尾張・桶狭間合戦と義元」

の四部に区分し、彼の生涯の転機を明示した。収載論稿は、現在義元の生涯を語る際の嚆矢ともなった文章であり、そこでの様々な指摘によって研究の進展があったといえる。本書に再録されることで、改めて読者が義元の政治動向を理解して負の部分を払拭し、そのうえで未解明部分に気付く機会を得てもらえれば、と願っている。

末筆ながら、本書に再録の許可を賜った諸氏に対しまして、衷心より謝意を表します。

二〇一九年四月

大石泰史

目次

第4部　尾張・桶狭間合戦と義元

今川義元

総論　今川義元の生涯

大石泰史

はじめに

本書は、十六世紀半ばに駿河・遠江・三河の全域と、尾張の一部を領域下とした戦国大名今川義元の、主に政治動向について記述された論文を収めた論集である。本来ならば義元の領国経営に関する論文も掲載すべきであろうが、義元の事蹟を明らかにしたうえで提示された方がその理解もより深まると思われる。そのためそれらについては別の機会に触れていただくことにして、ここでは義元の生涯に関連していると判断される論稿で、かつこれまで単著等に収録・再録されていないうえ、絶版等により現在では入手しづらいものを抽出して収録した。

そうした入手困難な論文のうちのいくつかは、黒田基樹編著『今川氏親』（シリーズ・中世関東武士の研究　第二六巻、戎光祥出版、二〇一八年）で再度、日の目を見た。しかし一方で、紙幅の関係や、諸般の事情で一部再録を見送っている論稿も存在する。(1) そのため、重要な指摘のあった文章であっても収録できなかったものもある。この点については、ご海容を乞う次第である。

ところで、本書が義元の政治動向・事蹟を中心に再録したものであるため、総論にあたる本章では、それらを踏まえた彼の生涯について述べることにした。筆者は近年、『今川氏滅亡〈角川選書〉』（ＫＡＤＯＫＡＷＡ、二〇一八年）を上梓し、そこでも義元の政治動向を提示していた。しかし、史料の読み直しを行った結果、新たな知見を得ることができた一方、史料の誤読や曖昧な表現になっている箇所があったことも再認識したため、本章であらためてまとめて提示することにしたのである。本書に収録した論稿は、その際にあらためて参考にしたものの一部で、特にこれまで通説とされていた点を改めた、あるいは重視すべき点を指摘した文章については、本章でもその論稿名を掲げた。しかし、論稿名が示されなかったからといって、文章の質に優劣があるというわけではないことをはじめにお断りしておく。

なお、周知のことだが、義元の動静については『静岡県史』や『愛知県史』の資料編・通史編（以下、本章では『静岡県史』資料編7については『県史』文書番号、『愛知県史』資料編9〜11・14については愛知10文書番号などとする）、『戦国遺文』今川氏編（『戦今』文書番号で示す）の刊行によって、多くのことが明らかになってきた。これからも、これらの自治体史および史料集は、基本的な資料として利用されていくことであろう。これらを駆使して再度、義元の生涯を追ってみよう。

一、義元の家督継承

義元は永正十六年（一五一九）、駿河・遠江の戦国大名今川氏親と、その正妻で後に寿桂尼と称される女性との間に誕生したとされる。幼名は芳菊丸だったが、この生年については確実か否か、じつははっきりしていないというのが実情である。彼の生年は、彼が永禄三年（一五六〇）五月十九日に桶狭間合戦で没した年から算出されたもので、多くの系図類等において四二歳での死没を伝えていることから同年生れとされているのである。現在のところ、これを覆すような史料等は見えず、また氏親・寿桂尼の婚姻が永正二年頃、さらに先代で兄の氏輝が同十年生まれであることから、妥当な年代として考えられている。

ところで当時、氏親は四七歳[2]であることから、義元は氏親の晩年に近い段階で生まれた子息ということになる。一方、寿桂尼の年齢は不明だが、氏親との婚姻を考慮して、従来は彼と同年代と認識されていた。しかし、彼女が氏親と同年代ならば、義元誕生年とされる永正十六年に彼女は四五歳前後であり、かなり高齢での妊娠・出産となる。

この点を視野に入れると、近年、黒田基樹氏によって提示され、筆者も黒田氏の仮説を補ったような義元庶系説もあり得ると考えられる[3]。とはいえ、寿桂尼が高齢出産ながら義元を産んだ可能性もまったく否定されるものでもなく、そのうえ、彼を庶系とする史料は現時点で皆無である。そのため、彼を庶流と結論づけるのは慎重にならざるを得ない。いずれにしろ、永正十六年時点における彼女の年齢はもう少し若かった、つまり氏親と寿桂尼にはそれなりの年齢差があったと考えておくことも必要であろう。

義元には氏輝のほか、彦五郎と庶兄玄広恵探が兄弟として存在していた[4]。両人は、もともと彦五郎が次兄、恵探は三男、義元は四男とされていたが、黒田氏によって恵探が次兄、彦五郎は三男と順番が入れ替えられた。これは、黒田氏が「蠹簡集残編」収載の「今川系図」は当時の状況をより正確に伝えており、恵探の部分に「二男」との記述があって、その記載が信用されると判断したからである。

筆者は、その部分の記述は信用できるが、一部誤謬も見られるため、彦五郎は義元の弟＝氏親の末弟で、義元本人は太原崇孚雪斎の三十三回忌の香語「護国禅師三十三回忌香語写」（『県史』資料編8一九三三）に記された「承芳者氏親公之三男」が正しいと判断した。また、彦五郎は義元の誕生年である永正十六年以降、大永二年（一五二二）以前に誕生した。彦五郎という仮名は、家督継承の優先順位が嫡子五郎の次、つまり氏輝のスペアと位置づけられたと想定される。そのため筆者は、かつては彦五郎が氏親の次男と考えられていたが、正妻寿桂尼の第二子で、「政治的地位が嫡子氏輝に次ぐ二番目」という意味合いで彦五郎を称することになったこと、さらに芳菊丸は玄広恵探と同様、庶系であった可能性が高いと考えている。

なお氏輝は、氏親が不惑を過ぎてから誕生した子[5]のためか、やや柔弱であったと思われ、芳菊丸は恵探とともに当初は氏親の手許にあったと思われる。しかし、正妻寿桂尼に二人目の男児として後の彦五郎が誕生したことで、大永三年に五歳で芳菊丸は出家し、太原崇孚雪斎に伴われて富士善得寺（富士市）に入った。名は栴岳承芳となり、恵探もおそらく同時期に僧籍に入ったと推測される。なお、かつて承芳の号は「梅岳」とされていたが、今枝愛眞氏が「栴岳説」[6]の存在、および承芳の「芳」字と対を成す語としての「栴檀は双葉より芳し」が伝わることからすれば、梅岳の「梅」字よりも「栴」字がふさわしいと指摘したことで、「栴岳」と改められることになった（本書第1部Ｉ）。

その後、同六年六月二十三日に父氏親が死没した。従来、氏親は永正十三年頃から罹患していた中風＝脳卒中の発作後に現われる半身不随（『日本国語大辞典』）での死没と考えられていたが、「中風」の文言には風邪をひくとの意味（同）もあるため、筆者は永正期から咳き込みが継続しており、大永四年頃に病が重篤化して死没した可能性もあると考えている。[7]永正十三年以降の半身不随とすると、氏親が徐々に高年となり、その間における義元・彦五郎二人の誕生が不自然に感じられ、その頃の氏親の病気は、極端な重篤性を伴うものではなかったとしたほうが妥当なためでもある。

いずれにしろ、氏親の葬儀にあたり、承芳は掛真台の東に恵探とともに並び、葬送にあたって棺を牽き、「挽き歌」を謳った（『戦今』四一五）。恵探と比較して、被葬者氏親の遺体の側に臨席したことから、この時点（＝承芳八歳）ですでに恵探よりも家格が上と認識されていたことがわかる。

享禄三年頃になると、義元は崇孚の師である常庵龍崇の手で剃髪した。龍崇は東常縁の子で、同年、駿河国内での兄最勝院素純の訃報を聞いて来駿していたこともあってのことだった。承芳は、祖母北川殿の旧宅を寺院に改めた駿河善得院（後の臨済寺）に居住し、同五年＝天文元年の氏親の七回忌までは同所に居り、冷泉為和に初めて御目見した。翌月から八月の間には上洛し、翌年正月には再び駿河善得院に戻るなど、駿河・京都間を往復しているが、善得院では為和と歌会を開いている。このように、彼が善得院で為和と交誼を結んでいたのは、今川家が承芳を後継者の一人に加えていたからと思われる。

この頃から今川氏当主として文書を継続的に発給し始めた氏輝は、天文三・四年になると、武田氏と合戦を始めた（本書第1部Ⅱ前田論文）。これに併せて承芳は富士善得寺に入ったとされるが、これを証する史料は存在しない。翌年二月一日前後に氏輝は駿河を出立、伊勢氏（以後、一般的な呼称である「（小田原）北条氏」とする）の本拠地に出向いた。従来は武田氏との合戦に対する謝礼とされたが、近年、氏輝・承芳等の妹と、北条氏の家督継承者氏康との婚姻のために小田原へ向かったとの説がみられるようになった(8)。いずれにしろ、東行する氏輝を考えると、その警護も含めて承芳が駿河東部にいた可能性はある。ただし、この東行以前に彦五郎が無事に成長して元服を迎えることができ、氏輝のスペアとして彦五郎を称することができていたようなので、危機管理からすれば、彦五郎は駿河に留め置かれていたと想定しておきたい。そのため、彦五郎が小田原に同行したという史料は、現在確認できないのであろう。

三月十日頃に小田原から帰国した氏輝は、十七日、彦五郎とともに突然没してしまった。承芳は本来、彦五郎の元服によって今川家の家督継承者の「予備」という役目を終えるはずであったが、これによって彼は再び家督継承候補者となった。被官等の大勢は、かつて天文元年頃の段階で家督継承の可能性のあった承芳を当主とすることで納得していたと思われ、四月二十日過ぎには使者が室町幕府第十二代将軍足利義晴の許へ向かい、五月三日時点で「義」字と家督相続を認められた（『戦今』五四二～五四四。本書第２部Ⅲ・Ⅳ平野論稿[9]）。

承芳が京都と連絡を取り合っている最中、彼と同じく庶系で兄の恵探とその一族（福嶋氏）が四月二十七日に乱を起こした（花蔵の乱、『県史』一三七二）。恵探等は、被官層の多くが承芳を家督と認めている状況を打開しようと、寿桂尼を味方に引き込もうとした。それまでの今川氏は、氏親が核となり、京都とのパイプを寿桂尼とその親族である中御門氏が担うことで展開されていた。一方、承芳はすでに崇孚雪斎とともに上洛を果たし、京都との繋がりを独自に構築していた。これは、氏親が公家のトップである近衛氏、さらにはその姻族で武家のトップでもあった将軍家と繋がりのある太原崇孚雪斎を承芳の教導役として任じていたことによる[10]。

恵探等は、承芳・崇孚の台頭で寿桂尼の政治的・外交的地位の低下する可能性を彼女に説こうと画策したのか、福嶋越前を介して彼女への接近を図ったところ、彼女は一時的に恵探等の要請に応じた。五月二十四日に「花蔵ト同心シ」（『県史』一三七八）[11]たこともあり、翌日未明、福嶋氏は駿河府中で奇襲をかけ、夜中に久能山城（静岡市駿河区）に引き籠もった。

その後、六月六日に小坂瑞応庵（同区）に禁制が下された（『戦今』五四五）。これは、恵探・義元のいずれが発したのかは不明であるが、同八日に小田原北条氏綱の軍勢が恵探と福嶋一族を攻撃し（『県史』一三八〇）、翌日、承芳は富士宮若に長期在陣を労う一方、同十日には島田慶寿寺に禁制を発給した（『戦今』五四六・五四七）。そして、十四日に恵探が自害することで乱は終結した（『県史』一三八四。本書第2部Ⅰ・Ⅱ前田論文）。この間承芳は、すでに将軍義晴から「義」字を拝領していながらも、印文「承芳」の黒印状でもって対応していた。これは、単に承芳が還俗するにあたり、髷が結える状態になるまで待つ必要があったためであろう[12]。とはいうものの、八月十五日には今川家の家督者が称する五郎の仮名とともに、義元を名乗っていた（『県史』一三八六）。

二、河東一乱

北条氏の支援を得て家督を継承した義元は、判物による文書のほか、方形で印文に「義元」を刻した朱印状も発給するようになり、今川氏の当主としての活動を開始した。

そうした矢先、義元は翌年二月十日（『県史』一四二二）に、先代氏輝まで継続していた北条氏との同盟を破棄し、甲斐武田信虎と交誼を結んで、彼の娘（後の定恵院殿）を正妻に迎えた。この仕儀に北条氏綱は激怒し、同十八日には鶴岡八幡宮の快元僧都に戦勝祈願を命じ、駿河東部の寺院や郷村には制札を発給して、二十六日に自身は駿河へ向けて出陣した（『戦今』五八七～五九〇・『県史』一四二七）。これに対抗するため、義元は武田氏に援軍を要請、駿東地域の御宿友綱を武田氏に送り（勝山記）、今川氏と北条氏が「河東」と呼ばれる富士川以東で衝突した。その後、合戦は天文八年まで断続的に行われており、これを第一次河東一乱と呼んで、同十四年における両者の合戦＝第二次河東一乱と区分している。

三月二十九日、氏綱は後方攪乱依頼のために三河国作手（新城市）の奥平定勝に対して、遠江攻略が成功したならば所領を与えるとの書状を発給し、出兵を依頼した。併せて、被官二名を三河へ派遣する意向も示し（『戦今』五九五・五九六）、さらには三河戸田氏や遠江井伊氏にも攪乱を依頼したようで、氏綱による三河方面へのアプローチはかなり積極的なものであった。

その中で、特に天文五年三月十日に氏綱が三河国菟足神社（豊川市小坂井町）に螺鈿の鞍を寄進している（愛知10一二三七）ことにも目が向けられた。この鞍の製作年代が、氏綱と義元の対立時に近い段階で奉納されている点に着目したのである（本書第2部Ⅴ長谷川清一論稿）。鞍の銘文が三月十日であるため、これを製作日と仮定すると、この時点での今川家当主は氏輝であった。鞍の製作の依頼はそれよりもさらに数ヶ月前と判断されるため、この銘文は氏綱による戸田氏への後方攪乱要請の直接的な史料とはなり得ない。だがその一方で、氏親が当主であった永正初期段階から戸田氏は徐々に今川氏と敵対し始めており、そのような戸田氏と氏綱が交誼を結ぶことができていたということ自体は興味深い（第3部Ⅳ山田論文[13]）。国衆との関係性の維持ができていたからこその後方支援要請だったのだろう。いずれにしろ、今川氏は東の北条氏綱、さらには西の戸田・奥平氏から挟撃される可能性が高くなった。

四月になると、遠江国内の氏族が今川氏に対して叛旗を翻したようで、二十六日には今川氏御一家の堀越氏が、自身の居点である遠江国見付（磐田市）で乱を起こした。義元はこれを鎮圧し、翌々日には天野虎景・同景義に対して見付端城での戦功を賞している（『戦今』五九四）。四月二十日の対戦では、駿河国の富士下方衆二十四人が吉原で討死しており（『県史』一四三二）、五月十三日には氏綱自身が再び駿河に侵攻し、翌日には数百人を討ち取ったとされている（『県史』一四四一・一四四二）。このように、第一次河東一乱の緒戦は北条方が優勢であったと考えられている。

その後は膠着状態に入ったようだが、近年、天文七年三月から同九年三月段階までにおける瀬名氏貞の死没も、義元による粛清との見方が出てきた（前述長谷川論稿）。可能性の一つとも考えられ、となれば、同六年に行われたであろう北条氏の後方攪乱の依頼は瀬名氏にも及んでいたことになる。前年に起こった堀越氏の謀叛と併せて考えると、今川氏御一家のうち二家による叛乱は、遠江国内にかなりの動揺をもたらしたと想定される。あくまでも仮定であるが、花蔵の乱で「領国を二分」（本書第2部Ⅰ前田論文）して合戦が行われたというのは、この段階までの状況を捉えてのことと考えられないだろうか。とはいうものの、堀越氏の謀叛は天文六年四月で、瀬名氏は翌年三月以前と、同時に挙兵していない点が気に掛かる。

第一次河東一乱によって、今川氏の被官は長期にわたって駿東地域の防備を固めていたと思われるが、天文八年七月八日に北条氏は富士川を越えて、蒲原城（静岡市清水区）を攻撃した。その後は大きな合戦もなくなったようで、ようやく第一次河東一乱も沈静化した。蒲原城はその後も今川氏の領域となっていたらしい。同十三年に東海道を下って三河・遠江・駿河を通過して東国に向かった連歌師の宗牧は、今川氏の許で遠江引間城代となっていた飯尾乗連を同地に訪れた際、乗連が蒲原に城番として入城中であることを聞いている。その後、宗牧は翌年正月に田子の浦付近から船に乗り、今川氏の領域を後にして北条領国に足を踏み入れた（『県史』一七一六）。彼の乗った船には兵具が乗せられ、多くの今川兵も乗船していたが、吉原城（富士市）が間近に見えた辺りで北条方の足軽が出没してきたという。現在、吉原城の位置は明確でないものの、同城の所在地に比定される妙法寺南の丘陵地の西方に北条氏の本陣が存在していたとされ（「天香久山」と呼ばれる）、宗牧が「みなと川」付近で北条氏の出迎えを待機しているため、現在の潤井川周辺が両氏の境目だったのではないだろうか。

天文十四年三月になると、聖護院門跡の道増が駿河府中を訪れた（『県史』一七三〇）。これは、かつて義元の家督継承を承認し、さらに「義」字を下賜した将軍足利義晴が河東一乱の停戦を呼びかけ、併せて後奈良天皇の般若心経を奉納するためであった（山梨5下二六一二）。一方、当時の北条氏の当主は氏康に代わっていたが、同家には彼の父氏綱の継母として義晴の姻族近衛家から尚通の女が入嫁していた。つまり、将軍義晴も氏綱と同様、尚通の女を妻としており（後の慶寿院）、義晴と氏康は近衛家を通じた義兄弟という関係だったのである。また、使者に立った道増も近衛尚通の子で、加えて義晴の義兄近衛稙家も氏康に対して文書で和談の申入を行っているため、義晴は一族を挙げて今川・北条両氏に対して説得にあたったと考えられる(14)。

しかし、義晴を始めとした近衛家の説得も効果は得られず、七月の道増の帰国後、第二次河東一乱が勃発した。義元は甲斐武田信虎の嫡子晴信と連絡を取り合い、八月には吉原へ出陣した。三島まで攻め込んだところで晴信が今川・北条両家の仲裁に入り、今川氏は河東の支配権を回復した（『県史』一七四八）。十月になると両家の間で和睦が模索され始め、十一月下旬には講和が成立した。これは、武蔵において北条氏と対立していた古河公方足利晴氏・山内上杉憲政・扇谷上杉朝定が共同で同国河越城（埼玉県川越市）を攻撃したため、二方面への戦力の分散化を嫌った北条氏からの提案であった。これによって、今川氏は長久保城（長泉町）を領域下とすることに成功したが、義元はこの和睦に不満があったという。

いずれにしろ、義元は北条氏が駿東地域から撤退することで第二次河東一乱に「（領域の回復と長久保城の接収から）勝利」し、十一月下旬には妙覚寺や西光寺（どちらも沼津市）に対して河東一乱によって紛失した寺領安堵状や役の免許、禁制等を再発行している（『戦今』七八四～七八六）。

三、三河侵攻

天文十五年、義元は三河侵攻を本格化させ、六月には軍勢による狼藉停止を命じた長興寺・龍門寺・伝法寺（すべて愛知県田原市）宛の制札を発した（長興寺文書『戦今』八〇二）。ほぼ同時期であろうか、八月以前には牛久保（愛知県豊川市）の牧野保成が太原崇孚雪斎から、三河西郷谷（愛知県豊橋市）に引間（静岡県浜松市中区）の飯尾乗連、井伊谷（同市北区）の井伊次郎等とともに着陣すべきことを指示されている（『戦今』八三八）。十月には駿河衆＝今川勢がこれまで大規模な攻撃は行っていないものの、今橋を攻囲している状況が伝わっていた（『戦今』八一二）。犬居（浜松市天竜区）の天野景泰もこの戦いに加わっており、十一月十五日の辰刻（午前七〜九時）に今橋城の外構えを乗り崩し、不暁（翌日の夜明け前ヵ）に武士や商人たちの居住区域となっていた外曲輪にあたる宿城に乗り込んだという（『戦今』八一四）。この攻撃によって、今橋城は陥落したと思われる。

天文十五年末から翌年二月にかけて、三河国細谷（愛知県豊橋市）にあった野々山甚九郎は、崇孚雪斎および義元から当地の代官職等を宛行われた（『戦今』八一五・八二二）。天文十六年七月には天野景泰が、三河医王山砦（愛知県岡崎市）の普請を早々に仕上げたと伝えてきたため、義元はこれを賞するとともに、近日中の出馬を返信している（『戦今』八三〇）。義元は、渥美半島の付け根で海際の細谷へ文書を発給する一方、岡崎医王山砦の普請も行っていることから、この段階から東三河と西三河の二方面を同時に押さえる志向をもっていたと想定される。

この点は後述するが、九月には田原（愛知県田原市）に侵攻し、田原本宿において合戦が行われ、犬居天野氏・渡辺左京丞など複数の武将に感状等が発せられた。このうち天野氏に対しては、崇孚が義元に負傷者の披露を行ったことが明らかとなっている（『戦今』八四〇・八四一・八四四〜八四七号、『源喜堂古書目録』二〇一九年二月一日号）。

このとき、義元が渥美半島の押さえと併せて西三河への攻撃を意図していたと筆者が考える理由の一つとして、作手（愛知県新城市）奥平氏への対応がある。天文十六年七月、今川氏が奥平氏を医王山砦の普請へ動員させることができたのは、三河国内に対する今川勢力の誇示に繋がったのではないだろうか。奥三河は東・西両三河方向へ向かうのに至便な交通上の要衝である。当該地域の国衆の一氏族である奥平氏が、今川氏の領有することとなった砦（山中砦）を修築している様子は、それを目の当たりにする他の国衆への牽制、あるいは調略への嚆矢になったと考えられる。文書の残存状況かもしれないが、義元は奥平氏を丁重に扱っていたように見受けられ、八月には奥平家当主定勝宛ではなく、子息の仙千代（後の定能）と定勝叔父の久兵衛尉（系図では「貞友」）に宛てて、かつては松平氏の所領であった山中（岡崎市）を新知として与えているのである（『戦今』八二六）。

今川氏が山中の地を奥平氏に与えることができたのは、当地を今川氏が完全に押さえていたからというわけではない。天文十五年、岡崎松平氏の当主広忠は、叔父にあたる信孝及び緒川水野氏と対立関係にあった。近年史料の読み直しから、今川氏は信孝等と同盟を結んでいたことが判明したため、今川氏と広忠は反目し合っていたとされるようになった（本書第4部Ⅰ・Ⅱ村岡論文。以下、織田信秀が関係する記述についても両論文を参照）。

その後、広忠は被官の筧重忠に対し、同十六年十月に今川氏と敵対した織田方の松平忠倫を殺害した褒賞を与えている（『戦今』八五一）。さらに、同年九月に今川氏が渡・筒針（どちらも岡崎市）に向けて出兵した[15]（『戦今』九〇七）際の派兵理由は、「可相助竹千代」であった。この文書表記は、かつて広忠が織田信秀の軍門に降り、竹千代を尾張に人質として提出した後、あらためて今川氏に恭順したため、義元は竹千代を救出するとの意向を示したことの現れであろう。天文十六年九月以前において、義元は広忠と和睦して織田信秀・松平信孝との合戦に加わったのである。こうした点からすると、今川氏は同年七月段階に、いまだ領域となっていない山中を奥平氏に与えるとの文書を発することで、今川氏に対する奥平氏のさらなる奉公を期待していたと考えられよう。その一方で、九月に岡崎松平氏が今川氏に従ったため、当該地は奥平・松平両者の係争地となることは明白であった。それでも今川氏は奥平氏に対し、征服地を新知として与えることで味方として引き留めたいという姿勢で臨む必要があったと思われるのである。

そのような奥平氏内部も一枚岩ではなかったらしく、新知を与えられたばかりの久兵衛尉が翌年正月、今川氏に謀叛を起こした（『戦今』八六〇。本書第3部Ⅱ大石論文）。そのため、当主定勝は義元に対して従属に近い姿勢を示すように嫡男仙千代を人質として差し出すことで、知行安堵を許された。また、久兵衛尉に与えられた形原も定勝の計らいに任された。

三河全体が落ち着かない状況の二月末頃、尾張織田信秀が小田原の北条氏康に対し、版図を拡大していく勢いに乗じて今川氏を挟撃しようと画策した（『戦今』八六五・八六六）。それに対して、氏康は返信を認めるだけに留め、信秀の要請には応じなかったが、信秀がこうした姿勢を示すことができたのは、彼が尾張のみならず、西三河へも大きな影響力をもっていたからであった。信秀は、天文十五年以前には今川氏と協調して岡崎松平広忠を攻撃したが、同年十月よりも前に松平信孝と連携し、大平・作岡・和田の三城（すべて岡崎市）を築造・修築した。このため、先述のように松平広忠は今川氏と手を結び、信孝・信秀に対抗しようと考えたのである。信秀の威勢は凄まじく、誇張と判断されるものの、彼が三河一国を押さえているとの噂が京都で広まっていると伝わっていた（『戦今』九六五）。

そのような織田氏と今川氏は、天文十七年三月十九日に小豆坂で合戦し、今川氏が勝利して三河支配を大きく前進させた（小豆坂合戦、『戦今』八六八・八七〇・八七三・一一〇六）。一方、この合戦で勢力を削がれた信秀は子の信広を安城に留め置いて帰国した（三河物語）。これ以降、両者間において大きな合戦は行われていないが、翌年三月になると松平広忠が突然死没した（愛知10一六八〇）。

義元は西三河へのスムースな進軍を図るため、東三河の戸田氏を押さえ込もうと田原制圧を最優先させた。これによって田原周辺は安定し始めたが、西三河は好転せずに反今川勢の抵抗が続いていた。そのため、今川氏は九月に吉良氏の外戚後藤平大夫による反発を抑えるために吉良（愛知県西尾市等）へ侵攻した（『戦今』九〇七。吉良氏の情勢については本書第3部Ⅵ小林論文を参照）。その後、西尾城下の無量寿寺に対して崇孚・飯尾乗連・前紀伊守の連署になる禁制も発せられたが（『戦今』九〇九・九一〇）、同時期に義元は安城も攻撃していた。同地への攻撃は九月下旬から十月上旬にかけて徐々に展開されていたが、十一月にようやく安城を陥落させることができた。その際、同城の織田信秀の子信広を捕らえ、織田氏の手に渡っていた松平広忠の遺児竹千代との人質交換を要求し、ようやく竹千代の奪還に成功した。

翌十九年三月、今川勢は衣城（愛知県豊田市）に出陣したが（『戦今』九四一）、五月には篠原永源寺（豊田市）に制札を発給した（『戦今』九四四）。八月になると、駿東地域の国衆葛山氏元は家臣の植松藤太郎に、今年から毎年一〇〇〇疋ずつ宛行うこととした（『戦今』九五九）。九月下旬には、義元が亀田大夫に対して尾張出兵の戦勝祈願として重原（同刈谷市）の一〇〇貫文地を新寄進すると述べ（『戦今』九六六）、さらに尾張国内でも、九月には雲高寺（同瀬戸市）宛の今川氏制札が発せられた（『戦今』九六三）。越中国菩提心院（富山県富山市）日覚の書状には、このときの今川勢は六万の軍勢であったとある（『戦今』九七五）。六万は誇張であろうが、葛山氏元の文書には尾張出陣のための宛行いであることが明示され、今川氏の尾張侵攻は一時的なものでなく、かなり本格化しそうな状況であった。

この頃、今川氏はやはり三尾国境であった苅屋（刈谷市）に攻撃を仕掛け、一旦は同城に入った（『戦今』一六一五）。遠江国二俣城代の松井宗信はこのとき、織田軍によって往復の通路が遮断されたため、これを阻止しようと数度にわたって織田勢と戦い、同心衆・親類・被官らを失ったという。この点はすでに新行紀一氏によって指摘されていたが（本書第3部Ⅲ）、あまり注目されてこなかった。しかし、村岡氏による再考（前述の二論文）によって改めて検討が加えられた。さらに山田邦明氏は今川氏による敗走を指摘しており、水野智之氏も近年、水野氏の動向について再検討を加えている。[16] とはいえ、今川氏は三尾国境付近に駐屯していたようで、同年六月から十二月にかけて福谷城（愛知県みよし市）に在城していた丹波隼人佐に対し、沓懸（豊明市）等の尾張国内における所領の還付を行っている（『戦今』九八九）。

天文十九年後半から二十年にかけて、従来あまり追究されてこなかった一つの出来事があった。それが、今川氏と尾張織田氏による一時的な和睦である（本書第3部Ⅶ小川論文）。小川氏は、近衛稙家が発した崇孚雪斎・朝比奈泰能・飯尾乗連に宛てた書状（『戦今』一〇二二～一〇二三）を念頭に、美濃国・尾張国における文書を整理した。そして、両者の和睦は「政情の安定を望む足利義藤（のち義輝）、土岐頼芸の復権をはかる六角定頼、今川・織田両氏の「堺目」となった尾張国鳴海（名古屋市緑区）地域の被害を避けようとした山口左馬助の仲介で実現」したと結論づけた。

この頃、これ以外に大きな政治動向も見られなかったが、天文二十年末には青野松平氏の家督継承問題で、今川氏に叛旗を翻した甚二郎忠茂を織田氏が支援していたようだ（『戦今』一〇四九・一〇五三・一〇五四）。両者の停戦はそれ以前に破綻していたと捉えられよう。

四、駿甲相三国同盟と三河の安定化

天文十九年に義元は、あらためて東方にも目を配り始めることになった。同年六月、天文六年に義元と婚姻関係にあった武田晴信の姉（後の定恵院殿）の病状が悪化し、死没したのである（甲陽日記）。これによって両者間で改めて同盟を継続させるための方策を施さねばならなくなり、翌二十年、甲斐武田氏の居館に「御前を迎える」こととなった。「御前」は大名等の奥方を指しているから（『日本国語大辞典』）、武田家に今川家の女性を入嫁させる仕儀になったことを示している。四月時点で甲斐躑躅ヶ崎館において、嫁入りに際して新たに築造される御台所の柱立てが行われた。これが「駿甲相三国同盟」の嚆矢となった。

天文二十一年になると、義元は武田晴信に対して起請文の案文を提出し、一方の晴信からは四月に起請文が今川方へ届けられた（同）。そして十一月に、氏真の妹（後の嶺寒院殿）が甲斐へ向かい、駿河府中―興津（静岡市清水区）―内房（富士宮市）―甲斐国南部（山梨県南部町）―同国下山（身延町）―西郡―甲府（穴山武田家）に到着し、深夜一時頃に新居へ入った。翌年正月には北条氏康が武田氏の許を訪れ、甲寅の年＝天文二十三年に晴信の娘（後の黄梅院殿）が氏康の嫡子となった氏政の許に入嫁することを約するといった内容の起請文を持参した。対する晴信は、二月に氏康の申し出を了承した内容の起請文を返した（甲陽日記）。この記事ではあまり明確ではないが、両大名が起請文を提出する段階にあったということから、これ以前＝天文二十一年後半には交渉が始まっていたと想定される。また、先に北条氏が起請文を提出したことが示されているため、おそらく北条方からの要請であったと思われる。

天文二十三年七月には、義元嫡子の氏真と氏康の女早川殿（蔵春院殿）との婚姻が執り行われた。「勝山記」（『山梨県史』資料編6）には伴の人々はきらびやかな装いで、見物人の多さはこれまでにないほどであったとある。このとき、今川勢は小田原から西上した早川殿を三嶋（静岡県三島市）まで迎えに出向いたとされている。その後、同年九月には北条・武田両家の婚姻が「速やかに本意に達するよう」談合したいといった状況となり（『戦国遺文』武田氏編四一四）、最終的には十二月に晴信の女が入嫁した。「勝山記」によると、小山田信有が蟇目役（破邪の役目）で、お伴として従った騎馬は三千騎、総人数は一万人だったと記されている。

駿甲相三国同盟が成立するまでの間、今川氏は三河国衆による反発の鎮圧、さらにその背後で活動していた織田氏との対立を激化させていた。義元は天文二十一年、大給城（豊田市）における合戦で松平忠茂の被官が戦功を挙げたことを賞しているが（『戦今』一〇九七）、おそらく当時、義元は駿河にあったと考えられる。翌年、岡崎松平氏の宿老阿部大蔵と酒井清秀が発した桜井寺（岡崎市）山の伐採に関する制札を見ると、義元は岡崎に城代として糟屋備前守と山田景隆を置いていたことが判明する（『戦今』一一三七・一一三八号。城代に関する論稿は前述本書第3部Ⅰ新行論文を参照）。また、東三河の吉田城（豊橋市）にも伊東元実を城代として設定したことが明確であるため（『戦今』一一七二）、今川氏は基本的に城代による三河支配を展開していたと考えられる。この点については近年、山田邦明氏も指摘しているが[17]、おそらく重大な事案や不測の事態等が発生した段階で、義元が自ら出馬したと判断されよう。とすると、同年九月四日に義元が尾張に向けて出馬している（甲陽日記）のは、そのような状況があったためとも考えられよう。

天文二十四年二月、明確な史料は残されていないものの、織田方であったはずの鳴海（名古屋市緑区）の山口教継が今川方に転身したという。それを受けて信長は、山口に同心した星崎根上（同市南区）の者たちの諸職を闕所地にするよう、一雲軒・花井右衛門尉兵衛《ママ》に命じた（『戦今』一二一〇）。同年九月には鱸兵庫助（信重カ）が、美濃岩村（岐阜県岩村町）衆および広瀬右衛門大夫と同心して小渡（豊田市）の砦を普請していた段階で広瀬が八日に帰陣したところ、阿摺（豊田市）衆は鱸らと一戦を交えたという。また、七・八日にも合戦があって、この詳細を伝えた文書の宛名である原田三郎右衛門尉と簗瀬九郎左衛門尉の奮闘を賞している（『戦今』一二二九）。

鱸兵庫助は足助（豊田市）を中心に活動しており、天文末年には今川氏と対立関係にあった人物である。[18] 九月七・八日の合戦では、原田等が「明智」で「通用之者六人」を討ち取ったとあるが、これはおそらく明知城（恵那市明智町）近辺＝美濃遠山氏の領域での合戦と考えられ、義元勢は当地まで遠征していたことが判明する。さらに、「通用」とは「両方に通じて用いること」（『日本国語大辞典』）であるから、「通用之者」はいわゆる当該地域である三美の「境目」衆、つまり今川氏と織田氏・美濃斎藤氏の間で明確な旗幟を示さない国衆たちのことであろう。したがって、義元はこの頃三美国境付近にまで版図を最大限に拡大したため、美濃の氏族はその状況に脅威を抱きながら足助鱸氏のバックアップをしていたと想定されよう。当時、武田晴信は木曾氏に宛てて、晴信は義元に「入魂」＝親密な関係であると伝え、尾張織田氏・美濃斎藤氏に加担しないよう今川氏の「後詰」を行っていた（『戦今』一二三一）。

そのような段階で、三河西条の吉良氏（小林輝久彦氏は前述論文で当主を「義安」に比定。筆者も現時点では同人と推測）が今川氏に叛旗を翻した。吉良氏との直接的な軍事対立は、前述の天文十八年九月に続いて二度目であったが、吉良氏は当主弟の長三郎を尾張国緒河（愛知県東浦町）水野氏の許へ人質として送ったり、苅屋水野氏の軍勢を西尾城に入れるなど、これまで数度にわたって義元に対して背信行為を繰り返していた(『戦今』一一三五)。そのため、義元は十月に吉良一族の荒河某に対して、これらの首謀者は大河内と富永与十郎であると名指したうえで西条庄内を放火し(『戦今』一一三六)、無量寿寺や願照寺には禁制を発して(『戦今』一一三七・一一三八)、吉良氏に大きな打撃を与えた[19]。

義元から攻撃された吉良氏は足利氏の一門で、今川氏の祖国氏は吉良氏からの分流であるから、元来は主筋にあたる。遡って三河国は、足利氏が鎌倉期に守護に任ぜられ、室町時代になって以降は一色氏や細川氏が守護になるなど、継続的に足利将軍家に近い氏族との関係があった[20]。文明十一年(一四七九)以降になると、守護の存在は確認できなくなるが、それでも足利一門であった吉良氏が、戦国期に三河守護ではないものの同国にあったということを考慮すると、在地の領主層にしてみれば、吉良氏は京都とのパイプ、さらには国内の重要な「支柱」の一つとして存在していたと理解されよう。

このような状況下で義元が吉良氏に対して戦闘を開始し、「支柱」を喪失状況に追いやったことに鑑みたとき、同年三月に松平竹千代が元服し、同次郎三郎元信を名乗っている(朝野旧聞裒藁)ことは興味深い。周知のように元信の「元」字は義元の一字であり、義元は今川氏御一家の関口氏純の女を元信の妻にして、岡崎松平氏を今川氏の一門に取り込もうとしていた[21]。三河一国の領域化を図ろうとしていたと思しき義元ではあるが、元信の元服段階＝同年二月時点で十月の吉良氏の反抗を想定できていたわけでもないため、元信を三河に君臨させようとして元服させたとは考えにくい。時期的には偶然のことであったのかもしれないが、いずれにしろ吉良氏の衰滅と岡崎松平氏の今川氏一門化は、義元の三河領国化にとって大きな転機になったのではなかろうか。

なお、吉良氏が三河の領主層の「支柱」と想定したのは、翌年になると「反今川の敵対行動がピークに達した」（本書第3部Ⅴ内山論稿）という記述が前提にある。三河の反発は、まず上野城（豊田市）に入っていた酒井忠尚が今川方に転じた（『戦今』一二六三）ことで始まった。二月の戸田伝十郎宛の義元の文書（『戦今』一二六三）からすると、同月以前には忠尚が今川方に降っていたらしい。

ほかにも、同二月二十日には青野松平氏で内紛が起こり、松平忠茂が保久（岡崎市）・大林（同）で討死、二十七日にその跡職を嫡子亀千代（家忠）が襲っている（『戦今』一二六七）。当主となれずに尾張へ奔った忠茂の兄甚次郎は、この頃は三尾国境付近に出没したものの、義元は甚次郎の赦免はないと宣言した（『戦今』一三〇一～一三〇三）。その際には信長が荒河に侵攻し、両者が野寺原で激突しているとも記されていた（『戦今』一三〇三）。このように、間違いなく東条松平氏の紛争の背後に織田氏の関与があったのである。

五月になると、徐々に戦域は東三河にも拡散し始めたと思われ、義元は秦梨城（岡崎市）の粟生永信が奥平市兵衛や松平彦左衛門などを討ち取ったとして感状を発している（『戦今』一二八五）。この奥平市兵衛は、先述の作手奥平氏の一族の可能性もあろう。というのは、八月四日に千両口（豊川市）や作手筋で合戦が勃発しており、作手は奥平氏の居点だからである（『戦今』一二九六・一二九七。前述本書大石論文）。同時多発的に合戦が勃発し始めたこれらの合戦を、筆者は当初、「忩劇」との史料の文言（『戦今』一三一〇）、および奥平氏と同氏姻族となる牧野・菅沼両氏も内紛を抱えており、その内紛の一方に今川氏が加担して戦闘規模が東三河一帯に拡大していることから、「東三忩劇」と称していた。しかし、あらためて史料を見直してみると、東三河のみならず三河全域で合戦が繰り広げられているため、「三河忩劇」と改めた。なお、『新修岡崎市史』第二巻中世（本文編）で、新行氏はすでに戦域が三河全体に拡がっていたことを指摘していた。

その奥平氏は十月になると、当主定勝の子息定能が今川氏に対して叛旗を翻した（『戦今』一三一〇）。定能の逆心は同年の春＝正月～三月の時点で露見していた（『戦今』一三三八）ことから、半年以上も叛乱が継続するという状況であった。結局、定能は高野山（和歌山県高野町）に追放され、隠居していたと思しき定勝を再び当主にするという奥平氏の親類たちの懇望に免じ、義元は定勝を赦免した。奥平氏の家中が、奥平当主の「家」を存続させることに関与し、上級権力である今川氏に彼らの意向を伝え、それを義元が受容したのであった。

翌弘治三年になって徐々に三河国内も安定し始め、六月には奥平定勝に日近郷（岡崎市）が宛行われた（『戦今』一三三八）。これは、彦九郎定能を成敗した褒賞であるため、前年から続いていた奥平氏の紛争も、ようやく落ち着いてきたというところであろう。それでもかつて今川氏に謀叛を起こした同久兵衛尉は、逃亡してなお今川氏に抵抗を続けていたし、同名与七郎も二度にわたって逆心しているので、完全なる静謐とまではいかなかったようである。

とはいえ十月以降、三河国内の主要な城に今川勢が入り始めたようで、義元は三浦元政に対し、西尾の在城料三百貫文分を宛行った（『戦今』一三六一）。在城期間は二、三ヶ年とされているため、元政はいわば「城主」として同城に入ったわけではなかった。牛久保の牧野右馬允も、同月に城名は不明ながら、義元から五ヶ条の法度を下された（『戦今』一三六三）中に、「在城期間五年のうち」のような表現も見られる。このことから、彼もこの段階で入った城を義元から与えられたわけではなく、それほど大きな権限を有したものでもなかった（＝「城代」クラスヵ）ことが明確となる。十二月には尾張国鳴海城にも今川方が在番しており（『戦今』一三七五）、三河国内もかなり安定したように見えた。

しかし、翌永禄元年（一五五八）正月から三月にかけて河合源三郎が翻意を示し、城名ははっきりしないが、敵を引き入れている（『戦今』一四〇七）。このとき彼に同意したのは伊藤源三で、彼らは菅沼定継を誘引して伊東貞守の屋敷を攻撃してきた。この間、二月下旬に寺部城（豊田市）の鱸日向守が今川氏に対して逆心を企てた（『戦今』一三八三）。広瀬城（同）に入っていた某も日向守の仲間に加わったようで、日向守は一度、寺部城を出たものの再び奪還し、四月に入って能見（岡崎市）松平氏の重茂やその被官等を合戦で討取ったとされている（『戦今』一三九〇）。寺部城攻めは同月二十四日に行われたが、このとき松平元信が初陣を果たしたとされる一方（三河物語）、今川方の足立甚尉が鉄炮に当たって討死している（『戦今』一三九三）。これは、今川氏が関わる合戦で、初めて実戦で鉄炮が使用されたことを確認できる文書である（本書前述内山論稿）。

そして同年五〜六月、今川氏は名倉舟渡橋（愛知県設楽町）で織田信長と合戦に及び、勝利した。奥平松千代や同定勝に宛てて義元が感状を発しており（『戦今』一四〇〇・一四〇一）、その一方で、奥平氏の親類中が牛久保へ人質を出すと申上してきたと述べている（『戦今』一四〇二）。ちなみに、名倉舟渡橋での合戦に関する文書には「岩村（岐阜県岩村町）衆」との記載もあり、天文二十一年段階と同様、今川氏は美濃国の兵とも戦っていた。いずれにしても、この名倉舟戸橋合戦の勝利によって、ようやく三河の忩劇は終息し、義元は三河の領域化に成功したのである。

五、義元の隠居と桶狭間合戦

義元が三河国内の国衆と合戦を繰り返していた天文末年〜弘治年間にかけて、義元自身にも一つの転機が訪れた。

義元が隠居したのである。とはいうものの、それがいつのことであるのか明確でないうえに、彼自身がそれを宣言したのではないということで、疑問視したくなる向きもある。しかし、今川氏が戦国大名の地位を逐われて以降に発せられた武田家朱印状（『戦今』二五四七）に「義元隠居屋敷」との文言が存することから、彼の隠居は間違いないところである。(22)

いま、筆者はその年代を天文末年～弘治年間としたが、その理由として第一に、駿甲相三国同盟が締結するまでは義元自身が前面に出るべきと考えていたと推測されることから、同盟が完遂する天文二十三年末までは隠居していなかったと考えている。特に、嫡子氏真は天文二十年もしくは二十一年の年末に元服したと想定され(23)、さらに同二十三年七月に早川殿と婚姻したばかりであったため、義元の隠居もそれ以降とするのが妥当と思う。

次に考える必要があるのは、氏真の具足始めと初陣である。これらについては史料に恵まれておらず、現時点では不明と言わざるを得ない。しかし、氏真も戦国期の武将、それもこの時点で駿河・遠江全域と三河もほぼ手中に治めようという大名の嫡男であるのだから、当然武将としての通過儀礼を踏まえていたはずである。となれば、義元はそれを見届けたうえで家督を氏真に譲って隠居するという手順を踏むのではなかろうか。第一に想定した義元の隠居が天文二十三年末以降という年代であれば、当時三河での合戦が継続しており、さらに今後そのピークを迎える時期でもある。しかも、氏真が同年七月に婚姻したのであれば、そこからそう遠くない時期に初陣を飾ることができればと考えたと思われる。とすれば、そうした義元が望む氏真の初陣は、あえて「この段階」と義元が選択しなくとも、自然と訪れていたであろう。弘治年間の三河領国化がその時期と考えてもおかしくないのではないか。

こうしてみると、氏真の具足始めと初陣の時期の上限は、弘治元年とするのが妥当と判断できる。一方、下限はというと、まず考慮すべきは、永禄元年閏六月に氏真が発給した彼の初見文書（『戦今』一四〇六）であろう。氏真の発給文書は、この時期には駿・遠に限られたものであったことが知られている。とはいうものの、それでも彼が政治的な文書を発給し始めたということからすれば、これが氏真の今川家家督者としての存在を明示したと捉えることは可能である。

こうした氏真の「家督」としての問題を考えたときに重視されてきたのが、『言継卿記』弘治三年正月四日条の「屋形五郎殿へ礼に向かい」（『県史』二四七八）との記述である。筆者は前著において、『言継卿記』では義元を表記する場合には「太守」を使用するのが一般的とし、この部分での「屋形五郎」は氏真を示しており、氏真を〝家督〟と明示するために、あえてこの場面で「屋形」と記載したと推測した。

この「屋形」については、室町幕府将軍足利氏が、守護に任じられることもあった有力国人クラスに屋形号を与えたとされている(24)。中世の武家儀礼について追究した二木謙一氏は、守護代や国人クラスの人物が、守護や特定の家にのみ使用が許されていた毛氈鞍覆と白傘袋の免許を得たことによる守護格への上昇を提示していたが(25)、屋形号についてては検討を加えていなかった。しかし、屋形号が将軍から付与される栄典であることは認めており(26)、そのことはすなわち屋形号の付与＝数代にわたる将軍の専任行為として、おそらく武家のみならず公家にも周知のことであったと判断すべきであろう。

この点に鑑みれば、ここで山科言継が「屋形五郎」と称したのは、将軍が実際に氏真へ屋形号の使用許可を与えたと言継が知っていたか否かは不明ながらも、〝屋形を称することのできる今川家の家督者〟として氏真を認識したからであったと捉えるべきと考える。これは、氏真が一人の武将として存在するに至ったことを示していたと言え、すなわち義元の隠居もその背景にあったと類推させられるのである。この点を前提とすれば、氏真の家督継承の下限年代は、山科言継が「屋形五郎」と記す以前、すなわち弘治三年正月四日以前であったと想定される。

したがって、氏真の今川家家督継承に伴って義元が隠居を意識しだした時期は、弘治元年正月〜翌二年末までの間としておきたい。そして、あえて時期を絞るならば、先述した松平竹千代の元服が行われた弘治元年に注目したいと考えている。というのは近年、竹千代（元服後は元信、さらに元康に改名）が駿河府中に居たのは、敵方の攻撃を避けるための政治的支援・軍事的保護を目的としており、[27] 元服後には在地（＝岡崎）からの要求を駿河府中で応えて文書を発していたこと（『戦今』一三三三）、桶狭間合戦後には氏真の命を受けて岡崎に入城した可能性のあることが指摘された。[28] 後者は、氏真段階における桶狭間以降の臨時措置である可能性も否定できないが、義元段階から考えられていたと想定することができないであろうか。というのは、義元の男児は氏真しかおらず、義元・氏真両人に不測の事態が起こった場合、戦国大名としての今川家は瓦解してしまう。それを防ぐために予防措置を講じるのは、被官層も含めて必須と考えていたであろう。それが、早川殿の入嫁する以前に人質として駿河府中にあった北条氏規と考えられる。最近では、彼の称した「助五郎」は、義元嫡男の五郎氏真を「助ける」ことを意味していたとの理解も生じ始めている。[29] この点を考慮すれば、潜在的に三河支配への影響力を持っていたと想定される〝今川親類衆〟松平元康にも、その役割の一端を担わせようと義元が一計を案じていても不思議ではない。竹千代の元服を、氏真の家督継承—義元の隠居といった今川当主の問題と軌を一にして捉えることも可能ではないかと思われるのである。推測の域を出ないものの、現時点では弘治元年二月前後に義元は隠居を視野に入れていた可能性を提示しておきたい。

永禄元年八月には、御油宿（豊川市）の林二郎兵衛（実名＝吉家ヵ、『戦今』一一二六）に対して伝馬に関する文書を発給した（『戦今』一四一七）。同文書によると、伝馬代金を「一里十銭」にするといった本文書に類したものを天文二十三年に発していたが、それが守られていないとのことで、「重相定」めたという。天文期に伝馬関係の文書が出された段階では、まだ三河国内も安定していなかったため、今川氏の交通政策も遵守されずにいたのであろう。その後、西条（西尾市）の法光寺も寺領を安堵されるなど（『戦今』一四二〇）、この段階に至ってようやく三河国内の宿や城下の安定が図られ始めたと思われる。

そのような段階で、義元は九月二日に吉良（同市）正法寺に対して一通の文書を発した（『戦今』一四二五）。一部が破損しているため全容は不分明ながら、新規の「蛤役」について、競望の輩は許容しないとある。正法寺への権益保護に関する文書であるから、従来「蛤役」として徴収されていた課税分を正法寺の得分にするといったものであろう。ただ、このときの義元の文書は、自身の実名「義元」と刻した矩形の印章を書出部分に捺したもので、これまでと違っていた[30]。印文「義元」の朱印状は、彼が家督を継承した天文五年十月にはすでに発給されていたが、その印章は方形であった（前述「二、河東一乱」）。その印判状は、義元自身の実名が明示されていることもあって、文書の発せられた当該地域の支配者として、義元が君臨したことを宣言しているようにも感じられる。となれば、吉良氏衰滅後に「義元」印を用いて文書を発給することで、あらためて自身が領域支配者であると周辺地域へアピールを行ったとも考えられよう。ただ、天文五年段階と相違していたのは、永禄元年時点で義元が隠居の立場にあったということであろう。その違いが朱印の形状の違いとなって表出したのではないだろうか。

その後、特に大きな事件等もなかったが、翌永禄二年五月において興津氏に内訌が勃発した（『戦今』一四六一）。その際、興津彦九郎が上洛と号して途中まで西上しようとして親類被官等に起請文を書かせ、同清房に対して逆心を企てたのである。この問題に裁断を下したのは氏真であった。文書の残存状況なのかもしれないが、当時の義元は三河経営に重点を置いていたようで、同年における義元の判物は、駿河国内に関するものが一通、遠江に関する文書は三通なのに対し、三河に関わる文書は六通出されている。それ以外に八角形「調」印を用いた朱印状が、八月八日付・同二十八日付・九月二十六日付で三通発給されている（『戦今』一四七〇・一四七五・一四七七）。このうち、九月二十六日付の「調」朱印状は、宛所が林際寺《臨濟寺》（静岡市葵区）で端裏書に「氏真」とあるため、「調」印は氏真の使用とも考えられる。しかし、八月二十八日付の文書の宛名は松平元康の宿老と考えられる酒井忠次であり、先述の通り氏真は三河に関する文書を発していないため、やはり「調」印は義元の発給とすべきと思われる。

また、翌年三月三日付の同朱印状（『戦今』一四九九）は、駿府浅間宮の三月会の装束を新たに寄進するといった内容で、蒲原元賢の花押が日下に据えてある。久能寺（静岡市駿河区）にあったとされる灌頂道具櫃の銘文の写（『同』一五〇〇）には「寄進源義元」とあり、駿府浅間社が三月三日の三月会（桃華会）に久能寺より菩薩舞を奉納されていたこと[31]からすれば、同年月日付の文書と櫃銘は関連があると想定されよう。とすると、八角形「調」印はやはり義元の発給と考えるべきであり、先の駿・遠・三の三ヶ国の文書数も駿河＝三通、遠江＝三通、三河＝七通となるが、それでもやはり三河に関する文書が多い点に変わりはないということになる。

なお、八月八日付の「調」朱印状の宛名は大井掃部丞で、駿河国内の滑革二十五枚・薫皮二十五枚について、これは来年購入すべき分で、すでに定められた員数であったが、「只今為急用之条」という状況であるため、非分なく申し付ける、というものであった。これまで「急用」という文言から、翌年の桶狭間を視野に入れて本文書が発せられたと捉える向きもあった[32]。ただ、本文書を素直に読むと、すでに義元は来年分の皮革＝滑革（鞣《なめ》し革）と薫皮（燻《ふす》べ皮）

をそれぞれ二十五枚ずつ購入を予定しており、それが「いま」必要になったからこそ、「急用」との文言を用いて各二十五枚の革をいますぐ買い求めることになったことがわかる。仮に、来年のために必要な皮革であるならば、来年購入予定分をわざわざ「急用」と述べず、単に来年分の皮革を用意せよ、とすればよかろう。桶狭間合戦と関連づけると不自然な解釈となってしまうのだ。とはいえ、「急用」文言が存在するのは本文書のみであるため、現時点では本文書が同合戦にまつわるものであったか否かの結論を出すことは困難である。

年が明けて永禄三年正月、嫡子氏真は幡龍斎武田信友と書状を取り交わし、彼の来駿を心待ちにしていた（『戦今』一四九三）。信友は穴山武田氏で、同氏は武田氏と今川氏を繋ぐ取次として存在していたので、彼の来駿自体は不自然ではない。このとき信友が確実に駿府を訪問していたとするならば、書状のやり取りをしていた氏真だけでなく義元とも面談したと想定される。

三月になると、義元は三尾国境付近へ向けて進発することになった（『戦今』一五〇四）。これが桶狭間合戦へと繋がるのであるが、本文書は今川氏御一家と思しき関口氏純の書状で、ここには「義元向尾州境目進発」と記されている。これまでこの時点における義元の西上は、上洛説が否定され、現時点では非上洛説が主流となった[33]。その中でも、①尾張攻撃説（久保田昌希註〈1〉論文）、②伊勢・志摩制圧志向説（本書第4部Ⅲ長谷川弘道論稿）、③尾張方面領土拡張説、④旧那古屋今川領域奪還・回復説、⑤鳴海・大高・沓掛城封鎖解除・確保志向説[34]、が提示され、出兵の目的については いまだに結論が示されていない状況にある。筆者は②～④については安易に首肯することはできず、さらに①・⑤をあえて一方に拘泥する必要はないと考えているとしておいた[35]。そのうえで、義元西上の際の「塗輿」に着目し、遠江・尾張守護であった斯波氏を意識した、両国在地の人々へのデモンストレーション＝効果的な「軍事的パフォーマンス」と位置付けた。さらに、尾張織田信長の系統＝織田弾正忠家が尾張守護代の庶流ということで、織田氏と今川氏との家格の違いを見せつけ、国内の民衆や国衆の持つ今川氏への抵抗意欲を削ごうとしたと述べた。これは、先述の氏純の文書を素直に解読した柴裕之氏（本書第4部Ⅳ）の指摘を踏まえたうえでの解釈で、氏は⑥三尾国境の安定化が目的であったと結論づけている。これは①・⑤を踏まえてのことで、①・⑤・⑥はすべて関連付いた内容と理解されよう。そのため、筆者は以前と同様、三者の中で一つを選択することはせず、択一的にあえて拘る方向性は採らないでおくことにする。

桶狭間合戦では、宿老の(36)一人であった駿河朝比奈親徳も最前線で鉄炮に当たり、その後も三河に在陣していた状況にあった（『戦今』一五六八）。遠江国衆の井伊直盛（井伊家伝記等）や二俣城代松井宗信（『戦今』一六一五）といった、いわゆる領域的に影響力を持った支配者クラスのほか、平野輝以（『戦今』一五六〇）といった「大身」には見えない被官層などに至るまで、多くの人が討死したと思われる。この時点における宿老クラスの死没は史料上で確認できない。そのような中で、武田晴信（この時点では「信玄」）を批判する今川被官も現れた（『戦今』一五四七。この点については、本書第4部Ⅴ丸島論文参照）。信玄は今川氏被官の岡部元信に対し、「佞人之讒言」を信じないように氏真への進言を期待しており、これは信玄批判を行う今川被官層が少なからず存在していたということを示している。

いずれにしろ、義元および今川氏被官層は、桶狭間合戦で討死したことで、若手への強制的な人材刷新を図らねばならなくなったのである。

おわりに

以上、義元の生涯を追ってきた。これまで義元の生涯については、小和田・有光両氏の著書に拠るところが大きかった。[37]その一方で大塚勲氏も、義元に関する史料から忠実に彼の一生を提示していた。[38]本稿は冒頭で述べたように、本書に掲げた論稿を参照しつつ執筆したが、三氏の著書類もまた、本書収載論文にはさまざまな影響を受けて上梓されたはずである。それでも筆者が本文で述べたように、三氏とは違った動向を示す義元像を描くことのできる状況にあるのが、今川氏研究の現状である。

それは彼の家督継承の項で示したような、基礎的な研究の僅少さ＝歴史的な「前提」をそのまま受容し続けてきた、その取り組み方に問題があったように思う。対峙することのできる史料も出揃っているのだから、あとはその見直しを行うことで、より正確な義元の実像に迫ることができるであろう。

とはいうものの、彼の存命中における御一家や被官層との関わり、駿甲相三国同盟以外の外交など、まだまだ残された課題も多いといえる。この点は筆者の自戒の意味を含まれるが、読者におかれては本書に触れ、丁寧に史料と対峙して改めて「前提」を見直すなど、今川氏研究の立ち遅れ部分を糾していただければ幸甚である。

註

（1）　例えば、義元の家督継承段階における関口宏行「今川彦五郎を追って――今川彦四郎を正す」（『駿河の今川氏』二、一九七七年）や、桶狭間合戦への展望を述べた久保田昌希「戦国大名今川氏の三河侵攻」（『駿河の今川氏』三、一九七八年）は、本文中に示した黒田氏の編著『今川氏親』（シリーズ・中世関東武士の研究　第二七巻、戎光祥出版、二〇一九年）に再録されたが、義元と母の寿桂尼の関係性を再考した有光友學「今川義元の生涯」（『静岡県史研究』九、一九九三）は、後にその見解を深化させ、人物叢書『今川義元』(吉川弘文館、二〇〇八)として結実した。このような論文・論稿・講演録等については除外した。

(2) 拙編『今川氏年表』(高志書院、二〇一七年)五一頁。近時、黒田基樹氏が『今川氏親と伊勢宗瑞』(シリーズ中世から近世へ、平凡社、二〇一九年)を上梓し、巻末に氏親の年表を掲げておられる。

(3) 黒田『北条氏康の妻 瑞渓院』(シリーズ中世から近世へ、平凡社、二〇一七年)、拙稿「花蔵の乱再考」(黒田基樹編著『今川義元とその時代』(戎光祥出版、二〇一九年)。以下、家督継承の経緯は拙稿に拠る。

(4) 小和田哲男『駿河今川氏十代』(新人物往来社、一九八三年)等では、本文で示した人物以外に象耳泉奘・氏豊が氏親の子として提示されている。しかし、筆者も黒田註(2)・(3)と同様、江戸時代初期における系図類に泉奘や氏豊が確認できないことに鑑みて、氏親の男児は四人と判断している。

(5) 黒田註(3)氏親年表参照。

(6) 月舟寿桂『幻雲文集』(『続群書類従』第十三輯上文筆部)。

(7) 拙著『今川氏滅亡』(角川選書)』(KADOKAWA、二〇一八年)。

(8) 黒田註(3)。

(9) 平野氏は本書第2部Ⅲにおいて、「幕府の権威を背景として家督継承争いを優位に進めようとした」と結論づけているが、本論で述べたように、すでに今川氏被官層は義元優位としてあったと思われる。

(10) 崇孚雪斎の外交面については、拙稿「公家・将軍家との「外交関係」を支えた今川氏の側近たち」(拙編『今川氏研究の最前線』洋泉社歴史新書y、二〇一七年)参照。

(11) 「花蔵ト同心シテ」をどう解釈するか、また花蔵の乱の研究史については、前田利久「花蔵の乱の研究史と争点について」(小和田哲男編『今川氏とその時代』清文堂出版、二〇〇九年)を参照。

なお、同史料は「高白斎記」からの引用である。本史料について、『静岡県史』が編纂された段階では、従来の通称であった「高白斎記」が多くの場合で使用されていた。しかし、今後の研究を考慮すると、『山梨県史』(資料編6中世3上県内記録)が採用している「甲陽日記」のほうを使用すべきで、本書でも「甲陽日記」に統一して提示した方が好ましいと考えている。とはいうものの、義元に関する同書の内容を紹介するとき、『静岡県史』の方が検索しやすいということもあるため、両史料集の編纂された段階での歴史的背景に鑑みて、以下、引用した活字史料からの名称＝史料名をそのまま付した。ご了承願いたい。

(12) 前掲註(7)。

(13) このほか同鞍に関する論稿として、長塚孝「北条氏綱が作った鞍橋」(黒田基樹編『北条氏年表』高志書院、二〇一三年)がある。

(14) 拙稿「足利義晴による河東一乱停戦令」(黒田基樹編著『北条氏康』〈シリーズ・中世関東武士の研究 第二三巻、戎光祥出版、二〇一八年〉に再録。初出二〇一〇年)。

(15) 拙稿「今川氏対三河吉良氏再考」(『戦国史研究』七八、二〇一九年掲載予定)。

(16) 山田「三河から見た今川氏」(『静岡県地域史研究』七、二〇一七年)、水野「戦国・織豊期の西三河と水野氏」(『かりや』三九、二〇一八年)。

(17) 前註山田論文。

(18) 鱸兵庫助については、主に『寛政重修諸家譜』松平乗勝譜・鈴木重直譜で語られるが、本文以降の兵庫助の事蹟については、小川雄氏が簡潔に紹介している(「「武家足軽衆」鱸兵庫助について」『戦国史研究』六八、二〇一四年)。

(19) 前掲註(15)。

(20) 『新版　角川日本史辞典』(角川書店、一九九六)ほか。

(21) 系譜類では、関口刑部少輔を関口親永・同義広などとしているが、文書で明らかな人物は氏純である(拙稿「新発見の今川氏家臣発給文書—為広・為和歌合集紙背文書の検討から—」〈小和田哲男編『今川氏とその時代　地域研究と歴史教育』清文堂、二〇〇九年〉)。

(22) 最初にこの点について触れたのは、有光註(1)である。

(23) 前掲註(7)。

(24) 「板東八屋形」などが著名であるが、同時代史料で将軍が付与したような文書は、管見の限り見たことがない。とはいえ、本稿では通説に拠っておく。

（25）二木謙一『中世武家儀礼の研究』（吉川弘文館、一九八五年）。
（26）同右四六八頁。
（27）柴裕之『徳川家康』（シリーズ中世から近世へ、平凡社、二〇一七年）。
（28）丸島和洋「松平元康の岡崎帰還」（『戦国史研究』七六、二〇一八年）。
（29）黒田註（3）。
（30）朱印「義元」については、拙稿「今川義元の印章とその機能―方形「義元」印と円形「如律令」印を中心に―」（『戦国史研究』二一、一九九一年）を参照。なお、本稿を上梓した段階では正法寺宛の矩形「義元」朱印状は未確認であったため、検討しきれていない。
（31）静岡浅間神社ホームページ（http://www・shizuokasengen・net/yuisho・html）「御由緒」の「朝廷・国司・武門の崇敬」による。二〇一九年三月十二日閲覧。
（32）小和田哲男『駿河今川一族』（新人物往来社、一九八三年）。
（33）以下、桶狭間合戦の目的についての整理は、平野明夫「桶狭間の戦い」（日本史史料研究会監修・渡邊大門編『信長軍の合戦史』吉川弘文館、二〇一六年）を参照。
（34）③＝小和田哲男『今川義元』（ミネルヴァ書房、二〇〇四年）、④＝有光友學『今川義元』（吉川弘文館、二〇〇八年）、⑤＝藤本正行『【信長の戦い①】桶狭間・信長の「奇襲神話」は嘘だった』洋泉社、二〇〇八年）。
（35）拙稿「「塗輿」から桶狭間合戦を読み解く」（拙編『今川氏年表』高志書院、二〇一七年）。
（36）前著において、親徳等宿老クラスの人々を「　」付の「家中」としておいたが、糟谷幸裕氏から、いわゆる「家中」論で用いられる際の「家中」と齟齬があり、議論に混乱をきたしかねないといった懸念（『静岡県地域史研究会報』二二三、二〇一九年）を述べられたことから、ここでは「宿老」と表記した。
（37）小和田・有光註（34）。
（38）大塚『今川氏親・義元と家臣団』（羽衣出版、二〇〇三年）・同『戦国大名今川氏四代』（羽衣出版、二〇一〇年）など。

第1部　家督継承の前提

Ⅰ　禅宗史料の活用について――付、高松塚出土の塼輪仏塔

今枝愛眞

只今、御紹介に与りました今枝でございます。すでに退職の身で、とり立てて目新しいお話もできませんが、体験なども含めて、しばらくお話させていただこうと存じます。

ところで私はこの十年ほど『静岡県史』の編集に携っておりますが、そのなかで最近明らかにすることができました禅宗関係の一史料について、まず申し上げたいと思います。それは、駿河の戦国大名今川義元が京都五山で修行していた時代の名称が、従来間違って使われていたことに初めて気付いたことであります。

ご承知のように、これまで義元の五山時代の法名は、『今川系図』などによって梅岳承芳とされておりました。ところが、月舟寿桂の『幻雲文集』のなかに梅岳説という文章があり、それによりますと、今川義元が五山禅僧として建仁寺で修行中に使っていた承芳《じょうほう》という法諱に対して、当時五山の代表的な学匠であった常庵龍崇が梅岳という道号（字）を授けたこと、さらに、この道号に対して、五山の代表的名文家である月舟寿桂が常庵に代って作った説がこの梅岳説である、ということが判るのであります。それには、梅という字はインドの摩羅耶山という霊山だけに生えている高貴な香木の梅檀の木の名前から選び採ったものであることなどを初めとして、梅岳という道号をつけた由来について詳しく説かれています。

常識的に考えれば、梅岳承芳というのも、芳に対して梅ですから梅芳《かんば》しで、これはこれで一応名辞が相応していて、法名としては何ら問題がないように思われるかも知れませんが、義元の道号としてみた場合、梅檀は双葉より芳しと申しますように、梅と芳よりも梅と芳の方が、より的確で優れているということは疑いを入れません。おそらく、梅と梅では字形が非常によく似ておりますから、そのために誤認されたままになってしまったのではないかと思われます。したがって、五山僧時代の義元の法名は梅岳承芳でなければならないということが判ったのであります。たった一字のことではありますが、義元の五山時代の法名を近刊の『静岡県史』資料編7中世三で質すことができて、ホッとしているところであります。

因に、こんどの新しい『静岡県史』では、古代と中世の資料編につきましては、記録や古文書などの関係史料を内容に従って編集して、それらを日付の順に適宜纏めて配列する『大日本史料』の方式ではなく、文書・記録はもとよりあらゆる史料を日付によってわけて、日付順に並べ、それぞれ一点毎に、静岡県を中心とした史料の概容を示す要文をかかげるという、史料の完全割裂主義という方式を採用いたしました。従って編集などに大変苦労を致しましたが、すべての史料が年月日の順に並んでおりますので、対照などには至極便利ではないかと思います。仏教史などの研究にも活用して頂ければ幸いと存じます。

つぎに、長い研究生活の上で、幸運にも出会うことができた興味深い禅宗文書の一例についてお話したいと思います。それは昭和四十年三月、峨山和尚六百年遠忌のために、『総持寺宝物展図録』の作製を依嘱されましたとき、図らずも発見したもので、能登の門前町にある総持寺の二世で、曹洞宗を飛躍的に発展させた中心人物の峨山韶碩（一二七五—一三六五）が、出雲の安来市にある雲樹寺の開山孤峰覚明に充てた自筆書状であります。

□〔禅〕札旨委細承候畢、
御勅謚送給候、永平開闢
以来、曽無㆓其儀㆒候間、依㆓先師(瑩山紹瑾)
冥慮難㆑計候㆒、還進候、
於㆓当家御飜復事㆒、慇懃承
候、尤雖㆓本望候㆒、由良(興国寺)御再住
上者、無㆓其隠㆒候、今更洞家と御
称名難㆑信候、雖㆑然右御素意
無㆓他事㆒候者、為㆓拝塔㆒御下向候者、
以㆓面謁㆒可㆑令㆑申候、
当寺開山(瑩山紹瑾)仏事料足事、当家門
派未㆓落居㆒候間、不㆑及㆓領掌㆒候、諸
事使節僧令㆑申候、恐惶謹言、
八月(文和三年)十三日　　惣持寺韶碩(峨山)（花押）
進上　雲樹寺(孤峰覚明)方丈侍者御中

（雲樹寺文書）

この文書は、その前年、孤峰が旧師の総持寺開山瑩山のために南朝の後村上天皇から仏慈禅師という禅師号宣下の勅書を貰い受けて、それを総持寺の峨山の許に送り届け、改めて瑩山から曹洞宗の法を嗣いでその弟子になりたいと

申込んできた書状に対する、峨山の返事であります。

その趣旨は、このたび頂戴しました書状については、とくと拝見致しました。先師瑩山和尚のために、南朝から下賜された禅師号の勅書を送って頂きましたが、わが曹洞宗では、宗祖道元が永平寺を開いて以来、禅師号宣下という前例は未だありません。それに瑩山が亡くなってしまった現在では、その本心を計り知るわけにも参りません。したがって、折角のご尽力によって禅師号宣下の勅書を送って頂きましたが、このまま受取るわけには参りませんので、お返し致します。しかし、曹洞宗に復帰して、瑩山和尚の法を嗣ぎたいというあなたの御意向は、くわしく承りました。ところが、あなたは一方で法灯派の本山である紀伊国由良の興国寺に再住までされていますから、開山の無本覚心（法灯禅師）から臨済宗法灯派の法を受け継いだということは、紛れもない事実であります。したがって、いま曹洞宗に復帰して、曹洞宗の人であると名乗りたいと申込まれても、にわかに信用するわけには参りません。けれども、素志をどうしても遂げたいと考えられて、瑩山和尚のお墓を礼拝してその法を継ぐための拝塔嗣法に、能登までわざわざ出かけて来られるのであれば、お目にかかって万々ご相談致しましょう。

なお、瑩山和尚の開山忌法要の費用などにつきましては、まだ門派の間でも相談がまとまっておりませんから、あらかじめ頂いてしまうわけにはいきません。これら諸般のことにつきましては、使いの僧に詳しくお伝え致させます。

以上が書状の一通りの概容であります。しかし実はその中に、曹洞宗にとって重要な史実がいくつか含まれているのであります。

その第一は、禅師号宣下の問題であります。この書状によりますと、道元禅師が永平寺を開いて以来、曹洞宗には禅師号の宣下を受けたという前例はありませんし、瑩山が亡くなっている現在では、その意中を計り知るわけにも参りませんという理由を述べて、南朝からの禅師号宣下の勅書を孤峰の許に送り還してしまったというわけであります。従って、『三祖行業記』以外の道元の伝記類、例えば『初祖道元禅師和尚行録』『建撕記』などの道元の伝記類に記されている禅師号や紫衣勅許などの記述は総て史実ではないことが明白となったのであります。このため、それらの伝記類は余り信用できないということが判ったのであります。

第二の点は、孤峰は臨済宗法灯派の中心人物であるのに、曹洞宗の瑩山紹瑾からも法を重複して継ごうとした、嗣法重受の問題であります。これに関連してまず注目されるのは、それまでに曹洞宗と法灯派の両派の間には、いろいろ特殊な関係があったという点であります。例えば法灯派の祖無本覚心は親しく道元について大乗菩薩戒を受けていますし、その因縁で、瑩山も無本覚心について由良の興国寺で修行しております。このほか孤峰自身、能登の永光寺で瑩山から仏祖正伝菩薩戒血脈を受けるなど、両宗の間にはきわめて密接な交流が続いてきました。

いっぽう又、孤峰は南朝の後醍醐・後村上両天皇の篤い帰依を受けるなど、南朝と特別に深い関係を結んでおりました。そこで孤峰は、南朝及び曹洞宗の双方とも密接な関係にあるという自分の立場を利用して、瑩山のために後村上天皇から禅師号の宣下を貰い受け、それを峨山の許に送って、改めて瑩山の法を嗣ぎたい、と申し込んできたわけであります。

しかし当時の禅宗には、嗣法は一度だけという不文律が厳然と残っていましたから、これは当然問題なわけで、孤峰は初めから無理を承知の上で、それを強行しようとしていたことが判ります。してみますと、そこには単に法を二重に受けるという伝法上の問題だけでなく、何か別の事情があったのではないか、と考えざるを得ません。

そこで、ふと思い起こされるのは、肥後地方における当時の曹洞宗の発展と南朝勢力との関係であります。というのは、すでに鎌倉時代から寒岩義尹の派は、熊本の大慈寺や山鹿の日輪寺などを拠点にして肥後地方に勢力を伸ばしていましたし、南北朝時代には瑩山派の大智一派も、玉名市の広福寺を中心にして、この地方に進出するようになっていました。その結果、寒岩、瑩山両派は、南朝方の武時・武重・武士・武光など菊池氏一族と緊密な師檀関係を結び、その支援のもとに活溌な展開を進めていました。吉野などの南朝方が、このような九州南朝方の動向を察知していない筈はありません。

劣勢を挽回しようと狙っていた南朝方は、そこで一策を考え出したのではないかと思われます。つまり、さきのような肥後地方における南朝勢力と曹洞両派との接近からヒントを得て、いまや総持寺を中心にして全国に驚異的な発展を続けていた曹洞宗教団に、何とかして近付こうとしたのではないか。そのために、瑩山派と親しかった孤峰を介して、瑩山派の中心人物である峨山に働きかけることによって、曹洞教団を南朝方に引きよせようとしたのではないでしょうか。

もし孤峰がもたらした南朝からの禅師号宣下の背後に、そのような政治的意図があったとしたならば、それはまさに曹洞宗にとって南北両党抗争の渦中に捲き込まれかねない、重大な危機であったわけであります。けれども、幸い峨山は烱眼よくそれを見抜いて、孤峰からの申し出を断固拒否してしまったのであります。その結果、道元以来権勢には近付かないという宗門の伝統が守られたのであります。もしもこの時、孤峰の願いを聞き入れて、南朝に近付くような結果を招いていたならば、おそらく曹洞宗は南朝とともに衰運の一途を辿り、今日見るような大宗門に発展することはなかったに違いありません。その危険性を未然に防いだ識見は、高く評価されて然るべきだろうと思われます。教団・内部の諸事情について、一文書がこれほど多くの重要な史実について鮮明に述べている例も珍しいのではないでしょうか。

以上、禅宗史料二点についてお話してきましたが、次に禅宗語録や詩文の見方について少しお話したいと思います。

ご承知のように、現在の禅宗は臨済・曹洞・黄檗の三宗に別れておりますが、昔の中国では臨済も曹洞もさしたる区別がなく、同じ禅寺で共通の経典を使って一緒に学問・修行をしていたのですから、勿論法系上の違いや、そのための多少のニュアンスの違いはあるにしても、宗旨の上できわ立った本質的相違はなかったと考えた方が、実状に近いのではないか。少なくともかつての中国禅宗界には、現在日本のような曹洞・臨済・黄檗の三宗というセクト的な区別はなかったように思われます。例えば道元の場合、最終的には如浄から曹洞宗の法を嗣ぎましたが、それまでは全て臨済宗の学匠たちから禅を学んでいましたし、その教養も他の臨済僧と殆んど変わりがなかったはずであります。このような道元の経歴からも判りますように、当時の禅宗界は各派の相互交流が盛んで、同じ禅宗という意識の方が強かったのであります。

従って、道元の語録などを研究するには、まず当代禅宗の一般知識、特に日中両国の禅語録・詩文などとの比較研究こそ最も大切であろうと思います。そこで私は、いきなり道元の研究に入らないで、禅宗の主流でありました当時の日中禅宗諸派の語録・詩文を研究し、それを踏まえた上で、自分なりの新しい観点を見付けてから道元の研究に当たろうと考えたのであります。自分流の考えが或程度まとまる迄、成るべく道元には近付くまいという努力も致しました。五十才近くまで道元に関する発表を差し控えていたのは、そのためであります。大指揮者のブルーノ・ワルターが五十才まではモツアルトを指揮しなかったというひそみにも倣ったわけであります。このことは私の禅宗史観、とくに道元を新しく見直す眼を養うのに、いくらか役立ったのではないかと思っています。

それに、決して十分とは申し兼ねますが、中世の語録や詩文をより多く取扱いました経験によりますと、漢文体でありますが、作者個人々々の学問・素養・人柄などによって、各々用語や文章全体のニュアンスのいろいろな違いなどが意外に出てしまうものであります。このことは却々言葉で一口に表現しにくいのですが、読みくらべて比較研究を積み重ねて行くうちに、その差が次第に感じ取られるように思います。このような観点から、日中の禅宗語録や詩文を読み較べて、自分なりに基準を掴んでから、現存の道元の語録に当たって見たわけであります。そうしますと、当時の他の禅宗語録などと較べて、不合理な面がいくつか出てきたのであります。これは道元の語録といわれている『永平広録』だけを見ていたのでは判らないのではないかと思います。いまも『永平広録』は道元の全集などに入れられて出版されておりますが、歴史資料であるからには、より厳正なテクスト・クリティークが必要なのではないでしょうか。

私はＮＨＫブック『道元』を出版するに際しまして、それらの点についてあらかじめＮＨＫ編集局にお断りした上で、それまでの著書や論文では控えておりました『永平広録』その他に関する私見の要旨を、巻末の「参考文献」の項に意を決して発表致しました。詳しくはそれをご覧頂きたいと存じます。『正法眼蔵随聞記』に関する考え方や、道元と白山天台との関係についての私見などとともに、徐々にではありますが、一般に理解されつつあるのではないかと思っております。

このように、道元に限らず、一般に禅宗の語録や詩文は普通の漢文とも違い、仏教的用語や禅特有の知識などが加わっていて、難解な点が多いとされています。そのために一般仏教史の分野も含めて、他の研究者には兎角敬遠され勝ちであります。しかし、禅文学の資料としてだけではなく、仏教史はもとより一般の歴史資料としても、より広く利用されて然るべきではないかと思っています。最近漸く一部の学者によって対外関係資料などとして活用されているのは、大変喜ばしい傾向だと思います。

ところで、この禅宗の語録や詩文をひろく歴史研究の分野などに生かすには、人名・地名など個有名詞の総合索引があったならば、どんなにか有効だろうと思うのであります。ところが、禅宗資料のなかには大抵法名で出ておりますから、その人物が誰であるかを判定する基礎作業が前提条件になります。そこで先ず、諸家の系図や記録類などを材料にした法名・俗名などの索引作りが必要になります。

御承知のように、この点につきましては東大の史料編纂所が昭和八年に出しました『読史備要』の中に、「法号幷称号索引」というものがございます。しかし、明治になって政府が『大日本史料』の編纂出版を開始しましたときに、『系図纂要』『諸家系図纂』などを材料にして編纂用の道具として急遽作ったもので、もともと出版を意識していたわけではありません。それを昭和になりまして、これは便利だからというので、殆んど元のまま『読史備要』の中に入れて出版してしまったというものでありますから、いろいろ不備な点があります。

先程の今川義元の法名はどちらも載っておりません。事実、戦后の再版のときも、訂正を加えて、現在の学問水準に合ったものに手直してからにすべしという意見がありましたように、もう一度これを整理し直して、使い易いものにする必要があるでしょうし、さらにそれを基にして、禅宗語録や詩文の人名・地名などの総合索引が出来たら、どんなにか便利であろうと思っています。それらが完成された暁には、これまで知られていなかった新しい史実がいろいろ浮かんで来るのではないか、最初に掲げました今川義元の禅僧時代の道号の説などは当然もっと早く判っていた筈でしょうし、広い分野にわたって禅宗史料が生かされるのではないかと思います。

最後に、余談になりますが、富岡鉄斎が人に贈った埴輪とそれについていた送り状について少しお話したいと存じます。

ご承知のように、鉄斎といえば、明治から大正にかけた文人で、画家や書家としてもよく知られ、儒学・仏典を深く学んで、学問と芸術を一体化して東洋画の神髄を会得した独特の書画は、近代日本が生んだ不世出の天才とも言われ、極めて高く評価されています。

ところで、この送り状には日付がありませんが、後年の画賛などに見られる独特の角張った筆蹟とは違っていて、大変流麗な達筆で、多分若い頃、すなわち三、四十歳代頃の明治初期のものではないかと一応考えられます。

つぎに本文をみますと、埴輪の略図について、

右者、大和国高市郡
文武天皇安古岡陵ノ
御陵ヨリ出ル埴輪《ハニワ》、但シ、昔時之人形也、
進上致候也、　富岡
　今井様

とあります。文武天皇は、聖武天皇より三代前の四十二代目の天皇で、西暦七〇七年に二十五歳で崩御された方であります。

この文面から、この埴輪は飛鳥にある文武天皇御陵から出た古代の人形で、大変珍しいものであるから、是非差上

げたいと、鉄斎が今井某に送り届けたものであることが判ります。したがって、書状の文面はごく簡単なもののように思われますが、意外にも思いがけない幾つかの注目すべき点が存在しているのであります。

まずその第一は、贈り先の今井様というのは一体誰なのか、鉄斎とどんな関係の人なのか、という点であります。いろいろ調査致しました結果、その人物とは、幕末期の尊皇攘夷論者たちに絶大な影響を及ぼした平田篤胤門下の国学者で、国粋主義者である大国隆正ではないか、と思い至りました。その隆正は、島根県石見市津和野の出身で、旧姓は今井であることも判りました。しかも鉄斎にとっては、なんと少年時代の恩師に当っていたのであります。従って、かつての教え子である鉄斎が、かねて入手していた珍しい埴輪を恩師に贈って喜ばせようとしたことが判ったのであります。そして隆正は、明治四年八月十七日に八十歳で亡くなっていますから、この書状はそれ以前、鉄斎がまだ若かった三十六歳の明治四年八月以前のものである、ということも判明致しました。

次に第二の問題点は、この埴輪が埋蔵されていた文武天皇安古岡陵の所在についてであります。そこで宮内庁御陵係で調べましたところ、文武天皇陵は元禄十年頃いったん高松塚古墳（平田村）に指定されましたが、その後に他の古墳に変更され、明治元年になって、再び高松塚古墳に改められ、さらに明治十四年に、今度は高松塚から少し離れた丘の高い場所にある現在の御陵（御国村字塚穴）に指定変更になって、今日に到っております。

以上の考察をまとめますと、まず第一に、書状の宛先の今井様は、まぎれもなく恩師の大国隆正であり、その没年は明治四年八月ですから、鉄斎がこの書状を書いたのはそれ以前ということになります。したがって、高松塚が文武天皇陵に再度指定されました明治元年にほぼ近い頃のもの、ということが判ります。

ところで、改めていうまでもなく、明治元年といえば、尊皇思想を鼓吹してきた隆正にとっては、大政奉還、王政復古が実現した寔に慶賀すべき年であった訳であります。しかも、なんと隆正の喜寿の歳にも当っていて、二重にお目出度い年でありました。そこで、かつての教え子である鉄斎は、恩師の隆正を喜ばせてあげようと、王政復古に因んだ祝品には絶好な引出物として、文武天皇の安古岡陵から出土した埴輪の人形を贈ったに相違ありません。以上のような諸点から考えると、この書状は明治元年のものということが判ります。ただし、この埴輪は鉄斎が考えていたような古代の人形などではなく、実は泥塔とよばれている古代の土製スツーパ（卒塔婆）で、仏塔の一種であったのであります。したがって、これは数少ない日本最古の貴重な仏教遺物の一つということになります。

しかも、たまたま明治元年に文武天皇陵に指定されたのは、極彩色壁画のある装飾古墳で一躍有名になった例の高松塚古墳であったのですから、鉄斎の書状の通りとすれば、この埴輪の仏塔は、高松塚古墳の埋蔵品であったと考えられるのではないか。但し、その入手経路などについては明らかでありません。

ところで、先頃テレビで、高松塚古墳の色彩の華やかさは聖徳太子の墓に適わしいのではないかという推測が述べられていましたが、ただ華やかというだけでは、歴史的な論拠としては不十分だといわなければなりません。

しかしながら、立派な装飾古墳という点から考えると、高松塚が身分のきわめて高い人の墓であったということは確かですし、また、先に考証しましたように、鉄斎が隆正に贈った埴輪の仏塔は、同古墳の埋葬品であったわけでありますから、この古墳の埋葬者は、きわめて高貴な身分の、しかも当時としては稀な仏教の篤信者であったということは否定できません。

さらに、高松塚と文武天皇陵の双方がある丘陵全体の形状から判断致しますと、高松塚の方が、明治十四年になって改定された現在の文武天皇陵よりも丘の前方先端にありますので、常識的に考えれば埋葬者未詳の高松塚の方が先に作られたのではないか、とも考えられます。そして又、聖徳太子の没年は、文武天皇薨去の七〇七年より八十五年前ということも事実であります。だからといって、いま直ちに高松塚古墳と聖徳太子の墓とをそのまま結び付けてしまうわけには参りませんが、これらの諸点を総合致しますと、この埴輪の仏塔は聖徳太子の墓の埋葬品であると特定はできないけれども、少なくとも太子にかなり近い人物ゆかりのものであろう、ということになるのではないでしょうか。

Ⅱ

今川氏輝文書に関する一考察

前田利久

はじめに

戦国大名今川氏歴代のなかで、短命なるがゆえに短期政権で、しかもその間に二度にわたって母寿桂尼の代行・補佐を受けたのが、今川氏第八代氏輝である。このため氏輝の発給文書の残存数は他の当主と比べ著しく少なく、また氏輝・寿桂尼の文書の考察についても、久保田昌希氏の論考が見られるだけである(1)。

氏輝が家督に就いていた期間は、氏親の死去によって家督を継いだ大永六年（一五二六）六月から没する天文五年（一五三六）三月までのわずか十年間であった。しかもこの間に出された今川氏の文書は、表1のように寿桂尼文書（第一期）→氏輝文書（第一期）→寿桂尼文書（第二期）→氏輝文書（第二期）といった具合に、寿桂尼の朱印状と氏輝の判物が交互に出されていることが最大の特徴と言え、久保田氏はこれを「寿桂尼・氏輝連合政権期」と位置付けている。さらに氏は寿桂尼文書の第一期を「氏輝の代行ではなくて氏親の権限を継承」していた期間と位置付け、このあと出された大永八年三月二十八日の氏輝初見文書をもって「はじめて（氏輝が）今川氏を実質的に継承」した時とし、さらに寿桂尼文書の第二期を「氏輝の代行・後見としての」期間、と位置付けている(2)。また、久保田氏は、寿桂尼が氏輝政権を表に立って支えなければならなかった理由を、氏輝が「執務不可能」な状態にあったからで、それは第一期の場合、氏輝が家督を継承した当時十四歳という若年であったためであり、第二期では氏輝が「元来病弱であった」と思われる点から説明している。しかし病弱説の根拠については、具体的な文書の検討によって裏付けされているとは言いがたい。氏輝政権が短命に終わっただけに、その一因ともなりうる病弱説は興味深いのであるが、残念なことにそれを探るべき氏輝文書については、数々の新史料発見の成果を挙げた『静岡県史』の編さん事業でさえも先学が把握した文書以外の新たな発見は今のところ見られない。このことは寿桂尼文書においても同様である。

とにかく氏輝政権は今川家の歴代のなかで不安定な期間であったことは否定できず、この間に戦国大名として特に目につくような政治的業績は見られない。しかし、他氏の侵略や内乱を防いで氏親が広げた領国をよく維持し、このあと黄金期を築いた義元政権への中継ぎを果たしたことも事実である。さらに、急死というかたちで終止符が打たれた氏輝政権だが、仮に病弱であったとしても文書の発給数からいえば、晩年の氏輝の様態は安定化の傾向にあったようにも思える。この時の今川家はどのような状況にあったのだろうか。安定、そして体制拡充の途にあったのか、はたまた内部崩壊につながるような要因を孕んでいたのだろうか。この問題追究を長期的な課題とし、小稿では限られた氏輝・寿桂尼文書について、これまでなされることのなかった花押や右筆・書式などに視点を置き、氏輝政権の一側面に触れてみたい。

一、氏輝の花押について

管見の限りでは氏輝の初見文書として、大永八年（一五二八）三月二十八日に出された判物が六点確認できる。このうち原文書として残る三点（表1⑤⑥⑦）は、いずれも遠江国見付の八幡神社神主である秋鹿氏に宛てたものである。ところがこの三点、並べてみると一目で花押の形がそれぞれ微妙に異なることに気づき、これが同じ日に書かれたものかと眼を疑う（後掲図1）。とくに⑥の花押については、左から引いた横線の筆が弱く、震えさえ見られる。また⑤の花押では全体的に勢いがなく、稚拙にさえ思える。

そこでこの三点が正文か否かを確認する必要がある。まず料紙は、いずれも法量[3]・紙質において同様の楮紙を用いている。次に右筆について検討すると、その書体から⑥と⑦は同一人物とみなされるが⑤は別人と思われる。そこで仮に⑤の右筆をA、⑥⑦の右筆をBとして他の氏輝文書と照合してみると、両者とも存在が確認できる（後掲表2）。さらに一点だけ残る懸紙は⑦と同じ宛名書で、筆跡も同様に右筆Bの筆による。懸紙の法量は本紙よりも縦横六ミリほど小さいが、紙質は本紙と同様であり、三点が一緒に収まるサイズとなっている。以上のことから、「秋鹿文書」のなかの三点の今川氏輝判物は、もともと同じ時に書かれ、一つの懸紙に収めて出された正文と思われる。

一方、「秋鹿文書」と同日に出された他の三点はいずれも写本であるが、このうち「土佐国蠧簡集残編」三に収められた松井八郎宛の氏輝判物の二点（⑧⑨）は、書写する際に用紙の大きさに合わせて改行を行っているものの、本来の改行場所を明示するなど原本を尊重している。しかもその書体は右筆A・Bの特徴をよくとどめており（後掲表2）、このためこの文書については原文書を影写もしくは忠実に模写した可能性がある。参考までに両者を比較してみると、やはり両文書の花押には微妙な違いが見られ、⑧は⑥の花押に近く、⑨は⑦に近い（図1）。

判物は本来、右筆が書き上げた書類に、発給者が自ら花押を書き入れて正式な文書となるわけで、したがって自筆

表1　氏輝期における今川氏発給文書一覧

番号	西暦	年月日	花押	朱印	真字	かな	右筆	形態	内容	備考	宛名	出典
1	一五二六	大永6・9・26		○		○	B	竪紙	安堵	影写	大山寺理養坊	大山寺文書・静337
2	一五二六	大永6・12・26		○		○	A	折紙	寄進	影写	しゃうけいし	正林寺文書・静341
3	一五二六	大永6・12・28		○		○	B	折紙	沙汰	写真	あさひな弥次郎	沢木文書・静342
4	一五二七	大永7・4・7		○		○	B	折紙	免許		心月庵	玖遠寺文書・静345
5	一五二八	大永8・3・28	○		○		A	竪紙	免許		神主秋鹿	秋鹿文書・静362
6	一五二八	大永8・3・29	○		○		B	竪紙	安堵		八幡神主	秋鹿文書・静362
7	一五二八	大永8・3・30	○		○		B	竪紙	安堵		神主秋鹿左京亮	秋鹿文書・静361
8	一五二八	大永8・3・31	○		○		Aカ	竪紙	安堵	影写カ	松井八郎（当知行之事）	蠹簡集残編　三・静362
9	一五二八	大永8・3・32	○		○		Bカ	竪紙	安堵	影写カ	松井八郎（厨領家分事）	蠹簡集残編　三・静362
10	一五二八	大永8・3・33	○		○		―	竪紙カ	安堵	謄写	匂坂六良五郎	向坂家譜・静362
11	一五二八	大永8・8・7	○		○		―	竪紙	安堵	謄写	雅村太郎左衛門尉	判物証文写附一・静365
12	一五二八	大永8・8・13	○		○		B	竪紙	安堵	影写	大山寺理養坊	大山寺文書・静365
13	一五二八	大永8・9・7	○		○		A	竪紙	安堵		久能山院主御房	久能寺文書・静366
14	一五二八	大永8・9・15	○		○		B	竪紙	安堵		新長谷寺千代菊	長谷寺文書・静366
15	一五二八	大永8・9・17	○		○		A	竪紙	免許		神主中山将監	中山文書・静367

16	一五二八	享禄1・10・18		○		○	B	折紙	安堵		大井新右衛門尉	七条文書・静367
17	一五二九	享禄2・3・19		○		○	B	竪紙	免許		大石寺	大石寺文書・静370
18	一五二九	享禄2・12・7		○		○	A	折紙	安堵		五とうせんゑもん	後藤文書・静374
19	一五二九	享禄2・12・11		○		○	B	折紙	免許		めうかく寺	妙覚寺文書・静374
20	一五三〇	享禄3・1・29		○	○		A	竪紙	免許		本門寺	北山本門寺文書・静376
21	一五三〇	享禄3・3・18		○		○	B	竪紙	安堵		千代菊（新長谷寺）	長谷寺文書・静379
22	一五三〇	享禄3・6・27		○		○	―	竪紙	安堵	謄写	玖遠寺	玖遠寺文書・静382
23	一五三〇	享禄3・6・30		○		○	B	竪紙	安堵		極楽寺	玖遠寺文書・静382
24	一五三一	享禄4・3・23		○		○	B	竪紙	免許	影写	酒井惣さゑもん	酒井文書・静396
25	一五三一	享禄4・閏5・1		○	○		B	竪紙	制札		華厳院	華厳院文書・静397
26	一五三二	享禄5・3・6	○		○		Aカ	折紙	承認	影写	（昌桂寺）	正林寺文書・静341
27	一五三二	享禄5・4・21	○		○		―	竪紙	裁許	模写	三浦露千代	三浦文書・静408
28	一五三二	享禄5・4・21	○		○		―	竪紙	安堵	模写	三浦露千代	三浦文書・静408
29	一五三二	享禄5・5・3	○		○		―	竪紙	安堵	謄写	欠（久能寺）	久能寺文書・静410
30	一五三二	享禄5・6・20	○		○		A	竪紙	安堵		大石寺	大石寺文書・静411
31	一五三二	享禄5・8・21	○		○		A	折紙	安堵		欠（江尻商人）	寺尾文書・静413

32	一五三二	享禄5・9・3	○		○		A	竪紙	定書	影写	昌桂寺	正林寺文書・静414
33	一五三二	天文1・9・19	○		○		A	竪紙	安堵	影写	長善寺	長善寺文書・静414
34	一五三二	天文1・10・4	○		○		—	竪紙	安堵	謄写	元淑僧（神龍院）	判物証文写今川四・静415
35	一五三二	天文1・11・27	○		○		A	竪紙	安堵		富士宮若	大宮司富士家文書・静417
36	一五三三	天文2・2・5	○		○		A	竪紙	安堵		法多山	尊永寺文書・静419
37	一五三三	天文2・5・24	○		○		—	竪紙	安堵	謄写	玖遠寺	玖遠寺文書・静422
38	一五三三	天文2・10・19	○		○		—	竪紙	安堵	謄写	富士山興法寺寺務代辻坊	旧辻坊葛山氏文書・静427
39	一五三三	天文2・12・4	○		○		A	竪紙	免許	影写	大沢	大沢文書・静434
40	一五三三	天文2・12・10	○		○		A	竪紙	安堵		満願寺栄午	満願寺文書・静436
41	一五三三	天文2・12・26	○		○		—	竪紙	安堵	謄写	慶南院厳意	判物証文写附二・静437
42	一五三四	天文3・1・17	○		○		C	竪紙	宛行		中山兵庫助	富永文書・静438
43	一五三四	天文3・2・21	○		○		C	竪紙	安堵		日吉能登権守	日枝神社文書・静442
44	一五三四	天文3・2・27	○		○		C	竪紙	沙汰		大石寺	大石寺文書・静442
45	一五三四	天文3・5・25		○	○		—	折紙	沙汰		大田神五郎	判物証文写附二・静445
46	一五三四	天文3・6・5	○		○		—	切紙	安堵	謄写	加々爪右京亮	加々爪文書・静445
47	一五三四	天文3・7・3	○		○		Cカ	竪紙	安堵	模写	欠（大岡庄上下之商人問屋）	駿河志料巻九三・静446

48	一五三四	天文3・7・13	○		○		｜	竪紙	安堵	謄写	興津藤兵衛尉	興津文書・静447
49	一五三四	天文3・8・14	○		○		A	竪紙	禁制		真珠院	真珠院文書・静448
50	一五三四	天文3・11・7	○		○		C	竪紙	裁許		井出神左衛門尉	浅川井出文書・静453
51	一五三四	天文3・12・16	○		○		｜	竪紙	安堵	謄写	原川又太郎	浅羽本系図四七・静454
52	一五三五	天文4・5・16	○		○		C	竪紙	安堵	影写	押領家	大沢文書・静459
53	一五三五	天文4・5・30	○		○		C	竪紙	安堵	影写	大山寺当院主秀源法印	大山寺文書・静461
54	一五三五	天文4・6・4	○		○		｜	竪紙	安堵	謄写	辻坊頼真	旧辻坊葛山氏文書・静462
55	一五三五	天文4・7・17	○		○		C	竪紙	免許	影写	欠	六所文書・静463
56	一五三五	（天文4）8・20	○		○		｜	｜	感状	謄写	孕石郷左衛門	孕石文書・静464
57	一五三五	（天文4）9・5	○		○		｜	｜	感状	謄写	太田又三郎	感状写・静465
58	一五三五	天文4・10・18	○		○		｜	竪紙カ	沙汰	謄写	匂坂六良五郎	向坂家譜・静465

※・花押は氏輝のもの。朱印は寿桂尼のもので印文は「帰」。・「｜」は判読不能を意味する。・出典の「静」は、『静岡県史』史料編7中世三。

の証しとなる花押は、何度書いても酷似していなければならないのが原則である。ただし、長い間に線の伸縮があったり、曲線や画数が変化する場合もある。また何かを契機に意図的に書風を変える場合もある。しかし、このように同じ日に書いたものがこれほど異なることは特殊といえよう。もっともこの当時氏輝は十六歳で、同じ十代で家督を継いだ氏親・義元・氏真に比べても三、四歳若い。しかし自署であることを証明する花押だけに、そのためいくたび

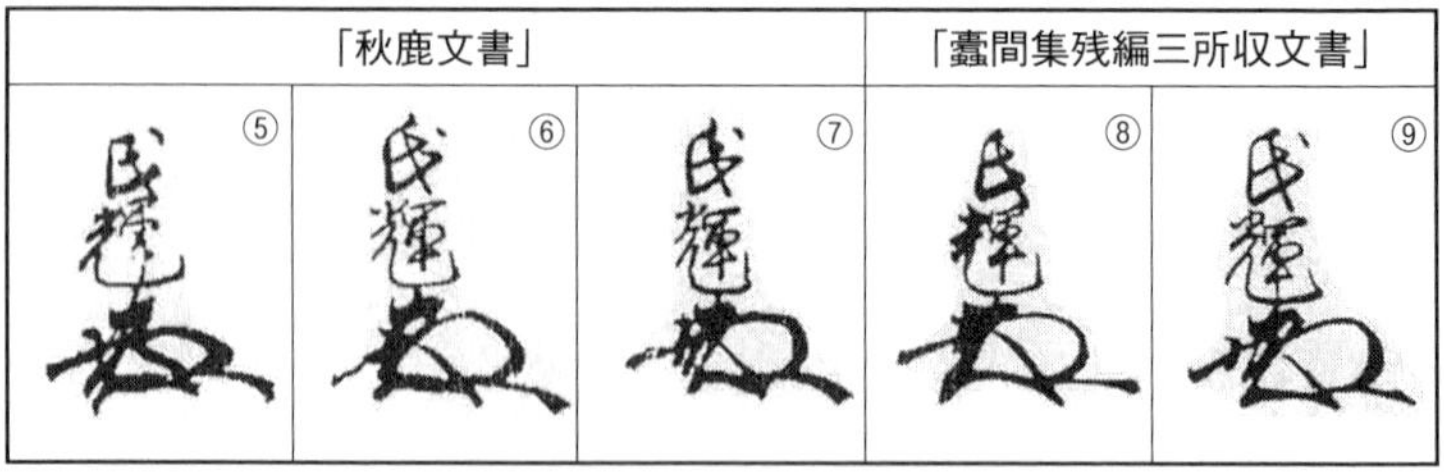

天文 2. 12. 10 ㊵　　同 3. 1. 17 ㊷　　同 3. 2. 21 ㊸　　同 3. 2. 27 ㊹

上：図１　今川氏輝初見文書の花押（※◯内の数字は、表１の文書番号）
下：図２　氏輝第２期の花押

書いても同様のものが書けるよう日頃練習しておくのが当時のならいでもあろう。そうした点で、このころの氏輝は花押に習熟していなかったように思える。

それでは後期、二十代に入ってからの氏輝の花押はどうだろうか。後期に入ると右側の曲線部分が横長であったのが丸くなり、左方の横線は上部から引かれるようになり、右側に引いた線は長さを増す傾向にあった。天文二年（一五三三）以降になると曲線部分が縦長となり、同年十二月十日以降は左方の線が短めになるという、段階的な変化が見られる。

しかしよく見ると、その変化に不自然さが見られるものもある。天文二年十二月からと翌三年二月までの㊵㊷㊸㊹の四点（図２）は三ヵ月以内に出されたもので、時間的にさほどの隔たりはない。だが、この四点の曲線部分を順に見ていくと、縦長→丸→縦長→丸と交互に変化していて一定ではない。このような不自然な花押の変化は、氏親・義元・氏真といった他の歴代当主には見られず、意図的に変化させたというよりも、同様には書けなかったものと思われ、そこに身体的あるいは精神的な不安定さを感じるのである。

二、氏輝の右筆について

文書の作成に際して氏輝のもとにA・B二人の右筆がいたということを先に述べた。これはあくまでも筆跡から判断したもので、文書のなかから右筆の名前や地位・人数などを確認することはできない。しかも同じ右筆でも時間の経過とともに書体が変わるだけでなく、同日に書いたものや同一文書のなかでさえも書体を変える場合がある。さらに折紙ともなると文字も略式となるため分類は容易でない。そこで頻出する文字をいくつか選んで分類を試みた（表1・2）。これによるとA・B両名の筆跡は、氏親文書のなかからも確認でき、右筆Aは氏親政権の中頃である永正二年（一五〇五）から[4]、右筆Bは晩年の大永二年（一五二二）から[5]登場する。このことから、右筆は代替わりに関係なく継続して職務に就いたようである。さらに寿桂尼の朱印状を見た場合、かな文字を用いていることから書風は変わるものの、漢字で書かれた国名や年号・日付などの筆跡からA・B両名の筆であることが分かる。このことから寿桂尼は、とくに別個の右筆を抱えていたわけではなく、彼女が出した朱印状は氏輝と同じ部署で作成されたことが分かる。

また右筆の変遷について検討すれば、表1に示したように右筆Bは途中から右筆Cと交替したようで、この当時右筆は二名と決まっていたようである。ちなみに右筆Aは、管見の限りでは天文三年（一五三四）八月(49)を最後に、義元政権下ではその存在が確認できないが、右筆Bは義元期である天文八年[6]には復帰して同十四年[7]まで勤めたあと、別の右筆[8]と交替する。なお右筆Cは義元政権下で長く活躍し、その筆跡は同二十二年[9]ごろまで確認できる。

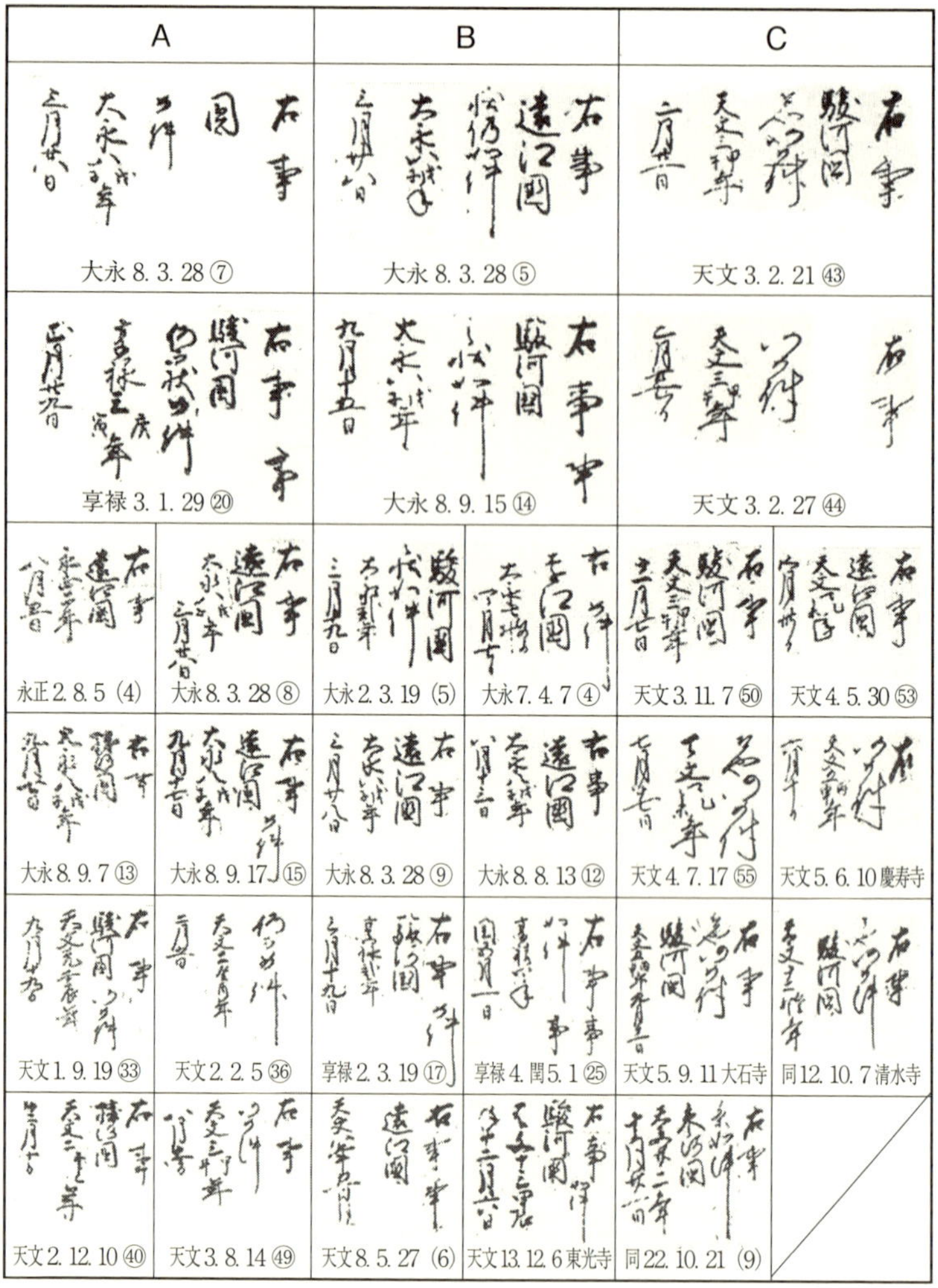

表2　今川氏輝の右筆分類（筆跡の特徴） ※○内の数字は文書番号、（　）内の数字は註番号を示す。

三、寿桂尼の朱印状について

寿桂尼の発給文書の特徴に、氏輝と同じ右筆の筆でありながら女性特有のかな文字で書かれ、そのすべてに「帰」の印文の朱印が捺されていることが挙げられる。ところが、かな書以外の文書にも朱印が捺された場合もある。これについてはすでに久保田氏が寿桂尼文書の中から三点を指摘し、「氏輝の出すべき文書が寿桂尼によって出されていることから（中略）氏輝は執務不可能ということも充分考えられる」という見解を述べている。[10] ただし久保田氏の論拠は、三点の朱印状が真字（漢字）で書かれているという特殊性の指摘に止まり、個々の文書についての具体的な検討は行ってはいない。そこで以下三点の朱印状について検討してみたい。

（懸紙ウハ書）
「本門寺　　氏輝」

□（「帰」朱印）

駿河国富士北山之内本門寺之事
一、棟別并諸役、為不入之地御免許之事
一、本門寺々号証文御領掌之事
一、於彼地、従地頭陣僧棟別諸役等不有之之事
右条々、如先御判之旨、為不入之地定置者也、仍如件、
　享禄三庚寅年正月廿九日　氏輝
本門寺

この文書（⑳）には、袖に寿桂尼の捺印があるものの、きわめて不自然な形態をなしている。すなわちすべて真字を用いて書かれているだけでなく、日下には「氏輝」の署名も見られる。言うまでもなくここまでが右筆の作業によるものであり、氏輝がこのあと花押をすえるだけの状態となっている。したがって当文書は、本来氏輝の判物として出されるはずであったことが分かる。ところが何らかの事情があって、用意された文書に氏輝が花押を署せない状態となってしまったため、急遽寿桂尼の朱印を袖に捺して対処したものと思われる。しかしそれにもかかわらず、実際にはこの文書は懸紙に「本門寺　氏輝」と書かれたままの状態で出されたのである。このことからこの文書は寿桂尼の朱印を用いながらも、それは氏輝の花押の代印であって、あくまでも氏輝の名において出された朱印状であったことが分かる。

この文書が出されたのは、寿桂尼文書のなかでも寿桂尼が氏輝の代行として朱印状を発していた第二期の半ばあたりで、この前後に氏輝が文書を出した形跡は見られない。それだけに、突然の氏輝文書の作成はきわめて謎めいている。内容的には「先御判之旨」、すなわち氏親が先に認めた寺号や不入、陣僧・棟別等の免除を承認したもので、この程度の処置はすでに寿桂尼も他所に対して行っており、ことさら不自然な形態の文書を発するよりも、これまでどおりの寿桂尼朱印状の書式に改めて発したほうが違和感がなかろう。このことから、この当時氏輝が再び政務に復帰するという動きが公然としていたことが推測できる。ところが、突然に何らかの事情でそれが不可能となったため急遽寿桂尼の朱印で対応したのであろう。言い換えれば従来の寿桂尼朱印状が御屋形の執務不可能を表していたのに対して、寿桂尼の代印は御屋形の執務可能を意味しているといえよう。しかし、実際には氏輝に復帰のめどが立たなかったため、このあとも寿桂尼が従来のようなスタイルで代行することとなったと思われる。

こうした寿桂尼の朱印状に関する例外とでもいうべき、真字書の文書の二例目として享禄四年（一五三一）閏五月一日に華厳院に出された制札（㉕）がある。

制札□（「歸」朱印）

一、於寺中不可伐取竹木事
一、不可殺生之事
一、不可狼籍之事、并寺領共、
一、閣棟別之事、并門前共、
右、定所如件、
享禄四年閏五月一日
華厳院

これには「制札」文言の下に寿桂尼の朱印が捺されているが、今川氏の制札や禁制における朱印は、「禁制」・「制札」文言にかけて上部に捺すのが通例であって、このように下に捺した朱印は異例ともいえる。しかも今川氏が禁制や制札に朱印を用いるようになるのは基本的には天文十四年（一五四五）以降のことで、それ以前は袖に花押を署した袖判が原則となっている。さらにこの制札は、現時点では第二期寿桂尼文書の最終文書となっているが、このあと確認できる今川氏の文書が、翌年三月の氏輝証判（㉖）に始まる第二期氏輝文書であることを考えると、氏輝には享禄四年（一五三一）閏五月の段階で政務に復帰しようとする動きがあったのではなかろうか。すなわち華厳院に出された制札も、本来は氏輝が袖花押をすえるつもりで作成されたもので、寿桂尼の朱印は氏輝の袖判に代わるものと考えることができよう。

このあと氏輝は没する前年の天文四年（一五三五）までの三年間、連続して文書を発給することとなり、ようやく氏輝政権が軌道に乗って動きだしたかのようにみえる。ところがこれについて疑問を投じるのが、例外ともいえる次の文書㊺である。

（「帰」朱印）

[富]士金山江上荷物五駄、毎月六度、甲州境目雖相留、金山之者共為堪忍分不可有相違、若甲州へ於通越有之者、堅所被加成敗、仍如件、

天文三甲午

五月廿五日

大田神五郎殿

しかも、この文書も真字を用いているという特殊性においては前掲の二点と共通しており、当初は氏輝の判物として作成された可能性が高い。ただし、この文書の場合、文書⑳のような右筆の筆による「氏輝」の署名が見られない。残念ながらこの文書の原本の存在は確認できていないが、「判物証文写」によれば、この文書は折紙であったことが分かる。したがって、この文書も袖に氏輝の花押を署した氏輝判物となるはずであったものと考えられるのである。

このように寿桂尼朱印状のなかの例外ともいえる真字書の朱印状は、いずれも氏輝が発するものとして作成された可能性が高く、また実際に氏輝の名のもとに出されたものと思われる。したがってここに用いた寿桂尼の朱印はあくまでも氏輝の花押に代わるものであって、寿桂尼の政務のもとで出された寿桂尼朱印状とは性格が異なっていよう。

こうしてみると、これまで氏輝が家督を継いでから没するまでの十年間は、寿桂尼と氏輝がそれぞれ二期にわたって交互に政務を執り、その交替は明確でスムーズに行われたように思われていたが、実はかなり不安定な状態であったと考えられる。

おわりに

このように氏輝の文書を寿桂尼文書と併せて検討してみると、氏輝は久保田氏が指摘したような、政務不可能となる健康上の障害を抱えていたことが察せられるのである。しかしその症状が、単に氏輝が花押を署すことができない程度のものであるならば、父氏親のように氏輝が自身の印判を用いればよい。にもかかわらず氏輝は自身の印判を一切用いていない。このことから、氏輝の症状は一度悪化すると長期間政務が執れないような状況に陥ったのではなかろうか。またこのことはある程度公然となっていたものと思われ、氏輝の健康状態については家臣団をはじめ領民の関心が集まるところであったと思われる。したがって、氏輝独自の朱印状が発給された場合は、かえって不透明な政権となりかねない。むしろ氏輝自身が花押を署した判物を出すことは、たとえ書体に不安定さがあっても健在ぶりを明示するわけであり、寿桂尼の代印が押された真字書の文書も氏輝が執務可能な状態であることを示し、寿桂尼の朱印を用いることによって文書の有効性を表しているといえよう。とはいえ、為政者がこのような不安定な状態で文書を発するということは、文書作成にかかわる家臣をはじめ、これを受け取る家臣や領民の間に動揺を招く要因ともなろう。このように考えると氏輝には、もとより長期安定政権が望めなかったように思われるのである。

ただし、これはあくまでも文書の書式や発給形態から察せられることであり、『宗長手記・日記』や『為和集』など当時の文献からは健康を害していたような記述は特に見られない。それどころか歌会を開いたり、甲斐の武田信虎と一戦を交えるなどの行動は、氏輝の健在ぶりを示しているかのようである。さらに天文五年（一五三六）二月、氏輝は北条氏綱に会するために小田原に赴き、ひと月近くも駿府を留守にする。[11]ところが帰館後十日余り経過したある日、突然危篤状態に陥って三月十七日に死去する。[12]それも弟彦五郎と同日の死であった。[13]この彦五郎は氏輝の弟のなかでただ一人今川家中に在った人物だけに、家督の第二継承権を有していたと思われ、それだけに両名の死については疑惑視されるところである。[14]しかも今川家の存亡にかかわる重大事件にもかかわらず、両者の死因については文書や『今川記』、『寛政重修諸家譜』などの今川家に関する主要な文献にも記されることなく、それがかえってただの死ではなかったような印象さえ与えている。

こうしたなかで「浅羽本系図」所収の今川系図は他の諸系図とは異なって、唯一氏輝の死因に触れていて興味深い。それは「為氏輝入水、今川怨霊也」という簡単な注記だが、氏輝の死は入水自殺によるものとしている。しかも「怨霊」という文言からは、氏輝が何らかの事情で自殺に追いやられてしまったようなきわめて事件性の強いものと解釈できるのである。もしこの注記のとおり氏輝の死が事件性を伴うものであったのなら、義元政権の誕生の背景について再検討が必要となろう。何故ならば、氏輝の死後に家中が二分して後継者をめぐって争うことになるわけで、[15]義元政権はこの花蔵の乱という陣痛を乗り越えて誕生するからである。小稿では触れることができなかったが、今後は氏輝政権を支えてきた重臣たちにも目を向けてみたい。

註

（1）久保田昌希①「今川氏親後室寿桂尼発給の文書について」（『駒沢史学』二四号、一九七七年）・②「今川氏輝とその文書」（『駒沢大学史学論集』八号、一九七八年）。
（2）久保田昌希「今川氏の興亡に生きた尼御台」（『歴史と人物』一九八二年七月号）。
（3）⑤⑥⑦の法量は⑤と⑥がともに縦三〇・八×四四・一センチメートル、⑦は縦三〇・八×四四・二センチメートル。
（4）永正二年八月五日付今川氏親判物（「長松院文書」『静岡県史』資料編7中世三―一四一頁）以下『静県史』と略す。
（5）大永二年三月十九日付今川氏親判物（「北山本門寺文書」『静県史』二八一頁）。
（6）天文八年五月二十七日付今川義元判物（「摩訶耶寺文書」『静県史』五〇五頁）。
（7）天文十四年二月十五日付某禁制（「頭陀寺文書」『静県史』六〇八頁）拙稿「今川家三代に仕えた右筆」（『静岡県地域史研究会報』第八六号）を参照。
（8）天文十七年十一月十九日付今川義元判物（「大平寺文書」『静県史』六七三頁）など。
（9）天文二十二年十月二十一日付今川義元判物（「法蔵寺文書」『静県史』七九五頁）。
（10）久保田昌希註（1）①論文。
（11）「為和集」（『静県史』四六九頁）。
（12）「快元僧都記」（『静県史』四六九頁）。
（13）「為和集」・「高白斎記」（『静県史』四六九頁）。
（14）小和田哲男著『戦国今川氏―その文化と謎を探る―』（一九九二年静岡新聞社刊）。
（15）拙稿「〝花蔵の乱〟の再評価」（『地方史静岡』一九号、一九九一年）。

Ⅲ　今川氏家臣福島氏の研究
――遠州大福寺文書の検討を中心にして

弥永浩二

はじめに

戦国大名研究において今川氏の研究は、その主となるものの一つであるといえる。今川氏研究のこれまでの流れは、有光友学氏の著書『戦国大名今川氏の研究』のなかに詳しい。[1] これによれば今川氏の研究は八〇年代以降、多角的にまた活発に進められて現在に至っている。ことに史料面においては『静岡県史　資料編7中世三』の刊行は、研究の大いなる援けになるものである。また、最近刊行された『静岡県史　通史編2中世』は、これまでの研究成果が結実されたものといえる。

今川氏の家臣団研究は、今川氏の領国における政治・軍事的支配の仕組を知るうえでも重要な要素になるものであり、具体的には朝比奈氏や三浦氏など家ごとの個別研究が進められている。[2] 家臣団を研究するうえでまず基礎になるのは、やはり各家ごとの系譜的な整理や人物ごとの年代や事績の比定などが挙げられるであろう。それには古記録・古文書といった史料の存在の有無が大きく影響している。したがって家臣団の研究においてもおのずから制限が加えられてしまうが、史料を一つ一つ当たっていくことにより、いまだ余地はあると思われる。そこで本稿では今川氏の家臣団であった福島氏を検討していきたい。なお、ここでは静岡県引佐郡三ヶ日町の真言宗大福寺に現存する「古文書」と呼ばれる書状群に注目し、そこに登場する福島一族を中心に基礎的な考察を行いたい。

一、「大福寺文書」中の福島氏

福島氏（くしま・久島とも）は、朝比奈・三浦氏に並ぶ今川家の重臣である。しかし、福島氏については、不明なことが多く通説的なものにも疑問を感じざるを得ない。また、福島氏についての研究もほとんどされておらず、史料などに登場してきていても疑問の多い通説的なものをそのまま使っているものも少なくない。福島氏自体の研究といえば、見崎闃雄氏の成果があるのみであったが、小和田哲男氏により、基礎的な研究がなされて福島氏の研究にとって大きな成果をあげたことはまちがいない。(4)また、大塚勲氏による「戦国大名　今川氏上層家臣団簿（試表）」も欠かせない研究であるといえる。(5)

ここではまず、「大福寺文書」にでてくる福島氏をみていきたい。「大福寺文書」には、「古文書」と書かれた木箱に収められている二巻の巻子がある。乾巻・坤巻のそれぞれの巻子の奥には「右古文書数通恐散失集両巻　文政十年丁亥春表装　現住法印快雅」とあり、乾巻に九通、坤巻に八通のいずれも戦国期のものと思われる書状が軸装されている。また巻子にある書状の写しと、さらに既に紛失してしまった書状が補われている「大福寺古案」という一冊の冊物もある（以下「古案」とする）。この奥書には「文政十二己丑冬月三州新城藩菅沼新八郎殿蔵本をハ模写者　今此古文書の分ハ当山ニ不現存」とあり、「古文書」も「古案」もほぼ同時期に当時の住侍快雅によって整理されたものである。両方あわせて二十七通の書状があるのだが、そのうち、福島氏の発給した書状が十七通、福島氏が登場する書状が二通のあわせて十九通、つまり三分の二ちかくが福島氏の関連する文書であり、福島氏を研究するのには絶好の史料といえるであろう。ただ、これらの書状はすべて年欠であり、年代の比定が必要だが、それは本稿を進めながら随時行なっていく。「大福寺文書」には、福島姓である者が五名、福島氏と思われる者一名の計六名の福島一族が登場する。それでは次に個々の人物をみていきたい。

福島左衛門尉助春

福島助春の発給文書は「大福寺文書」には№⑫（史料番号は後に載せた表1の番号に対応）の一通のみであるが、№①の「善勝書状」に「左衛門殿」として登場する。

（前略）就御寺領之儀御礼拝見申候、此儀ハ去々年治部卿罷下御屋形様へ申上候之処被聞召分、御判を左衛門殿御奏者にて被申請、田原へも被申届候、今度就打死、代官斉藤方おわら方、其方へ罷越、きふく被申候（後略）

この「善勝書状」により福島助春が大福寺の奏者であることが分かる。また、今川氏が遠江に侵攻するのは明応三年（一四九四）であること、[6]「田原」すなわち三河田原城主の戸田氏が登場し、なおかつ「打死」していることからこの書状は当時戸田氏の当主戸田宗光が今川氏に反抗して遠・三国境の舟形山で討死した明応八年（一四九九）ごろのものと推定できる。また、文亀元年（一五〇一）九月二十六日付の助春宛の今川氏親感状（「本間文書」『県史資料編中世三―三一〇号）をみると遠江の国人である本間氏をしたがえて遠江国内の城攻めを行っている。さらに№⑪の「戸田憲光返状写」は助春宛であり、その宛所に「高天神」とあることから助春が遠江の高天神城（小笠郡大東町土方）主

No.	年　号	月　日	名　　称	宛　名	
1	明応八年	11・28	一枝斎善勝書状	―	○
2	永正四年	5・29	福島範能書状	大福寺実相坊	●
3	永正四年	10・28	福島範能書状	実相坊	●
4	永正四年	10・28	福島範能書状	棟別御奉行中	●
5	永正四年	12・19	福島範能書状写	幡教寺実相坊	○
6	永正四年	12・23	福島範能書状	実相坊	●
7	永正四年	12・27	福島範能書状	実相坊	●
8	永正四年	―	福島範能書状写	幡教寺実相坊	○
9	永正五年	正・5	福島範能書状	実相坊	●
10	永正五年	卯・9	福島範能書状写	実相坊	○
11	永正五年	8・21	戸田憲光返状写	福島左衛門尉殿	●
12	永正五年	8・29	福島助春書状	実相坊	●
13	永正五年	8・29	福島範能書状	幡教寺	●
14	永正五年	8・29	福島範能書状	実相坊	●
15	（永正年間）	12・12	平親助書状	幡教寺	●
16	（永正年間）	正・6	福島春能書状	幡教寺	●
17	（永正年間）	正・6	福島氏春書状	幡教寺	●
18	（天文期）以降	7・3	福島助昌書状写	灯明坊	○
19	（天文期）以降	7・9	福島助昌書状写	灯明坊	●

表1　大福寺文書　福島氏関係書状編年表　※●は巻子、○は「古案」にある写。

であることも分かるのである。高天神城は掛川城（掛川市・城主は朝比奈氏）とならぶ遠江における今川氏の重要な支城であり、今川氏の遠江制圧・支配の拠点であった。助春が今川氏の遠江進攻の主力の一つとして活躍していることは先の「本間文書」でも知ることができる。また、その後の三河進攻においても名代として福島範能を送っていることなど、助春が今川氏の西進政策の中心の一人であることは間違いない。そればかりではなく、関東の両上杉の戦いにおいて氏親に従って武蔵に出陣していることなど(7)によって今川氏の重臣のなかでもその位置は高かったと思われるのである。

また、小和田氏は、助春を次にあげる道宗入道なる人物と同一人物ではないかとされている。

此年ノ五月、駿河ト甲州都留郡和睦也、調法者内野渡辺式部丞

他国ノ判者人ハ永池九郎左衛門方同福島道宗入道云々

（『妙法寺記』永正十五年〈一五一八〉部分）

これは甲州武田氏との和睦において今川方として永池及び福島道宗入道の存在が知られる史料である。他国との外交にも携わることのできる者としたら当時の福島氏のなかでは助春が妥当であると思われる。つまり、永正十五年の段階で助春は道宗入道と名乗っていることとなる。さらに小和田氏は、助春（道宗入道）はこの和平には何らかの支障があってその外交戦略上の失敗によって失脚し、その後、後北条氏にそそのかされて大永元年（一五二一）に甲斐に私的に進攻し「福島一類」が全滅したとされている。この事件は後においてあらためて述べたい。

福島玄蕃允範能

福島氏関係書状中、この範能発給の書状が圧倒的に多く、大福寺との関係がもっとも深い人物といえる。その数は

十一通にも及ぶ。また、その内容から全ての書状に繋がりがあり、かたまった時期にだされたものと考えられる。巻子である「古文書」には、書状と共にそれを包んだ封紙が貼られているものもあり、それによりこれらの書状群が永正四年（一五〇七）から同五年にかけてのものということが分かる。

大方の書状は当時起こった大福寺と三河の戸田氏との土地の相論についてのもので、大福寺が寺領を、今川氏に帰服し浜名湖北辺地域、つまり現在の三ヶ日町あたりの代官を務めていた戸田氏に押領されたことを福島氏を通じて今川氏に注進したことにより端を発した事件である。この事件は結局今川氏の公事に持ち込まれ大福寺の寺号が幡教寺と変わり、寺領たる由緒が成立したことによって大福寺が勝利することになるのだが、福島氏は注進を受けてからずっと大福寺の奏者として便宜をはかっている。そして実際に折衝にあたっているのが範能なのである。前述のごとく福島氏の中心人物で高天神城の城主でもあるのは助春なのだが「昨日左衛門尉駿州へ罷下」（No.⑤）、「同名左衛門尉留守の事候間」（No.⑥）などと、範能の書状にもあるように助春は不在がちであることが、その理由に挙げられるであろう。

次に永正七年（一五一〇）三月二十日付の「本間宗季軍忠状」（『県史資料編中世』三―五一〇号）をみてみる。これは前に掲げたものと同様に「本間文書」で、今川氏に味方し、福島助春に属した遠江国人本間宗季の遠江国及び三河国での合戦の戦功が挙げられているのであるが、そこに「三州江福島玄蕃允為助春代罷立候時令同心候」とあり、範能は福島助春の名代として従軍していることが分かる。こうしてみると、範能は、今川氏の遠江進攻に福島助春と共に従軍し、また助春の名代をも務めうる助春の有力な一族であることが知れる。このことは「大福寺文書」の書状内からも伺い知れるであろう。多忙であるらしい助春に代わり大福寺との実際の交渉をし、大福寺領周辺に関わっていたのはこの範能であったのであろう。

福島氏春・福島左近将監春能

次に福島氏春と福島春能の二人をみていきたい。それぞれ氏春がNo.⑯、春能がNo.⑰文書であり、日付は同じ正月六日で年頭の祝儀をのべているのみで、内容から年代を比定するのは無理である。ただ大福寺から今川氏へ年始の進物を贈るうえでも福島氏が取次役を果たしていることから前の助春らと同様に彼らは大福寺の奏者であるように思われる。また、大福寺にある「古文書」では氏春に官途名は無いが、「古案」の同じ書状の写には福島左衛門尉とあり、すなわち福島左衛門尉氏春となる。前述のように左衛門尉は福島助春の官途名でもあった。また、助春の「春」は氏春の「春」にも関係するようにも思われる。おそらく通字ではないだろうか。こうしてみると助春と氏春は親子関係にあるものであろうか。

では春能はどうか。No.⑰春能書状をみてみると、「同名左衛門尉かたへ如御書中申届候」とある。ここでは氏春のことを指すと思われ、ちょうど助春と範能の関係のように氏春の片腕のような立場の人物ではないかと思われる。春能の「能」と範能の「能」にも両者に関係がありそうである。同じNo.⑰文書には、「如毎年被懸御意候」とあることからも大福寺との継続的な関係が窺われ、助春・範能と氏春・春能には緊密な関係があると推測される。

平親助

この平親助という人物は、当初どのような人物であるのかが全くわからなかった。苗字を名乗らず、他の史料にもみあたらず、彼の書状であるNo.⑮文書の内容も大福寺からの歳暮に対する礼ということしか書かれていない。しかし、宛名をみてみると、「幡教寺」と大福寺の昔の寺号であることが分かり、前述の範能のところで大福寺の寺号の変更は、今川氏の公事に関わるものであることが分かるので、彼が今川家臣であることが推測される。

年始・歳暮などの贈答儀礼においても奏者が関わっていることが考えられる点。また、静岡市の八幡神社に所蔵される永正十四年（一五一七）の棟札銘写（『県史資料編中世』三―六五二号）には福島三郎右衛門尉平盛助と福島豊後守平春久の二名の人物がいて、いずれも平姓を名乗る福島氏であり、特に福島盛助の名と親助には関係があると思われ、これによって近い血縁関係にあるものと推察できそうな点。この二点において平親助は福島一族であり、福島親助である可能性が高いと思われるのである。

福島十郎左衛門尉助昌

最後に福島助昌をみてみる。彼は左衛門尉を名乗り助春の「助」の字があることから、助春・氏春の系統の人物ではないだろうか。天文十三年（一五四四）九月二十六日付の福島助昌の寄進状が存在するので（『県史資料編中世』三―一六九一号）前の五人とは世代が違うかもしれない。彼については後にとりあげたい。

以上「大福寺文書」における福島氏をみてきたわけであるが、最後の福島助昌を除いて他は永正中の人物と考えることにしたい。これには助春・範能が永正七年の「本間文書」が終見史料であり、氏春・春能・親助は「大福寺文書」のみにあらわれることから、大永元年の甲斐における「飯田河原の戦い」・「上条河原の戦い」による「福島一類」の全滅以降、彼らの存在が考えにくいと推測されるのである。

二、福島氏と高天神小笠原氏

小和田氏は、先の論文で興味のある指摘をしている。[8] それは前に登場した福島助昌が、小笠原姓を名乗っていることである。そのことが分かるのが、永禄十二年（一五六九）五月二日付の「小笠原助昌寄進状」である（「竜巣院文書」『県史資料編中世』三―三七五七号）。さらに『県史』の花押一覧で福島助昌と小笠原助昌の花押を較べてみると、たしかに同一のものである。この文書のある竜巣院は袋井市にあり、高天神城の管轄と思われ、高天神城の城主が福島氏から小笠原氏に代わっていることと、関連しているものであるとも氏は指摘されている。では、この高天神城城主の小笠原氏とは、福島氏とどのような関係があるのであろうか。

小笠原氏は、信濃の守護となった家をはじめ多くの系統がある。高天神城の小笠原氏については『高天神小笠原系図』と、『高天神小笠原家譜』（以下『系図』と『家譜』とする）に詳しい。[9]

これらによると、信州深志小笠原貞朝の子長高は、父と不和となり出奔して今川氏に仕え、遠江の馬伏塚城（浅羽町）に入ったという。さらに『家譜』では、長高の子春儀は高天神城の久島左衛門のもとにつけられ、左衛門の謀反に際してこれを討ち、その功によって高天神城主となったという。この久島とは福島であることは間違いないであろう。『家譜』は、この高天神城主小笠原氏四代のことを書いたものである。この四代の系図を先の『系図』と『寛政重修諸家譜』の系図によって作成したのが次の系図である。

この系図で注目すべきなのは二代春儀が高天神城主になった年、つまり「久島謀反」が大永元年であることで、この年は甲州において「福島一類」が全滅した年でもあるということである。このことは後に述べたい。もう一つは春儀の長子が福島氏の養子になっていることであろう。小笠原氏と福島氏が緊密な関係にあることを窺わせるものである。

もう一度『家譜』にもどると、二代春儀は久島左衛門に属しているのであるが、この久島左衛門とは誰であるか。福島助春のことであることは間違いないと思える。このことは文亀年間の遠江における今川氏と斯波氏の争いで前述の馬伏塚城を守るのが助春であることからでも推察できる。[10] つまり、初代長高が今川氏に仕えた時に福島氏がおさえていた馬伏塚城を与えられたということは、福島氏の麾下となったということなのではないだろうか。

前に掲げた福島助昌の寄進状にもどると、この寄進状は永禄十二年（一五六九）のものであり、小笠原長忠からも同様の寄進状がだされており、助昌のは、この寄進状の副状のようである。長忠は信興ともいい、氏興の子である。永禄十二年に家督を継いでいるので、この文書は継いで間もない時のものであろう。また長忠は、天正二年（一五七四）に武田勝頼が高天神城を攻めた時にこれに降り、この時小笠郡内に多くの判物をだしている。前述したように助昌は天文十三年には存在しているので、長忠の前代の氏興の頃からいることになる。

大永期には高天神城主が、福島氏から小笠原氏に代わっているとすれば、助昌はどのような立場にいたのであろうか。「大福寺文書」にもどると、№⑱・⑲の助昌書状は内容の続くものであることから同年と考えられるが、いまのところ助昌の他の史料の登場年代から天文期以降としか推定しえない。№⑲をみると、このなかに「仍先度ハ徳役之義被仰越候、即美作致談合」とある。大福寺から徳役についての訴え

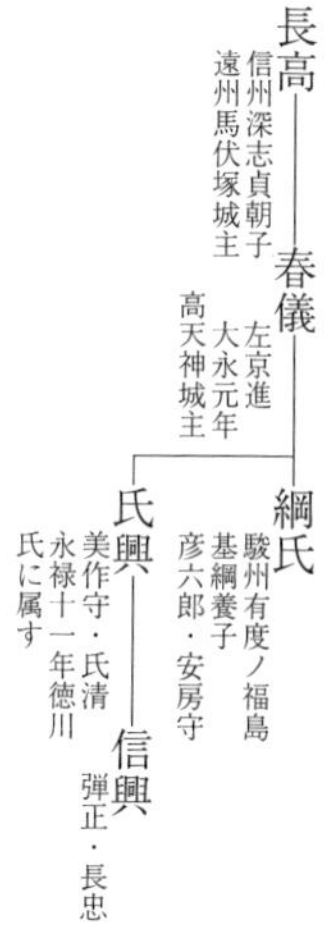

高天神小笠原氏系図（『続群書類従』所収「高天神小笠原系図」より作成）

を受けた助昌が「美作」なる人物と談合したということが書かれている。

この美作とは誰であろうか。永禄七年（一五六四）「浅原浄賀寺領寄進状」（『県史資料編中世』三―三二〇四号）の袖のところに異筆で美作守と署名があり、小笠原氏清とされている。系図をみると、氏清は、すなわち氏興のことであり、つまり美作とは氏興であることがわかる。この時氏興は、高天神城主である。№⑲文書にみる氏興と助昌の関係は、かつての高天神城主福島助春と福島範能の関係に類似しているように思えるのである。助昌は氏興のもとで大福寺との間で実際の交渉をしており、それは先の福島範能と同じ役割を果たしているのではないだろうか。ただ、氏興自身の書状は残っておらず、また、天文期には浜名湖西岸に今川氏により築城された鵜津山城による大福寺周辺の支配も考えられるので助春の時のように大福寺周辺に関わっているかどうかはよく分からない。

このように福島氏と小笠原氏の関係をみると、今川氏の遠江進攻、福島氏の高天神城の入城後からそれほどたたない頃、おそらく永正のはじめには、小笠原初代長高が福島助春のもとに属していたと思われる。福島と小笠原の両氏は、その後姻戚関係を結んでいったのではないだろうか。長高の子の春儀の実名に福島氏によく見られる「春」の字が用いられていること、大永頃より高天神城主が小笠原氏に代わり、福島氏が没落しても、その生き残りである福島助昌が小笠原氏のなかで高い位置を保ち、小笠原姓をも名乗っていることが、その証拠として考えられるのではないであろうか。もう一つ『家譜』にはこのような記事がある。天正二年武田氏が高天神城を攻めた時、小笠原長忠の麾下に久島十郎左衛門というものがいた。彼が助昌であるかは不明であるが、小笠原氏は、この時期既に徳川方であるのにも関わらず、福島氏が、変わらず小笠原の武将として登場していることも注目してよいと思う。

しかし、『家譜』には小笠原氏と福島氏の間に疑問を起こさせる記述がある。それは前述した通り高天神城の城主が小笠原に替わったのは、福島氏の謀反により、それを討伐した小笠原春儀の功によるものであることである。しかし、これはこの『家譜』の成立時期も考えなくてはならない。記事には小笠原氏が徳川氏に降った後のこと、例えば姉川の戦いに参加したことなども書かれており、小笠原氏が今川氏から離れた後に成立したものと思われる。そして『系図』とともに後に他の記録などを参照しながら作成したものと思われる。したがってその記事中の事件に時間的な錯綜があったのではないかと思われる。福島謀反とは花蔵の乱における福島氏の没落のことが元の事件ではないだろうか。

ここでは、非常にあやふやな推察に終始してしまったが、福島氏と小笠原氏の関係は注目に値するものであるのは間違いない。

三、「大福寺文書」の福島氏と福島一族の没落

これまで「大福寺文書」に登場する福島氏を考察してきたが、最後に福島一族の没落する契機となったと思われる甲斐国での武田氏との戦いを取り上げつつ「大福寺文書」の福島氏を中心とした福島一族について考察してみたい。

福島氏は、その出自ははっきりとしていないが、康安二年（貞治元年・一三六二）駿河国富士郡において所領をもっていた福島左近将監が管見する史料の初見の人物である（『県史資料編中世』二―六四二号）。

さて、もともと駿河にいた福島氏だが、今川氏親による遠江進攻がはじまると福島氏の活動は遠江に移る。今川氏の遠江進攻によりその進攻軍の主力のひとつであった福島助春は、高天神城をあずけられる。そして、この助春を中心として福島一族は遠江・三河・武蔵などにおける軍事活動での活躍がみられるようになる。助春の活動をみていく

と、福島氏の今川氏における位置がわかる。繰り返し述べるように福島氏は遠江進攻の主力の一端を担っており、重臣筆頭ともいうべき朝比奈氏とともに遠江の重要な拠点である掛川城・高天神城のうち後者をあずけられている。これは今川氏の遠江進攻以前より福島氏が、今川氏の家臣の中でも重きをなす家だったことを証明していると思われる。

さて、遠江に拠点を移した福島氏には「大福寺文書」の福島氏以外にどのような人がいたのであろうか。明応三年から大永元年にかけて史料上にあらわれる福島氏はほとんどが遠江である。まず助春（道宗入道）・範能・春能・氏春・親助らは「大福寺文書」により高天神城衆ともいうべき一族の形成がみられる。ほかに福島和泉守範為という人物がみられ（永正七年「大沢文書」『県史資料編中世』三―五二四号等）、一方、駿河では先に掲げた史料の如く福島盛助と福島春久の存在が確認される。前者は遠江において国人の大沢氏に書状を発給したり、羽鳥荘（浜松市）の代官を務めていたりしており、後者は駿河で寺社の造営に携わり、さらに春久が遠江の高松社の検田奉行を務めていること（永正十七年「中山文書」『県史資料編中世』三―七五四号）が知れる。彼らの範為の「範」、盛助の「助」、春久の「春」といった実名からみても高天神の福島氏と非常に近い血縁関係を窺わせる。

こうしてみるとこの時期、福島氏の活動の本流は遠江の高天神城に移り、助春を中心とした一族の形成をみることができる。小和田氏は助春の系統を遠州系福島氏とよんでおられるが、まさにそのような様相を呈していたのであろう。そして、それればかりではなく盛助・春久のような同族が寺社の造営・検地といった戦国大名今川氏にとって重要な政策に奉行として参画しており、福島氏は今川氏の重臣筆頭家といえる立場にあったといえるのではないだろうか。そして三河や関東を転戦し甲斐の武田氏との外交にも携わっていた助春は、こういった福島一族の出頭人としてもっともふさわしい人物であるように思える。この時期が福島氏の最盛期であったのであろう。

こうして福島氏は最盛期をむかえたわけであるが、彼らは永正期（年月日が確認できる史料のなかでは前出の春久の永正十七年）を最後に史料上から姿を消す。その理由として最有力なのは、大永元年の甲州における飯田河原・上条河原の二つの戦いによる「福島一類」の全滅である。これらの戦いについては『戦国合戦大辞典（二）』に詳しい。[11]また、史料上におけるこの戦いの福島氏については小和田氏の論文に詳しく、[12]最近笹本正治氏の著書『武田信玄』にも少し取り上げられている。[13]小和田氏は、この戦いについて四つの史料の抜粋を挙げられている。『妙法寺記』、『高白斎記』、『王代記』、『塩山向岳禅庵小年代記』である。このうち『妙法寺記』を挙げてみると、

此年、駿河勢数万人、立テ甲州テ合戦有之、駿河衆悉ク切負テ福島一門皆々打死ニ

とあり、他のものもみていくと、福島氏と思われるところは、それぞれ「福島一門」・「駿河福島衆」・「駿州衆」・「福島一類」とある。しかし、福島氏の誰かという具体的な名前は全く書かれていない。小和田氏もそれを指摘しており、個人名をあげるとするならば、道宗入道ではないかとされている。とにかく福島氏が甲斐において武田氏に大敗を喫したのは事実のようである。

小和田氏は、この戦いを福島氏の私戦ではないかとされていて、甲州との外交に携わっていた道宗入道（助春）が、その外交戦略上の失敗から高天神城主を解任され、失脚し、それを挽回するために後北条氏の支援をうけて私的に戦ったとされている。この戦いに出陣し、敗死したのは助春をはじめとする高天神城のいわゆる高天神福島氏であることは以後の史料上から消滅すること、また、その後高天神城主が小笠原氏に代わることからも可能性は高い。しかし小和田氏の考えには多少の疑問が感じられる。それは道宗入道の立場の変化、すなわち外交上の失策による失脚のことである。彼とともに和平調停者として登場する永池九郎左衛門すなわち長池九郎左衛門尉親能という人物の存在を考

慮するとそれは考えにくい。外交上の失敗であれば同僚である彼も何らかの立場の変化があるはずなのに彼はこの後享禄二年（一五二九）には大石寺の奏者をつとめており（『県史資料編中世』三―一〇三六号）、さらに大永年間には遠江と三河の国境付近の重要な城である先に少しふれた鵜津山城の城主となっているのである。

この戦いは、やはり今川氏の意を受けた戦いであったのではないだろうか。当時甲州は、国人の動揺がみられ、それをみてとった今川氏が福島氏を主力として甲州に送り込んだのであろう。笹本氏は先の著書で記録のなかに表れる駿河勢の人数が万余となっていることから、それは記録上の誇張であって駿・遠の大軍とは考えにくいと述べられているが、数の問題はともかくとして遠州高天神城の福島氏は今川氏のなかで一軍団を形成しうるほどの勢力をもっていた可能性を考えたい。今川氏の作戦行動に応え得る兵力を持つ高天神福島氏の存在、そして、それが甲州側の史料にみられるような「福島一門」や「駿河福島衆」といった表現によってあらわされているのではないだろうか。とにかく高天神福島氏はこの敗北により一門のほとんどを失い没落していったのは間違いないように思えるのである。

おわりに

このように本稿では「大福寺文書」に登場する福島氏についてあやふやな推察に終始してしまった感は否めないが、ともかく基礎的な考察を加え、整理してみた。

福島氏には、今川氏の遠江進攻を契機として遠江高天神城を拠点とし、福島助春を中心とした一族の形成がみられた。それは「大福寺文書」を中心とした永正期という一定の期間の史料に登場する一族の実名にみる「助」・「春」などといった通字と思われる名乗りにもみてとれる。また、この高天神福島氏は、小笠原氏のような他氏とも繋がりを持ち、自己の勢力を築いていたものと思われる。福島氏没落後の高天神小笠原氏に福島助昌が存在することがその証左となりえよう。福島助昌の存在は今川氏の奏者・同心制に関して注目すべきであろう。寺社などが訴訟や願いを今川氏に行う時には決まった奏者を取次にするのだが、大福寺と福島氏の場合、福島氏が没落してしまう。しかし、代わりに小笠原氏が高天神城の城主になってもその麾下で旧高天神福島の係累と思われる助昌が大福寺と交誼をもっていることはどう考えるべきなのか。二節のところで述べたように「美作致談合」と、助昌が小笠原氏興と話し合いを行っているのをみると、小笠原氏が大福寺と全く無関係ともいいきれない。奏者が小笠原氏である可能性も考えられる。奏者として大福寺を担当することが高天神城城主としての職務の一つであったのか、あくまで福島という家と大福寺のこれまでの関係により福島助昌が担当しているのか。考慮する余地があると思われる。

また、本稿では「大福寺文書」を考察の中心としたために他の史料に登場する福島氏についてはふれることができなかった。福島氏全体における系譜、人物の相関関係の整理など、課題は多い。系図をとってみても現在残っている諸系図をみると福島氏は源氏を称しているのであるが、今回みてきた福島氏の一族はどうやら平姓を名乗っているようなのである。見崎氏は尾張国海部郡の福島氏が平姓を名乗っていることから尾張発祥の福島氏が今川家臣の福島氏であるとされている。また、史料上にあらわれる福島氏が系図上にほとんどあらわれてこないことなどが問題に挙げられる。これらの問題をどこまで解明できるか、さらに福島氏の今川家臣としてその領国統治で果たした役割を考えることも必要であろう。

註

（1）同書序章（吉川弘文館、一九九四年）。
（2）主なものとして、小和田哲男「今川氏重臣三浦氏の系譜的考察」（『地方史研究大井川』三号、一九七九年）、松本真子「宇津山城の朝比奈氏について」（『駿河の今川氏』第五集、一九八〇年）などがある。
（3）見崎闃雄「福島上総介正成について」（静岡古城研究会『古城』六号、一九七七年）。
（4）小和田哲男「今川氏重臣福島氏の研究―甲州飯田河原の戦いに関連させて―」（『武田氏研究』十五号、一九九五年）。
（5）大塚勲「戦国大名今川氏上層家臣団簿（試表）」（『駿河の今川氏』第二集、一九七七年）。
（6）今川氏の遠江進攻については、秋本太二「今川氏親の遠江経略―とくに信濃小笠原氏と関連して―」（『戦国大名論集十一今川氏の研究』、吉川弘文館、一九八四年）に詳しい。
（7）『宗長手記』（『群書類従』十八輯）。
（8）前掲註（4）小和田氏論文。
（9）両書ともに『続群書類従』五輯下に所収。
（10）『日本地名大辞典二十二静岡県』八九七項（角川書店、一九八二年）。
（11）『戦国合戦大辞典』二（新人物往来社、一九八九年）。
（12）前掲註（4）小和田氏論文。
（13）笹本正治『武田信玄』（中公新書、一九九七年）。

第2部　花蔵の乱と河東一乱

Ⅰ

〝花蔵の乱〟の再評価

前田利久

はじめに

十代にわたって駿河を中心に支配を展開し、守護大名から戦国大名へと成長を遂げた今川氏ではあるが、その間に家督をめぐる内訌を三たび乗り越えている。[1]そのなかで三度めの内訌が、今川氏の黄金期を築いた九代今川義元を歴史の表舞台へ登場させた〝花蔵の乱〟である。それゆえ義元を語るうえでは必ず触れなければならない事件である。また、義元の家督継承は、直ちに駿甲同盟の成立と駿相との決別、そして北条氏との河東地域をめぐる抗争へと、隣国との関係をも急変させたわけだが、この三国間の関係を考えるうえでも、義元政権の誕生にかかわる今川氏の内訌〝花蔵の乱〟に今一度注目する必要があるのではないだろうか。小稿では、先学の成果に学びながらも、そこに残された問題点をもとにこの事件について再検討を試みるものである。

なお、乱の名称については、藤枝市に残る〝花倉〟という地名から一般的に〝花倉の乱〟と表記されているので、これまでの諸氏の説に関するものには、そのまま〝花倉の乱〟とするが、自説に関するものには別の見解から〝花蔵の乱〟と記して区別する。

一、〝花倉の乱〟の諸問題

問題点をあげる前に、これまで語られてきた乱の概略と研究成果をまとめてみる。

天文五年（一五三六）三月十七日、八代今川氏輝が二十四歳の若さで急死すると、今川家中では氏輝の弟、栴岳承芳（のちの義元）への相続を推進する動きにあった。承芳は当時善得寺（富士市今泉）の喝食であり、氏輝と同じ氏親の正室寿桂尼の子であった。一方、これに対して継承権を主張したのが、承芳の異母兄である玄広恵探（良真ともいう）であった。恵探は当時遍照光寺《へんじょうこうじ》（藤枝市花倉）の住持で、氏親の側室福島《くしま》上総介（一説には左衛門）の女を母としており、彼は外祖父である今川家重臣福島氏に擁立されて武力解決を謀ったのであった。しかし、承芳側には母寿桂尼と承芳の養育・補佐役である太原崇孚（雪斉）、そして福島氏の台頭を好まぬ家臣のほとんどが付いたのに対し、恵探側には福島氏以外に主だった者がおらず、多勢に微勢の力関係は戦う以前から勝敗は見えていた。合戦は方上城（焼津市）から、花倉へと展開し、最終的には恵探が瀬戸谷の普門庵（藤枝市）へ落ち、そこで自刃して終った。その期間については、六月十日、承芳軍が花倉を急襲することによって、その日のうちに決着が着いたとする説が近世以来長かった。

しかし近年に至り、ようやく小和田哲男氏によって「これまで、さしたる問題がないと思われていた花倉の乱について再検討」がなされた(2)。氏はそこで、これまで不明確であった今川氏輝亡きあとの兄弟関係を明らかにした。また、氏輝急死の一年前に承芳が京都から駿河に呼び戻されて、駿甲に国境を接する富士郡善得寺に配置されたこと、さらに氏輝と弟の彦五郎が同日に没したことの指摘と、そこから疑問視される両者の死因についての武田信虎による暗殺・毒殺説や、武田氏に通じていた雪斉の暗躍説などを提唱した。これにより承芳の家督相続にかかわるものとして、雪斉や寿桂尼、武田信虎などの存在が大きくクローズアップされることになったが、乱そのものには大きな修正はなされなかった。

そのあと大久保俊昭氏によって、義元政権の成立と初期政策についての考察が行われた。[3] 氏は、氏輝の急死から、義元による花倉の乱の戦後処理や外交政策の転換に至るまでを一貫して追求したが、このなかで花倉の乱について、乱が五月末頃に駿府で勃発し、抗争は花倉の他に由比城付近にも見られたこと、さらに恵探方に与した者として富士郡の土豪井出氏の他、数名の今川家家臣を検出されることによって、「在地土豪層までも組み込み、領国を二分して争った家督継承権を有する二者の争い」と位置付け、「花倉の乱が恵探と福島氏による反乱であるというような通説的評価には疑問が生じる」と、従来の局地的な反乱説への大きな見直しを提唱した。

しかし大久保氏は、具体的な抗争に関しては、従来語られてきた承芳方の岡部親綱による方上や花倉での戦功は取り上げているが、駿府や由比の地については抗争があったという指摘にとどめた。この結果、事件のスケールは大きくなったものの、その分かえって全体像が見えにくくなってしまった感もある。そのためであろうか、このあと小和田氏は、大久保氏が根拠の一つに取り上げた駿府での抗争を「駿府の戦い」と命名し、花倉の乱とは直結させていない。また、花倉の乱については期間を六月八日―十四日と、通説を改められたものの、従来の局地的な反乱説を取っている。[4] それはさらに種石昌雄氏によって継承されているように、[5] 依然として従来の局地的な反乱説が主流となっているようである。

そこで筆者は、主に大久保説を支持しながらも、主流説や両者に共通する通説のなかから問題点を取り上げてみたい。

【玄広恵探の身分について】通説では、勝者である承芳が善得寺の喝食（主に食事を担当する少年僧）であるのに対し、一方の恵探は遍照光寺の住持とある。(6) 遍照光寺といえば当時の名刹で、戦国期にこの寺の住持三名が京都泉涌寺の長老を務めている。一人が五十五世となった今川義忠の弟、南江珠顕（頼忠）、二人めが五十六世の昭菴恵鑑、三人めが承芳や恵探の兄弟である象耳泉奘で、六十九世を務めた。泉奘はさらに、奈良唐招提寺の五十七世や正親町天皇の戒師をも務めた人物である。(7) そこで疑問となるのは、恵探の当時の身分である。十八歳の弟承芳が喝食という身分であるのに対し、一説には二十歳といわれる恵探(8)が、名刹遍照光寺の住持となりうるであろうか。

【勝算なき反乱の必然性について】主流説によると、この戦いは当初から戦力的に大きな開きがあり、勝敗は戦わずして明らかであったことになる。また舞台が駿河西部の山西地域（旧志太・益津郡下）という、駿・遠今川領国のほぼ中央でくり広げられた局地的な反乱であったことになる。しかし、はたしてこのような、もとより勝算のない反乱が生じうるであろうか。氏輝死後二ヵ月以上が経過しても、承芳が正式に家督を継承できなかったということは、今川家中でも恵探・福島派の発言力が少なからずあったことになり、それだけの時間を要して武力解決を謀ったということは、それなりの勝算があったのではないだろうか。

【北条氏綱による援軍の必要性について】「勝山記」の中には、この乱の鎮圧に、今川氏と友好関係にある隣国の北条氏綱が、承芳に援軍を送ったという記述が見られる。(9) しかし、もとより勝算がなく、短期間で鎮圧されてしまうような、局地的な反乱説では、わざわざ隣国が援軍を送ることなど無用のものとなってしまう。重要なことは、もし他氏がこの事件に関与したのなら、それはもはや今川氏の内訌にとどまらず、外交問題へと発展した可能性があることである。なぜならば、義元の家督継承を機に外交政策上の大転換が見られるからである。

【〝花蔵の乱〟の〝花蔵〟について】〝花蔵の乱〟という名称の解釈に対する疑問である。小和田氏がこの名称の由来を「恵探が拠ったのが花倉城ということで、このときの恵探・承芳の争いを花倉の乱とよんでいる」[10]あるいは「戦いの最終決着のあったところが花倉だったため」[11]と説明され、また大久保氏が「乱の中心である花倉」と述べられているように[12]、通説ではいずれも〝花蔵〟を藤枝市に残る〝花倉〟という地名と解釈されているが、はたしてそうだろうか。

以上、四点の問題点をあげたが、次に乱の名称の検討からこれらの問題点について考えてみたい。

二、乱の名称と解釈

〝花蔵の乱〟という名称はいつ頃から使われるようになったのであろうか。戦国期の史料のなかにそれを求めてみると、天文八年に村岡宮千代丸にあてた義元判物[13]のなかに「丙申一乱」とあり、また弘治三年（一五五七）に義元の兄弟象耳泉奘によって記された「南山北義見聞私記」の奥書[14]には、「天文丙申牟盾」とあることから、義元の時代には天文五年の干支が乱の名称に用いられていたようである。三番めの史料として、駿府浅間社新宮神主が書いたと思われる「氏名未詳言上書」[15]のなかに「花蔵乱」という記述が見られる。この文書は年月日も不明だが、以前に拙稿で検討を行ったように[16]、武田信玄の領国下の時のもので、元亀三年（一五七二）以前に書かれたものと思われ、管見の限りではこれが「花蔵（の）乱」の名称を記した初見である。

次に、当時の史料のなかから「花蔵」の文言を探してみる。「高白斉記」[17]には「花蔵ト同心シテ」・「花蔵生害」とある。

また「勝山記」[18]・「快元僧都記」[19]には「花蔵殿」とある。いずれも「花蔵」とは乱の中心人物である玄広恵探を指している。

以上のことから、〝花蔵の乱〟という名称はすでに戦国期から使われて来たが、この乱に関する当時の「花蔵」という文言は、すべて地名ではなく、玄広恵探という人物として使われていたことがわかる。

また「花蔵殿」という表現について考えるならば、弟の承芳が「善得寺殿」[20]といって、彼が所属する寺院名でよばれていたのに対し、同じ出家の身でありながら恵探が地名でよばれるのもふさわしくない。やはり彼が籍を置く華蔵山遍照光寺に由来するものと思われ、つまりは〝遍照光寺殿〟を意味することになるであろう。

この遍照光寺からは、今川氏ゆかりの僧が京都泉涌寺の長老を務めたことについて先に述べたが、この寺は今川氏二代範氏の開基と伝えられている。近世初頭に廃してしまったが、その後身である偏照寺《へんじょうじ》には今でも中世の大型五輪塔が数基残されている。また隣接して八幡神社が存在するが、享禄三年（一五三〇）に今川氏によって遷座されたと伝えられ[21]、字名を〝寺屋敷〟というように、本来は遍照光寺の境内の一角に位置し、鎮守として祭られていたと思われる。このように守護今川氏が一時期に根拠地としていた花倉の地にあって、遍照光寺は今川氏歴代の庇護のもと、隆盛をきわめていたと思われる。しかし、いかに今川氏ゆかりの寺とはいえ、二十歳そこそこの恵探が住持を務めたとは到底考えられるものではない。遍照光寺が武田氏の兵火に遭ってから、衰退し、廃してしまったために寺に関する記録は一切伝わらないが、『駿河志料』には次のような記述が見られる[22]。

高野山回向院過去帳に、享禄、大永、永正、天文中に、此里の日牌寄付の姓名、随心院珠吉、珠梵、珠曇（中略）東北坊恵堅、恵沢

これによると、盛時の遍照光寺には、周囲にいくつかの塔頭や子院が存在したことがわかる。あるいは恵探は、そ

の法名の共通性から、東北坊に籍を置く僧侶であったのではないだろうか。

三、乱の規模

「花蔵」が、これまで地名と誤解されてきたため、それが足枷となって〝花蔵の乱〟を「花倉の地で行われた戦い」あるいは「花倉の地で生じた反乱」などというように、花倉の地に繋縛してしまい、視点を固定化させてきた。しかしこれまで語られてきた部分こそ、この乱の最終的な場面であったのである。そこでこの事件を〝花蔵殿の乱〟と解して乱の真相について再び検討し直さねばならない。

天正十五年（一五八七）に太原崇孚（雪斉）の弟子東谷宗杲によって選述された雪斉の伝記史料ともいえる「護国禅師三十三回忌拈香拙語幷序」には、乱について次のような記述がある。[23]

於茲、二分国家而、其一者祖難兄華蔵住持東栄大徳、其一者属義元、菊公雖抽医国手、不得其験、兄弟分東西鬩墻也、菊公以寸胸之工夫、一臂之調略、不終一月而措国家於泰山安也、

これによると、領国を二分した花蔵の乱は菊公（雪斉）の工夫、調略によって、ひと月を終えずして平定されたとある。弟子が亡き師雪斉を称えたものであるため、誇張は免れない部分もあろうが、それにしても領国二分とは、従来の花倉を中心とした局地的な反乱説との隔たりが大きい。さらに乱の平定にひと月を要しなかったということは、言いかえれば平定にひと月近くも要したことになる。また、これまで善得寺で承芳の養育係の身であった雪斉が、この戦いで軍師としての力量を発揮したとする点にも注目すべきところがある。そこでこれらのことを念頭に置き、当時の史

料から乱の規模やその経過について再考してみたい。

1. 駿府での攻防

乱に関する最初の史料として「為和卿集」のなかの「四月廿七日、於酒井惣左衛門丞亭当座、従今日乱初也」という記述がある。[24] 当時駿府に滞在していた冷泉為和の記述だけに注目したいところだが、乱に関するのはこの部分だけで、詳細が分からない。酒井惣左衛門は、これより五年前に寿桂尼によって朱印状を受けている実在の人物である。[25] 彼の屋敷を訪ねたその日に乱が始まったとあり、その日を四月二十七日としている。しかし、これでは、乱の期間がひと月をゆうに超えてしまう。同書は今川氏輝の没した日を「四月十七日」と、ひと月も誤って記していたり、「従今日乱初也」という表現が追筆のようであったりするなど、乱の記述に関しては信憑性を欠いている。

次に、武田家臣駒井高白斉の記した「高白斉記」では、「五月廿四日夜、氏照(輝)ノ老母福島越前守宿所へ行、花蔵ト同心シテ、翌廿五日従未明於駿府戦、夜中福島党久能へ引籠ル」とある。[26]

この反乱の記述について小和田氏は「駿府の戦い」と命名し、氏輝死後「家督を誰にするかで内訌が生じた。このときにあたり、今川の家臣の一人福島越前守が謀反を起こしている」と説明されているが、[27] 玄広恵探や花蔵の乱との関係については一切触れていない。しかしこの駿府における戦いこそ、花蔵の乱の核心部分ではないだろうか。そこでこの記述について検討を加えてみたい。

「氏照(輝)ノ老母」とは寿桂尼のことである。一方の福島越前とは実名は分からないが、恵探を擁立したという福島一族の一人と思われ、家中でも有力な家臣であったことは、今川氏親葬儀の際に龕舁役を務めたり、[28] 増善寺への香炉の寄進[29]や、沼津の妙覚寺の取次を行っていること[30]からも窺える。氏輝亡きあと後継者が定まらない今川家中においては、家督を代行する地位にある寿桂尼が、事件の前夜に相手方の福島越前を館に召喚するのではなく、彼のもとへ自ら訪ねたとなれば事態は尋常ではない。寿桂尼自らが説得に赴いた相手、福島越前とはよほどの実力者で、恵探擁立派のなかでも中心的な立場にあったと考えられる。また、翌朝の戦いをあわせて考えると、この時今川家中では家督をめぐる承芳派と恵探派との対立が極限状態にあったことが考えられる。

その背景を察するならば、先述したように承芳の養育者である雪斉が、この事件で軍師としての力量を発揮したことから、すでにこの時点で承芳と雪斉は善得寺から駿府の今川館へ移っていたことが考えられ、乱勃発は、承芳の館入りが契機となったのではないだろうか。記述によれば合戦は五月二十五日の未明に始まったとあり、おそらく恵探擁立派の福島党による夜襲戦で始まったのであろう。駿府で合戦がくり広げられたあと、夜には久能山へ引き籠ったとある。この駿府における合戦について具体的に状況を述べた文書は伝わらないが、合戦があったことを断片的に伝えるものはある。

　足洗大明神々領壱町参段之事、
右、百姓等為私押置之由、子細相尋之処、就于去丙申一乱彼造宮勧進物等紛失故、雖令無沙汰如此云々押領《(マヽ)》、非拠之至也、（中略）
　　天文八年十二月十二日
　　　村岡宮千代丸

この義元判物[31]のなかの「丙申一乱」とは、前述のとおり花蔵の乱を指すものだが、この乱によって足洗大明神（静岡市）

の造宮勧進物が紛失していることから、合戦は駿府の周辺にまで及んだものとみられる。またこの乱を契機に百姓等による神領の横領が行われ、それを糾明するのに乱後三年以上を要したことがわかる。

さらに駿府の攻防に関する史料を求めてみたい。

今度一乱、於当構幷方上城・葉梨城、別而抽粉骨畢、甚神妙至感悦也、然間一所有東福島彦太郎分、一所小柳津真金名斉藤四郎衛門分、一所勝田内柿谷篠原刑部少輔分等之事、一円於子孫充行畢、者弥可抽忠功之状如件、

天文五丙申年十一月三日

義元（花押）

岡部左京進殿

右の義元判物は[32]、花蔵の乱の攻防が行われた場所や恵探擁立派に所属した者が具体的に記されていて興味深い。「葉梨城」とは遍照光寺の背後にある花倉城のことで、ここが恵探軍の根拠地であり、「方上城」は、山西とよばれた西駿地域の入口にあたり、恵探派の前線基地として位置付けられている。また恵探側に加担した福島彦太郎、斉藤四郎衛門、篠原刑部少輔の給地は、乱後岡部親綱への恩賞として充て行われたことがわかる。従来ではこの文書をもとに、岡部親綱の活躍によって方上、花倉の城が次々と落とされ、乱は早期に鎮圧されたといわれてきたが、「当構」とあるように、承芳方の施設が攻撃されたことがわかる。親綱はそこの守備、あるいは救援に功を立てたのである。「当構」がどこを指すものか未だ定かではないが、先の検証によって、花蔵の乱では花倉を中心とした山西地域だけでなく、駿府もまた戦場となったことが明らかになった以上、この所在地を山西地域内に限定するわけにはいかない。それではいったい「当構」とはどこを指すのであろうか。先の判物には、相手方の拠点を「方上城」・「葉梨城」という

ように城として扱っているのに対し、「構」という表現は、ここが城ではないことを意味している。また「当」とは、後北条氏が小田原を「当城」と表現したように、[33] 文書発給者の所在地を意味するものと思われ、さらに「構」ということば自体が〝邸宅〟という意味を有することから、[34]「当構」とは駿府の今川氏館そのものを指すものと解釈してもあながち危険ではあるまい。

そこで、今川氏の発給文書のなかから「構」の文言を使用した例を求めてみると、元亀二年（一五七一）四月二十一日に三浦義次にあてた今川氏真判物に[35]「去辰年錯乱之刻、無二尓自構父子共令供」という記述がある。「去辰年錯乱」とは、永禄十一年（一五六八）の武田信玄による駿河攻めで、氏真が駿府を追われた時のことである。三浦義次はこの時、氏真に従って懸川へ落ちる途中、代々の判形を紛失したのである。それゆえここに見る「構」とは、駿府館を意味しているのは明白である。また同文書には、代々の忠節として「兼又、天沢寺殿（義元）御代一乱之時茂、父元辰構迄相移」と述べている。ここにある「天沢寺殿御代一乱」こそ、花蔵の乱を意味するものであり、この場合の「構」もやはり駿府館を意味していると思われ、これらの記述から、今川氏では駿府館のことを「構」と称していたことがわかる。

ところで、岡部親綱はこの日、義元より感状も受けている。[36]

今度就一乱、於所々異于他走廻抽粉骨、剰住所花倉（蔵）江取候（被脱）取（之処）、親綱取返之付畢、甚以神妙之至、無是非候、対義元子孫末代親綱忠節無比類者也、（恐々謹言）

天文五年丙申霜月三日　　義元在判

岡部左京進殿

（カッコ内は「土佐国蠹簡集残編所収文書」にて訂正）

義元が親綱の手柄を最大級の表現で賞していることから興味深い史料であるが、このなかで親綱が恵探軍から取り返した「住所」とは何処を示しているのか。大久保氏はこれを岡部親綱の拠点と解し、朝日山城（藤枝市）と説明している。[37] これに対し種石氏は「岡部氏の持城でなく、花倉城、城下の奪取と理解するのが妥当であろう」と別の見解を述べている。[38] しかし、岡部氏が奪われた自分の持城を取り返しただけでこのような賞され方は不自然であるし、また朝日山城にしろ、花倉城にしろ、遺構から察して、当時実戦的な城として機能していたとは思えず、取り返すという表現が妥当かどうか。むしろ「於所々」というのが方上城や花倉城を示すのではないだろうか。もともと史料自体が良質な写でないため「住所」という記述自体疑問も感じ、その解釈に苦慮するところだが、強引な推測をしてみるならば、先の検討もふまえ、これが駿府館であったとも考えられる。すなわち、駿府での戦いが福島党による寝込みを襲う奇襲戦によって開始されたことから、その際に承芳は不本意ながらも館から、一旦でも難を逃れねばならない状況に陥ったことも考えられる。

いずれにせよ、福島党の駿府館攻撃に対し、岡部親綱や三浦元辰等によるめざましい働きがあって、福島党はその日のうちに久能山へ引き籠ることになったのである。久能山は天然の要害だけに、立て籠るのには絶好の場所である。当時久能山には、真言寺院の久能寺が存在したが、その久能寺と恵探が籍を置く遍照光寺とは、以前より特別な繋がりがあった。久能寺に伝わった涅槃像の軸書[39]によると、文明十三年（一四八一）に像を製作する際、遍照光寺より十余名が参加している。四宗兼学の遍照光寺では、真言寺院との交流があって当然ではあるが、久能寺は駿府攻撃の拠点として押さえやすい関係にあったのではないだろうか。

２．駿府以東での攻防

次に駿府以東での動向について検討したい。ここではすでに大久保氏による指摘があるように(40)、富士郡や由比城周辺にも乱が波及した例が見られる。

井出左近太郎屋敷分事、
右、雖今度為降人、指出拾貫文令取沙汰、為代官職所預置也、若百姓等於有違乱族者、可加下知者也、仍如件、
天文五丙申
十二月廿四日　義元（花押）
井出左近太郎との

富士郡の土豪、井出左近太郎は当初、恵探方にあったものの、途中で承芳方に降り、そのため代官職を任じられている(41)。

駿河国須津庄八幡宮神領拾壱石、幷公（供）僧免共、如福島弥四郎代官時、不可有相違、同別当多門坊門之内棟別天役、如前々免許畢、弥所可抽精誠、仍如件、
天文五丙申年八月卅日　義元（花押）
八幡宮別当
多門坊

この史料(42)からは、富士郡須津庄の代官であった福島弥四郎が改易になったことがわかる。日付から、恵探派の福島

一門の一人と考えてよいだろう。

駿河国蒲原郷内南之郷山屋敷浦等之事、

右、今度一乱、由比之城相踏、忠節無比類之間、為新給恩宛行畢、彼郷中葛山給拾八貫文分、幷武藤給参貫五百文分、田畠給主ニ蹈渡上者、相残分一円ニ如福島彦太郎時可令如行、弥可抽忠功状如件、

天文五丙申年閏十月廿七日　義元（花押）

由比助四郎殿

由比の国人、由比助四郎は由比城の守備によって、先に登場した福島彦太郎の給地を恩賞として与えられている[43]。ここで恵探派に属したと思われる人物をあげてみたい。すでに福島越前守、福島彦太郎、福島弥四郎、斉藤四郎衛門、篠原刑部少輔、井出彦太郎等の名前をあげたが、前述した「氏名未詳言上書[44]」のなかからは、「花蔵乱以前、安西彦兵衛と申人彼神領相拘候」という記述から、安西彦兵衛なる人物がわかる。さらに次の史料[45]はどうであろう。

駿河国入江庄内壱所志多良方篠原分田畠山屋敷、幷同国鳥坂之内壱所安西三郎兵衛分田畠山屋敷等之事

右、両所為臨済寺殿追善冥福、停止諸役諸公事為不入之地所令寄附也、如先地頭之時可被執務之状、如件、

天文七戊戌年五月廿二日　義元（花押）

当寺

納所禅師

乱後二年近く経過はしているが「篠原分」、「安西三郎兵衛」とは、先にあげた篠原刑部や安西彦兵衛と同姓であり、

両者が所有した田畠山屋敷が臨済寺殿（今川氏輝）の追善冥福のために氏輝の菩提寺である臨済寺へ寄進されていることから、安西三郎兵衛も恵探方の一人であった可能性がある。

その他、古文書からは確証は得られないが『駿河記』などの地誌類には、恵探方与力として戦死した者に、藤枝市水上に居住していたという石野河内守や、中原広成、信濃へ落ちた者として魚住新左衛門尉、斯波吉俊などの人物が記されており[46]、石野河内守については『寛政重修諸家譜』のなかに「駿河国花倉において討死す」という記述がみられる[47]。また近世に岡部宿の本陣を務めた内野家では、「天文年中、内野兵部と云者、花倉殿良真に仕ふ。良真没落の時、瀬戸川原にて禦矢射て戦死すと云伝ふ」と家伝に残している[48]。

以上、恵探擁立派に加わった者をあげたが、それらの身分や実在性については不明確なところも多い。しかし従来のような局地的な反乱、多勢に微勢という評価は改めねばならない。すなわち、館入りをした承芳に対し、福島党による駿府館襲撃が開始され、同時に駿府以西の山西地域では、花倉の恵探と方上衆が、駿府以東では富士郡の土豪や代官が反旗を挙げ、由比では由比城の攻防がみられたのである。駿府は恵探派によって挟撃され、同時に駿河一国は寸断されてしまったのである。

このような状況が明らかになって、ようやく隣国相模からの北条氏綱による援軍派遣の必要性が理解されてくる。この北条氏綱の援軍派遣については「勝山記」のなかに次のようにある[49]。

其ノ年ノ六月八日、花蔵殿福島一門皆ナ相模ノ氏縄(綱)ノ人数カセメコロシ被申候、去程善得寺殿屋形ニナオリ被食候、

北条勢が恵探軍を悉く撃滅し、その援軍の働きによって承芳が家督の座に着くことができたという誇張された記述

ではあるが、乱の鎮圧に際し、後北条勢の功績が大きかったことを敵国の武田方が認めている。おそらくは由比氏の由比城堅守、井出氏の投降は、北条氏の救援行動の成果ではあるまいか。

3．乱の経過

駿府を挟んで駿河の東西にわたって展開した花蔵の乱は、その後どのような経過を辿ったであろうか。
六月六日、承芳は小坂（静岡市）の瑞応庵に禁制を発している。[50] この禁制は今日確認されている限りでは義元の初見文書である。

禁制
一、濫妨狼籍之事、
一、竹木伐取事、
一、諸手陣取事、
右、背此旨族者、堅可加厳刑者也、仍如件、
天文五
六月六日
小坂
瑞応庵

禁制を発しうる状態に至ったことから、駿府における福島党はこの時点で鎮圧されたことになるであろうが、第三

条に見られる陣取禁止の対象が「諸手」とあるように、この地には未だ両軍が衝突する危険性があったと思われる。つまり、瑞応庵の背後の高草山を越えれば、そこは恵探軍の勢力下の山西地区である。しかも高草山の南面中腹には恵探方の方上城があり、駿府近辺は制圧できたものの、この小坂地区は依然として緊張状態にあったものと思われる。

六月八日、これは前述した「勝山記」によるが、当書ではこの時点で恵探、福島一門が敗死し、攻防は終結したとある。従来語られてきた〝花倉の乱〟すなわち、承芳が短期間のうちに制圧した山西地域における恵探軍の反乱とは、六月六日以降の場面をいうのであろう。

六月十日、この日承芳は駿府浅間神社の村岡大夫に黒印状を発している。[51]承芳がこの時点で浅間神社に文書を発給したということは、すでに小和田氏や大久保氏が指摘されたように[52]重要な意味をもっていた。つまり、駿河国内の崇敬厚い浅間神社の祭祠権の掌握を意味するものであり、さらに神意を背景に家督継承者としての立場を広く領国内に公表する意味を持っていた。国守としての第一声をあげた承芳は、この日山西の慶寿寺（島田市）にも禁制を発している。[53]

□（黒印「承芳」）

禁制　　慶寿寺

一、軍勢甲乙人等、濫妨狼籍幷号公方人不謂儀申懸事、

一、寺領等、如前々之不可有相違事

一、竹木伐取事、

右、於背此旨輩者、堅可処罪科者也、仍如件、

天文五丙申年六月十日

慶寿寺は、今川氏の二代範氏の菩提所ともいわれた寺院で、当時遍照光寺の末寺であり、戦いに敗れた恵探軍が南下した際の敗走先となりうる寺でもあった。したがって、第一条に見る「号公方人」とは、この場合恵探方の手の者と考えることもできよう。

なお、恵探の自害について「高白斉記」では「六月十四日、花蔵生害」としており、[54]先の「勝山記」とは六日のくい違いがある。しかしいずれにせよ、承芳が国守としての第一声をあげた六月十日をもって、承芳と恵探の家督争いは終結したのである。

四、乱の影響

領国規模に及んだ花蔵の乱は、北条氏の援軍や岡部親綱等の活躍によって終結し、勝者の梅岳承芳が家督を相続した。今川家九代今川義元の誕生である（以後便宜上、改名前であっても義元に統一して述べる）。敗者である玄広恵探は自刃して果てたが、残党のなかには他国へ逃亡する者もいた。今川、北条の両氏を敵にする以上、その逃亡先は自ずから両氏と対立関係にある甲斐の武田氏となる。ところが残党をかくまった武田家臣の前島氏は武田信虎の命によって切腹を命じられたのである。

此年六月、当国ノ府中ニテ前島一門皆上意ニソムキ腹ヲ切申候、去程ニ一国ノ奉行衆悉ク他国へ越被申候、

これは「勝山記」のなかの記述である。[55]乱中の動向については、これまで用いてきたように「勝山記」や「高白斉記」など、武田方の記録には、今川や北条方の動きが記されているが、両氏と対立関係にあった当の武田氏は特に動きを

見せていない。しかし事件が終結し、義元が家督を継承した時点で、信虎は恵探派の残党をかくまった家臣に切腹を命じたのである。しかもそれは、奉行衆がその処置に反発してことごとく他国へ逃亡してしまうという、武田家にとっての非常事態であった。これまでの今川・武田の対立関係からしてみれば、前島氏のとった処置こそ当然の動きであるが、むしろ信虎は、前島氏の処罰を通して態度を百八十度変え、親今川の姿勢を表明した。この事件以後今川と武田は急速に接近し、翌天文六年二月、信虎の娘と今川義元との婚姻によって、両者は正式に同盟関係を結んだ。当然それは、これまで今川氏と早雲以来友好関係にあった北条氏との対立を招き、北条氏による報復が「河東一乱」とよばれる、駿河東部の抗争へと発展する。

義元の家督継承を契機に、急速に駿甲関係が好転したことについて、小和田氏はその理由を、今川氏輝・彦五郎兄弟の急死に関する疑惑や、義元が、信虎の嫡男晴信（信玄）の正室として、三条公頼の娘を斡旋したとする説などをふまえて、すべて雪斉の「演出」によるものとし、それは「富士郡の善得寺という地の利を得た場所を舞台にした、信虎との間の秘密交渉による、今川家督の交代劇」と述べた[56]。しかし、もし仮にそのような画策が水面下で行われていたとしたなら、花蔵の乱になぜ武田氏は動かなかったのであろう。義元の窮地に援軍を指し向けて然るべきである。義元にしても自らの窮地に、あえてなお親北条、対武田の姿勢を装ってみせ、北条氏綱の援軍の恩恵に浴したのであろうか。花蔵の乱の戦況を振り返った時、それは大変現実性に乏しいものといえる。

そこで視点を北条氏に向けて、もう一度花蔵の乱を検討してみたい。前述のように天文六年二月、今川義元と武田信虎の娘の婚姻に伴い、駿甲同盟が成立すると、北条氏綱はその報復として直ちに河東地域への侵攻を開始した。この「河東一乱」については大久保氏の考察があり[57]、天文七年には河東の地は北条氏の勢力下となり、同十四年には今川・北条氏間に講和が成立することによって、北条氏は領有権を放棄し、再び今川氏のもとに帰することになった。
次の史料[58]は、抗争終結後に義元が富士郡村山（富士宮市）の修験者大鏡坊にあてた判物だが、在地の仕置に関して興味深い記述がある。

就去丙申・丁酉年河東西乱入、以前借銭借米返弁之事、右、申・酉両年以前分者、既彼銭主等敵地江罷退、依為企逆心輩、只今令還住雖加催促、一向不可許容、（中略）

天文廿一年

五月廿五日　　治部大輔（花押）

大鏡坊

これには、「河東西」の地域、すなわち富士川両岸の地域が「丙申・丁酉年」に北条氏による「乱入」を受けたとある。この場合の「丁酉」の「乱入」は天文六年の「河東一乱」を示すものだが、それでは「丙申（天文五年）」の「乱入」とはいかなるものであろうか。天文五年に北条氏が当地に兵を向けたのは、花蔵の乱の際に義元に対して送った援軍以外に確認できない。するとこの援軍を、義元は「乱入」と受けとめたことになる。もっともこの文書自体、花蔵の乱から十六年も経過して出されたもので、その間一時期北条氏によってこの地が領有化されたという過程をふまえたうえでの表現であるので、天文五年の段階で義元が実際に「乱入」と受けとめたかはわからない。事実、花蔵の乱の勝利には北条氏の働きが大きかったことは先述のとおりである。しかし、その救援活動で過剰な行動がとられたとしたらどうだろう。借銭借米返弁の義務について、義元は天文五・六年以前の分については、銭主が「敵地江罷退、依為企逆心輩」という理由で無効としている。この記述は、天文五年に北条勢が援軍として河東に出兵した際に、在地で今川家を離反する者が現われたことを意味してはいないだろうか。

そこで河東の地域について歴史を辿ってみると、注目すべきことはこの地がかつて、氏綱の父北条早雲の領有下にあったことである。それは、今川義忠討死のあとに生じた今川氏の後継者をめぐる内訌において、早雲が義忠の遺児龍王丸（氏親）の擁立に成功し、その恩賞として、富士下方十二か郷と興国寺城が与えられたことを所以とする。やがてこの地をめぐって天文六年より「河東一乱」が展開されたが、大久保氏は北条氏の軍事行動の理由の一つに、河東の地を「従来より自己の勢力圏として意識していたのではなかろうか。『河東一乱』はその意識の表出としてとれうる」と述べ[59]、有光友學氏はこの行為を「旧領回復」と述べている[60]。この当時鎌倉では、鶴岡八幡宮の造営が行われていた。北条氏の威信をかけた国をあげての大事業であったが、木材が不足し、他国からも調達を行った。「快元僧都記」によると、天文五年には、駿河から調達するはずの木材が花蔵の乱によって滞り、進行が遅れてしまった[61]。この場合、木材は駿河の何処から調達されようとしたのは明らかでないが、富士・愛鷹の裾野は森林資源の宝庫である。この造営事業を行うにつけても河東の地に対する執着心は、より強まったことであろう。天文七年、当地を掌中に入れた北条氏は、早速駿河から八幡宮上宮に使う木材を調達している[62]。

このように北条氏綱にとって、父早雲ゆかりの旧領を回復したいという願望は「河東一乱」で具体化したが、筆者はこの旧領回復の意図は、さらに遡って花蔵の乱における義元救援行動に現われたと考える。つまり、氏親の家督継承を助けた早雲が、河東に領地を与えられたように、今回の家督争いに氏綱が関与することによって、そのみ返りとしての旧領回復を意図したのではないだろうか。氏綱の旧領への援軍派遣は、後日のためのデモンストレーションでもあったのである。その成果は先に述べた銭主の「企逆心」、「敵地江罷退」といった在地での離反行為となって現われた。また、次の史料(63)はどうであろうか。

其方扶助同（名）者親類等、聊就有疎儀者、堅可加下知、万一於属他之手輩者、分分之事者御房可為計者也、仍如件、

天文五丙申年十月十七日　　義元（花押）

興津彦九郎殿

国人興津氏が花蔵の乱に際し、義元方にあって働いたことは、今川氏真が興津左衛門尉にあてた判物のなかの「駿河国興津郷内篠原刑部少輔跡和田之事、右者丙申年配当為新者云々」という記述からわかる(64)。それでは義元は乱後四ヵ月を経た今、なぜ「疎儀」、「万一於属他之手」の行為を懸念しているのだろうか。ここでいう「他之手」に属すとは、どういうことなのか。それは翌年の駿甲同盟の成立と、駿相の決別という結果から判断するならば、北条氏との内通を意識しているものと思われる。義元が後に氏綱の救援行動を「乱入」と認識しているのはこのような過程があったためであろう。

旧領回復という氏綱の目論見が表面化することによって、今川氏は北条氏と決別の道を選んだ。いかに両者が父の代より友好関係にあったにしろ、今や旧勢力を倒して関東へ版図を拡大してゆく北条氏である。領土分譲は、両者の勢力的な均衡を崩すことでもあり、戦後処理に急務な十八歳の国守義元にしてみれば脅威極まりのないことである。一方の武田氏にとっても、河東の地は甲斐への玄関口であるため、北条氏の駿河進出は深刻な事態である。そこで信虎は前島氏一門の処刑を通して、親今川の態度をいち早く表明したのであろう。これによって両者は北条氏の駿河進出を防ぐという共通の目的のもとに歩み寄り、天文六年の駿甲同盟に至ったのである。

むすびにかえて

これまで藤枝市に残る〝花倉〟という地名と、勝者中心に記された記録や地誌類によって、〝花蔵の乱〟は、今川氏輝急死のあと、家督を継承しようとした義元に対し、庶兄の玄広恵探が花倉の地に拠って起こした反乱という認識が強かった。小稿では、先ず〝花蔵〟が〝花蔵殿（玄広恵探）〟を示しているものであることを明らかにし、視野を広げて再考察を試みた。今川氏関係の文書を見ていくと、天文五年の「丙申」という干支が何かと眼にとまり、それらが「丙申一乱」[65]、すなわち〝花蔵の乱〟につながることが分かった。しかしそれらが語るものとは、花倉の地名でもなければ、玄広恵探個人でもない。むしろこの事件が今川氏にとって一つの節目となる大きな事件であったことを伝えている。それは従来語られてきたような、恵探、福島軍の局地的な反乱ではなく、駿府を挟んで駿河の東西に展開された抗争であり、義元擁立派と恵探擁立派との政権抗争であった。さらにこの事件は単なる今川氏の内訌にとどまらず、外交上の問題へと発展した。北条氏綱による義元への援軍派遣には、今川氏の内紛に関与して、旧領の回復をはかろうとする動きがあり、それが翌年の今川・武田の同盟締結、北条氏との「河東一乱」という外交政策の大転換へとつながるのである。

しかし、小稿では、遠江の国人孕石氏が義元側において軍功を上げているにもかかわらず[66]、遠江の動向については一切触れることができなかった。また、恵探擁立派の中心となった福島氏をはじめ、恵探派に加わった者たちの今川家における明確な位置付けも必要である。さらに、本稿にとって重要な後北条氏の動向についても、後北条氏側からの具体的な史料を見出せず、積み残した課題も多い。

註

(1) 小和田哲男「今川氏の代替りと内訌」(『地方史静岡』五号、一九七五年)。
(2) 小和田哲男「花倉の乱の再検討」(『駿河の今川氏』第六集、一九八二年)。
(3) 大久保俊昭「義元政権の成立と初期政策についての一考察」(『駿河の今川氏』第九集、一九八六年)。
(4) 小和田哲男『戦国合戦大事典』第三巻(新人物往来社、一九八九年)五四頁。
(5) 種石昌雄「私考、花倉の乱(承前)」(『古城』三三号、一九九〇年)。
(6) 古くは天正十五年の「護国禅師三十三回忌拈香拙語幷序」注(23)のなかに、「華蔵ノ住持」という記述が見られ、「今川記」には恵探を「遍照光院の住寺」、承芳を「(善得寺の)喝食に御座す」とある。
(7) 『泉涌寺史』資料篇三〇九頁、同本文篇二六九頁。
(8) 「今川系図」(『続群書類従』五輯上、四一九頁)には「年二十歳」とある。
(9) 流石奉編『勝山記と原本の考証』(国書刊行会、一九八五年)一三二頁。
(10) 小和田哲男『駿河今川一族』(新人物往来社、一九八三年)一九七頁。
(11) 小和田註(4)書。
(12) 大久保註(3)論文八頁。
(13) 「旧村岡大夫文書」(『静岡県史料』第三輯四八四頁、以下『県史料』と略す)。
(14) 「南山北義見聞私記」(小和田註〈2〉論文所収)。
(15) 「旧新宮神主文書」(『県史料』三—四六二頁)。
(16) 拙稿「戦国大名今川・武田氏の駿府浅間社支配」(『駒沢史学』第三九・四〇号、一九八八年)。
(17) 『武田史料集』(人物往来社、一九六七年)七七頁。

(18) 註(9)。
(19) 「快元僧都記」(『群書類従』二五―五五六頁)。
(20) 註(9)(19)。
(21) 『駿河記』上巻六五四頁。
(22) 『駿河志料』一―一八四頁。
(23) 小和田哲男校註解説「護国禅師三十三回忌拈香拙語幷序」(『駿河の今川氏』第三集、一九七八年)。
(24) 「為和卿集」(『群書類従』一四―三一七頁)。
(25) 「酒井文書」(『県史料』三―六三一頁)。
(26) 註(17)。
(27) 小和田註(4)書三五頁。
(28) 「氏親葬記」(『駿河記』上―一五九頁)。
(29) 「増善寺文書」(『県史料』三―一九〇頁)。
(30) 「妙覚寺文書」(『県史料』一―七二四頁)。
(31) 註(13)。
(32) 「土佐国蠹簡集残編所収文書」(『静岡市史』中世近世史料二―一八〇頁、以下『市史』と略す)。
(33) 「蓮上院文書」(『神奈川県史』資料編3古代・中世三下、七五二頁)。
(34) 『日本国語大辞典』(小学館)。
(35) 「記録御用所本古文書」(『市史』二―五八二頁)。
(36) 「今川記所収古文書」(『群書類従』二五―五五六頁)。
(37) 大久保註(3)論文二二頁。
(38) 種石註(5)論文三三頁。

(39)「久能寺涅槃像軸書」（『駿河志料』一―五三八頁、但し脱字箇所が見られ、「駿州華居住」は『駿国雑志』二―六三四頁によって「駿州華蔵居住」と訂正される）。
(40) 大久保註（3）論文六・九頁。
(41)「井出文書」（『県史料』二―五七四頁）。
(42)「多門坊文書」（『県史料』二―四頁）。
(43)「由比文書」（『県史料』二―六二九頁）。
(44) 註（15）。
(45)「臨済寺文書」（『県史料』三―五六四頁）。
(46)『駿河記』上―六二〇頁、『駿河志料』一―一六四頁等。
(47)『寛政重修諸家譜』第一一巻一五六頁。
(48)『駿河記』上―六七〇頁。
(49) 註（9）。
(50)「瑞応寺文書」（『県史料』三―一一〇）。
(51)「旧村岡大夫文書」（『県史料』三―四八三頁）。
(52) 小和田註（10）一九八頁、大久保『歴史と人物』第一三巻第五号（中央公論社、一九八三年）五八頁。
(53)「慶寿寺文書」（『県史料』三―七六一頁）。
(54) 註（17）。
(55) 註（9）。
(56) 小和田哲男『武田信玄』（講談社、一九八七年）五六頁。
(57) 大久保俊昭「『河東一乱』をめぐって」（『戦国史研究』第二号、一九八一年）。
(58)「旧大鏡坊富士氏文書」（『県史料』二―一二五頁）。

(59) 大久保註（57）論文。
(60) 有光友學「戦国期葛山氏の軍事的位置」（『地方史静岡』第一四号、一九八六年）。
(61) 註（19）五五五頁。
(62) 註（19）五六七頁。
(63) 「興津文書」（『県史料』二―七五九頁）。
(64) 「興津文書」（『県史料』二―七六五頁）。
(65) 註（13）。
(66) 「土佐国蠧簡集残編所収文書」（『市史』二―一八一頁）。

Ⅱ

花蔵の乱と駿府——今川氏の「構」について

前田利久

「土佐国蠹簡集残編」三のなかに次のような今川義元判物がある（『静岡市史』中世近世史料二―一八〇頁）。

今度一乱、於当構并方上城・葉梨城、別而抽粉骨畢、甚神妙至感悦也、然間一所有東福島彦太郎分、一所小柳津真金名斉藤四郎衛門分、一所勝田内柿谷篠原刑部少輔分等之事、一円於子孫充行畢、者弥可抽忠功之状如件

天文五丙申年十一月三日　　義元（花押）

岡部左京進殿

これは花蔵の乱の様子を伝える数少ない史料の一つである。花蔵の乱とは、天文五年（一五三六）三月、今川氏輝の急死のあと、後継者として僧籍にあった二人の兄弟が擁立されたことによって生じた事件で、生母を氏親の正室寿桂尼とする善得寺（静岡県富士市）の梅岳承芳（義元）に対し、今川家重臣福島氏を外祖父とする庶兄、遍照光寺（同藤枝市花倉）の玄広恵探が花倉の地で起こした反乱とされている。

さて右の文書には、その際の攻防がおこなわれた場所や恵探擁立派に所属した者が具体的に記されていて興味深い。「葉梨城」とは、遍照光寺の背後にある花倉城のことで、ここが恵探軍の根拠地であり、「方上城」は、山西とよばれ

た西駿地域の入口にあたり、恵探派の前線基地として位置づけられている。しかし、もう一方の「当構」という記述については、それがどこを指すものか未だ定かではない。ただ、承芳側の施設が攻撃を受け、岡部左京進（親綱）がここの守備、あるいは救援行動に功績を挙げたのは明らかである。この「当構」についての具体的な検討の前に、この事件の誤った認識を正していきたい。

従来、この事件の名称は、恵探の根拠地であった花倉の地に由来するものと考えられてきたため、抗争の場がここを拠点とする山西地域に限定され、きわめて局地的で小規模なものとする説が強い。しかし、当時の史料に使われる「花蔵」とは「花蔵ト同心シテ」・「花蔵生害」（『高白斉記』）や「花蔵殿」（『勝山記』・『快元僧都記』）とあるように地名ではなく恵探その人を指している。すなわち承芳が「善得寺殿」（『勝山記』）と寺院名でよばれたように、「花蔵」も恵探が籍を置く華蔵山遍照光寺に由来したものである。したがって〝花蔵殿の乱〟と解釈した時、この事件の舞台を山西地域に限定する必要はなく、むしろその周囲の動向に眼を向けなければならない。

そこで注目されるのは『高白斉記』の記述である。

五月廿四日夜、氏照（輝）ノ老母、福島越前守宿所へ行、花蔵ト同心シテ翌廿五日従未明於駿府戦、夜中福島党久能へ引籠ル

この記述に見る駿府での戦いが、花蔵の乱の一場面であることはすでに大久保俊昭氏が指摘されているが（「義元政権の成立と初期政策についての一考察」『駿府の今川氏』第九集）、駿府で合戦がくり広げられたことは、天文八年十二月十二日に足洗大明神（静岡市）について、浅間神社の村岡大夫家にあてた今川義元判物（「旧村岡大夫文書」『静岡県史料』三―四八四頁）のなかの「就于去丙申（天文五年）一乱、彼造宮勧進物等紛失故」という文言によって確認ができる。

このように花蔵の乱では、山西地域だけでなく、駿府も戦場となったことが明らかになった以上、恵探派によって攻撃された「当構」の所在を山西地域内に限定するわけにはいかない。それではいったい「当構」とは、どこを指すのであろうか。先の岡部親綱にあてた判物には、すでに述べたように相手方の拠点を「方上城」・「葉梨城」というように城として扱っている。これに対して「構」という表現は、ここが城ではないことを意味する。また「当」とは、北条氏が小田原城を「当城」と表現したように、文書発給者の所在地を意味するものと思われ、すなわち「当構」とは、駿府の今川氏館そのものであったと解釈してもあながち危険ではあるまい。

そこで、今川氏の発給文書のなかから「構」の文言を使用した例を求めてみると、元亀二年（一五七一）四月二十一日に三浦義次にあてた今川氏真判物（「記録御用所本古文書」『静岡市史』中世近世史料二―五八二頁）に「去辰年錯乱之刻、無二尓自構父子共令供」という記述がある。「去辰年錯乱」とは、永禄十一年（一五六八）の武田信玄による駿河攻めで、氏真が駿府を追われた時のことである。三浦義次はこの時、氏真に従って懸川へ落ちる途中、代々の判形を紛失したのである。それゆえ、ここに見る「構」とは、駿府館を意味しているのは明白である。また同文書には、代々の忠節として「兼又、天沢寺殿（義元）御代一乱之時茂、父元辰構迄相移」と述べている。ここにある「天沢寺殿御代一乱」こそ、花蔵の乱を意味するものであり、この場合の「構」もやはり駿府館を意味していると思われ、これらの記述から、今川氏では駿府館のことを「構」と称していたことがわかる。

先の『高白斉記』の記述によると、駿府での戦いは未明より開始されたとあることから、恵探派の中心勢力である福島党によって駿府館が奇襲されたことが推察され、その際、岡部親綱や三浦義次などのはたらきにより駿府は防衛され、やがて戦局は転じて恵探の根拠地である山西地域での攻防へと変わった。従来語られてきた「方上城」や「葉梨城」での攻防とは、実は花蔵の乱の最終段階で、「当構」（駿府館）が攻撃された場面こそ、この事件の核心部分であったのである。

なお、花蔵の乱の歴史的位置付けについては、近日に稿を改めて再検討を行いたい。

Ⅲ

今川義元の家督相続

平野明夫

今川義元の家督相続については、異母兄玄広恵探との家督争いである花蔵の乱の研究として進められている[1]。しかし、家督相続をめぐる諸事実については、状況による推測の域を出ていない点がある。小稿では、こうした点を補うために、義元の家督相続の時期や仮名・実名など、家督相続をめぐる諸事実のいくつかを明らかにしたい。

室町幕府の武家故実書のひとつに「大館記[2]」がある。そこには、将軍の御内書案や大館氏の書状案なども記されている。そのなかに、義元の家督相続に関すると考えられる文書が三通ある[3]。

史料1

御名字、御家督之儀御相続之段被聞召候、尤珎重之由、御気色候、仍御名字以御自筆被遣之旨、被仰出候、御面目至、目出存候、恐々謹言、

五月三日　　　　左衛門佐晴光

謹上　今川五郎殿

うら書大　館

史料２
為家督礼、太刀一腰守長・馬一疋・青銅五千疋到来、目出候、猶晴光可申候也、
　　月　日
　　　　今川治部大輔とのへ

史料３
為字《御案文》之礼、太刀一腰国吉・馬一疋到来之段被聞召訖、猶晴光可申候也、
　　月　日
　　　　今川治部大輔とのへ

史料１の発給者大舘晴光は、尚氏（常興）の子で、将軍義晴の御供衆となり、義晴（将軍在職大永元年～天文十五年）・義輝（同天文十五年～永禄八年）に仕えた人物である。この時期に今川氏の家督を相続したのは、氏輝・義元・氏真の三人である。このうち、偏諱を受けたのは、家督相続時の将軍名と今川氏の実名から、義元に限定できる。すなわち、今川五郎とは義元のことであり、史料１は義元への義字授与と家督相続の承認を伝えたものと解釈される。義元の家督相続が天文五年であることは、先学の明らかにするところである。したがって、史料１の年次は天文五年である。

史料２・３は、家督承認と偏諱授与の礼物に対する礼状である。史料１との関連から、今川治部大輔は義元と考えられ、天文五年の文書と推定できる。ともに足利義晴御内書である。

これまでの研究では、義元が家督相続をするのは、花蔵の乱の勝利（六月十日前後）[4]後であり、還俗して義元を名乗るようになったのは、六月十日から八月十日までの間とされている[5]。

義元の家督相続を花蔵の乱後とするのは、義元発給文書の残存状況からの推定である。史料1によって、義元は花蔵の乱以前に家督を相続しており、五月三日には幕府の承認を得たことが明らかとなる。

義元の名乗りを六月十日以降とする論拠は、天文五年六月十日付の旧村岡大夫文書・慶寿寺文書に印文「承芳」の黒印が押されていることである。しかし、武田信玄が出家後も「晴信」印を使用していたように、印文がその時の名を示しているとは限らない。義元を名乗るのは、将軍の偏諱を受けた五月三日からと考えるのが妥当であろう。ただし厳密には、史料1が義元に届いて以降であろう。その時を特定することはできないが、五月中には義元を名乗っていたと思われる。

仮名五郎は、史料1が出される五月三日以前に称していたことは確実であり、還俗と同時に称したものと考えられる。とすると、義元が還俗し、五郎を称するのは氏輝が死去した三月十七日から五月三日までの間となる。そして史料1および2・3の宛名から、家督相続を承認されて以降、家督・賜字の礼物を送る間に治部大輔となったことが知られる。

以上を整理すると、義元は、天文五年三月十七日から五月三日までの間に還俗して仮名五郎を称した。そして、五月三日幕府に家督相続を承認されるとともに、将軍義晴の偏諱を受け義元と名乗る。さらに、同年中に治部大輔となった。ところで、五郎は、今川氏歴代当主に共通の仮名である。したがって、義元は、仮名五郎を称することによって、自らが家督相続者であることを宣言したと捉えることができる。

さらに義元は幕府から家督と承認されることで、その地位を公認されたのであり、偏諱を受けたことは、義元の将軍との結び付きを示している。相俟って、より強く家督相続者としての正当性を誇示するものであったと考えられる。

このような対幕府外交は、幕府の権威を背景として家督継承争いを優位に進めようとしたものと捉えられ、寿桂尼や義元・雪斎の人脈が利用されたであろうことは想像に難くない。いわば京都を知る義元派の外交的勝利といえる。義元は、家督相続に際し、幕府の権威を利用していたことを指摘できる。

註

（１）小和田哲男「花倉の乱の再検討」（『駿河の今川氏』第六集、一九八二年）。同『駿河今川一族』（新人物往来社、一九八三年）。大久保俊昭「義元政権の成立と初期政策についての一考察」（『駿河の今川氏』第九集、一九八六年）。前田利久「〝花蔵の乱〟の再評価」（『地方史静岡』第一九号、一九九一年）など。

（２）天理図書館所蔵。本稿では、『ビブリア』七八号（一九八二年）〜八九号（一九八七年）の翻刻によった。

（３）史料１〜３は、同書中の「往古御内書案・秘々書状案・往古触折紙案」（『ビブリア』八三号）に記載されている。なお、史料３は「覚悟代物書加折紙案等有之也」（同号）にもある。

（４）大久保俊昭「義元政権の成立と初期政策についての一考察」（前掲）。

（５）以下の研究成果は、小和田哲男『駿河今川一族』（前掲）による。

Ⅳ　家督相続後の義元と室町将軍

平野明夫

今川義元が、家督相続にあたって将軍足利義晴の承認を得ていたことは、「今川義元の家督相続」[1]として述べた。家督相続を正当化した義元は、花倉の乱に勝利し、戦国大名として今川氏の全盛期を形成する。このように今川氏にとって室町将軍との交渉は、重要な政治課題であったと考えられる。これまでの研究では、今川氏の家督相続をめぐる内訌に際しての交渉が、小和田哲男『駿河今川一族』[2]などで概観されている。しかし、義元の家督相続後の交渉については、究明されていない。そこで、義元が家督相続後は室町将軍とどのような交渉を行っていたのか明らかにしたい。

義晴との交渉では、天文十二年に、将軍義晴の命に応じて禁裏修理料を進上したことが確認できる[3]。ただし、この他には確認できない。

天文十五年十二月二十日に将軍となった義輝との交渉を示す初見史料は、天文十八年と推定される八月三日付け今川義元書状である[4]。この文書は、宛所が失われているが、「大館記」の紙背文書であるので、大館氏宛と見てまちがいなく、将軍への取り成しを依頼したものである。内容は、「当年御礼遅怠致迷惑候」とあるので、年頭申上の書状である。年頭申上は、歳首参賀の一種で、書状を遣わして参賀に換えることをいう。三職・御相伴衆などの在京者は御所へ参向し、在国の大名らは申上を行った。

義元の年頭申上が、天文十八年のみでなかったことは、三月十二日付けで出された義晴か義輝の年頭申上に対する礼状(5)によって確認できる。古河公方の事例によれば、三月十二日に年頭申上を行ったもので、太刀・馬・黄金という進上物は大名クラスのものとなる(6)。

これらによって、義元が将軍家へ年頭申上を行っていたことは明らかである。おそらく、家督相続後は、年中行事として年頭申上を行っていたのであろう。

こうした年頭申上は、いつまで続けられたのであろうか。年代の明らかな年頭申上は、天文十八年のみであり、最終年を明確にすることはできない。ただし、「大館記」所収の「諸国庄々公用之事(7)」の記述によって推測することができる。ここに、今川氏からの進上が途絶え、書状すらも来ないと記されている。「諸国庄々公用之事」は永禄二年のものと推定されるので(8)、永禄二年以前に義元と将軍義輝との交渉は途絶えたと推測される。

ところで、義元は、天文十八年二月十三日、四品（四位）に叙せられている(9)。そして、永禄三年五月八日には三河守に任ぜられ、同時に氏真は治部大輔に任ぜられたとされている(10)。当時の大名たちの叙任には、室町将軍が介在していたことからすれば(11)、義元・氏真の叙任も室町将軍を介したと推定される。もしそうであれば、永禄二年以前に将軍との交渉が途絶えたとした解釈と矛盾するようにみえる。ところが、義元が三河守を、氏真が治部大輔をそれぞれ称した形跡はなく、義元の法名も「天沢寺殿四品前礼部侍郎秀峰哲公大居士(12)」で三河守とはされていない。つまり、義元は生涯治部大輔であったのである。

正式に任官しながら、本人が称していないのは、義元の三河守および氏真の治部大輔任官が、今川氏の要請に基づくものではなく、室町将軍の政治的意図によるものであったためではなかろうか。このように考えるならば、今川氏からの室町将軍への交渉は、永禄二年以前から途絶えており、義元の在世中は回復されなかったといえる。

以上、今川義元が天文十八年に室町将軍に年頭申上を行っており、それは家督相続以来続いていた。ただし、永禄二年以前には途絶えていたことを見た。これは、義元の室町将軍との交渉が途絶えていたということである。その時期は明確ではないが、天文二十二年二月二十六日に制定した「今川仮名目録追加」で義元が、「只今ハをしなへて、自分の以力量、国の法度を申付」[13]と宣言していることに関連しているように思われる。この時点で今川氏は、室町将軍の後ろ盾を必要としないと意識したのであろう。

なお今川氏の将軍との交渉は、義元の死後復活する。その点については稿を改めて検討したい。

註

（1）『戦国史研究』第二四号、一九九二年。

（2）新人物往来社、一九八三年。

（3）（天文十二年）七月廿日付け大舘左衛門佐（晴光）宛今川義元書状写（「古簡雑纂」『静岡県史　資料編7　中世三』五五七頁）・同日付け大舘宛今川義元書状写（「類従文書抄」『同書』同頁）・「御湯殿上日記」天文十二年八月十九日条（『続群書類従　補遺三　お湯殿の上日記（四）』、四七八頁）。

（4）大舘記所収御内書案紙背文書（『静岡県史　資料編7　中世三』、六八〇頁）。年代は、「去六月廿四日於摂州不慮之一戦、右京大夫被失利之由候」とあることによって、天文十八年と推定される。

（5）「御内書案文」所収文書（『静岡県史　資料編7　中世三』、一〇四三頁）。

（6）拙稿「烟田氏と古河公方」（『鉾田町史研究　七瀬』第八号、一九九八年）・久保賢司「古河公方期における贈答に関する一試論」

（『茨城県史研究』第六八号、一九九二年）参照。

（7）『静岡県史　資料編7　中世三』、五二二頁。

（8）『静岡県史』は、他の箇所に「去年後六月」とあることによって天文九年と推定する。しかし、上杉謙信の上洛のことも見えるので、永禄二年と推定される。

（9）「御湯殿上日記」天文十八年二月十三日条（『続群書類従　補遺三　お湯殿の上の日記（五）』、九八頁）。

（10）「瑞光院記」（『静岡県史　資料編7　中世三』、一〇二七頁）。氏真の任官については、「歴名土代」にもある（『同書』、同頁）。

（11）二木謙一「室町幕府の官途・受領推挙」（『國學院大学紀要』第一九巻、一九八一年。のち同『中世武家儀礼の研究』〈吉川弘文館、一九八五年〉に収録）を参照。

（12）「明叔録」（『静岡県史　資料編7　中世三』、一〇四六頁）。

（13）佐藤進一・池内義資・百瀬今朝雄編『中世法制史料集　第三巻　武家家法Ⅰ』（岩波書店）、一三〇頁、不入地之事条。

Ⅴ

天文七～九年頃の瀬名貞綱について

長谷川清一

瀬名氏は今川貞世（了俊）の後裔で、睡足軒一秀、氏貞、貞綱と、一門あるいは宿老的な立場として今川氏を補佐したとされる。しかし、一次史料に乏しく、『静岡県史』（通史編２）等に、断片的に取り上げられているのみであり、貞綱については文化的活動を論じられているに過ぎない。ところが、坪井俊三氏は後述の二通の史料を根拠に、天文七～九年頃の貞綱が今川氏に対して「不穏な動き」があるとした(1)。小稿では、天文七～九年頃の貞綱に関する事象を再度検証し、彼の「不穏な動き」の可能性を論じていきたい。

まず、坪井氏によると、その根拠として、

①瀬名氏の知行地、遠江国山名郡浅羽庄柴村等が三浦弥次郎に宛行われた（天文八年八月朔日付「今川義元判物写(2)」）。

②翌年貞綱は出奔先から帰国し、遠江国人松井氏と訴訟となり、義元により知行・同心衆の変更のないことに触れられ、貞綱の訴えは棄却された（天文九年八月廿五日付「今川義元判物写(3)」）。

ことを挙げている。

さらに、筆者は①・②以外に、蒲御厨に対する安堵状発給者の変化も提示したい。蒲御厨は遠江国長上郡にあり、平安時代に蒲神社の神主蒲氏が開発した所領を伊勢内宮に寄進し、蒲氏は惣検校職を伝領した。戦国時代には今川氏の領国下にあり、この時期の発給者は次のようになる。

③・大永七年（一五二七）十月二日
　氏貞→蒲惣検校職を源清宗に安堵[4]
・天文七年（一五三八）三月八日
　貞綱→蒲惣検校職を源親為に安堵[5]
・天文九年（一五四〇）三月十八日
　今川義元→蒲惣検校職を安堵[6]

瀬名氏の祖今川貞世が、永和四年（一三七八）に蒲御厨神明社の造営を命じていること[7]、③の氏貞・貞綱父子が蒲惣検校職の代替わりに各々安堵状を発給しているため、瀬名氏は蒲御厨の安堵状発給権を与えられていた可能性が高い。にもかかわらず、九年には発給者が義元に変化している。以降、今川氏真の安堵状が確認できるため、天文七～九年の間に、瀬名氏の権限が失われたといえる。

このように、坪井氏①・②より、天文八年の遠江知行地の没収と同九年の寄子衆の配置換え、そして③同七～九年の蒲惣検校職安堵状発給権の喪失、さらに同九年以降、貞綱の名が史料上に見られないことからも、貞綱はこの時期に衰退したと考えざるを得ない。

次に、坪井氏が「不穏な動き」と指摘した可能性について愚考したい。周知のように、天文五年（一五三六）今川権力を二分する花蔵の乱が起きた。有光有學氏によると、貞綱の父氏貞は栴岳承芳（義元）に同調したとされる[8]。貞綱の動きは不明だが、同七年、蒲御厨の安堵状を発給していることから、義元家督継承後も同年三月に没した氏貞に引き続き、今川家中にあったと思われ、花蔵の乱から義元家督継承が要因とは考えにくい。

そこで、筆者は「天文七～九年」という時期に着目したい。管見の限り、天文八・九年に義元が発給した文書全二九通の内、一九通が遠江国に関する内容であり、義元は家督継承直後、同国の領国経営に尽力していたといえる。（天文八年）閏六月一日付「今川義元書状[9]」には「両国安危此時候」とあり、駿河・遠江両国が不安定な時期である事実が窺える。宛名の松井兵庫助は「其地在陣昼夜辛労無是非候」とあることから、陣中にいたことも確認でき、遠江国内が臨戦状態であったと推測される。すなわち、この時期、遠江国が混乱状態にあったことは間違いない。

一方同時期、今川氏と周辺大名の関わりでは、天文六～八年の第一次河東一乱が勃発していた。今川氏は同六年二月、相模国の北条氏綱による駿河国東部の富士川以東への侵攻を受け、一〇年近くの領国争いを余儀なくされた。注目すべきは、氏綱は遠江の今川一門堀越氏、同国井伊谷の国人井伊氏、三河の国人奥平氏らを味方につけ、三河・遠江への調略を行い、今川氏を西からも牽制しようとしていたことである[10]。また、菟足神社（愛知県豊川市）に、「天文五年三月十日」、「氏綱（花押）」という銘文の入った唐花螺鈿鞍が存在する。長塚孝氏はこの鞍が東三河に伝わった可能性の一つとして、「氏綱が義元と対立している時期に、今川氏と敵対していた三河戸田氏へ贈呈したのを、神社へ奉納した」と指摘している[11]。すでに東三河国人等と交誼をもっていた氏綱が、河東一乱の際、奥平氏ら東三河国人と改めて手を結び始めたと思われる。同六年四月には、堀越氏の居城である遠江見付端城が、今川氏に敵対したことにより乗り崩されている。

ところで、この堀越氏は『土佐国蠹簡集残篇』所収今川系図、堀越貞基の娘の箇所に「氏貞妻」の記述があり、貞綱と堀越氏（氏延）は伯父と甥の関係になる。そもそも瀬名氏と堀越氏は今川貞世の流れを汲む遠江今川氏（同族）

であるにもかかわらず、この頃改めて両氏が姻戚関係を結んだことになる。

貞綱と河東一乱や氏綱との接点を示す史料は見当たらない。しかし、貞綱が蒲御厨等遠江国内に所領をもち、同国に権力を保持していたこと、氏綱と同調した堀越氏と姻戚関係にあったことを考慮すると、貞綱も河東一乱期に、氏綱に誘われていたのではないか。これが貞綱の「不穏な動き」だったのではないかと筆者は推測し、天文七～九年頃に、①～③のような義元による知行没収等の対応がなされ、貞綱の衰退につながると考える。

註

(1)『天竜市史』上巻、一九八一年。
(2)『静岡県史』資料編7、一五〇三号。
(3)『静岡県史』資料編7、一五三二号。
(4)『戦国遺文』今川氏編1、四三五号。
(5)『戦国遺文』今川氏編1、六〇八号。
(6)『戦国遺文』今川氏編1、六四六号。
(7)『静岡県史』資料編6、九二六号。
(8)『今川義元』吉川弘文館、二〇〇八年。
(9)『戦国遺文』今川氏編1、六二八号。
(10) 註（8）に同じ。
(11) 黒田基樹編『北条氏年表』高志書院、二〇一三年、三六～三八頁。

第3部　三河と義元

I

城代支配下の岡崎と今川部将松平元康

新行紀一

一、城代支配下の岡崎

岡崎城代の支配

桶狭間合戦までの一〇年間、岡崎城本丸には今川氏の部将が交代で駐屯して城代としての職務を遂行していた。城代の氏名については諸説あるが、同時代史料にあらわれるのは、まず観泉寺所蔵文書天文二〇年一二月二日付松平甚太郎忠茂宛連署血判起請文に名を連ねた飯尾豊前守乗連・二俣近江守扶長・山田新右衛門尉景隆の三人である。このうち山田景隆は天文一七、一八年には吉田に居たことは先出のごとくである。飯尾乗連は遠江引馬（後浜松）城主である。『言継卿記』弘治三年三月九日条に「当所之飯尾善四郎、三州岡崎之番也、留守云々」とあり、岡崎城代は駿遠の今川家臣が交代で勤めていたことが知られる。山科言継は一二、一三日と岡崎に泊っているが、乗連は病気のため会見せず、同名善左衛門が使者に来たとある。

ついで天文二二年三月一七日付の桜井寺宛阿部大蔵書状（桜井寺文書五）には、桜井寺の山林伐採問題で糟屋備前守・山田新右衛門へ申入れたところ制札を出すと言っている、と報じており、この二人が城代であった。また天文二一年に朝比奈泰能が竜渓院に禁制を下しているので（同文書一六）、彼もこの時期在番した可能性がある。これら今川家臣は自分の手勢のほか寄子とされた今川下級家臣を率いて岡崎城に期間を定めて在城したのであろう。

　このほかの諸書では「松平記」には桶狭間合戦の時に「本丸には駿河衆三浦上野・飯尾と申侍二人、番手に罷在、二の丸には岡崎衆罷在候」とある。三浦は上野介氏員、飯尾は乗連のことであろう。「参州本間氏覚書」以下の諸書には他に飯尾弥次右衛門顕玆・牧野新九郎貞成・田中次郎右衛門などが伝えられているが（旧市史別巻上）、顕玆は乗連を誤ったもの、貞成は西尾城代との混同であろう。岡崎城代は吉田や田原とは異なって、今川上級家臣が交代で勤めており、それゆえ軍事的色彩が強かったようである。

岡崎の奉行衆

　右のことをよく示しているのは、松平家臣が奉行衆として旧松平領に関する諸事を処理していたことである。「岡崎領主古記」が「岡崎城代阿部大蔵定吉、石川右近康正、奉行鳥居伊賀守《忠吉》、松平次郎右衛門《重吉》也」とする典拠は明らかではないが、阿部定吉と石川忠成（清兼）が奉行衆の筆頭であったことは事実である。二人は連署して天文一八年一〇月二七日に天野孫七郎に五〇貫文の知行を出した（『譜牒余録』所収文書一一）。これは広忠を暗殺した岩松八弥を遣した広瀬城の佐久間九郎左衛門に傷を負わせた褒美であったが、義元は翌年にこれを承認している（同前一二）。このあと定吉は二〇年一一月六日に内藤甚五左衛門に鷹落・野場・羽角で知行安堵を行ない（内藤文書二）、二二年には先出のように桜井寺の山の伐採の件で書状を送っている。またこの間、松平直勝の復帰にかかわり、弘治二年に竜泉寺郷を与えられたことは前述のとおりである。

このような阿部定吉の地位は、今川氏の政策によるものであろう。戸田氏と異なって松平氏は今川氏に反抗して亡ぼされたわけではなく、元服前とはいえ嗣子竹千代は駿府に招致されている。したがって松平氏所領や家臣は、義元の支配下とはいえ竹千代には潜在的支配権を認めざるをえない。そこでとられたのがいわば間接支配ともいうべき阿部・石川らによる竹千代の権限の代行と、義元による追認という方式なのであろう。

このあと定吉は代行の地位を辞した。これは弘治元年三月に一四歳で竹千代が元服して元信となって、松平氏の当主が確定したからであろう。この後阿部大蔵にかわって奉行衆数人の連署した文書があらわれる。一つは弘治元年五月六日付の菅生安藤家に対する大工職（鋳物師）の継職を認めた石川忠成・青木越後・酒井政家（正親）・同忠次・天野康親の五人連署の安堵状である（安藤氏所蔵文書一）。他は同三年一一月一一日付で右の五人に酒井忠尚と榊原孫七の七人が連署した中之郷浄妙寺宛の天白の寺地安堵状である（浄妙寺文書一）。

ただし両者とも表現は微妙である。前者では、大工職の相続は相違なく認めると元信から言ってきたので五人の文書を与えるとあり、後者では広忠・元康が「末代諸不入」に寄進したから他より苦情はなく、もし何か申し出る者がいたら七人が申しひらきをするとある。両者ともに元信・元康（家康）の意志が明確な形で表現されておらず、問題がおこった際の責任は、連署した五人・七人にあるという表現になっている。これは家康が、家督は相続したものの領主権の行使を認められていない段階であったためで、いわば集団による代行ともいうべき形態なのであろう。当然義元の了解のもとになされたものとみるべきである。

大泉寺への寄進状

家康の潜在的領主権の代行は、岡崎や周辺にその要求があって行なわれたものであろう。その間の事情は弘治二年（一五五六）六月の大泉寺寄進状をめぐる状況にあらわれている。弘治二年六月、今川義元は大泉寺に判物を下して、以前に出した文書が紛失したので重ねて判物を出したとして、寺領寄付や諸役免許等六か条を承認した。

参河国額田郡岡崎内菅生大仙寺之事
一東者限㆓沢渡㆒、西者限㆓小縄手田端㆒、南者限㆓往復道谷合末迄㆒、北者限㆓田端㆒、令㆓寄附㆒之事、
一殺生禁断之事、付不入之事、
一寺内門前、棟別・押立・諸役等、免許之事、
一寺内門前、竹木見伐、令㆓停止㆒之事、
一詞（祠）堂米銭、不㆑可㆑有㆓徳政之沙汰㆒事、
右条々、芝原令㆓開発㆒、新建立之条、永所㆑令㆓領掌㆒也、不㆑可㆑有㆓相違㆒、雖㆑有㆓先判㆒、令㆓失却㆒之上、重及㆓判形㆒了、若至㆓于後々年㆒、彼失却之判形出㆑之、就㆘有㆓譲状㆒之由申掠輩㆖者、遂㆓糺明㆒可㆑加㆓成敗㆒者也、仍如㆑件、
弘治弐年
六月廿一日　　治部大輔（花押）
大仙寺俊恵蔵主

（大泉寺文書一）

ところがこの三日後の二四日、ほぼ同内容の元信名の黒印状が発されている。この黒印状はいわゆる家康文書の最初のものとされているが（中村孝也『徳川家康文書の研究』上）、これは正しくない。この間の事情は同日付の「しんそう」書状（大泉寺文書三）に明らかである。書状は次のようにいう。

以前に渡した大泉寺への寄進状を盗まれたと言ってきたので、再度三郎（元信）の寄進状を進上する。三郎はこれまでどこへも花押を書いた文書を出したことはないので、自分の「おしはん」（押判＝印章）を押して進上する。今後いつでもこのような「はん」をするときは、この寄進状に似せて作成する。盗まれたものにも元信の「はん」はなかった。前の寄進状を出してくる者は盗人であり、今後のために自分の一筆を進上する。なお大泉寺のことは道幹（広忠）にも三郎にも、自分が使者を送って進上したものである。同寺は自分の寺であるから、どこからの介入もあってはならないものである。

これによって六月二日付の元信黒印状は、「しんさう」が元信の名で彼女の印章を用いて発したものであることが知られる。元信はこの時点ではいまだどこ宛てにも領主権行使の文書を発したことはない。それにもかかわらず「しんさう」が元信名の文書を発したのは、一つは大泉寺が「われ〳〵かてら《（寺）》」、すなわち「しんさう」の建立の寺であるという事情があった。もう一つは、現実の支配者である義元の判物をうけつつも、潜在的領主権者である元信の保証が必要であるという意識が当時岡崎にあったからこそ、「しんさう」の行為が必要になったのであろう。今後も必要なときは元信寄進状に似せて文書を作成するというところに、松平氏の潜在的領主権を容認する地元の雰囲気を知ることができよう。鋳物師安藤家や浄妙寺の元信名のみえる奉行人連署状も、大泉寺寄進状の同一線上で理解できよう。

大泉寺が浄妙寺と異なったのは、松平氏ゆかりの寺として義元から寄進状をうけていたことであった。その文書が紛失したから、六月二一日の判物がどうしても必要であった。それをうけて二四日付の元信寄進状となったのである。

しんさう（於久）の役割

元信の名前の文書に自分の印章を押した「しんさう」は、六月二四日付書状から考えて、当然のことながら松平氏一族の女性である。それは誰かといえば、清康の姉で元信（家康）にとっては従祖母にあたる於久である。

旧市史（別巻上）は「しんさう」について、大泉寺では彼女は元信の生母於大のことと言っているが、そうではなく、清康の室で元信の祖母にあたる於富（源応尼）であろうという。寺伝（旧市史第七巻）は於大が男子誕生を祈って俊恵蔵主に祈願させ、その褒賞として建立したのが大泉寺であるとしているが、これを否定した根拠は明らかではない。おそらく、元信は当時駿府にあって源応尼に養育されていたといわれることによってであろう。しかしこの判断は正しくない。

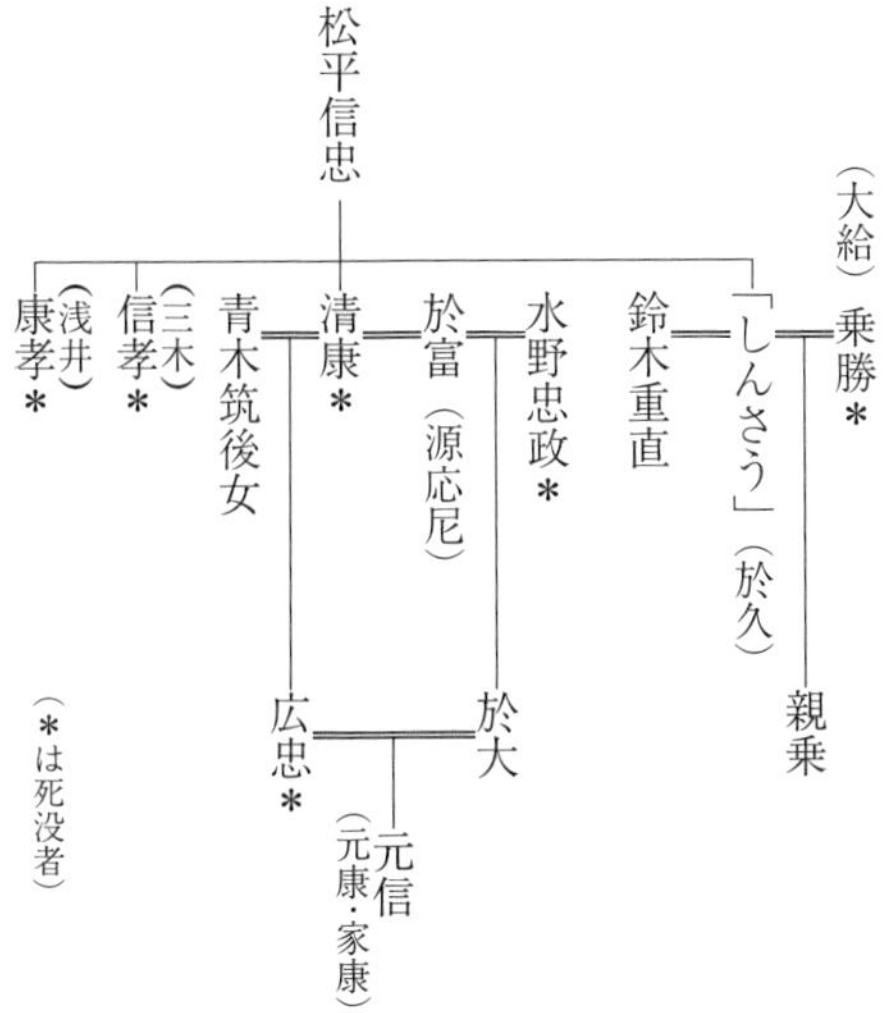

図1　「しんさう」（於久）の系譜

　大樹寺文書に二通の「しんさう」安堵状があり、用いられている黒印は元信黒印状のそれと同じである。「しんさう」は天文一一年九月二〇日に「下仁木ふるかわふんはなけの田二たん」を、広忠に申し入れて「たうほ」（道甫＝清康）のために寄進し（同文書一二五）、また年月日は不明であるが、阿部大蔵と連署して同寺の寺領を「いつかたよりもい《違》らん《乱》わつらい《煩》あるましく候」と安堵している（図１）。後者はあとで考えるとして、前者からみて「しんさう」は天文一一年当時岡崎に在住していねばならず、しかも広忠に強い発言力をもっていなければならない。嫁入りしたばかりの於大が清康のために土地寄進をはたらきかけることは考えられないし、一三年には離婚しているから弘治二年の「しんさう」ではありえない。

それでは於富（源応尼）はといえば、これも無理である。於富は天文四年の清康の死後は星野備中守秋国に嫁し、さらにその死後は菅沼藤十郎興望に、また死別して川口久助盛裕の妻となった。その後の状況は不明であるが、竹千代の駿府居住時代には「剃髪染衣」の姿で、甥大河内源三郎と共に駿府にあり、竹千代を八歳より一六歳まで養育して、永禄三年五月に七〇余歳で没したという（中村孝也『家康の族葉』）。

この於富が「しんさう」である可能性は皆無である。永正八年（一五一一）生まれの元信の祖父清康が、三人目の妻である於富と結婚したのを清康一八歳の時とすれば享禄二年（一五二九）のこととなる。於富の享年を信ずれば当時彼女は四〇余歳となり、あまりにも年齢が違いすぎる。それは一応不問に付すとしても、天文四年の守山崩れの後星野秋国に嫁したという年代は不明として、天文一一年まで岡崎にあり、また弘治二年に岡崎にあった可能性はまず考えられないところである。

そうなると、当時の松平家において条件をみたしうる人物は、清康の姉妹にあたる於久以外にはない。於久は松平六代信忠の女で、清康の養女となって大給松平家の源次郎乗勝に嫁して親乗を生んだ。しかし乗勝が大永四年（一五二四）一一月二〇日に二九歳で没したので、足助城主鈴木越中守重直に再嫁した。守山崩れの後重直が松平氏を離れ、於久は岡崎へ帰された。天文一三年に於大が岡崎を去った後は、幼少の竹千代の養育にあたり、永禄四年

（一五六一）八月二日に没して、清康の墓の側に葬られた（中村孝也前掲書）。於久は清康の妹とも伝えられるが、妹とすると永正八年生まれの清康より年下で、大給の乗勝が没した大永四年には一三、四歳以下であり、一児の母とするには少し若すぎよう。よって清康の姉とみるのがよいことになる。重直との離別の年は定かではないが、天文四年からさほど隔っていないであろうから、同一一年に岡崎にあって大樹寺に寺領を寄進することは可能である。

このような於久が大泉寺を「われ〳〵かてら」とし、元信名の文書に自己の印章を用いることは不当ではない。それどころか、松平氏の潜在的領主権の行使者たりうる元信の血縁は、系譜でみるとおり於久しかいなかったといってよい。先出の阿部定吉と連署した大樹寺領の安堵状は、おそらく大蔵が代行者の地位を於久に譲りわたす頃のものであろう。そうして安藤家や浄妙寺への奉行連署状は於久との協議の上で発給されたものであったとみられる。大泉寺寄進状の翌年五月三日、元信名で高隆寺に定書五か条が出され、寺領安堵、竹木伐採禁止、不入等が定められた（同文書二）。この文書は家康の花押のある初めての文書であるが、この時点ではまだ家康は領主権を回復しておらず、花押もまた以後に一切類例をみないものである。大泉寺寄進状と同じような形で於久の手になったものではなかろうか。

永禄五年八月、家康は於久の一周忌に一寺を建立させて、磨誉魯聞を開山として随念寺と命名した。於久の法名随念院殿桂室泰栄大禅定尼にちなんだものである。母於大にかわる養育のみならず、松平氏唯一の直系血縁者として、当主不在の岡崎にあって松平氏の潜在的領主権を代弁した従祖母に対する家康の孝養であった。随念寺には祖父清康の墓もあるが、寺号をあえて従祖母にちなんだところに家康の思慕を知ることができよう。

於久の墓は随念寺の清康の墓の側にある。

二、今川部将松平元康

駿府在住時代

天文一八年（一五四九）一二月、当時八歳の竹千代は義元の命により駿府に赴いた。これより永禄三年（一五六〇）五月に岡崎へ帰るまで一〇年余生活することとなる。八人あるいはそれ以上の従士があった（旧市史別巻上）。世にこれを家康の人質時代というが、これは誤りで、義元が竹千代を膝下において成人までの間は成育せしめたということであろう。

駿府の住居は「松平記」に宮の前町、『三河物語』に少将宮町とある所であった。於富（源応尼）が身近にあって世話をし、幼時には手習を授けたという。屋敷に隣接する智源院の住持智特が幼年期の手習を助けたといい、その頃用いたという手習用の机・硯などが本宿町法蔵寺に蔵されている。武田氏の駿河占領の折に送られてきたものという。同寺ほか市内や周辺各寺に竹千代時代の筆跡と称するものがあるが、真偽はさだかではない。

やがて成長した竹千代は、臨済寺住持で今川氏の軍師と称された臨済宗妙心寺派の傑僧太原崇孚（雪斎）について読書・軍学などを学んだと伝える。もっとも雪斎は弘治元年（一五五五）閏一〇月一〇日に六〇歳で没しているから、竹千代の修学は一四歳までということになる。

少年時代の竹千代は双葉より芳《かんば》しく、よくその豪胆、智略をあらわしたという挿話が伝えられている。今川氏の賀正の日、縁先より放尿した、安部川原の石合戦で少数者の側の勝利を予想した。鳥居元忠の百舌鳥《もず》の馴し方が悪いといって縁から蹴落したとか、さまざまであるが、いずれも一七世紀末以後の諸書にみられるもので、相当付会が多そうである（以下家康の動向が叙述の中心となるが、市域や周辺地に関係の少ない部分はできるだけ簡略にする。すでに名著の定評のある旧市史別巻『徳川家康と其周囲』上・中・下をはじめ、中村孝也『家康伝』など詳細な研究があり、それらを参照されたい）。

元服と結婚

弘治元年三月、竹千代は一四歳で元服した。「松平記」に「竹千代殿御成人之間今川殿御前にて元服被㆑成、義元一字を付被㆑申、松平次郎三郎元信と申」という通りである。義元が加冠し、関口義広が理髪した。義元の元の字を与えられたことは、元信が義元との主従関係の中に公式に位置づけられたということである。また先述のようにこのあと元信名を記す文書がみられるから、松平氏宗家の家督としての潜在的領主権が広く承認されたということでもあった。

松平家当主となった元信は翌年に一度岡崎へ帰った。亡父広忠の墓参という理由であったが、松平家当主としての顔見せが中心目的とみてよいであろう。この時鳥居伊賀守忠吉がひそかに倉庫へ案内し、日ごろ兵糧として蓄えておいた米・銭を見せて後の発展を願ったという挿話が伝えられている（『徳川実紀』一）。

弘治二年から三年にかけて、元信の結婚と元康への改名があった。まず結婚について弘治二年説と三年説があり、月日についても正月一五日説と五月一五日説がある。「松平記」は「弘治二年正月、義元の御妹聟に関口刑部少輔殿と申て今川御一家御座候、其聟に元信を被㆓仰付㆒、義元の姪聟に御成被㆑成候、御官途有、松平蔵人元康と御改名被レ成、清康の康の字を御付被レ成候、右御元服の後、御祝言打続、御祝目出度とて御譜代衆より御祝義御礼被レ申」と、日はいわずに弘治二年正月とし、結婚と官途成・改名が同時に行なわれたように記す。旧市史（別巻上）は、弘治三年説をとり、正月は誤写で五月一五日が正しいとする。

結婚と官途成・改名が同時である必然性はないので別々のことと考えれば、ほぼ次のようになる。結婚は弘治二年の帰岡以後のことで、諸書の伝える弘治三年五月一五日までの間のことであろう。年月日を確認できる史料はいまところ見つからないが、弘治二年として元信は数え年一五歳、当時の慣習からみて不当な年齢ではない。室関口氏（名前・年齢など伝わらず、以下築山殿と称す）の父刑部少輔義広（氏広・親永等の名あり、『寛政譜』による）は、さきの元服のとき理髪の役を勤めており、早くから縁組みは予定されていたようにも見られよう。義広は今川氏の一門瀬名氏貞の二男で、妻は義元の妹であったから、義広女は義元の姪ということになる。この結婚によって元信は今川一門の親戚関係に組み入れられたことになる。

結婚の年月日にくらべて、官途成と改名の年月はより限定しやすい。元信名の文書の最後は、弘治三年五月三日付の高隆寺宛五か条の定書であり、元康名の初出は永禄元年七月一七日付の大竹善左衛門宛の六所神社神主屋敷の不入を承認した判物写（三川古文書五）であるから、この一年二か月の間の改名である。ただし永禄二年五月一六日付の元康七か条定書では「松次元康」とあるから、官途名蔵人佐を称するのはこの後で、同年一〇月までのことである（小野家所蔵文書一）。

祖父清康、父広忠はともに官途名を称さず、ともに次郎三郎のままで短い生涯を終えた。元康の官途名は当然のことながら義元の許可によるものであろう。先例になったのは曽祖父信忠の左近蔵人佐であったに違いない。

弘治合戦

元服・家督相続・結婚と元信（元康）と家臣にとって祝い事が続いた弘治年間は、他方では今川領国三河の激動期であった。先出のようにこの時期には今川氏の三河再検地が行なわれていた。他方織田信長の今川領国撹乱作戦が進展し、尾三国境から西三河一帯において今川・織田の戦闘が激化していった。

弘治元年九月、遠江犬居城主天野景泰、二俣城主松井宗信らの今川部将は三河山間部を転戦し、大給山中の戦いでは多大の損害を蒙っている。この時の対戦相手は判然としないが、鈴木・中条・三宅らの加茂郡の国人達が信長の工作で今川氏に叛旗をひるがえしたのかもしれない。山中の戦いは翌年まで続いた。滝脇の松平正乗は弘治二年正月五日に大給の親乗と戦い、乱軍のうちに討死した。同年三月二五日、正乗の父乗遠・祖父乗清も共に討死している（『寛政譜』第一）。これは大給の親乗が再度織田方になって今川・松平勢の攻撃をうけたと理解すべきであろう（『豊田市史』一）。しかし、翌三年春には駿府にあったことが知られるから（『言継卿記』）、一時織田方にはしったものの、再度帰参したとも考えられる。

月日は明らかではないが、この年今川勢は尾張蟹江城を攻撃した。松平親乗が先鋒となり、家臣二人が討死し一族の松平久助以下九人が負傷した。大久保忠勝・忠員・忠世・忠佐と阿部忠政、杉浦吉貞・勝吉父子が槍をふるって力戦し、蟹江七本槍と称された（「松平記」）。この蟹江攻めは、信長の背後の牽制作戦であったのであろう。ただし、『寛政譜』大給松平家乗譜では、天正一二年（一五八四）の秀吉との戦いの一環である蟹江攻めの折に討死・負傷したとしており、大給家に関してはその通りであろう。

弘治二年になって織田方の攻勢は激しくなった。二月二〇日に青野松平の甚太郎忠茂は、家康の名代として名之内城の奥平貞勝・貞直父子を攻めて保久《ほっきゅう》・大林で戦ったが、敗北して忠茂は討死した。これを日近《ひじか》合戦といい、高隆寺の衆徒が松平氏に味方したため、奥平方に寺を焼かれたと伝えている。二月二七日、義元は亀千代（家忠）の家督相続を認める判物を与えたことは、先出のとおりである。勢いにのった奥平勢は二四日に秦梨の粟生永信を攻めたが、永信はよくこれを防いで、奥平市兵衛・松平彦左衛門その他五人を討取って撃退した。秦梨攻めの日付は『武徳編年集成』所載の義元感状が弘治二年三月とあるものによったが、岩瀬文庫蔵「三川古文書」所載の日付は同年六月三日とあり（『三川古文書』所収文書一〇）、これが正しいとすれば文中の「去月廿四日」は五月のこととなる。

三月には信長が自身出馬して幡豆郡に侵入した。弘治二年九月四日付松井忠次宛義元感状に「去る三月、織田上総介（信長）荒河江相動くのところ、野寺原において一戦を遂げ、頸一つ討捕るの神妙なり」とある（観泉寺所蔵文書九）。信長の幡豆郡侵入は単独行動ではなく、西条城の吉良義昭との連携作戦らしい。

吉良氏は天文一八年に降服して後、東条の義安は駿河に移され、義昭がそのまま西条にいたらしい。「松平記」の吉良氏関係記事は錯乱していて、弘治二年と永禄四年の戦闘が一つにされているが、前後関係を考えるとおよそ次のようである。弘治二年四月、義昭は信長と結んで義元に叛旗をひるがえした。今川方はこれを攻めて降服させ、義昭を東条城に移し、西尾城には新たに城代として牛久保牧野一族の新次郎を入れた。新次郎は永禄三年まで同城にあったが、桶狭間合戦後城を棄てたということのようである。

信長の働きかけは西三河のみではなかった。この二月、牛久保牧野一族の民部丞が義元に叛いた。弘治二年二月二九日付の義元判物に「今度牧野民部丞逆心之使僧寿金」とあり（「牛窪記」所収文書）、御津大恩寺や牛久保若一王子社へ民部丞寄進地の安堵・新寄進を行なっているから、民部丞は所領を没収され追放されたらしい。この頃牛久保には牧野出羽守保成を中心に、右馬允成守・伝二郎成元らがあって今川方であったが、民部丞の名はあらわれない。

奥平氏とともに今川に従っていた設楽郡田峯（愛知県設楽町）の菅沼定継も織田方についた。野田菅沼氏の定村は同年五月に義元の命をうけて定継を討ち、さらに八月には長沢松平の康高らとともに雨山（同額田町）に奥平氏を攻撃した。激戦のすえ定村は戦死したが、城は陥落して奥平氏は降服した。これを雨山合戦という。

この年、酒井忠次が守将であった加茂郡福谷《うきがい》（同三好町）の砦に柴田勝家を将とする織田勢が攻め寄せたが、松平家臣の奮戦で勝家は負傷し、織田軍は引き上げた。福谷砦は織田氏に備えて新たに構築されたのであろう。日付は正月、二月の両説があり確定できない。

元康初陣

三河一国をゆるがせた反今川蜂起は弘治二年冬には終息したようである。これは信長の最大の後楯であった舅斎藤道三が長子義竜と対立して弘治二年二月に隠居所鷺山城を追われ、四月二〇日に長良川河畔で討死した、六月に織田秀俊の守山城を家臣に奪われた、八月に弟信行が末盛城で兄に叛旗をひるがえした、庶兄信広が斎藤義竜と謀って清洲城を攻めようとした、などのために、三河へ積極的にかかわることが出来なくなったためであろう。これに対して反対派を鎮圧した義元方の逆襲が弘治三年からはじまる。

去年弘治三年の春より、尾州の侍皆駿河へ心を寄、御手を引申候故、智多郡は過半駿河へ陣参す、依レ之中村城・鳴海城・科野城皆駿河へ籠る、又信長の弟織田武蔵守も義元と内通し、兄の信長をたをし、其跡を知行せんとの儀也、（「松平記」）

武蔵守とは信行のことである。先出のようにすでに天文二二年、鳴海城の山口教継が義元に従い、笠寺・中村まで義元の勢力下に入っていたが、北方品野城までを入手し、信行と結んで信長打倒を企てたということになる。これに対抗して信長は、一一月二日に信行を清洲城に誘殺し、永禄元年三月には品野城を攻めた。しかし城将藤井松平の信一（一説に桜井家の家次）の急襲をうけて大敗した。

永禄元年春、加茂郡寺部（愛知県豊田市）の鈴木日向守重辰（一に重教）が義元にそむいた。「松平記」は「永禄元年春、三河国寺部城主鈴木日向守、義昭《吉良》と一味致し未降参不レ申」というから、弘治二年以来、反今川方になっていたのかもしれない。今川義元は元康に重辰討伐を命じ、岡崎へ帰った元康は家臣を率いて二月五日に寺部城を攻めた。これが元康の初陣である。重辰はよく守って元康勢は苦戦を強いられたが、結局重辰を本丸に追い込み、外郭を焼払って引き上げた。本多重次は負傷、弟重玄は討死、能見松平の重吉の二男重茂と家臣が討死している。義元は重吉に落城後は寺部領一〇〇貫文を与えるとの感状を授けた。

次の日には佐久間氏の加茂郡広瀬城を攻めて、織田方の援軍の将津田兵庫を討取り、さらに翌日には挙母・梅坪・伊保等の織田方の諸勢に押寄せ、各所に放火して引き上げた。初陣を案じていた諸士は、清康にも劣らないと感涙を流して喜んだという（『三河物語』）。

三月に元康は駿府に帰った。義元は初陣の戦功を賞し、「今川殿大に感じ、御太刀を被レ下、山中三百貫の知行返給る、譜代衆寄合、今一戦して岡崎本領を申給はらんとかせぐ」（「松平記」）という。山中二〇〇貫文の地とは山中郷をいうのか、額田郡の山間ということなのか不明である。いずれにしても、元康が領主権を行使しうる所領が初めて出現したわけである。

永禄二年定書

永禄二（一五五九）年五月一六日、駿府に在った元康は七か条の定書（桑原羊次郎氏所蔵文書）を下した。これは山中三〇〇貫文の所領還付後に、領主権掌握者としての地位を鮮明にした文書とうけとれるが、子細に検討すると、当時の元康と家臣団との関係を示す興味深い事実がうかびあがる。とくに「各《おのおの》」という表現である。この点に注意しつつ大意をまとめてみよう。

・第一条、訴訟裁断の日に故障を申し立てて出頭しない者は理非をとわず敗訴とする。ただし病気や故障の明らかな場合は、「各へ」断わるようにせよ。

・第二条、元康が駿府にいる間に岡崎で「各」の意見がまとまって決着がついた件について、駿府に来て再度訴訟しても一切認めない。

・第三条、「各同心之者」が陣番や元康への奉公を怠ったならば、「各へ」相談の上給恩地を取り上げる。付けたり。お互いの「与力」の者が別人に契約するのは曲事《くせごと》である。「寄親」が道理に合わないことを申してきたら、一度は「各へ」届け出て、それでも分別がないならば元康へ申し出よ。

・第四条、万事「各」が判断したことについて元康が紛らかせてしまったならば、一同で強く申し出よ。それでも元康が承知しない場合は、関口刑部少輔義広・朝比奈丹波守親徳に申し出よ。付けたり。陣番に名代を出すことは禁止する。これまでそうしてきたと訴訟しても認めない。

・第五条、「各」へ尋ねないで判物を出すことはしない。付けたり。諸事について「各」に相談せずに、一人で元康へ申し出てはならない。

・第六条、訴訟の時は当事者だけが出頭すべきである。たとえ親子であっても当人以外が助言すれば、それは越度《おちど》である。

・第七条、喧嘩・口論があってもひいきをしてはならない。付けたり。右七か条について訴え出る者がいたらよく調べて、忠節が明白な者の言い分を見きわめて、ことの軽重にしたがって褒美を与える。

右の七か条は「定条々」とあるが、誰に対して定めたかの宛名はない。内容から考えていくと松平家臣団に対するものであるが、家臣団全般に適用されるものは六・七条のみであって、一〜五条はすべて「各」に関係したものである。この「各」は、公事《くじ》裁許の日に出頭できない者の届けを受付け（一条）、元康不在の間は岡崎で諸事を批判（合議）し（二条）、同心・与力を従え（三条）、元康が「各」の決定に従わないときは関口・朝比奈に訴え（四条）、元康は「各」へ相談なしでは文書が発給できない（五条）といった、元康の主君としての権限を大きく制約する立場にいる。

このような「各」とは先出の奉行衆に名をつらね、今川氏から「一分を被レ立し人々」と認められた譜代と松平一門の、いわゆる上級家臣といわれるものであったとみられる。したがってこの定書は、主君元康と彼ら上級家臣である「各」との間に結ばれ、相互の権限の所在を確認しあった一種の契約というべきものであったことになる。このような君臣間の契約の存在は、当時さほど珍しいことではない。それは戦国時代の主従関係は近世武士のそれとはことなって、主従契約という側面を強くもっていたことの表れである。ただこの時期に契約が結ばれたのは、元康の元服・家督相続によって、今川直臣化していた松平上級家臣が松平家当主との間の主従関係を復活したためであろう。

定書から読みとれるもう一つの側面は、松平氏の家臣団構成の特徴である。元康は家督相続と所領還付によって、今川直臣の岡崎城主（いまだ実現してはいないが）として位置づけられ、関口・朝比奈二氏を奏者《そうじゃ》（取次ぎ）とした今川氏の寄親級上級家臣と位置づけられた。その元康の上級家臣が「各」である。「各」はそれぞれ「同心」とか「与力」と表現される部分を従えており、松平家臣団における寄親としての地位を有している。この関係を図示すると図2のようになる。

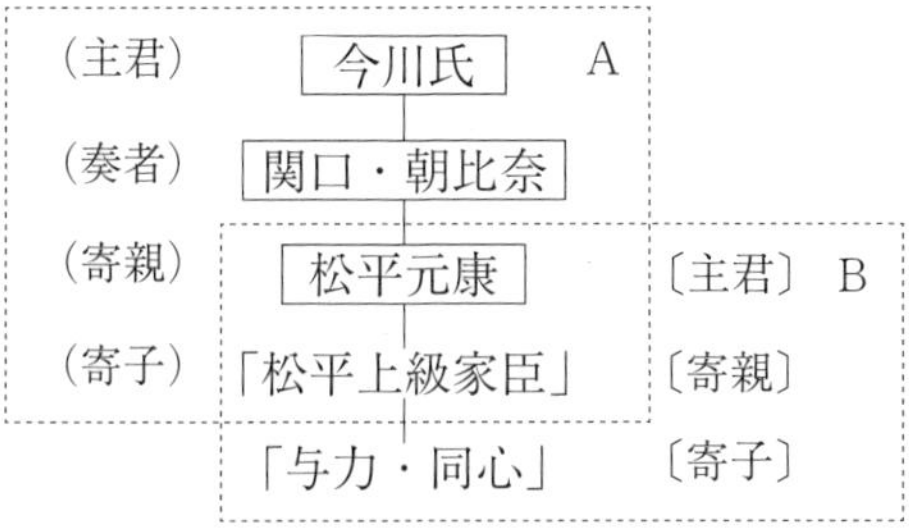

図2　松平家臣団構造図

寄親・寄子関係とは戦国大名の家臣団拡充・統制の方策であり、今川のほか武田や後北条氏にみられる。寄親は有力武将、寄子は在地の小領主層であるが、図2のように二重の寄親、寄子関係が成立している場合もあった。両者の関係は契約的性格の強い場合が多かった。

今川氏の寄子は、分国法である「今川仮名目録」によれば、「同名の与力」「恩顧の与力」「当座の与力」というように何種類かあった。「同名の与力」とは、惣領を寄親とする庶子のことで、「恩顧の与力」とは、寄親の所領の一部を宛行われ、さらに今川氏からも給恩をうけている人々であった。このような「与力」と定書の「与力」あるいは「同心」とよばれた部分との差異は明らかではないが、第三条にいう「同心」とは「恩顧の与力」にあたるものかもしれない。

いずれにしてもこの時期の元康は、いまだ主人としての地位が強固に確定したものではなく、今川氏の権力を背景にしつつ、上層家臣との契約的関係を強く残していたとみてよいであろう。

永禄二年一一月二八日、元康は大浜（碧南市）の上・下の熊野社の神職である長田与助・喜八郎に社領を新寄進した（長田氏所蔵文書二）。同じ日、大浜惣寺方に同じような新寄進を行なった（称名寺文書一三）。これが所領還付後の最初の所領給付の文書である。惣寺方とは大浜の常行院・林泉寺・妙福寺・称名寺・清浄院・海徳寺・宝珠寺の七か寺である。大浜と松平氏の深いつながりを推測させるものである。

義元の死

永禄二年より上洛準備を始めた今川義元は、三年五月一二日、駿府を出発して上洛の途についた。軍勢は四万と号されたが、実数は二万五〇〇〇位と推定されている。この出陣の目的は尾張平定であり、上洛までは考えていなかったとの説もある。しかし五月八日、義元は三河守に、子氏真は上総介から治部大輔に任じられている。これは私称ではなく朝廷に申請した公式の補任である。足利宗家が絶えれば吉良、吉良が絶えれば今川という伝承があったが（「今川記」）、足利尊氏の故事にならった上総介→治部大輔→三河守という官途の昇進は、明らかに幕府再興のための上洛という性格を示している。当然元康も従った。軍勢一〇〇〇余という。

義元は一六日に岡崎へ着き、一七日は知立、一八日に沓掛城を本陣とした。この日鵜殿長照の籠っていた大高城（名古屋市緑区）の兵糧不足が伝えられた。義元は元康に命じて大高へ兵糧を搬入させた。同城の周囲には、義元上洛に備えた織田方の鷲津・丸根の両砦があり、そこからの攻撃を避けての兵糧入れは難事とみられたが、元康は同日夜に無事搬入に成功した。

一九日早朝、松平勢は丸根砦を攻めてこれを陥落させ、その後鵜殿に代って大高城に入った。「今度家康は朱武者《あかむしゃ》にて先懸《さきがけ》をさせられ、大高へ兵糧入れ、鷲津・丸根にて手を砕き、御辛労なされたるに依て、人馬の息を休め、大高に居陣なり」という（『信長公記』）。朱色の具足に身を固めて軍勢を指揮した元康は当時一九歳。この大高城に在ったことが彼の運命を変えた。

一九日未刻（午後二時）頃、信長の急襲をうけた義元は桶狭間で戦死した。ときに四二歳。今川方の討死五八三騎、雑兵二五〇〇人と伝えている。その中に、かつて岡崎城代であった山田景隆と飯尾乗連、今川の本陣に在った長沢松平の上野介政忠と弟忠良、滝脇の喜平次宗次らの松平一族の名がある。

Ⅱ

今川氏と奥平氏――「松平奥平家古文書写」の検討を通して

大石泰史

一、はじめに

過日、筆者は「松平奥平家古文書写」（以下「古文書写」と省略し、本史料とも称する）[1]を紹介した。本史料は、従来確認されていた三河国の国人奥平氏の家伝文書数を飛躍的に増大させ、今後、今川氏の研究を進めていく上で重要な役割を担うものと考えられる。

しかし「古文書写」を紹介するにあたって、種々の事情により史料紹介を、未紹介の文書で、かつ天正十八年までの文書に限ってしまった。また、「古文書写」の発見の経緯でもあった「御家譜編年叢林」を紹介した小林吉光氏も、史料発見の経緯は述べておられるものの、具体的に文書内容を検討しているわけではなかった[2]。つまり、奥平氏の家伝文書が増加したにもかかわらず、その歴史的位置付けを全く行っていないのである。したがって、本稿では「古文書写」に収録されている奥平氏に宛てられた約五十点の文書のうち、特に注目される今川氏発給文書十点余りを駆使して、今川氏と三河国の国人奥平氏との関連について検討していきたい。そのため、まず、奥平家の系譜・知行地等の基礎的な検討を行ったのち、本史料の具体的な検討を進めていきたい。なお、本稿において表される文書№は、先稿の表№に準じるものとする。

二、奥平氏の出自

まず、奥平氏の系譜について述べてみたい。

奥平氏の生国として考えられているもので有力なものは、武蔵国と上野国がある。前者は『浪合記』に「奥平氏は武蔵国七党の一にて児玉庄左衛門貞政と云ふ者、応永三十一年尹良親王に随身し、三河国に移る[3]」と記されているためであるが、具体的な記載もなく、不明といわざるを得ない。

後者は『豊前中津奥平家譜[4]』（以下、『豊前譜』と略称）に詳しく、藤原系児玉家貞（武蔵七党の一）の娘婿となった氏行が上野国奥平郷を領するようになり、奥平を姓とするようになった、というのである。氏行は赤松則景の次男で、上野国甘楽郡小幡政行の養子となり、その後、家貞の娘婿となったとされている。これらの記載から、前・後者ともに武蔵七党との関連を述べていることが判明する。その氏行の子は持貞、続いて継定・高定・満定・定政・定家・貞俊であり、『額田町史』（以下、『町史』と略称）が彼等歴代を年表にしている。しかし、その年表と『豊前譜』とは若干の記載の相違が見られることから、簡単に『豊前譜』の記載を紹介しておく。持貞は貞応元年（一二二二）生、文永十一年（一二七四）十一月十四日没、継定は暦仁元年（一二三八）生、弘安八年（一二八五）没となっている。高定は正元元年（一二五九）生、元中元年（一三八四）没と記されているが、長命に過ぎるものと思われる。『町史』によると、「元正元年生」となっているが、「元正」という元号は存しない。また『町史』には六六歳で没したとされているが、没年から逆算すると元応元年（一三一九）生となり、後述する子息満定の生年と矛盾することとなる。したがって高定の時代については、特に注意を要するものと言えよう。満定は弘安二年（一二七九）生、建武二年（一三三五）没、定政は永仁四年（一二九六）生で、建武二年、新田義貞に属したという。正平十三年（一三五八）没。定家は正和四年（一三一五）生まれで、正平十三年、懐良親王に従い、大宰府にて少貳氏を遂った、という。弘和二年（一三八二）没。貞俊は正平七年（一三五二）生（『町史』では同四年生）、永享二年（一四三〇）三河国に移住し、作手を領することとなった。同三年には川尻村に城を築き（現在、川尻に城跡が残っているという[5]）、ここに居住したという。同五年没。なお、この貞俊の代から『寛政重修諸家譜』[6]（以下、『諸家譜』と略称）には記載があるが、『諸家譜』では武蔵説・上野説を混同しており、『豊前譜』と類似している。

貞俊以降の系図は『豊前譜』『諸家譜』ともに同様で、貞久・貞昌・貞勝・貞能・信昌と続く。貞久は応永二年（一三九五）生、同三十一年に尹良親王やその子行良王に供奉し、信濃・上野両国を転戦していたという。前述の『浪合記』に、貞政が尹良親王に供奉したとの記載があるので、貞政＝貞久ということが判明する。しかし、『豊前譜』には貞久が貞政と称したという記載は見られない。なお、尹良親王に関する伝説が奥三河地方に多く残っているようであるが、本稿ではその点について触れないこととする。

永享十年（一四三八）に永享の乱が起こると、貞久は鎌倉公方足利持氏に与し、相模国早川尻において足利教氏の軍と戦い、上野国に帰ったという。『豊前譜』のこのような記載は信ずるならば、貞俊の代に三河国に移住したといっても、上野国に居館が存していた可能性がある。また、南朝方や足利持氏に供奉したとの記載から考えると、一貫して反足利将軍の立場をとっていたものと考えられる。

同十二年、永享の乱後の残党狩りのため上野国を去り、高野山・熊野に隠れており、その後三河に帰り、作手領内[7]の市場に城を構え、居住したという。文明七年（一四七五）没。

以上、出自をめぐって検討をしてみたが、武蔵説を唱える『浪合記』にせよ、上野説の『豊前譜』にせよ、後世の記録でしかなく、現在のところ、どちらとも決定付けることは不可能である、といってよい。『中津藩史』[8]を記した黒屋直房は上野説を支持しているが、武蔵説も上野説も同時代史料による確認が取れていないのである。しかし、『吾妻鏡』[9]や『太平記』[10]『大乗院寺社雑事記』[11]などを通覧してみても、貞久以前の時代における三河国内の記載には奥平氏の名は見られないことから、三河国を出自としていないことは推定できよう。

貞久の後に続く貞昌以後の歴代については、「古文書写」の関連箇所において、随時述べていくものとしたい。

三、奥平氏の知行地

次に、三河国内における奥平氏の知行地について検討を加えてみる。

貞俊の代においての知行地は、先述したように、設楽郡川尻に城を構えたこと以外、記録類等にも記されていない。貞久段階においては、『豊前譜』によると、川尻の他、市場・杉平等、現作手村一帯を領していたとされている。この『豊前譜』には、田原・赤羽根のように現在の渥美半島に所領を持っていたとの記載がある。この地域には、戸田氏が勢力を持っていたことが知られているので、『豊前譜』の記載を全て信頼するわけにはいかない。しかし、貞久のころ、つまり永享～文明期にかけて勢力が伸長してきたために、このような記載がなされたものと思われる。

では、史料上でうかがうことのできる奥平氏の知行地はどこであろうか。「古文書写」等から検討してみたい。

史料1＝№34（料紙・法量の記載は省略。以下同じ）

参河国山中新知行之事、
右医王山取出刻、就可抽忠節、以先判充行之上、当国東西鉾楯雖有時宜変化之儀、彼地之事、永不可有相違也、
彌可守勲功状如件、

天文十六

八月廿五日　「今川義元也」
治部大輔判

作手仙千代殿（奥平貞能）
藤河久兵衛尉殿（同貞友）

『町史』では本文書を疑問視しているが、一連の文書群から考えて、正文としてよい。

奥平氏の当主が、代々仙千代を幼名としていたことは、『北設楽郡史』等から確認することができる。(12) 奥平家当主が作手に住していたために、居住地を姓として表したのであろう。よって天文期には、奥平氏が作手一帯を拠点としていたことは、ほぼ間違いないものと思われる。また、仙千代（＝貞能）と並記されている久兵衛尉は、貞勝弟の貞友である（『諸家譜』）。したがって貞友が藤河を称していたということは、作手奥平一族が藤河を支配し、その後貞友が藤河に居住していたものと考えられる。これらのことから、作手・藤河周辺が奥平一族の本知であったものと推定される。

また、本文書によって、後述する史料4に見られる「山中七郷」（現愛知県岡崎市カ）などは天文十六年に今川氏か

ら与えられた新知行地であったことが判明する（なお、竹尾平左衛門部分は除かれていることも明確となる）。

史料1によって、奥平氏の本知を確認することはできたが、天文期以前において、奥平氏は今川氏から知行を宛行われてはいなかったのであろうか。次の史料を見ていただきたい。

史料2＝№33

「今川氏親之書判有之」
判

遠江国河西所々之事、
一所　浜松庄（敷智郡）内国方
一所　浜松庄内木寺方
一所　刑部郷（引佐郡）
一所　愛岩（宕）岩（豊田郡）
一所　崩口
一所　早田
一所　高橋
一所　堀江郷（敷智郡）内佐馬間村
一所　和字村（敷智郡）
右為守護使不入所充行也、但於有所用者、以直使可相届之状、如件、
永正二年二月五日

奥平八郎左衛門（貞昌）入道殿

本文書は、氏親から貞昌に宛てて発給された知行宛行状である。本文書におけるそれぞれの地名について、現在のところ明らかなのは、浜松庄・刑部郷・愛岩（宕）岩・堀江郷・和字村である。「遠江国河西所々」の「河西」は、引佐・敷智・豊田の各郡が天龍川の西にあることから、天龍川の西を意味しているものと思われる。したがって、現在の地名のどこにあたるのか明確でない崩口・早田・高橋も、先述した各郡のいずれかになるものと思われる。

ここで注目されるのは、堀江郷・和字村が知行として宛行われていることである。どういうことかというと、堀江郷・和字村は遠江の国人大沢氏の拠点であるとされており、永正初期と思われる氏親・伊勢宗瑞の文書[13]では、大沢氏を厚遇した書式で文書が発給されているのである。その大沢氏の拠点を見据えるように、今川氏は奥平氏に新知行として宛行っていることが明らかになるのである。永正二年以降、氏親が東三河へと侵攻していくことを考えると、今川氏にとって大沢氏は、いつ敵対しても不自然でない存在であったといえよう。そのため、本文書は、大沢氏を挟撃するために奥平氏に援軍を要請し、その後の当該地域を奥平氏に宛行うという、いわば約束手形のようなものであったと推測される。このように考えると、大沢氏は堀江郷一帯にかなり強力な在地支配を行っていたものと思われ、大沢氏への文書が「厚遇」した書式で発給されねばならなかった背景とみることができよう。

宛名の奥平八郎左衛門入道貞昌は、天文四年四月に遠江国引佐郡御嶽山（＝三岳城）において、八五歳で没したとされている[14]。彼がいつごろ三岳城に在番するようになったかというと、『豊前譜』には、永正十一年に斯波義達を攻めた際の功績として、氏親が三岳城に在番させたと記されている。しかし『名古屋合戦記』等から、この戦いは永正一〇年と考えたほうがよかろう[15]。三岳城は永正十一年に井伊直盛と大河内貞綱が今川氏に反発してたてこもった地として著名であるので、[16]『豊前譜』の記載が真実であるならば、貞昌は永正十年前後の三岳城の在番城主であったものと思われる。また三岳城は、先述した大沢氏の拠点とも近接であるので、大沢氏を監視するために氏親が在番させた可能性もあることを指摘しておきたい。

史料2では遠江国における知行高の詳細が記されていないが、次の史料3＝№60から若干推測することができる。

史料3

遠州本意之上、於彼国五百貫文之地、可進置候、然者井伊与有御談合、早々御行簡要候、巨細使者可被(衍カ)申候、

恐々謹言、

三月廿九日　北条氏綱判

奥平九七郎(貞勝カ)殿

本文書は書状であり、年代記載がないので比定しておきたい。

天文五年、今川一族には「花蔵の乱」が起こり、氏輝に替わって義元が後を嗣いだ。そして、義元はこれまで協合関係にあった北条氏との手切れを明確にするために、同六年、武田信虎の娘と結婚した。これを起因としていわゆる「河東一乱」が勃発するのであるが、これらの点を踏まえて「遠州本意之上」という文言に注目した場合、氏綱が西の奥平勢と共に義元を挾撃するために発給された文書であるという推測が成り立ち、天文六年頃が妥当であると考えられよう。[17]史料2よりも年代が少し下っているが、史料3に見られるように、五百貫文前後であったのかもしれない。

次に確認しておきたいのは、史料4＝№36である。

史料4

去年息千々代（マヽ）・同名親類等、依忠節新地山中七郷充行分但此内百五十貫文竹尾平左衛門割分除之、本知行、幷遠江国高部給分、弟日近久兵衛尉知行分、同去年配当形之原分等之事

右依今度久兵衛尉謀反、現形最前ニ馳来于吉田、子細申分、則実子千々代為人質出置、抽忠節上、抛先非、如前々所充行之也、彌可守忠信之状、仍如件、

天文十七戊申年正月廿六日　　治部大輔判

奥平監物丞（貞勝）殿

義元は、奥平貞友の謀反を理由に、従来の貞友知行分を貞勝に宛行い、遠江国高部郷の給分や形之原の給分も併せて宛行っている。

貞友については後述するが、彼は藤河に居た後、本文書の段階では日近に移っていたことが明らかになり、日近周辺も奥平氏の領域であったことが判明する。また、本文書では、遠江国高部郷（現静岡県袋井市）の給分と三河国宝飯郡形之原を新知行分として去年＝天文十六年段階で宛行われている。高部郷が天文十六年のいつごろに今川氏から奥平氏の知行地として宛行われたのかは不明であるが、当地は明らかに今川氏の領域であり、今川氏の家臣として認識された上で、新知行として宛行われたものと思われる。一方、形之原は、文亀元年八月十六日付松平氏一門連判状[18]に「形原左近将監貞光」と見えるごとく、形原松平氏が在地支配を行っていた地域である。したがって、今川氏は天文十六年から徐々に、松平一族の在地に対する権力の浸食を行い始めていたものと思われる。

このほか、奥平氏の領域を示すものとして注目されるのが、佐脇神社の棟札である。[19]これには、「天文陸(六)季丁酉拾一月十三(四)日　領主奥平九八郎定勝(ママ)」とある。[20]また、一族と思われる奥平兵庫助信近と同子息橘助信勝が大檀那として記載されている。したがって、次の史料5＝№37の佐脇郷も、先述した作手・藤河・日近とともに、早い時期から奥平氏の領域であったことがうかがえる。

史料5

一知行分・本知之事者、不入之儀、領掌訖、新知分者、可為如前々事
一親類・被官百姓以下、私之訴詔(訟)企「越」訴事、堅令停止之、但敵内通法度之外儀就有之者、可及越訴事
一被官百姓、依有不儀加成敗之處、或其子、或其好之人、以新儀地之被官仁罷出候上、至于当座之相頼主人、其輩拘置彼諸職可支配之由、雖有申懸族、一向不可許容、并自前々知行之内、乍令居住於有無沙汰之儀者、相拘名職屋敷共可召放事
一雖為他之被官百姓職、就相勤者、百姓役可申付事
一惣知行野山浜院、如先規可支配事
　付佐脇郷(三河国宝飯郡)野院、本田縫殿助為急帯候条、以去年雪斎異見為中分之上者、如彼異見可申付事
一神領・寺領之事、定勝(ママ)於納得候上者、可及判形事
一入国以前、定勝并被官百姓等借銭・借米之事
一或敵同意、或於構不儀輩者、万一有訴詔之子細、雖令還住不可令返弁事
右條々領掌、永不可有相違者也、仍如件、

天文廿二年

三月廿一日　治部大輔判

奥平監物丞（貞勝）殿

その佐脇郷も第五条目の付にみえるように、「雪斎異見」による中分がなされ、今川氏の在地への権力介入が行われていたこともうかがい知ることができる。

№38＝天文二十三年十月十五日付今川義元判物において確認しておきたい点は、山中七郷の本成を岡崎へ納所するようになっていたこと、野山・市場・屋敷などは岡崎の如く支配すべきことを申付けた、という点である。岡崎が今川氏にとって軍事的・政治的に重要であったという点が、改めて指摘されよう。

以上、前章・本章では、奥平氏の基礎的な検討を行った。続いて「古文書写」の内容について、具体的な検討に移りたい。

四、今川氏の書状についての検討

本章においては、「今川家之書札拾九通」と分類された文書[21]を中心に、検討を加えてみたい。

まず、史料６＝№15について述べてみたい。

史料６

先度以状申述候、為其国合力、来十六日諸勢可差越候、田原申合、抽而其動肝要候、例式於無沙汰者不可然候、此方勢衆逗留之内ニ細川ニ一城取立、上野通路無相違候様ニ調談専一候、此儀就庶幾者、各以近番加西衆可相踏候、巨細諸勢相立候時、可申越候、為心得先兼日申述候、恐々謹言、

八月五日　　氏親判

奥平八郎（貞昌）左衛門入道殿

本文書の年代を比定してみる。今川氏親が三河国に出兵したのは、永正三年八月～同年十一月の今橋城攻めと、永正五年の西三河への侵入があり、本文書もこのいずれかに考えられる。(22)その点を踏まえて本文書を見たとき、「田原申合」の文言に注目させられる。永正三年の田原には戸田弾正が在城しており、氏親は戸田弾正に「合力」していた。(23)つまり、本文書は、奥平氏と田原戸田氏が協合するために氏親が文書を発給しているものと考えられるので、本文書は永正三年のものであると推定できる。

このように考えると、本文書の「来十六日諸勢可差越」という文言から、遅くとも永正三年八月から今橋城攻めが始まると推測されていた従来の指摘が裏付けられ、八月十六日以降から本格的な戦闘が始まったものと思われる。

この今橋攻めについて、秋本太二氏は「不可解」な軍事行動であるとしている。(24)本文書にも今橋城攻めの具体的な理由は示されていない。しかし、今橋城は永正二年に今川氏の命によって牧野氏が築城したという説があり、(25)その翌年に今橋城を今川氏が攻めているということは、反今川勢が今橋に入城していたためであることは推測できる。また、「細川ニ一城取立」てたという文言に注目するならば、細川は現在の設楽郡鳳来町と推測され、北遠に近接したところに細川城が築かれたことが明確となる。したがって、推測の域を出ないが、永正三年前後に反今川勢が遠・三国境に集結していたものと考えることはできないであろうか。今後の課題である。

№16は八朔の祝儀＝儀礼的な文書であるので、具体的な年代推定は不可能である。また、№17は名蔵船渡橋における織田勢との戦いを示したものである。これらについての具体的な検討は省略する。

次の史料7＝№18では、本知を今川氏が一度収奪しており、その後奥平氏に還附されることとなっていたことが判明する。

史料7

於調儀成就之上者、本知行無相違可令還附候、然者彼一人生害之段、堅可申付者也、仍如件、

七月十七日　　義元判

奥平監物丞殿（貞勝）

なぜ本知を収奪されていたのかを考えた場合、「彼一人生害之段、堅可申付」に注目させられる。つまり、義元が「彼一人」のみを「生害」＝殺すように命じたのであり、その一人が誰であるのかを比定することが可能であるならば、年代を推定した上で、本知収奪の理由をも判断することができるのではないか、ということである。ここで考えられるのが、反今川氏として活動していた奥平久兵衛尉貞友の存在である。貞友は、先述したように、藤河久兵衛尉、のちに日近久兵衛尉と称して藤河・日近郷に住していた。そして、史料4段階（天文十七年）、また弘治二・三年頃＝№43、永禄三年六月十六日の三回、今川氏に叛意を示している。そして、永禄三年六月十六日付簗瀬九郎左衛門尉宛氏真判物によって、同日鱸（＝鈴木）九平次らと共に今川氏の攻勢にあい、没していることが明らかになる。彼には、天文十七年の史料4段階において、具体的な処罰に関する指示は出されておらず、後述する史料10において、貞友は「可加成敗」と刑の執行が指示されているのである。もし貞友が「彼一人」と同一人であるならば、繰り返し謀反を起こ

したために「生害之段、堅可申付」とされたのではなかろうか。
したがって、本文書は彼が謀反を起こした天文十七年、弘治二・三年、永禄三年のいずれかに比定することができる。
そうすると、永禄三年段階では、義元がすでに没しているので年代的に合致せず、また、天文十七年段階では、先述したように処罰に関する具体的な指示は出されていない。そして史料10において貞友は「可加成敗」とされており、その成敗こそ貞友の生害であったと考えるならば、本文書は、弘治二・三年のいずれかと考えることができるのである。さらに、このように考えると、本知が収奪されていたのも、謀叛が原因であったとすることができるものと思われる。推測の域を出ないが、このように比定しておきたい。

続いて史料8＝№32について考えてみたい。

史料8

先度於舟渡橋岩小屋江後詰之人数多之討捕、御粉骨之至無比類、御感状被遣候、源二郎殿両度抽御馳廻、御感悦異于他、被思召候、然間御腰物正恒被進候、御面目之至候、将又九八郎殿儀、御親類中人質於牛久保ニ被置、以身血重諸餘不可有疎略候段、各御申候条、無御存知分ニ三戸「雲于書」大宮寺辺ニ為山林可有御堪忍ニ候、是又御心安存候、委細御同名兵庫助殿へ申条、不能詳候、恐々謹言、

（永禄元年）午六月八日　　朝下（朝比奈下野守）

親孝判

長源（長谷川源左衛門尉）

以長判

由郷（四）（由比四郎右兵衛尉）　光綱判

奥監（奥平貞勝）御宿所

本文書では、「御親類中人質於牛久保ニ被置」の文言を中心に述べてみたい。先述した史料4＝天文十七年では仙千代、すなわち奥平貞勝嫡子の貞能が人質となっていた。奥平氏が今川氏に従属していく当初の段階で、今川氏は先述史料5のように、奥平氏の惣領に在地支配の権限を与え、実子を人質として提出させる。その後、永禄元年、当初の人質が成人するような段階になると、九八郎（元服した貞能）の親類中から別の者を人質として提出させるのである。これは、三河国の国人層を支配していく際の今川氏の政策基調であったものと思われる。[27]

なお、貞能の元服は、史料4段階では仙千代と記されており、また、後述する史料9＝№41には九八郎と記されていることから、天文十七年正月廿六日から弘治二年十月二十一日の間に元服したことが明確となる。また貞能は、弘治二年段階では今川氏に叛していたが、永禄元年には今川氏に従属していたことも判明する。

№19・20は別の機会に検討し、21は、後述する「東三忩劇」[28]と併せて検討したい。

№22～27は松平元康との争乱における感状であるが、ここで注目させられるのは、奏者に三浦右衛門大夫が表出してくることである。どういうことかというと、「古文書写」において、氏親・義元段階における奥平氏への奏者としては、朝比奈一族が担当していたように見受けられる。[29]この点、遠江国人天野氏に対しても同様であり、[30]義元期までは、朝比奈一族が今川氏の発給文書に多く見られ、氏真段階になると、三浦一族も氏真の奏者等の立場として、以後文書に表出してくるものと思われる。この点については、今後の課題としたい。

No.28において今川氏に逆心を企てている戸田主殿助については、従来の指摘では、永禄七年五月十二日に今川氏に敵対したとされている。[31] しかしNo.1のように、永禄七年二月段階で奥平氏は松平元康より安堵状を受けていることから、No.28は永禄七年以前であることは明確である。戸田主殿助が今川氏に敵対した年月日、おそらく永禄五年七月十二日を書き誤って永禄七年五月十二日にしてしまったものかと推測されるので、当面永禄五年と考えておきたい。

No.29・30は内容等の具体的な検討は成し得なかったので、省略する。

以上、基礎的事実を中心に論を進めてきたが、次のNo.41以降の文書は、奥平氏、延いては東三河の抗争を考える上で重要になるものと思われるので、章を改めて検討していきたい。

五、今川氏と「東三忩劇」

今川氏が三河国を完全に支配するようになったのは、いつのことであろうか。従来の指摘では、天文九年から十八年にかけてを今川氏の三河国建設期とし、その領国化が完成したのは、天文十八年から永禄三年にかけてである、とされている。[32] 今川氏がその領国化を進める上で、重要な戦闘が弘治二年に行われた。以下、「古文書写」からそれについて検討する。注目される文書として、史料9＝No.41を掲げる。

史料9

一今度九八郎(貞能)就構逆心、可加成敗候処、各親類九八郎於永高野江追上、監物儀、谷可引入之由、達而之懇望之条、
　赦免之上、本地幷諸親類本知、不可有相違、若給方へ雖出置、無異儀可還附事

一被官百姓、忩劇以来、雖出他之被官可返付、自然其身於不相帰者、名職・田地・切府《符》・野山等迄可還附事
一年貢・米銭雖有未進、給方共可還附事
一諸親類・被官百姓、有申事、於相退者、約宜領分無相違可還附事
一神領・寺領等、如前々無相違出置事、仍如件、
弘治弐年
十月廿一日　治部大輔判
奥平監物《貞勝》丞殿

先述したように、第一条目に見られる九八郎は、貞勝の嫡子貞能であろう。つまり貞能が今川氏に逆心を構えたことから、貞勝・貞能父子が対峙する状態になっていたことが明らかになる。『町史』などの従来の指摘によると、貞勝が逆心を構えた張本人である、とされているが、この点は訂正されるべきであろう。また、諸親類が九八郎貞能を高野へ追上げた（＝高野山へ逃がしたの意カ）という文言から推察するに、諸親類には嫡子である貞能と同様、反今川勢も存していたことがうかがえる。このようなことを示すものとして、貞勝弟の貞友が、弘治二・三年ころから今川氏に敵対し、さらに後述史料10に記されているように奥平彦九郎が「自去年（＝弘治二年、筆者注）春企逆心」てていたり、親類奥平与七郎が「及両度致逆心」しているのである。また、弘治二年六月三日付粟生将監宛義元判物(33)において、粟生将監が討ち取った奥平市兵衛（実名不明）も一族と考えることもできることから、反今川勢が作手奥平一族内において、少数ではなかったことがうかがえる。そのような状況が、貞勝は今川氏に属していたにも関わらず、後世になって、『諸家譜』に「奥平監物貞勝に与し、今川義元が命にそむき(34)」と記述させてしまうことになったので

あろう。

弘治二年の抗争は東三河一帯に広がっており、奥平氏のみならず、他の国人層を併せて考えていかなければならない。[35]いま述べたように、奥平貞勝は今川方となり、嫡子貞能と反目しあった状態であり、田峯菅沼氏は兄大膳亮定継と弟十郎兵衛尉定氏が対立し、今川氏は定氏を支援した。野田菅沼氏は今川方に組み込まれ、三河国額田郡雨山（作手奥平氏の一族阿知和氏が在番していたという）[36]において、反今川の奥平勢と合戦をしている。また、牧野一族内においても、牧野民部丞（実名不明）が今川氏に逆心を企てたことが明らかである。[37]さらに松平一族においても、大給松平氏が反今川の狼煙をあげ、今川方と思われる瀧脇松平氏と戦っている。このように東三河は混沌とした状態であった。ここで掲げた反今川勢は、相呼応するようなかたちで今川勢に対峙したものと思われる。

では、東三河の国人達は、なぜこのように同時期に、今川氏に抵抗することができたのであろうか。奥平・菅沼・牧野氏については、彼等が互いに血縁的結合によって結ばれていたことに起因するものと思われる。[38]つまり、血縁的な「一揆」的統合が存していたためではなかろうか。さらに松平氏を含めて考えた場合、地縁的な「一揆」的存在へと拡大していたのではなかろうか。これは、前述した弘治二年六月三日付粟生将監宛義元判物で、粟生将監が討ち取った人物は、奥平市兵衛の他に松平一族と思われる松平彦左衛門がおり、松平氏にも反今川の奥平氏と行動を共にしていた者がいたことを示しているからである。したがって、彼等は、反今川という名分（松平一族も併せて考えた場合、親織田ということになろう）[39]のもとに、弘治二年段階において結合関係にあったため、地縁的「一揆」のような動向を見せたのではなかろうか。このようなことから、今川氏にとってこの「東三忩劇」を沈静化することは、「一揆」的結合を解体することを意味し、必須の課題であったのである。その結合を解体するために、今川氏は一族の内紛を利用した。結局、弘治二年の「東三忩劇」は徐々に沈静化していき、今川氏が勝利していくのであるが、これを沈静化したことによって、今川氏は、東三河国人層の上級権力としての地位を得ることができたものと思われる。

これを明確に示すものとして、今川氏は奥平氏に対し、先述した史料9において、「切符」による新給を与えたことを指摘したい。この切符文言のある文書は、管見の限り十八通である。それらを一覧にしたものを文末に掲げたので、参照されたい。この一覧から言えることは、宛所がすべて今川氏の給人層であり、しかもその給人は、国人クラスから土豪等幅広い階層にわたって発給されている、ということである。したがって切符は、今川氏が給人支配を行っていく上で重要な側面を持っていたものと判断される。史料9が発給された段階で、今川氏は奥平氏を給人として掌握し、奥平氏の上級権力として位置付けられたものと考えられるのである。

奥平氏と同様の国人クラスで注目されるのは、奥平氏と共に、同年に切符で知行が与えられた菅沼氏である。先述したように菅沼氏も一族が割れ、今川氏による権力の介入を招いていたのである。つまり奥平・菅沼両氏は、この弘治二年から今川氏の給人支配に組み込まれていったことが明確となるのである。

さらに、切符に関連して考えた場合、稲垣平右衛門尉に対しても切符が出置かれていることに着目したい。[40]稲垣氏は、弘治二年の牧野民部丞が企てた逆心に対する功績によって切符が出置かれたのであり、のちに牧野右馬允の被官人となっているのである。牧野右馬允は、おそらく牧野民部丞とは敵対関係にあり、今川氏に与したために、弘治三年に義元から初めて朱印状を受給したのであろう。[41]その牧野右馬允の被官に、今川氏が切符を与えるということは、稲垣氏の上級に位置する牧野氏にも、切符が給付されていた可能性もあるのではなかろうか。血縁的「一揆」的結合を成していた三氏を、今川氏は弘治二年以降、給人化していったことが明確となろう。

このように考えることが許されるならば、弘治二年の「東三忩劇」を鎮圧した今川氏は、東三河の国人層の解体・再編成を行ったものと考えられる。そして彼等の上級権力として位置付けられた今川氏は、三河支配を迅速に行うことができ、この点から考えると、弘治二年の「東三忩劇」は非常に意味のある戦闘であったと位置付けることができよう。

「東三忩劇」が弘治二年の春に始まったことは先述したが、翌年になっても、まだ、その余波が残っていたように見受けられる。

史料10

同名彦九郎自去年春企逆心事、沙汰之限也、雖然定勝(ママ)事、無二存忠節、彦九郎遂成敗段、神妙也、為其賞日近郷之事、永充行之了、彼者本知行分、野山河原寺社領并買得地等、一圓為不入所令領掌之也、棟別之事、永令免許候、百姓以下、他之被官仁罷出事、令停止候、可為定勝計也、久兵衛尉事、内々可加成敗之處、令欠落之条、不及是非、縦至于後年、対此方抽忠節、日近郷之事、成競望、雖企訴詔(訟)、一切不可許容、定勝本知行之事、是又永不可有相違、親類奥平与七郎、及両度致逆心上者、彼諸職之事、為作手領割分之内条、可為定勝計者也、仍如件、

弘治参年六月廿六日　　治部大輔判

奥平監物(貞勝)入道殿

親類の奥平彦九郎を成敗することはできたが、弟貞友を成敗することができなかったという点と、本文書の奥平彦九郎・与七郎の逆心は、奥平一族に反今川勢が残存していたものと考えられることから、「東三忩劇」の余波と考えられるのである。散発的ながら長期にわたって戦闘が行われたものと思われる。(42)

今川氏が忩劇を沈静化したと述べてきたが、「一揆」的結合を壊滅することまでには至らなかったといえる。このことが、義元の死後、氏真による三河支配の貫徹を成し得なかった一因といえるのではなかろうか。

史料11＝№50

一今度父子以馳走、菅沼小法師属味方畢、然者去年三州悉逆心之刻、無二依忠節充行知行之内、萩・牧平・樫山三ケ所合五百貫文、只今本領主爾令還附之段、太以神妙也、因茲為改替出置知行之事

一菅沼新八郎本知悉幷薩山方稲木村共、所令扶助也、此員数三百五拾貫文、但右之五百貫文改替之員数、為不足之間、彼知行之増分、雖有申出輩、不可及其沙汰事

一彼知行之内、自餘之輩爾雖出置之、為右之五百貫文之改替只今充行于定能（ママ）上者、不準自餘之条、其領主方江不可及替地之沙汰、併依忠節之軽重、以他之地替地可申付、於彼地定能爾出置上者、聊不可有相違事

右条々永領掌不可有相違者也、仍如件、

永禄六癸亥年五月十四日　上総介「今川氏真也」判

奥平監物（貞勝）之丞殿

一条目に注目してみたい。まず、弘治二年段階と異なる点として、貞勝・貞能両人とも今川氏に属している。このことは、奥平一族を今川氏が支配していたからに他ならず、弘治年間の忩劇を、奥平一族については鎮圧していたことを示していよう。一方、菅沼氏について考えてみた場合、史料12とともに考えると、興味深い点が見られる。

史料12＝№73

一今度赦免之上、近年父大膳亮令所務、本地悉令還附事

一為新知行、設楽三郎以本領之内弐貫文令扶助事
一家中之者、近年於蔵前借銭雖為無沙汰、赦免之上者、白餘之借銭寺方共、不可及其沙汰、但当乱令味方者共、手前之儀者、以本分可返弁事
一親類被官百姓寺社方共、為私雖企訴詔（ママ）、一切不可及許容事
一平居城之事、至来年者可令破却事
右条々永不可有相違、守其旨彌可抽忠節者也、仍如件、
永禄五壬戌年
正月十四日　氏真判
菅沼小法師殿

史料11の第一条目と史料12の宛名に見える菅沼小法師は、菅沼大膳亮定継の子息である。定継は、先述したように、弘治二年の忩劇のおり、今川氏に逆心を企てた者の一人である。その子息である小法師に対して、氏真は史料12で本知を還付した。本知を還付した理由は、文書内には見えない。しかし、№21＝11永禄四年十月の嶋田取出攻めを想起することができる。すなわち、設楽郡の嶋田取出には、弘治二年段階で今川氏に属した菅沼定直が居り、その定直が永禄四年になると、今度は今川氏に反旗を翻していたということが判明する。[43]小法師が本地を還付されたのは、同族である定直を攻撃した功績からではないだろうか。

繰り返すようだが、今川氏は、弘治二年段階で叛意を示していた定継に対しては処分を加えることができたが、彼の子息小法師に対してそのようなことは行えなかった。また、その段階では味方に属していた定直を、氏真は六年後

の永禄四年に攻めている。このことは、菅沼氏に対して、今川氏が弘治二年の忩劇と同様、一族内部の分裂を利用して菅沼一族の支配を貫徹しようと目論んでいたことが推測される。しかし、今川氏のこの政策は失敗に終わり、菅沼一族は今川氏から離反していく。それは、田峯菅沼氏内における一人（この一人が、本来ならば惣領家――当初は大膳亮定継、後は嫡子である小法師――が望ましいのであるが、反乱分子であるならば、惣領であろうと庶子であろうと、今川氏には問題ではない）による支配の一貫性を、今川氏が保持していなかったことに起因するものと思われる。したがって奥平氏は史料11のように、永禄六年までは今川氏に与しているが、菅沼一族はそれより早い時期から今川氏を離れ、松平元康の下に走ることとなったのである。このような点が、今川氏の戦国大名としての脆弱性として考えることができるのではなかろうか。

その他、№42以降の文書も「東三忩劇」に関連する部分が少なくないが、本稿では省略する。

六、おわりに

以上、「古文書写」を歴史的に位置付けようと試みたが、すべてを検討することができなかった。御寛容を乞う次第である。今後、残った文書についても徐々に検討を続けていきたいと考えている。

ところで、これまで検討した点とは別な問題として残っているのは、「古文書写」が成立する以前（天和四年＝一六八四年以前）に流出した作手奥平一族に宛てられた文書を合わせて検討しなければ、今川氏の支配の全容が明確にならない、という点である。現在のところ、松島町立観覧亭博物館所蔵の武田信玄発給無年号十月二十一日付道紋宛書状と、義元発給天文十九年十二月五日付奥平久兵衛宛判物が知られている。前者は須藤茂樹氏が信玄の西上計画に関する史料として検討を加えており、(44)「古文書写」における武田氏文書との関連から考えた場合、非常に興味深い。後者は反町茂雄氏『日本の古文書附録　古文書その面白さ尊さ』（一九八一年、弘文荘）に文書目録として掲載されているのみで、実見の機会を得なかった。しかし宛名が久兵衛、すなわち貞友とあり、今川氏への敵対意識を持っていた彼に対して、今川氏はどのような対応をしていたのか、注目される。今後も折りに触れて「古文書写」を利用し、研究を進めていきたいと考えている。

（一九九二年十月二十日成稿）

註

（1）「松平奥平家古文書写について」（『地方史静岡』第二〇号、一九九二年）。
（2）「史料紹介・『御家譜編年叢林』所載の今川氏発給文書」（『岡崎市史研究』第一二号、一九九〇年）。
（3）『姓氏家系大辞典』「奥平氏」項。
（4）東京大学史料編纂所蔵（請求番号四一七五—五七六）。
（5）『角川日本地名大辞典23　愛知県』「川尻城」項。
（6）『寛政重修諸家譜』第九巻、二〇四頁。
（7）『作手村誌』によると、貞久の城館は亀山城であるとの記載があるが、ここでは『豊前譜』に拠った。
（8）碧雲荘、一九四〇年刊行。一九八七年、国書刊行会復刊。
（9）国史大系本を参照した。
（10）岩波古典文学大系。
（11）続史料大成第二六〜三七巻、臨川書店刊行。

(12)『北設楽郡史　原始―中世』(一九六八年)。

(13)「大沢文書」(東京大学史料編纂所架蔵影写本、請求番号三〇七一・三六―七〇)。なお、氏親の文書を疑問視する向きもあるが(森田香司氏「守護被官の在地支配―遠江・堀江氏を事例として―」『地方史静岡』第一六号、一九八八年)、本文において述べたように、丁寧すぎる書式で文書を発給しなければならない状態であったと解釈すべきであろう。

(14)『諸家譜』第九巻、二〇四頁。

(15)『大日本史料』第九編四号。

(16)『宗長手記』(島津忠夫校注『宗長日記』一九七五年、岩波文庫十頁)。

(17)この点については、黒田基樹氏から御教示を得た。記して謝意を表す。

(18)「大樹寺文書」(『新編岡崎市史　史料古代中世6』七五八頁)。

(19)「下佐脇村誌」(『御津町史史料編　下』五二頁)。

(20)以下、貞勝・貞能については、史料上の記載は「定勝」「定能」であっても、菅沼一族と混同しないように、「貞勝」「貞能」に統一する。

(21)「古文書写」の分類については、註(1)を参照。

(22)秋本太二「今川氏親の遠江経略―とくに信濃小笠原と関連して―」(『信濃』第二六巻一号、一九七四年一月)。

(23)「小笠原文書」(『信濃史料』第十巻、一九八頁)。

(24)(22)

(25)「牛窪記」(『続群書類従』第二十一輯上　合戦部)。

(26)「観泉寺所蔵文書」(『新編岡崎市史　史料古代中世6』一一八二頁)。

(27)今川氏が三河国の国人の一族を人質にとっていたことは、著名である。例えば、時代は下るが、『朝野舊聞裒藁』永禄四年閏三月の項を見ると、松平家広・同清員・菅沼定盈・同小法師定直《ママ》・同貞景・奥平貞能・西郷正勝・設楽貞通等が、吉田城に妻子を人質として提出していたことがうかがえる。史料7では牛久保に人質を置いていたことが判明することから、当初、奥平一族は牛久保に質を置き、後に吉田城に移されたことが明確となろう。
(28) 史料上、この文言は見られず、後述史料9に「忩劇」と確認されるのみである。しかし、次章で検討するごとく、東三河全体に関連することであるため、「東三忩劇」と仮称した。
(29) №16の奏者が朝比奈彌三郎であったこと、№20の奏者が朝比奈備中守（泰能カ）であること、を示している。
(30) 『静岡県史料』第四輯。
(31) 『朝野舊聞裒藁』永禄七年五月十二日の項参照。
(32) 久保田昌希氏「戦国大名今川氏の三河侵攻」（『駿河の今川氏』第三集、一九七八年）。
(33) 「三川古文書」（『新編岡崎市史　史料古代中世6』一〇三二頁）。
(34) 『寛政重修諸家譜』第五巻、二八九頁、「菅沼定継」項。
(35) 以下、詳細については、大久保俊昭氏「戦国大名今川氏と三河国の在地動向―とくに天文末期・弘治期を中心として―」（『駒沢大学　史学論集』第一六号、一九八六年」を参照。
(36) 『愛知県の地名』七三七頁。「雨山城」項（平凡社、一九八一年）。
(37) 「牛窪記所収文書」（『豊橋市史』第五巻、九〇頁）。
(38) (1)において述べたが、奥平貞能の室は牧野田三保成の娘であり、貞能の嫡子信昌の生母である。また、菅沼氏は、史料11に見られる小法師の室が奥平貞勝の娘である、という姻戚関係が存していた。牧野氏については「宮島傳記」（『戦国に生きた牧野一族』豊川地域文化広場特別展図録、一九八七年）、菅沼氏については、『諸家譜』第五巻二八九頁を参照。
(39) 東条松平氏の場合、松平甚次郎が織田信長と組んでいることが明確であるので（「東条松平家文書」『今川氏と観泉寺』吉川弘文館、一九七四年）このように考えることができよう。
(40) 「牧野文書」（『新編岡崎市史　史料古代中世6』一〇六五頁）には貞成とされているが、『諸家譜』によると貞成嫡子の成定の可能性もあり、今のところ不明であるので、右馬允のままにしておく。
(41) 「牧野文書」『新編岡崎市史　史料古代中世6』一〇六四頁）。

（42）また、「紀伊小笠原文書」（東京大学史料編纂所架蔵影写本請求番号三〇七一・六六―五五）弘治二年八月十六日付小笠原孫二郎宛義元判物には、作手筋における戦闘が続いていたことを示している文言が見られる。
（43）『諸家譜』第五巻、二八九頁。
（44）須藤氏「武田信玄の西上作戦再考」（『武田氏研究』第三号、一九八八年）。

【付記】本稿を成すにあたって、三河・東海史研究会の諸兄姉より、多大なる御教示を得た。記して謝意を表す。

（一九九三年二月二十日）

【追記】本文において、切符文言の存する文書は十八通であると記載したが、成稿後、「野々山千万往氏所蔵文書」（東京大学史料編纂所架蔵影写本請求記号三〇七一・三七―二三）永禄五年七月二十六日付氏真判物にも切符文言が存することを知り、総数は十九通と訂正する。しかし、本文には直接影響しないため、その他の補訂等は行わなかった。

（一九九三年三月十七日）

【補記】再録にあたっては、最小限の誤字等の修正に留めた。また、一覧の「出典」も、本来ならば『戦国遺文』今川氏編（東京堂出版、二〇一〇～二〇一五年等）等の入手しやすい史料集に改めるべきであろうが、あえて原文のままとした。御寛恕を乞う次第である。

今川氏発給文書内「切符」文書一覧

No.	年月日	発給者・花押・印	宛　名	文言・内容	出典・所蔵
1	天文3・正・17	氏輝（花押）	中山兵庫助	御切符参拾貫文并米参拾俵、以須津増分、為新恩充行、	富永文書　④—126
2	天文12・8・25	義元（欠）	天野宮内右衛門尉	親類同心之者共於相離者、給恩切符召放、餘人可申付、	天野鈴木文書（160—10）
3	天文13・9・28	治部大輔（花押）	海老江彌三郎	於下方郷米五拾俵切府（ママ）弐（ママ）拾貫文之改替	海老江文書（6071—54—6）
4	天文18・7・1	治部大輔（花押影カ）	大村彌三郎	渥美郡七根内小嶋村一ヶ所切符之内為弐拾貫文之改替	御家中諸士先祖書「『（紀州藩）御家中諸士先祖書』所蔵今川氏発給文書」
5	天文20・12・17	治部大輔（花押）	三浦平三	当知行北村上置条、蔵入之内毎年為切符五拾貫文宛令扶助	三浦文書（2071·54—6）
6	天文23・11・2	治部大輔判	匂坂六郎右衛門尉［長能］	同心参人之切符扶持如相定毎年可請取、	匂坂家譜（353—170）
7	天文24・10・16	治部大輔判	戸田伝十郎	参州吉田領月谷郷、年来出置切符参拾貫文等為知行宛行、	古簡雑載　橋—313
8	弘治2・10・21	治部大輔判	奥平監物	名職田地切符（ママ）野山等迄可還附事、	松平奥平家古文書写
9	弘治2・12・5	（袖花押影＝義元）	菅沼十郎兵衛尉・同八右衛門尉	切符三拾貫文并参人扶持令領掌之、	三河古文書（2071·55—10）
10	弘治3・11・15	治部大輔（花押）	畔田三郎兵衛尉	参州野依郷、毎年出置切符百貫文陣夫弐人等、如年来扶助	野依村由来記所収文書　橋—316
11	永禄4・閏3・10	氏真（花押）	井出千熊	同心等千熊手前就相離者、知行切符等召放、別人お入替、	井出文書　②—582
12	永禄4・閏3・10	氏真	大村彌右（ママ）兵衛	小嶋村之事者、為切符弐拾貫文之改替所被宛行也、	御家中諸士先祖書「『（紀州藩）御家中諸士先祖書』所蔵今川氏発給文書」

13	永禄４・４・16	朱印方「如律令」	稲垣平右衛門尉［重宗］	出置切符参拾貫文内、弐拾貫文之改替為新知行所充行也、	岩瀬文庫所蔵稲垣文書　⑥—1029
14	永禄４・６・11	（花押）［氏真］	（欠）［稲垣重宗］	出置切符参拾貫文、辰年牧野民部丞逆心、抽忠節令扶助、	牧野文書　⑥—1065
15	永禄５・10・７	上総介（花押）	甘利弾正忠	於長沢名職出置切符、棟別四分一点役等、如先判領掌、	判物証文写　今川二①—62
16	永禄６・３・朔	上総介（花押）	酒井左馬助	切符貳拾貫文棟別之内并扶持参人分、	保阪潤治氏所蔵文書（3071・41—6—1）
17	永禄８・９・28	上総介（花押）	野呂藤四郎	泰広仁令譲与内、段銭五貫文父民部丞本切符七貫文為新知行高橋次郎左衛門尉拘名之内	野呂文書　③—661
18	永禄12・９・７	朱印・印文不詳	星屋衛門尉	借置米銭令催促、福島伊賀守仁出置切符辰年未進分可催促	星谷文書　①—592

※出典①〜⑤は『静岡県史料』第一〜五輯を示し、⑥は『新編岡崎市史　史料古代中世　6』を示す。また、「橋」は『豊橋市史』第五巻を示している。

・天野鈴木文書＝内閣文庫蔵、海老江文書＝広島大学文学部国史研究室所蔵（史料編纂所写真帳を参照した）。

・三浦文書・三河古文書・保阪潤治氏所蔵文書＝東京大学史料編纂所蔵、匂坂家譜＝大阪府立中之島図書館蔵、それぞれの番号は請求番号を示す。

・「『（紀州藩）御家中諸士先祖書』所載今川氏発給文書」は『静岡県史研究』第八号（1992年）有光有學氏論文から引用した。

Ⅲ

戦国領主 水野信元

新行紀一

水野氏惣領信元

天文十二年（一五四三）七月十二日、小河水野家四代忠政は五一歳で死去した。戒名大渓堅雄。寛政譜には記載はないが、葬地は小河乾坤院とする系図が多い。その跡をついだのは長男信元である。

信元の母は忠政の正室である岡崎松平家三代の弾正左衛門信貞（法名昌安）の娘。初名は忠次とも伝えるが、その名前の発給文書はまだ発見されていない。仮名は藤七郎、四郎左衛門、官途名は下野守のみが記されているが、後出のように右衛門大夫を称した時期もあったであろう。別腹の次弟信近が大永五年（一五二五）生まれ、その間に同母の妹がいたから、信近より二、三歳年長であろう。この信元の時代、尾張・三河は激しく揺れ動いた。織田対松平・今川の対立の間にあって如何に一族結合を固め、所領を保持・拡大していくかが課題であった。信元は戦国動乱の真っ只中を生きたのである。

信元は天正三年（一五七五）に誅殺され、一族家臣が一時的ながら分散したこともあってか、発給文書の残り方がよくない。現時点まで確認できたものを表にまとめておいた。興味深いのは①から④までは朱印状である点である。この朱印は径約六・五センチあって、前出の近守・妙茂のものと寸法はほぼ同じであるが、印文（未解読、文様とい

	年月日	差　出	宛　先	形式・内容等	所蔵・出典
①	天文 21. 3. 8 (1553)	(水野) 信元	善導寺	朱印状写、清水左京亮寄進下地 850 文目安堵	善導寺 (東浦町)
②	〃　21.10.27	(〃) 信元	(延命寺)	朱印状、売券の裏書安堵、色成 100 文上納義務あり	延命寺 (大府市)
③	永禄 2. 5. 2	(〃) 信元	越境寺	朱印状、寺領安堵	越境寺 (東浦町)
④	〃　3. 9.	(〃) 信元	大御堂寺	朱印状、大工職を定めず	大御堂寺 (美浜町)
⑤	〃　5. 2.23	(〃) 信元	平坂無量寿寺	判物、寺領安堵	無量寿寺 (西尾市)
⑥	(〃 7) .12. 1	(〃) 信元	書立之衆中	書状、三河一向一揆後の徳政問題	本光寺文書 4 (岡6)
⑦	〃　7. 菊秋月	水野前下野守信元・〃 藤四郎元茂		書状、宿坊定めの件	高野山常慶院文書 (尾陽)
⑧	年月日欠 (永禄 8)	かりやより しもつけ	おかさき□さい	書状、白山先達職争論について	桜井寺文書 15 (岡 6)
⑨	永禄 9.11	水野下野守信元	牧野山城守ら7名	書状、牧野成定の跡目は康成にと尽力する	牧野文書 13 (岡6)
⑩	(年次欠) .6.26	(水野) 信元	法幢院次寮	書状写、宿坊争論は迷惑	常度院文書 (尾陽)
⑪	(〃) . 6.29	(〃) 信元	〃	書状写、音信の礼	〃 (〃)
	(天正 2) . 3.20	足利義昭	水野下野守	書状、武田勝頼と協力して信長を討伐せよ	(家上)

表　水野信元発給文書　※ (岡 6) は『新編岡崎市史』6、(尾陽) は『尾陽雑記』、(家上) は『徳川家康文書の研究』上巻所収

うべきか) には若干の差異がある。残存状況からみて古くからの水野惣領家領内の寺社にのみ用いられたようであるが、四例では断定は難しい。なお四例ともに姓・官途 (仮名) を記していないことも意味がありそうだが、現段階では判断は留保しておかねばなるまい。

織水同盟の成立

信元が家督を継いで水野家惣領となったのは二五歳位であったろう。父忠政の親松平政策によって、彼の正室は桜井松平家初代信定の娘であった。『松平記』は天文四年の守山崩れの項で、桜井信定は「小川水野も婿の契約あり」としているので (巻一)、入嫁はこの後である。さらに信元同母の妹は形原松平家四代の家広に嫁し、異腹の妹お大は二年前に松平家物領広忠の正室に迎えられていた。時に広忠一六歳、お大は一四歳であった。天文十一年十二月

二十六日に広忠・お大の間に生まれたのが竹千代、後の徳川家康である。

ところが信元は家を継ぐとすぐに外交方針を大転換し、従来の親松平政策を捨てて織田信秀と結ぶことにした。その理由は判然としないが、この前年八月十日の第一次小豆坂合戦における織田方の勝利、同年秋以後激化した広忠やその老臣衆と叔父信孝との争いと信孝の追放、その結果としての信孝の織田信秀との同盟などによって、尾三国境地域における織田方の圧倒的優位が確実になったためであろう。さらにいえば、信元の岳父信定の室は信秀の姉妹で、信元室の姉は尾張守山城の織田信光の妻となっていた。このような姻戚関係も相当の意味をもつであろうが、尾張国内の状況も大きく影響していた。一応守護斯波家、守護代清洲織田家を推戴して、天文初年から抬頭した織田信秀は、西の美濃と東の三河で斎藤と松平という二大勢力を敵に回していた。松平に対しては天文四年の清康の突然の死とその後の内訌、それに乗じた天文九年の安城城奪取によって順調な領国拡大が進行したが、東方経営の必須条件は、衣ケ浦・伊勢湾に大きな力をもった水野一族に背後を脅かされないことであった。これに対して小河・刈谷・常滑の三家を中核とする水野一族にとっては、信秀との協調は不可欠であり、小勢力分立の知多半島統一を目指すならば、弱体化した松平ではなく攻勢的な織田と手を結ぶことが最良の道と考えられたのであろう。

水野氏の外交方針転換に対し、松平広忠と家広は妻を離別し、友好関係の解消の証しとした。二人の女性はともに実家に送り帰されたが、その時の興味深いエピソードが『松平記』巻五にある。

竹千代三歳の天文十三年にお大は離別され「かり屋」へ帰される時、松平家臣の金田某と『松平記』筆者の父親（姓名不詳）ら侍衆一五人が供をした。刈屋と岡崎の領地境までくると、お大は二人にそこから帰るように申し付けた。二人は命令通り小河まで供をするというと、お大は、兄信元は「たゞならぬ短気の人にて、皆々小河迄参候はゞ打殺」

すか、髪を剃って追放するだろう。そうなると伯父甥の信元と竹千代の間に遺恨が生ずるから是非帰るようにと仰せられた。そこで二人は「小河領の百姓」を呼び出して輿をかかせ、岡崎へ帰るとして林の中で休息していた。すると小河から水野左近清重・高木主水清秀らが三〇〇騎程で迎えに来た。彼らが下馬して、送りの侍を討ち取れと言われたがといいながら羽織を脱ぐと、皆下に具足をつけていた。お大が送りの者は帰ったといったので、水野勢も帰っていった。金田と筆者の父親は命からがら岡崎へ帰ったとよく筆者に語ったという。形原松平の場合は送って来た侍三人は討ち取られたと伝えられている。

お大の聡明さの例としてよく引用されるものであるが、この時点では信元は小河城主ではあっても刈谷城主ではなく、信元領は「小河領」として一応の区分がされていたようである。天文十三年時点では刈谷水野家の当主は先出のように藤九郎守忠であり、一族ではあっても別家として扱われていたこと、さらに刈谷領と小河領は、入り組みはあっても区別されていたと読みとれるものである。

小河に戻された二人のうち、姉のその後のことは伝わっていない。妹は周知のように天文十六年に阿久比の久松俊勝に嫁入し、男子三人・女子二人を産んだ。それまでの三年間、お大は刈谷城外の椎の木屋敷に居住していたとか、楞厳寺でお富と母子共に受戒したなどの伝承がある。楞厳寺には県文化財に指定されている伝通院（お大）と華陽院（お富）の画像があり（原色版は『刈谷市史』第一巻口絵参照）、お大の寄進になるという天目茶台（三ツ葉葵紋）・茶碗（三ツ葉葵紋染付）・白磁香炉（以上三点市指定文化財）も所蔵されている。伝承はともかく、寺宝は間違いのない品であろう。

水野十郎左衛門尉の謎

織田氏との同盟によって信元は知多半島での勢力拡大を進めたことであろう。しかし、この時期、水野一族すべてが親織田氏となったわけではないようである。たとえば水野十郎左衛門なる人物は、天文十三年九月の時点で、信秀と戦っていた美濃の斎藤道三と手を結んでいた。九月、美濃守護土岐氏の一族二郎を支援した隣国越前の朝倉氏、尾張の織田氏の軍が、南北呼応して美濃に侵入し、二十三日にはこれら連合軍合計二万五〇〇〇の兵が、道三の居城稲葉山の城下町井口（現岐阜市）に攻め入った。道三の軍勢ははるかに少数であったが、城より打って出てこれを撃破した。さらに潰走する信秀の軍勢を木曾川に追い詰め、二～三〇〇〇人を溺死させるという大戦果をあげた。信秀はわずか六、七人で退却を余儀なくされた。この件は二十五日に道三の重臣長井秀元から十郎左衛門に通報されている（徳川黎明会所蔵文書、『岐阜県史』史料編、古代・中世四）。文中で秀元は、松平広忠とも相談して国許を固めるようにと、松平―水野―斎藤の反信秀陣営の結束強化を言っている。

ここにみえる十郎左衛門は水野氏のどの系図にも見当たらない人物である。しかし九月二十三日付の安心軒・瓦礫軒宛斎藤道三書状（同前）に「水十」の略称で名がみえる。他方同年閏十一月十一日に信秀は十郎左衛門に陣中見舞の手紙に対する礼状を出しているので（『士林証文』所収文書、『新編岡崎市史』6史料古代中世）、完全に反織田方ともいえない。この人物について『岡崎市史別巻徳川家康とその周囲上』は、十郎左衛門とは信元のこととしている。つまり九月の時点では水野・松平の断交は美濃に知られていなかったとみるわけである。ただし信元の仮名に十郎左衛門尉があったとはどの系図にも見られないことが欠点である。表1―5にみえる信元の仮名や官途名は永禄七年（一五六四）以後であって、それ以前のものには記されていないため確認のしようがない。

知多郡美浜町野間の大御堂寺には元亀三年（一五七二）十月八日付の柿並寺（大御堂寺）宛水野十郎左衛門尉信正の安堵状が所蔵されている。同寺の前代以来の「守護不入」を認め、寺中竹木の伐採や夫丸提供などの諸役を免除している。『尾陽雑記』はこの十郎左衛門は後の十郎左衛門で、信元の弟信近の子で信元養子となった別名藤四郎元茂と注する。ところが永禄三年とみられる四月十二日付今川義元書状（『士林証文』所収文書、同前）は、水野十郎左衛門あてに、尾張との国境地帯への出陣を報じている。後出のように、この時点では信元が今川方であることは絶対にありえない。今は史料と諸説を紹介して、後考をまつこととしたい。

松平・今川との戦い

十郎左衛門が誰であろうと、天文十三年秋には松平―水野―斎藤の反織田連合は解体され、織田・水野同盟が成立した。この結果松平氏は今川氏への依存度を高めることになる。天文十四年九月二十日、松平広忠は安城を攻めた。これは安城を回復することで織田方の圧力を弱めようとしたものであったが、後詰の織田勢と城兵の挟み撃ちにあい、本多忠豊を身代わりにして広忠は命からがら引き上げるという惨敗を喫した。しかし翌十五年九月十四日、広忠は知多郡阿久比の久松俊勝に書状を送って、同郡大野城の佐治為貞が広忠に味方するに至ったことを謝している（『士林証文』所収文書、同前）。織田・水野を背後から牽制する遠交近攻策の一つである。信元が翌年俊勝にお大を嫁がせたのは、久松氏を味方にするための政略であった。

このような虚々実々の駆け引きの中で、天文十五年から三河は動乱状況となった。十月、今川氏は松平勢をも動員して今橋城を攻めて、十一月十五日に陥落させ、城主戸田金七郎宣成を討ち取った。戸田氏は永正大乱以後惣領田原家のほか、今橋家・二連木家（宣光）が分立し、一五世紀末以来の知多半島の河和家・富貴家とあわせて、三河湾を取り囲む形で一族一揆体制を成立させ、しかも一族あげて今川氏へ従属していた。その今橋戸田家を惣領家も二連木家も援けなかった。それ故、今橋家滅亡の理由は判然としない。『豊橋市史』第一巻は、この時期戸田氏は織田信秀に通じたことが洩れたために、その責任を今橋家の宣成が一身に負うたのではないかとしている。翌年におこる松平竹千代（家康）奪取事件を考えれば、戸田と結ぶことで孤立した松平をも服属させ、三河の大部分を勢力下におこうとした信秀の策謀もありえたわけである。

天文十六年八月、数え年六歳の竹千代は今川義元への人質として岡崎を出発した。これは織田方の攻勢が強化されるのに対抗して今川の援助を求めた広忠に義元が人質提出を求めたためであった。その旅の途中、戸田惣領家の宗光・堯光父子によって竹千代は奪い取られ、織田信秀に渡された。信秀は一〇〇貫文（「松平記」）とも一〇〇〇貫文（『三河物語』）ともいう賞金を与えたという。戸田惣領家の行動は信秀との同盟結成であり、義元からみれば叛逆である。早速に太原崇孚（雪斎）を将とする今川勢によって八月下旬より田原攻めが始まり、九月五日に城は陥ちて戸田惣領家は滅亡した。

田原落城と同じ頃、信秀は朝倉勢・土岐勢と共同して再度斎藤道三を攻めて大敗した。西三河では信秀に通じた松平信孝が広忠を攻め、渡河原の戦いで勝利をおさめたが、岡崎を陥すまでにはいたらなかった。美濃での敗戦で織田勢が東進できなかったためであろう。広忠は一応窮地を脱した。

翌十七年三月、今川義元は太原崇孚を将とする大軍を西進させた。西三河からの織田軍追い出し作戦であり、嫡子竹千代を奪われた松平広忠支援を兼ねていた。今川勢の進出を知った信秀は三河へ進軍し、両軍は十九日に小豆坂（現岡崎市）で激突した。一進一退の戦況で両者ともに決定的勝利にはいたらず、やがて両軍は本国に引き上げた。矢作川から西は織田方という状勢に大きな変動はなかったが、四月に入って山崎砦（現愛知県安城市山崎町）に居た松平信孝が単独で岡崎城を攻め、明大寺の耳取縄手の戦いで討死した。

右のような三河動乱の過程で水野一族がどのように行動していたかを確認できる史料は、これまでのところ見つかっていない。しかし大筋では東進する織田勢の一翼を担うとともに、知多半島における覇権確立を進めていたのであろう。天文十六年、一四歳の信長の「武者始」すなわち初陣の戦があった。前年に元服して仮名を三郎と名乗った信長は「駿河より人数入置き候三州の内吉良・大浜へ御手遣、所々放火候て、其日は野陣を懸けさせられ、次日那古屋に至て御帰陣」したと『信長公記』は記している（首巻）。衣ケ浦を渡っての戦いであるから、当然信元以下水野勢が陸上・海上ともに大きな役割を果たしたことであろう。

天文十八年三月にいたり、西三河状勢は急転回する。三月六日、松平広忠は近臣岩松八弥に岡崎城内で殺害され、その後嗣がいないという事態がおこった。先述のように嗣子竹千代は信秀の手にあり、熱田に抑留されていた。広忠の死を知った今川義元は直ちに軍勢を送って岡崎城を支配下に入れ、松平家中を指揮下に編入し、彼らを先鋒として西三河平定を進めていった。このため水野氏は対今川の最前線を担うこととなり、以後数年間市域内外で激烈な戦闘が展開されることとなった。

刈谷城陥落

天文末年の市域において、水野一族は今川・松平軍と死闘を繰り返し、刈谷城は一時今川氏に占領される事態になった。その全容が知られる史料はないが、以下断片的なものを集積して概要を考えてみよう。

今川・松平軍の進攻状況の大要を示す同時代史料として筆頭にあげられるのは、次の今川氏真所領宛行状である。

　　父左衛門佐宗信及二度々一抽二軍忠一之事

①一東取合之刻、於二当国興国寺口今沢一自身砕レ手、親類与力被官数多討死、無二比類一動(働)之事、

②一参州入国以来、於二田原城際一味方雖レ令二敗軍一相支、敵城内江押籠、随分之者四人討捕事、

③一松平蔵人(信孝)・織田備後(信秀)令二同意一、大平・作岡・和田彼三城就二取立一レ之、医王山堅固尓相拘、其以後於二小豆坂一、
　駿遠三人数及二一戦一相退之故、敵慕之処、宗信数度相返条無二比類一之事、

④一苅屋入城之砌、尾州衆出張雖レ覆二通路一、取切之処、直馳入、其以後度々及二一戦一、同心親類被官随分之者、
　数多討死粉骨之事、

⑤一吉良於二西条一味方令二敗軍一刻、宗信相返敵追籠、依二其防戦一同心両人・益田兄弟四人遂二討死一之事、

⑥一大給筋動之時、天野安芸・同小四郎其外手負大切処、宗信相支、無二相違一引取之旨、無二比類一之事、

⑦一去五月十九日、天沢寺殿尾州於二鳴海原一戦一、味方失二勝利一処、父宗信敵及二度々一追払、数十人手負仕出、
　雖レ相二与之一不レ叶、同心親類被官数人宗信一所尓討死、誠後代之亀鏡無二比類一之事、

　右度々忠節感悦也、然間苅屋在城之以後弐万疋、近年万疋、彼三万疋、以二蔵入一雖レ出二置之一、依二今度
　之忠節一、為二彼三万疋之改替一、遠州蒲東方同名内膳亮令二扶助一参拾貫文、其外相定引物引レ之参百拾八
　貫文余、蔵入分令二扶助一訖、……（中略）……弥守此旨可レ専二戦功一之状如レ件、

　　永禄三庚申年十二月二日　　氏真（花押）

松井八郎（宗恒）殿

（『土佐国蠹簡集残篇』三、『愛知県史』別巻所収。傍点筆者）

永禄三年（一五六〇）五月の桶狭間合戦で義元と共に討死した松井宗信の歴年の戦功を賞し、子八郎宗恒に所領の安堵と新地宛行を行った文書であり、七か条にわたる宗信の戦歴は、今川氏の三河侵攻の過程を実によく表している。②天文十六年の田原城陥落時の戦功、③その後の医王山砦在番と十七年三月の第二次小豆坂合戦での戦功、④それに引き続く刈谷入城と在番、⑤弘治二年頃とみられる西条（西尾）での戦功、⑥二十一年五月の大給（現愛知県豊田市大内町）松平の親乗攻めの際の殿りの功、⑦桶狭間討死、と宗信の戦功は大部分が三河征服過程のものであった。

右の六項のうち、④以外の各項は傍証もあり、各地の自治体史などでとり上げられてきたが、刈谷城が今川軍によって占領された件はこれまで検討されたことはなかった。これについて近世の史書中で成立がもっとも早い幕府官撰の『武徳大成記』は、天文十七年に松平広忠は「重ノ原・西野」で織田方の荒川新八郎の兵を破り「鴫原」（シギハラ）で加茂郡八草城主中条氏と戦い、さらに「西野」で信秀勢と戦って大勝利をおさめたとする。これに対し『東照軍鑑』は天文十九年八月、二十二年九月、永禄二年三月と三回の刈谷攻めを記す。

『東照軍鑑』は成立等についての研究が皆無で、戦闘の年月日や関係者名なども確定的ではないが、この三回の戦いについては、刈谷の信近と小河の信元を区別し、戦場は常に「重原」であることが興味深いところであるが、刈谷城占領にはいたっていない。そこで近世史書と離れて別の角度から検討してみよう。

今川・松平軍が刈谷を陥落させるための絶対的な条件というべきものがあった。安城が織田氏の手にあるかぎり、今川・松平勢の西進は不可能であった。天文九年に安城を入手した信秀は庶長子信広を主将として入れていた。十八年十一月に来襲した連合軍は激戦の末、八日になって信広を捕虜とした。翌九日の交渉で信広と竹千代が交換され、織田氏の西三河南部での拠点は、今川氏西進の拠点に変じた。ここではじめて水野領への直接攻撃が可能になったのである。したがって松井宗信らによる刈谷城占領と織田勢の撃破、および同城在番は十八年十一月中旬以後のこととなる。ところが岡崎市大和町の妙源寺所蔵の今川義元書状に次のようにある。

今度山口左馬助、別可二馳走一之由祝着候、雖レ然織備（織田信秀）懇望子細候之間、苅谷令二赦免一候、此上味方筋之無事無二異議一山左申調候様、両人可レ令二異見一候、謹言、

（天文二十カ）
十二月五日　　義元（花押）

明眼寺

阿部与左衛門殿

尾張鳴海城主（現名古屋市緑区）の山口左馬助教継が今川氏に従うと言うのは目出度いことである。織田信秀が懇望したので刈谷は赦免することとした。今後は味方の安全を保障するよう教継に両人から意見せよというのが大意である。『信長公記』によれば、山口教継は信秀に目をかけられていたが、天文二十年三月三日に信秀が死んでからは今川氏に従い、鳴海には子九郎次郎を置き、笠寺（現名古屋市南区）の要害に駿河衆を入れ、自身は中村に砦を構えた。信長は天文二十二年四月十七日に鳴海城を攻めたが、三〇騎が討死して城は落とせなかったとある（首巻）。

これらを考え合わせると「織備」すなわち織田備後守信秀と義元との間に一時的和議が成立し、義元が刈谷赦免すなわち占領した刈谷城を刈谷水野家の信近に返還したのは、十八年十一月以後二十年春頃までの間となる。おそらく刈谷陥落は安城落城の直後の頃であったのだろう。「赦免」の条件は当然のことながら、水野一族とくに信元・信近の織田氏との断交と今川氏への服属であっただろう。これが水野氏関係史料に記録されなかったのは、敗戦は外へは

極力知らせないという当時の一般的慣行のほかに、永禄三年の刈谷水野家滅亡によって、それ以前の今川氏への屈服などは小事となってしまったからではなかろうか。

重原・村木合戦

今川義元と織田信秀との間に成立した和睦は、二十年三月三日の信秀の死と嫡子信長の相続によって簡単に破約になったとみられる。

信長は相続後の天文二十二年四月、尾張富田（現愛知県尾西市）の聖徳寺で舅斎藤道三と会見して同盟を強化する一方、東からの今川氏の進出を阻止することに全力を傾けた。その鉾先の一つが二十二年四月十七日の鳴海城攻めであったが、これは失敗した。しかし外交面での成果は目ざましかった。一つは三河加茂郡の大給松平の親乗との連携であり、他は水野一族の今川からの離反である。松井宗信の戦功第六条は天文二十一～二十二年の大給城攻めにかかわるものであった。

水野氏の今川離反の過程は詳しくわからないが、『信長公記』首巻によれば、天文二十三年に「鴫原の山岡構」を乗っ取った今川・松平勢は、これを根城にして小河城攻めを開始し、隣村の村木（現愛知県知多郡東浦町）に堅固な砦を構築した。この折、寺本（現愛知県知多市）の城主も今川方に与したという。

重原城については詳しい史料がなく、わずかに『三河国二葉松』に「一重原村古城　△山岡伝五郎、或河内守、天文二十三年正月、今川勢攻落」とあるものの、山岡氏の出自や刈谷城との関わりは明らかではない。ただ知立神社所蔵の「永見家家譜」に永見守重の娘は山岡河内守室とあるので、山岡氏は刈谷か小河の水野家臣であったとみてよい。

昭和六十二年に行われた重原城跡（現愛知県知立市上重原町）の発掘調査でも、城主や戦歴に関わる資料は得られなかった（知立市教育委員会『重原』）。しかし地理的にみると重原城は、鎌倉街道（中世東海道）の八橋宿（現知立市）から知立を経て刈谷城にいたる道筋を抑える位置にある。したがって今川方が水野氏の軍事行動を抑制するためには、どうしても確保せねばならない。それ故、水野氏の反今川の姿勢が明らかになった時点で重原攻めが行われ、水野方の山岡氏は敗退したのが二十三年正月なのであろう。刈谷水野の信近がこの時どう動いたか定かではない。

重原と連携した村木砦は、小河城攻撃のための前進拠点であった。小河水野氏が今川氏に服属するならば、鳴海山口氏と相まって知多郡や愛知郡南部は完全に今川領国化する。それをくい止めるため信長の作戦が二十三年一月二十四日の村木砦強攻であった。

国内に反対勢力をかかえていた信長は、舅道三から一〇〇〇人の軍勢を借りて本城那古野の留守を固めた。二十一日に出陣した信長は熱田に一泊し、二十二日には大風の中を船出して知多半島西岸に野営（場所不明）、二十三日に小河へ入って信元と会い、二十四日の夜明け方に村木砦に攻めかかった。辰刻（朝八時）から申の下刻（午後五時頃）までの激しい戦いで「信長御小姓衆歴々其員を知らず手負・死人、目も当てられぬ有様」であった。城中の者の働きも目覚ましいものがあり、結局和睦して今川勢は退去ということになったようである。信長は二十五日には那古野へ帰った（『信長公記』首巻）。

斎藤道三からの派遣軍の将安東伊賀守は、帰国後道三に事の次第を報告したところ、道三は「すさまじき男、隣にはいやなる人にて候よ」と感想をもらしたという（同前）。この敏速・果断な行動によって滅亡の危機を免れた水野氏は、以後一層強く織田氏に結びつけられていくこととなった。今川方は重原城を拡大強化して刈谷城からの出撃に備え、交代で駿河衆が在城して桶狭間合戦に至った。

永禄元年（一五五八）二月、松平元康（徳川家康）は石ケ瀬（現愛知県大府市横根）に進出し、水野勢と戦ったと『武徳編年集成』などは記す。しかし元康の初陣は翌二年二月の加茂郡寺部城（現愛知県豊田市寺部町）攻めであるから、松平勢との戦いはあったが、元康は参加していない。この戦いで信元・信近兄弟の末弟忠重は一番槍の手柄を立てたが、兄忠分に敵の首をとらせ、信長が感心したとのエピソードがある（「勝成覚書」三条）。時に忠重一八歳の初陣であった。

刈谷水野家の滅亡

永禄三年（一五六〇）五月十二日、今川義元は駿府を出発し、四万と号する軍勢を率いて上洛の途についた。この出陣の目的は尾張平定であり、上洛までは考えていなかったとの説もあるが、ここでは通説に従っておく。義元の本隊は十六日岡崎に着き、十七日は池鯉鮒、十八日は尾張沓掛城（現豊明市）を本陣とした。すでに弘治年間（一五五五～五八）には今川の部将が鳴海・大高・沓掛に入城していたから、ここまでの進軍は容易であった。しかし翌十九日、天候急変にも援けられた織田信長の奇襲作戦の成功により、義元は討死し、大軍は瓦解した。この折、信元以下の水野一族がどのように織田方に動員されていたかは知られない。しかし合戦の余波は刈谷にも及び、城主藤九郎信近ほか多数が討取られ城は陥落した。六月八日に今川氏真が岡部元信に与えた知行宛行状には次のようにいう。

　駿遠両国之内知行勝間田并相山・内田・北矢部内被官給恩分等事

右今度於二尾州一戦之砌、大高・沓掛両城雖二相捨一、鳴海城堅固ニ持詰段甚以粉骨到也、雖レ然依レ無二通用一、得㆓下知㆒、城中人数無㆓相違㆒引取候條、忠功無㆓比類㆒、剰苅屋城以㆓籌策㆒城主水野藤九郎其外随分者数多討捕、城内悉放火粉骨所㆑不㆑準㆑他也、彼本知行有㆓子細㆒数年雖㆑令㆓没収㆒、為㆓褒美㆒所㆑令㆓還附㆒、永不㆑可㆓相違㆒候、然者如㆓前々㆒可㆑令㆓所務㆒、守㆓此旨㆒彌可㆑抽㆓奉公㆒状如㆑件、

永禄三庚申年六月八日　　氏真判

岡部五郎兵衛（元信）殿

（『土佐国蠹簡集残編』三、『愛知県史』別巻）

桶狭間敗戦の際、大高城や沓掛城の城番は勝手に城を捨てて退却したが、鳴海城代であった岡部五郎兵衛元信は城を堅守し、その後氏真の命令をもって引き上げるという比類なき忠功をあげた。それのみならず計略によって刈谷城の水野藤九郎信近以下多数を討取り、城内に放火して引き上げた。この手柄によって数年来没収していた本知行の領地を返還する、というのである。「松平記」は「此人岡部鳴海をふまえ、和談にいたし、御死骸を申請、又かりやの城主を討捕事無比類と、諸国迄沙汰有し也」（巻二）とし、刈谷落城の様子を次のようにいう。

一岡部五郎兵衛かりやの城をうかゞひけるに、城主水野藤九郎油断致し、よき侍一人も近所に不㆑置、有㆓少子細㆒侍共を城の外へ遣し置ける時分なれば、岡部同心伊賀衆を以、浜の方より押寄、火をかけ攻申候間、水野藤九郎あわてふためく処へ、忍の者押入、つき倒、首を取候得共、小勢にて城を持べき様なく、先手をよび返し、此城をふまへんなどと申処に、藤九郎家老の玄蕃助即時攻入、城をのり返し、主の首を取返し、伊賀衆卅余人討取る、岡部は早々退く、

牛田玄蕃は先出のように刈谷水野家の重臣で、この時の玄蕃は信近の諱をうけた近長であった。時に信近は二六歳。法名は了輝と号し楞厳寺に葬られたようである。子は信政・某・某・信行と女子一人があったが、信政は兄信元の養

子となっており、末子の信行が家を継いだようである。

信近の死により、第三期刈谷水野家は滅亡したとみるべきであろう。信近の死後に信元は本拠を刈谷城に移し、小河との二城兼帯となった。表の信元文書では、永禄五年になってはじめて三河平坂（現愛知県西尾市平坂町）での寺領安堵を行っている。惣領小河家が刈谷家を吸収したということであろう。

もっとも信元には後嗣とすべき男子がいなかった。そこで信近の長子藤四郎信政（初め忠高・元茂）を養子としていた。表の文書⑦はこれを裏付けるもので、永禄七年には養子縁組が出来ていたことが確認される。これから考えれば、二城兼帯体制は刈谷家が吸収されたというよりは、水野氏惣領として第四期刈谷水野家が出現したというべきなのであろう。

三尾同盟と水野氏

五月十九日、大高城に在った松平元康は、伯父水野信元の派遣した浅井六之助道忠によって義元討死を知り、その夜岡崎めざして退却した。五月二十三日駿河衆の退去した岡崎城に入った元康は、今川支配下で分割・改編された所領と家臣団の回復が急務であったが、なによりもまず信長の東進を喰い止めることが第一の課題であった。「同（永禄）三年より四年の間、苅屋衆と岡崎衆せり合い度々也」（「松平記」巻二）とあるのは、これをさす。諸書により年月がまちまちで確定しがたいが、三年五月末頃松平勢は刈谷城近くの十八町畷に攻め寄せ、ついで知多郡に入り、小河城近くの石ヶ瀬で再度戦った。八月朔日付の筧平十郎宛元康感状に「今度於二石瀬一、無二比類一仕候、弥忠節肝用候」とあるので（『譜牒余録』所収文書、『新編岡崎市史』６史料古代中世）、七月中下旬のことらしい。翌四年二月にもう一度石ヶ瀬合戦があったとする書もあるが、永禄元年のものとの混同があるかもしれない。

永禄四年二月になって松平と織田の和睦が成立した。「松平記」は前掲部分に続けて「然処に信長より水野下野守（信元）を以、元康色々和談の扱有、互に起請文を書、取かはし、和談相済、岡崎衆、尾州衆の弓箭無レ之候也」としている。ここでは和睦は信長の発意とするが、信元が信長に勧めたとする書もある。いずれにしても織田家臣である一方で元康とは伯父甥の関係にある信元が中心的役割を果たしたわけである。尾三両国にまたがって所領をもっていた水野氏にとっては、所領保全のためにも両者の和睦は歓迎すべき事であった。その内容は「弓箭無之」すなわち当面の戦闘行動の停止であった。もっとも和睦の年月を明記した史料は見当らない。ここでは四年三月頃から元康は今川方と戦いを始めるので、二月下旬か三月初めに和睦成立したとする『岡崎市史』別巻上の考証に従っている。

和睦成立後元康は今川氏からの自立と三河統一を目指した旧今川勢力との闘いを始めた。四年三月の碧海郡中島城の板倉重定追放、同五月の西条（西尾）城入手、八月の長沢（現愛知県宝飯郡音羽町）鳥尾根城入手、九月の東条吉良義昭の降服と着々と戦果をあげていった。また加茂郡の簗瀬・原田、東三河の菅沼・奥平・設楽・西郷などの諸氏へ働きかけて本領安堵を約していった。他方信長は四年五月に加茂郡西部に進攻して挙母《ころも》中条氏を屈服させ、高橋荘一円を入手していた。

永禄五年正月（一説に十五日）、元康が清洲城に赴いて信長と会見し、両国の同盟が確立した。後世の諸書はこの時の状況をいろいろに描写するが、同時代史料はない。推定するところ、清康・信秀以来の三〇年にわたる対立関係の解消、領有範囲の確定、攻守同盟の締結がなされたのであろう。この際に三河高橋荘は織田領国高橋郡として確定し、刈谷を中心とする三河の水野氏領と松平領との境界なども確定したことであろう。清洲会見にはやはり信元が大きな役割を果たしたとみられ、『武徳編年集成』や寛政譜では、三人が誓紙に血判を加え、また小さな紙に牛の字を書いて三つに切り、三人共にこれを呑み込んだとある。相当誇張があろうが、信元が立会人の役割を果していたということであろう。

翌六年三月、信長の長女徳姫と元康の嫡子竹千代（信康）の婚約が成立し（同十年結婚）、同盟関係は強い裏付けを得、以後信長の死まで有効に働いた。

Ⅳ

戦国時代の小坂井町域とその周辺

山田邦明

一、今川氏の侵攻

今川軍の今橋攻略

豊川の右岸一帯に勢力を伸ばした牧野古白（成時）は、当代一流の文化人で、連歌師の宗長とも親交があった。また漢詩文の作者として著名だった万里集九ともつながりがあり、文明十七年（一四八五）の九月に美濃から東国に旅をした集九は、途中で「三戸」（御津）の大昌寺に宿泊して牧野古白の消息（書状）の到着を待ったと、紀行文『梅花無尽蔵』に記している。

『参河国聞書』によれば、一色城主の一色刑部少輔は文明九年に家臣の波多野全慶に討たれたが、十六年後の明応二年（一四九三）に牧野古白が全慶と戦い、これを倒して一色城を手に入れたという。確実な史料にはみえないが、この時期に古白が地域一帯の支配者として台頭してきたことはまちがいない。しかしまもなく駿河の今川氏の勢力が三河にも及びはじめ、牧野氏にとっても今川氏との関係をどう取り結ぶかが大きな課題となる。

駿河守護の今川氏は足利氏の一門で、三河国今川（愛知県西尾市）を本貫とする。足利尊氏に従って功績をあげた今川範国は駿河と遠江の守護職を与えられ、その子孫は駿河の守護を世襲した。遠江守護職のほうは曲折の末、管領もつとめた斯波氏の有するところとなり、この分国を回復することが今川氏の秘めた宿願となった。文明八年に遠江に攻め込んだ今川義忠は、塩貝坂《しおかいざか》で討死してしまうが、幼少であとを継いだ子息の氏親は、母方の叔父にあたる伊勢宗瑞（北条早雲）の支援を得ながら駿河の統治を進め、領国を固めたうえで遠江に向って攻め込んだ。今川軍の遠江侵攻は明応三年に始まり、数年のうちに一国をおおよそ傘下に置くことに成功する。そして今川の影響は国境を越えて三河まで及ぶことになる。

明応六年十一月、渥美郡の新神戸郷《しんかんべごう》の神社の上棟の儀式がなされた。現在の安久美神戸神明社《あくみかんべしんめいしゃ》（愛知県豊橋市八町通）である。このときの棟札が今に残されているが、そこには「御屋形」が馬一疋、「平朝臣古白」が馬一疋を奉納したと記されている。「平朝臣古白」は牧野古白のことだが、「御屋形」は守護クラスの大名の呼称だから、今川氏親と考えるのが自然であろう。三河守護の一色氏はすでに没落していて、牧野氏がこれに従っているとは考えにくいから、遠江の平定をほぼなしとげて三河に進んでいた今川氏親はこの時期すでに牧野古白を従えていて、神社の造営にも支援を与えていたとみられるのである。

これから八年後の永正二年（一五〇五）十一月、今川氏親は渡部平内次という武士に「馬見塚《まみづか》」の替地として「渥美郡三相《みつあい》村」を宛行っている。当時の馬見塚は今橋城（現在の吉田城）の場所にあたり、牧野古白が新城の場所としてここを選び今橋城を築いたと、『牛窪記』や『宮島伝記』などには記されている。この築城にあたって馬見塚を領していた渡部平内次が所領を返上し、その替地として三相村を与えられたということらしいが、このときの知行給付が牧野古白ではなく今川氏親によってなされていることには注意が必要である。おそらくこの今橋築城と渡部平内次の知行地変更は、今川氏の主導によってなされたもので、牧野古白はあらたに築かれた今橋城を今川氏から預かる形で城主となったというのが実情だったのだろう。三河の西部には松平氏が勢力を張っていたし、またその西の尾張には斯波氏がいたから、遠江を奪われた斯波が東に向って攻め込んでくることは充分予想できた。こうした西からの脅威に対抗するために、今橋の地を押えることが重要と今川氏親は考えたのである。

しかし地域の統合を進めていた牧野古白にしてみれば、今川氏の勢力下に置かれてしまうのは不本意な面もあった。詳しい理由は不明だが、まもなく古白は今川氏と袂を分かったらしく、今川軍の追討の対象となる。永正三年の秋、今川軍は今橋本城に進んで堀岸に陣取り、八月十九日には端城の乗っ取りに成功した。今川軍を指揮していた伊勢宗瑞（北条早雲）は九月二十一日、信濃の小笠原定基に戦況を伝えているが、ここで「田原弾正に合力するために氏親は出発した」と書状に書いている。今川氏親が今橋城を攻めた表向きの理由は、「田原弾正」すなわち田原の戸田宗光を支援するため、ということだったのである。牧野氏と戸田氏はほぼ同じ時期に急成長を遂げ、その勢力を広げていたから、両者がぶつかりあうのは時間の問題だった。くすぶっていた牧野と戸田の争いが表面化し、今川が戸田を支援したことによって牧野が苦境に追い込まれたということだろう。

百日以上にわたって城を守りつづけた牧野古白もついに力尽き、十一月三日、六、七十人の一族たちとともに討死した。文明三年の財賀寺《ざいかじ》の棟札にその名をみせてから三五年、一代で牧野氏の基礎を築いた英雄は悲劇的な最期を遂げたのである。

伊奈の牧野平三郎

今橋城を手に入れた今川氏親は、そのまま西に進んで松平氏と戦うが、長陣は難しくいったん駿河に帰った。そして永正五年にまた三河に攻め入ったものの、勝利を収めることはできず、結局また帰国した。年次は明らかでないが、五月二十四日に「伊奈要害」が今川軍によって乗っ取られたことを示す史料（今川氏親感状）があるから、伊奈の要害（伊奈城）でも戦いがあったことがわかる。後述するように伊奈はのちに牧野一門の所領となっていることが確認できるから、伊奈要害には牧野一族が籠っていたのではないかと思われるが確証はない。今橋城を失った牧野一門は、豊川の西の本拠地を押えながら、今川氏に対する抵抗を続けていたのだろう。

そうこうする中、尾張守護の斯波義達がかつての分国の回復を図って遠江に攻め入り、大河内貞綱らの現地の武士もこれに呼応して決起して、遠江は騒然となる。五年に及ぶ戦いは永正十三年（一五一六）に終結し、斯波義達は敗北して尾張に帰り、大河内貞綱も討たれて今川氏親の遠江平定は成し遂げられたが、今川氏が遠江のことで忙殺されている間に、牧野一族は地域支配を再び固めることに成功する。

大永元年（一五二一）九月、為当（愛知県豊川市）の伊成《いなり》立大明神（稲荷神社）の造営がなされるが、そのときの棟札に「大檀那」として「牧野伝右衛門三成」と「同伝蔵信成」の名がみえる。後者の牧野伝蔵（田三）信成は古白の孫にあたるから、牧野伝右衛門（田右衛門）三成は古白の子で信成の父ではあるまいか。牧野古白の討死のあとも、その後継者は地域の領主として活動を続けたのである。

この三年後の大永四年六月、連歌師の宗長が上方から駿河に赴く途中で三河に立ち寄った。そのようすは『宗長日記』に書かれているが、宗長は三月八日に三河の「刈屋」の水野和泉守の宿所で一泊し、さらに「土羅」（土呂）の一向堂に逗留したのち、十日に「今橋」の「牧野田三」のところで一宿したとみえる。この「牧野田三」は先にみた牧野信成にあたるが、この記事から当時彼が今橋にいたことがわかる。いったん今川氏に接収された今橋城も、このころには牧野氏のもとに帰り、その本拠となっていたのである。

しばらく駿河に逗留した宗長は、大永六年に西にむけて出発、三月に遠江から三河に入ったが、このとき今橋の牧野田三は、国境は危険が伴うだろうからということで、武装した人々を多数迎えによこしてくれた。祖父の古白や父とも親交のあった宗長を、牧野田三は手厚く迎えたのである。今橋で一泊した宗長は、翌日は「田三同名平三郎」のいる「猪名」というところに一宿したと『宗長日記』にはみえる。「同名」は同じ名字という意味だから、当時牧野平三郎という武士が「猪名」（伊奈）にいたことがわかる。

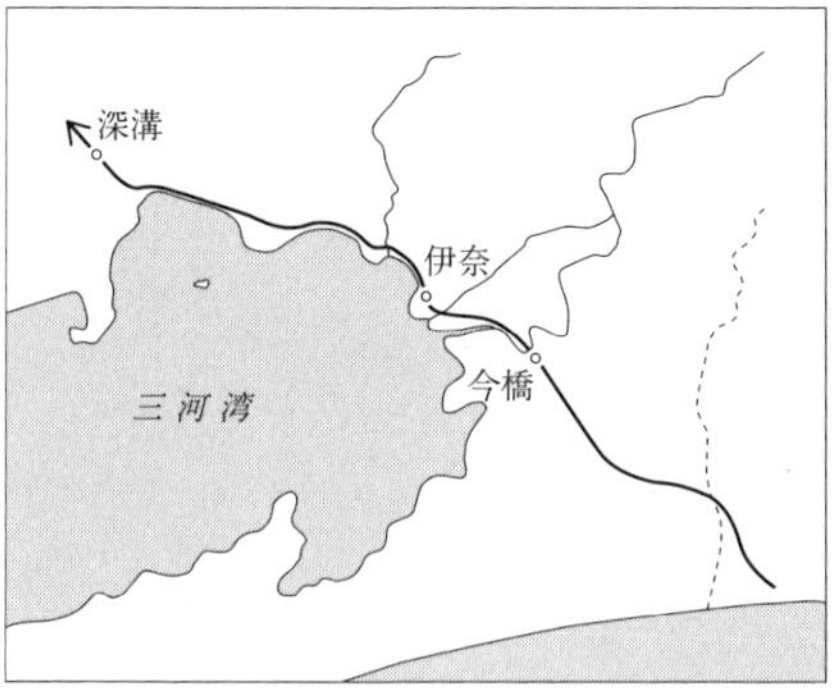

図1　大永６年の宗長の旅

伊奈の牧野平三郎は翌大永七年の記事にもみえる。このとき宗長は伊勢から尾張に入り、三河に進んでいたが、深溝《ふこうず》の松平大炊助（忠景）のところで一泊したのち、西郡《にしのこおり》（愛知県蒲郡市）の鵜殿《うどの》三郎の宿所で昼食をとり、「井奈といふ牧野平三郎家城」に赴いて、ここで一泊した。去年同様宗長は伊奈の牧野のところで一宿することになったのである。このときはここで連歌興行がなされ、宗長は「卯の花や波もてゆづるをきつしま」と発句を詠んだ。伊奈の城は「上嶋」という名前をもっていたが、古今和歌集にみえる「わたつみのかざしにさせる白妙の波もてゆづるあはぢしま山」という和歌の言葉を借りて、この地の風景を「卯の花の波もてゆづる興津嶋」と表現したのである。おそらく当時の伊奈城は海に面していて、海の中に突き出した半島のようなところにあったのだろう。伊奈で連歌興行を行った宗長は、このあと今橋の牧野田三のところに赴き、ここでも連歌会を開いている。

『宗長日記』には「猪名」「井奈」というふうに記載されているが、伊奈の地に城があり、牧野平三郎が城主としてここにいたことが宗長の旅日記からわかるのである。牧野田三信成は牧野一門の惣領にあたり、今橋に居城していた。伊奈を領していた牧野平三郎はその近親とみられ、あるいは弟にあたるのかもしれない。またこの時期に牧野民部丞成勝と牧野田兵衛尉成敏という一門が活動していたことも史料からうかがえる。牧野成勝は享禄元年（一五二八）に牛久保の若一王子社《にゃくいちおうじしゃ》に修理料として田畠を寄進し、天文三年（一五三四）にも牛久保の若宮八幡宮に牛窪郷内の五貫文の土地を寄進、さらに天文五年にも八幡の八幡宮に八幡郷内の五貫文の土地を寄進している。また牧野成敏は天文五年に八幡郷の全体を八幡宮に寄進し、さらに下地《しもじ》郷内の二十貫文の土地を聖眼寺《しょうげんじ》に寄進している。このほか天文五年に八幡八幡宮に田を寄進した牧野儀秀（三郎次郎）という武士もいるが、現在の豊川市や小坂井町《こざかいちょう》の一帯には、こうした牧野一門が広がり、所領の支配を行っていたのである。

下って天文十三年十一月、連歌師宗牧の一行が京都から伊勢経由で尾張に渡り、十二月には三河に入った。鵜殿一門などの接待を受けながら西郡（蒲郡市）に長く滞在するが、意を決して出発し、大塚を越えて進んだところで牛久保からの迎えの人々がやってきた。また「牧野平四郎」をはじめとする武士たちも集まって、「田三郎」が「豊河の寺」で待っているというので、宗牧も寺におもむいて酒宴に加わった。後述するように二年後の天文十五年に牧野田三郎保成の活動が史料にみえるから、この「田三郎」は牧野保成とみていいだろう。おそらく彼は牧野田三信成の子で、父のあとを継いで牧野氏の惣領の地位にあったと思われる。「牧野平四郎」についてはよくわからないが、伊奈の領主だった牧野平三郎の後継者ではあるまいか。

戸田堯光と小坂井

宗牧がきた翌年の天文十四年十二月、小坂井の菟足大明神《うたりだいみょうじん》の宝殿造営が終わり、完成を祝う儀式がなされた。このとき作成された棟札が残されているが、そこには「領主藤原朝臣堯光」「導師長仙寺権大僧都法印香繁」「願主藤原利政・清徳・家次・信頼・利清」「禰宜藤原良正」「当大工則光」といった関係者の名が書かれている。「領主」の「藤原朝臣堯光」は田原の戸田堯光で、当時の小坂井が戸田氏の所領になっていたことがわかる。造営の儀式に際して導師をつとめた「長仙寺権大僧都法印香繁」は田原の東南にあたる六連《むつれ》（愛知県田原町）の長仙寺の住持だった。領主の戸田氏とゆかりの深い僧侶が導師の役を勤めたのである。「願主」の「藤原利政・清徳・家次・信頼・利清」については よくわからないが、地域の有力者かとも思われる。「禰宜藤原良正」は菟足大明神（菟足社）の神主である。

戸田氏の本拠である田原城は三河の内海に面していて、船で北上すればすぐに小坂井に着く場所にあった。海の世界を制しながら勢力を伸ばした戸田氏は、ついに小坂井をその所領とすることに成功したのである。小坂井だけでなく南側の海岸部一帯に戸田氏は所領を広げていたらしく、天文十一年（一五四二）三月の牟呂郷八幡宮《むろごうはちまんぐう》（現在の牟呂八幡社）の上葺のときの棟札には「大檀那藤原堯光」「代官光成」と戸田堯光の名がみえる。「大檀那」の戸田堯光は牟呂郷の地頭で、「代官」の「光成」（戸田一門であろう）が現地の管理にあたっていたと思われる。

さらに天文十三年二月、現在の横須賀進雄《すさのお》神社の宝殿が建立されるが、このときの棟札には「大檀那戸田孫四郎」「願主横須村中島新左衛門家氏」「願主宝飯郡渡津横洲村氏子衆」と書かれている。「大檀那」の「戸田孫四郎」は戸田堯

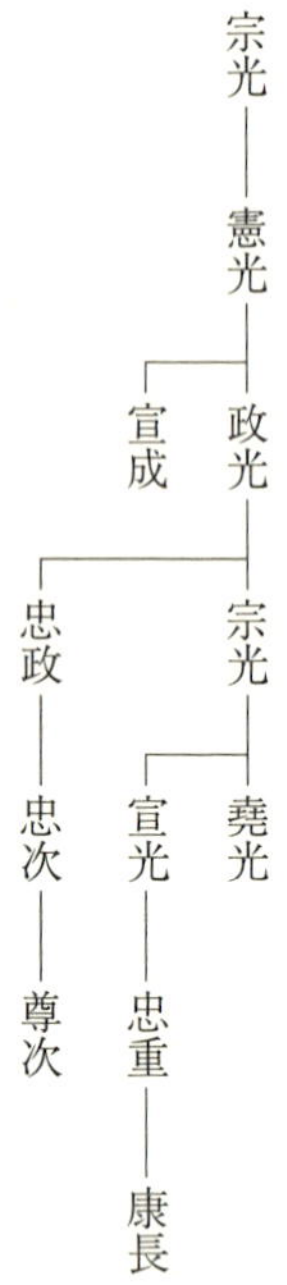

図2　戸田氏系図

光のことと思われるから、横須村（横洲村）もその所領となっていたことがうかがえる。小坂井・横洲・牟呂と続く海沿いの郷村を、田原の戸田氏はすべて掌握していたのである。

　この棟札にみえる「願主横須村中島新左衛門家氏」は地域の武士であろう。また「願主宝飯郡渡津横洲村氏子衆」とあることから、当時の横須（横洲）村が「渡津」の中にあったことがわかり、また村の百姓たちが武士とともに「願主」として宝殿造営にかかわっていたことを知ることができる。

　ところで小坂井の菟足大明神宝殿造営の六年前にあたる天文八年の十二月から、翌天文九年二月にかけて、菟足大明神で大般若経の真読の儀式が続けて行われている。菟足神社には五八五巻にのぼる大般若経が所蔵されているが、これは藤原宗成の立願によって研意智という僧侶が安元二年（一一七六）から治承三年（一一七九）にわたって筆写したもので、いつ菟足神社のもとに帰したかは不明だが、そのなかの二三巻分に天文八〜九年の「菟足宮宇佐大明神宝前」における真読のことを記した奥書がみえ、この当時には大般若経が菟足大明神（菟足神社）の所有となっていたことが確認される。奥書の書き方はさまざまだが、真読を担当したのは「遠州奥山門派」の「虎岑慶文」という僧侶で、「岩瀬雅楽助」「岩瀬大楽」という人物が「大檀那」「施主」だったことが記されている。「遠州奥山門派」というのは遠江国引佐郡《いなさぐん》奥山にある臨済宗方広寺の門派のことで、この流派に属する虎岑慶文（満六十歳と奥書にみえる）が実際に大般若経を真読したのである。

「大檀那」「施主」としてみえる岩瀬雅楽助（大楽）は大塚（蒲郡市内）の中島城にいた岩瀬氏の同族で、豊川市域に拠点を持っていた人物である。永禄三年（一五六〇）九月に「岩瀬雅楽助」という人が今川氏真から判物をもらっていて、この段階で長草（豊川市内）の中に知行地を持ち、近隣の武士たちに米銭を貸し付けていたことがみえる。大般若真読にかかわった「岩瀬雅楽助」はこれと同一人か、あるいは先代にあたると思われる。近隣の武士に米銭を貸し付けていたというから、この地域でもとくに富裕な武士で、大般若真読といった大きな儀式に際しても資金をなげうつことができたのだろう。なお菟足神社神主川出《かわで》家の系図に、神主の川出良政（天文十四年の棟札にみえる「禰宜藤原良正」）は岩瀬雅楽助の子を養子にしていたと記されており、岩瀬雅楽助が菟足社神主川出家と深いつながりを持っていたことがうかがえる。真読の場所としてみえる「菟足宮宇佐大明神」が菟足大明神を指すのか、菟足宮の中に宇佐大明神があったのかは判然としないが、菟足宮の中にある宇佐大明神において真読の儀がなされたとみるのが自然であろう（是沢恭三『重要文化財菟足神社の大般若経解説』）。

　菟足神社には唐花唐草紋様の螺鈿が施された木製の鞍が所蔵されており、「天文五年三月十日」という年月日と、「氏綱」の署名と花押が裏面に刻まれている。この花押は明らかに北条氏綱のものであり、天文五年に小田原の北条氏綱の命により作成されたものとみられる。この鞍が菟足神社にある事情は定かでないが、この当時小坂井の領主だったと推測される戸田氏（宗光）と北条氏のつながりを語る史料も残されているから、北条氏綱が戸田に贈ったものを戸田が菟足社に寄進したか、あるいは氏綱が直接菟足社に寄進したものと考えていいだろう。北条と戸田の関係を示す史料というのは三月二十五日づけ（年次は未詳）の氏綱書状で、「野辺殿」と高橋彦四郎に対して、小田原から三河に登る料足（費用）を「田原の使山臥」に手渡すように命じたものである。「田原」は戸田氏をさすとみられるから、北条氏と戸田氏との間で情報交換が頻繁になされ、山伏が使者をつとめていたことがわかるのである。北条氏綱は天文六年に今川義元と断交して駿河に出兵しているから、今川氏をはさみうちにするべく田原の戸田氏との連携を深めようとしたものと推測される。

牧野保成の要求

今川氏の影響がいったん弱まった時期に、牧野氏と戸田氏はその勢力を広げていくが、所領をめぐってせめぎあいが起きるのはやはり避けられなかった。大永七年のころに牧野田三（信成）が今橋、牧野平三郎が伊奈にいたことは前に述べたが、牧野氏はこの二つの拠点を長く保つことができなかった。いつのことかは不明だが、今橋は戸田氏に奪われ、また伊奈のほうも本田縫殿助という武士の所領となってしまい、その回復が牧野一族の悲願となった。

そうした時期に、いったん動きを止めていた今川軍が再び三河に迫ってくることになる。今川氏親は大永六年に死去して嫡男の氏輝が継いでいたが、十年後の天文五年に氏輝が死去すると、家督相続をめぐって弟の玄広恵探と栴岳承芳が争い、承芳（義元と改名）が勝利を収めて家督を継承した。義元の時代の当初は東の北条氏との戦いにあけくれたが、天文十四年に北条との講和が成立、東方の憂いがなくなったこともあり、義元は父の果たせなかった三河攻略に本格的に着手することになったのである。

こうした動きを察知した牧野保成（田三郎）は、今川氏の侵攻を受け入れて協力することによって、念願の旧領回復を実現させたいと考え、今川氏の重臣たちに訴えを起こした。今橋は「名字の知」なので、もしも戸田氏が敵対したならば、今橋と城を私に与えてくださいと訴えたのである。今川氏にしてもこれは頭の痛い話で、軍事拠点となるべき今橋はなんとしてでも確保したい（重臣の居城にしたい）から、今橋を与えることはできないが、もしも戸田氏が敵対したら、川より西にあるその知行地はすべて給与すると約束した。川から西の戸田領はすべて与えるといわれて、さすがに保成も今橋はあきらめざるをえなくなったが、このことの確認の意味もこめて、今川氏に対してあらためて五か条の条目を提出した。天文十五年九月二十八日のことである。

条目の一か条目では、今橋の回復を願ったところ川より西の戸田領はすべて与えるという約束をもらったという、これまでの経緯を書き、「伊奈のことは本領だから、申すまでもないことです」と付け加えている。伊奈は牧野氏の本領だから、還ってくるのは当然と保成は主張したのである。

二条目には「同じことなら、田原や今橋の戸田氏も（今川氏の）お味方になってくれればと、私も考えています。一条目のお願いは、戸田氏が敵になったならばこうしてほしい、というものです」と書かれている。いろいろ要望はしてみたものの、「戸田氏が今川の敵になってくれればいいと牧野は考えているに違いない」と思われたら困るので、こうした箇条を書き入れたのだろう。

三条目と四条目は長沢の松平氏にかかわることである。三条目では松平氏が敵になったらその所領はすべて与えてほしいと述べ、「今橋の城をもらうのが無理になったので、せめてもの面目をほどこしたいために、こんなふうに申し上げているのです」と追記している。今橋の回復が叶わないことがよほど不満だったのだろう。四条目は長沢の松平氏が味方になった場合のことで、下条郷・和田郷・千両《ちぎり》郷上下・大崎郷・佐脇《さわき》郷上下・六角《ろっかく》郷の、都合八百貫あまりを給付してほしいと要求している。これらの郷のうち、佐脇は伊奈のすぐ西にあたり、千両・大崎・六角は豊川の北の山麓にまとまって存在している。また下条と和田は川の東に隣り合っている（豊橋市下条・石巻）。長沢の松平氏はこうしたところまで所領を広げていたわけだが、もし松平が今川の味方をしたとしても、これらの郷は自分に給与してほしいと、牧野保成は訴えているのである。おそらくこうした郷はもともと牧野一族の所領で、長沢松平氏に奪われた経緯があるのだろう。

最後の五条目には「（今川義元様が）出馬されるか、あるいは軍勢が西郷に進んできたら、そこで質物（人質）を渡します」と書かれている。今川に服属すると約束はしたものの、人質を渡すのは実際に軍勢が近づいてきてからにしたいと要求しているのである。

この五か条の要望を書いてから二十日ほどのち、牧野保成はまた三か条の要望書をしたためた。「本領も新たな知行地も、不入ということにしていただきたい」、「私の知行地の人や家中の者たちが、今川の家臣たちの被官になることは禁止してほしい」、「たびたび申し上げているように、川より東の領中の内だったとしても、川より西にある所領については約束どおり保証してほしい」。宛所は今川軍指揮官の太原崇孚と朝比奈泰能だった。

一条目にみえる「不入」とは大名などからいろいろの役を懸けられたりしないことを指すから、牧野氏の所領については介入しないでほしいと要求しているわけである。また二条目では牧野の家中の者や所領内の人々が、今川サイドの人（重臣たちなど）の被官となってしまうようなことのないようにとくぎをさしているわけで、大名やこれにつながる勢力に自分の配下が一本釣りされ、家中の崩壊をもたらすことを警戒していることがわかる。

三条目は先にみた五か条の条目の一か条目に対応するものだろう。「川より東の領中の内だったとしても、川より西にある所領については約束どおり保証してほしい」とわざわざ申し出ている理由はわかりにくいが、たとえば今橋に新たに今川の重臣が入部して、その周囲が「今橋領」として押えられるというようなことが予想されたので、豊川の西にある所領については今橋の影響を受けないようにと念を押したのではあるまいか。

古い時代に渡津が渡船場として栄え、鎌倉時代に豊川の前に大河があったことは前述したが、こうしたことからみて、豊川下流部のかつての本流は、豊川の南から牛久保の南を通って渡津（小坂井の南）に流れ込んでいたものと考えられる。しかし室町から戦国の頃になると、豊川の本流は東側に変わり、今橋に大河が流れ込んでいたようである。明応八年に三河を旅した飛鳥井雅康は、佐久嶋《さくしま》（愛知県幡豆郡一色町）から船に乗り、高師山《たかしやま》を右に見ながら進んで今橋に着いている。この船は海から豊川に入って今橋に至ったとみられ、今橋の前を大河が流れ、船が往来していたことをうかがうことができる。それまでほとんど目立たなかった今橋が、この時期に大きく成長したのも、豊川の河道変化と関係するものと考えられる。

こうした本流の変更によって、かつて川の東にあった行明《ぎょうめい》・大村・瓜郷《うりごう》・五井《ごい》・横須賀といった地域は、川の西に属するということになる。ただもともとこの地域が川の東にあったという記憶は残っているから、この地域は今橋の領内といっても不自然はない。そういう状況があったので、牧野保成は豊川本流から西の所領を守らねばならないと感じたのではないだろうか。

最初の条目の五か条のうち、長沢が味方になった場合を想定した四条目は、長沢が今川に敵対したために不要となり、残る四か条が今川氏に提出された。今川義元はとりあえずこれを認めて判物を出し、前線に来ていた太原崇孚・朝比奈泰能・朝比奈親徳の三名は、十一月二十五日になって牧野の条目の裏面に署名と花押を据えて保証した。

伊奈と本田縫殿助

田原と今橋の戸田氏は結局今川に敵対し、今橋城は軍勢の攻撃対象となった。十一月には太原崇孚を大将とする今川軍が城に押し寄せ、外構を乗っ取った。このときは城を陥落させることはできなかったようだが、翌天文十六年に崇孚の率いる今川軍は再び三河に攻め入り、戸田氏の籠る田原城を攻め立てた。田原と今橋は結局開城し、今川軍は東三河の拠点を確保する。

戸田宗光も結局降伏して家名の断絶を免れたが、東三河最大の新興武士だった戸田氏はその勢力を大きく削がれることになった。豊川の西にある戸田氏の所領を還付してほしいという牧野保成の願いがどれほど叶えられたかはわからないが、ある程度の知行給付はあったものと思われる。しかし五か条の条目の中で、本領だから還付されるのは当然と述べていたあの伊奈は、本田縫殿助という武士に安堵されて、牧野のもとには戻らなかった。

伊奈をはじめとする知行地を本田縫殿助に安堵するという義元の判物が出されたのは、天文十七年二月十五日のことだった。ここには「参河国知行分」として「伊奈」「前芝湊ならびに湊役」「渡津・平井村船役」の三か所が列記され、ここは年来本田が知行しているというので、今後も支配を認めると書かれていた。「伊奈」がこれ以前から本田の所領だったことがこれからわかる。また伊奈の前面にある「前芝湊」とそこでの「湊役」も本田の前からの権益で、さらに「渡津」と「平井村」の「船役」も所持していた。本田縫殿助は伊奈郷の地頭として支配にあたりながら、その周辺の湊や渡船場も押さえていたのである。なお四年後の天文二十一年十二月、平井村の人々は菟足大明神を勧請して一社を創建している（現在の平井八幡社）が、このときの棟札には「三河国宝飯郡渡津郷平井村」とみえ、平井村が「渡津郷」に属していたことがわかる。従ってさきの義元判物にみえる「渡津・平井村船役」は「渡津平井村船役」で、渡津の中の平井村の船役が本田に安堵されたものと考えることも可能である。ただ「渡津郷平井村」ではなく「渡津平井村」と記されていることからみて、「渡津」あるいは「渡津村」というものも存在していて、ここにも船役があったとみるのが自然であろう。

本田縫殿助の所領はこれだけではなく、三河湾の沿岸部にいくつか散在していた。天文二十年五月、本田縫殿助は今川義元から「参河国奥郡《おくぐん》神戸《かんべ》郷《ごう》南方」にある「名職」を安堵され、また「船二艘」については、先の判物もあり、奉公も尽くしているので役をかけないと約束をとりつけている。「名職」というのは百姓として田畠を所有する権利で、本田が神戸郷の南方に田畠をもち、また船も二艘所持していたことがわかる。神戸郷は田原城のすぐ南で海に面し、海を隔てて伊奈と向かい合う場所にあたる。

さらに翌年の天文二十一年に、本田縫殿助はまた義元の判物をもらい、「当知行」している「加治《かじ》」についてはさまざまの役を懸けないと保証されている。加治は神戸の西、田原の東にあるから、本田縫殿助は加治を知行しながら、隣の神戸にも田畠を持ち、船を所有していたということになる。

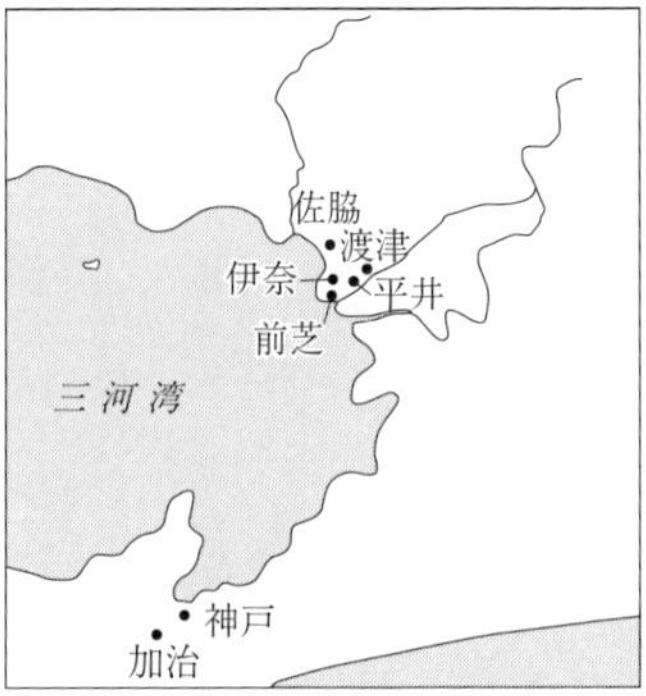

図３　本田縫殿助の所領・所職

さらに伊奈のすぐ西にあたる佐脇にも本田縫殿助は所領を持っていた。天文二十二年三月に今川義元が奥平定勝にあてて出した判物の中に「すべて知行している野・山・浜・院については、これまで通り支配するように」という条文があるが、これには付記があり、「佐脇郷の野と院については、本田縫殿助が兼帯しているというので、去年雪斎（太原崇孚）が意見して中分することにした。この決めごとに従うように」と書かれている。佐脇郷の「野」と「院」については奥平と本田がともに権利を持っていたが、これでは争いになりかねないので、太原崇孚が提案して、きちんと場所を二つに分けたというのである。「野」は開発の余地のある野原で、「院」はよくわからないが寺院のことではあるまいか。

田原の近くの加治を領し、となりの神戸にも権益を持ちながら、海の向こうの伊奈もその所領に加えてその近くの湊や津を押さえ、佐脇にも所領を持っていた。海の世界をまたにかけて本田氏は急成長していたのである。

小坂井郷あての禁制

三河をとりあえず押えた今川義元は、地域の武士たちや寺社の所領を安堵しつつ、拠点を掌握して領国支配を進めていった。今橋には重臣の伊東元実が城代として入り、長沢城には匂坂長能《さぎさかながよし》が命じられて入部した。牧野保成をはじめとする地域の武士たちは、こうした主要な城を任せられることもなく、不満を抱きながら今川氏の下に組織されることになる。

今橋開城から十年近く過ぎた弘治二年（一五五六）二月十三日、「小坂井郷」の「平兵衛尉」にあてて一通の定書が下付された。円形の朱印の捺された今川氏の朱印状で、冒頭に「定」とあり、ついで「軍勢や甲乙人などが濫妨狼藉をはたらくことは堅く禁止する。もしこれに背くものがいたら、きびしく処罰する」と書かれていた。軍勢の狼籍などを禁止するこうした文書は一般に「禁制」とよばれる。この文書では「定」とあるだけだが、内容的には禁制といっていいだろう。

この時代には寺社や郷村あてに大名などから禁制が下されることがよくみえるが、これは大名が自発的に発給するものではなく、寺社や郷村からの申請に応えて作成されたものである。軍勢が迫っている時などに、このままだと地域や寺社を蹂躙されかねないと考えた人々が、先手をとって大名（あるいは大将）に申し入れ、こうした証文を作ってもらったのである。もっとも禁制をもらうためにはそれ相応の金銭を支払うのが一般的で、禁制下付によって得た銭は軍勢の重要な資金源ともなった。

　この禁制の宛先は「小坂井郷」の「平兵衛尉」とみえる。この文書は菟足神社の神主を相承した川出家に伝わっているから、この「平兵衛尉」は菟足大明神の神主で、天文十四年の棟札にみえる「藤原良正」と同一人物であろう。彼は菟足大明神の神主をつとめながら、郷の代表として禁制の申請にあたったのである。

　小坂井郷が地域の平和を守るために禁制下付を求めた背景としては、この時期におきた牧野民部丞の「逆心」が考えられる。禁制が出された半月後の二月二十九日に義元は牛久保の隣松寺の所領を安堵しているが、その判物に「こんど牧野民部丞が逆心したときに使僧となった寿金が抱えていた寺もいっしょに新寄進する」と書かれており、牧野民部丞が今川への「逆心」を企てたことが判明する。この時期義元によって牛久保近辺の寺社領の安堵が広くなされているが、これらの判物には「牧野民部丞がかつて寄進したところを、あらためて新寄進する」と書かれていることが多い。牧野民部丞の「逆心」が露顕したことで、その寄進地が没収されるのではないかとおそれた寺社側が今川に訴え、今川はこうした田畠はあらためて今川から「新寄進」するという形で安堵すると約束したのである。

成時――三成――信成――保成

成定――康成――忠成

図４　牧野氏系図
※保成・成定の系譜関係は不明

　この牧野民部丞は、享禄元年から天文五年にかけていくつかの寄進状を残している牧野民部丞成勝と同一人か、その後継者であろう。今川氏の侵攻にあたってこれに従った牧野一門も、思うような勢力拡大を果たせずに不満を欝積させていたのだろう。惣領にあたる牧野保成（出羽守）もこの一件に関わって没落したようである。牛久保隣松寺の所領安堵にあたって「牧野出羽守」の寄進分も対象になっているから、この所領を没収されたことがうかがえるし、降って永禄四年十一月十六日の今川氏真判物（財賀寺真如院あて）にも「先年牧野出羽守進退相違の刻」とみえるから、牧野保成は民部丞の反乱に加わったか、縁座して没落したのではないかと思われる。牧野一門のすべてが今川に背いたわけではなく、牧野成定（右馬允）のように反乱に与せずに今川に従った者もいて、家の断絶は免れたが、戸田氏に続いて牧野氏も大きな挫折を味わうことになったのである。

篠束と西郷弾正

今川義元が三河の領国化を進めていたころ、伊奈は本田縫殿助に安堵され、かつて戸田堯光の所領だった小坂井は没収されて、いったん牧野保成に与えられた可能性もあるが、保成が謀叛に与したことにより、結局は今川氏のもとに収められたのではないかと推測される。あと平井については領主が定かでないが、篠束（篠塚）は西郷弾正左衛門（弾正左衛門入道）の所領となっていたことが史料からわかる。

今川義元が桶狭間で戦死したあとの史料だが、永禄四年六月二十日の今川氏真（義元の後継者）の判物に、「西郷弾正」が「篠塚」で百貫文を領していたことがみえるのである。このとき西郷は松平元康（のちの徳川家康）に加担して、今川氏から離反していたので、今川氏真はその所領を没収して、牛久保に在城している匂坂長能に与えているが、それは「三州西郷弾正知行分篠塚百貫文・吉田領之内大崎百貫文」というものだった。「大崎」は豊川市内にもあるが、ここには「吉田領之内大崎」とあるので、梅田川河口にある大崎（豊橋市内）とみるのが妥当であろう。

西郷弾正の知行地はほかにもあったらしい。永禄五年三月七日、今川氏真は奥平定勝に太養寺《たいようじ》郷の中の二〇貫文分を給与しているが、その際の判物で「大村不動堂方の百貫文の地を、西郷弾正左衛門入道に宛行ったときに、そのうちの二〇貫文分を、香庄弥五郎に扶助として与えた。この部分の替え地ということで、太養寺郷の中の二〇貫文を、大村不動堂方百貫文の員数として宛行う」と書かれている。文意は難解だが、かつて今川氏が西郷弾正左衛門入道に「大村不動堂方百貫文」を与えたときに、そのうち二〇貫文分を香庄に今川から割き与えていて、そのあと西郷が離反したため「大村不動堂方百貫文」は奥平に与えられることになったが、香庄に給与されていた二〇貫文分が足りないということになった。そこで氏真は太養寺郷の中の二〇貫文分を新たに奥平に与えて、合計で百貫文になるようにした、ということだろう。

大村は篠束の東南に隣接しているから、西郷弾正（ここには西郷弾正左衛門入道とみえる）は篠塚百貫文と大村不動堂百貫文という近接した所領をあわせもっていたことになる。先にみたように西郷氏は南北朝期にすでに史料に名のみえる古くからの領主で、八名郡の石巻（豊橋市）を拠点にしていたようだが、今川氏の時代には石巻だけでなく、篠束（篠塚）や大村、さらには南の海沿いの大崎にまで所領を与えられ、勢力を扶植していたのである。

二、今川から徳川へ

松平元康の自立

三河をその支配下に収めながら、今川義元は隣り合う大名との関係構築も進めていった。甲斐の武田晴信（信玄）は信濃に攻め込んでその過半を手中に入れ、大きな領国を築き上げていたが、天文二十一年（一五五二）に義元は娘を晴信の子息（義信）に嫁がせて武田氏との関係を確保した。また長らくにらみあいを続けてきた北条氏康との和睦も実現し、天文二十三年には義元の嫡男氏真と北条氏康の娘の婚姻が成立している。このように義元は武田・北条との同盟を結ぶことに成功するが、並行して武田と北条の縁組み（武田晴信の娘が北条氏康の嫡男氏政に嫁ぐ）も進められ、東国で並び立つ今川・武田・北条の三大名の同盟が形成されることとなったのである。

武田と北条との同盟によって、北や東の脅威は去り、西に向って領国拡大の試みを進める基盤は整った。いったん接収した三河の支配はいまだ安定しておらず、牧野民部丞の一件にみられるような地域武士の反抗も収まっていなかったから、こうした状況を克服するためにも、三河を越えて尾張方面に駒を進めることが必要とされたのである。嫡子の氏真が二十歳になったころ、義元は家督をこれに譲って駿河と遠江の支配を任せ、自らは隠居の立場で三河支配とあらたな領国の切り取りにあたろうと決意し、ついに西に向って出陣した。永禄三年（一五六〇）五月のことである。

三河を通過して尾張に入った義元は、五月十八日に池鯉附《ちりゅう》（知立）から沓掛城《くつかけじょう》に入り、翌十九日には織田信長の部将が守っていた丸根《まるね》砦《とりで》と鷲津《わしず》砦を奪取、義元自身は沓掛城から大高城《おおだかじょう》に向って軍を進めた。ところがこの進軍の最中に織田信長の率いる一団に襲われ、義元はここで討死してしまう。乱戦の中、多くの家臣が戦死し、今川軍はまさかの敗北を喫した。敗走しながらも家臣たちは義元の亡骸を運び出したが、駿河まで届けることはできず、途中にある牛久保の大聖寺《だいしょうじ》に埋葬した。

東海三国の大名はこうしてあえない最期をとげたが、これで今川氏が滅亡したわけではなく、すでに家督を継いでいた氏真は早速体制の立て直しを図った。勝利を収めた織田信長も、尾張を守りきっただけで、そのまま三河に攻め込むことはなかったから、三河がすぐに今川領国から離れたわけでもなかった。しかしこれまで今川に従っていた松平元康が、千載一遇の機会をとらえて自立を果たし、今川氏に公然と反旗を翻したことによって、三河は戦乱状況となり、今川氏は結局ここを失ってしまうことになる。

額田郡の松平を本貫とする松平氏は、室町幕府の政所執事伊勢氏とつながりをもちながら、額田郡を中心に勢力を広げていった。松平信光が額田郡にいる反乱分子の捜索を幕府から命じられたことは前述したが、信光の子孫は三河の各地に拠点を持ちつつ支配を展開し、やがて多くの一門が乱立するようになる。安城・岡崎・岩津・桜井といった西三河の一門が主流ではあるが、深溝《ふこうず》・形原《かたのはら》・竹谷《たけのや》・五井《ごい》というように、現在の蒲郡とその周辺にも松平一門が並び立っており、また東海道沿いの長沢にも松平を名乗る武士がいた。松平一門の勢力は宝飯郡内にも深く入り込んでいたのである。

多くの一門を統括する地位にいたのは安城に拠点を置く一流だったらしいが、清康のときに安城から岡崎に居城を移した。天文四年に清康が尾張守山で横死し、子息の広忠が継ぐが、一門や家臣の内紛が絶えず、また西から織田信秀の軍勢に攻め込まれて、広忠は苦境に陥っていた。そしてこうしたなかで今川氏の三河侵攻に直面する。三河に攻め込んだ今川軍は、天文十七年に小豆坂《あずきざか》で織田勢を破り、翌年には織田信広（信秀の子）の守る安城城を陥落させた。これ以前に松平広忠は刺客によって殺害されていたが、織田の敗退によって松平氏は今川に従属することになり、広忠の遺児の竹千代が今川氏に対する人質として提出されることになる。

当主の竹千代は人質にとったものの、今川義元はその家臣たちを岡崎に置いて地域支配を委ねた。長年にわたって培われた松平氏の勢力を駆逐するのではなく、彼らの存在を認めながら統治をしていこうというのが義元の方針であり、岡崎衆の主君にあたる竹千代も駿府でそれなりに優遇され、やがて元服して元信、ついで元康と名乗った。成長の暁には三河に帰して、今川の部将として活躍してもらおうと、義元は考えていたのかもしれない。

このたびの尾張侵攻にあたっても、松平元康は丸根砦の攻略で活躍し、そのまま大高城に入っていた。義元の戦死はこのとき伝えられ、元康も東に向って退却したが、今川軍と行動を共にすることなく、郷里の岡崎城に入り、自立の道を歩むこととなる。元康はこのとき十九歳だった。

戦いのはじまり

翌永禄四年正月、松平元康は織田信長と同盟を結び、今川氏真と断交することを宣言、今川氏のもとに把握されていた東三河への侵攻を本格的に開始し、またこれまで今川に従っていた武士たちを味方につけるべく工作を始めた。そして四月十一日、今川の東三河支配の拠点ともいえる牛久保城に松平方の軍勢が攻め込み、戦いが繰り広げられた。城方がよく守ったために松平軍は退却したが、この日の夜に牧野平左衛門入道とその子が城から逃げ出すという事件がおきた。牧野父子はかねてから松平元康と通じていたが、城の乗っ取りに失敗して逃亡し、松平の軍勢に加わることになる。

　このころ牧野の惣領の立場にあったのは成定（右馬允）で、一族の牧野定成（八大夫）らがこれを支えていた。牧野定成は岩瀬雅楽助とともに牛久保の城米の立て替えをして今川氏真から感謝されているが、牧野の一門のなかには松平に与する者も現われていたのである。

　篠束（篠塚）を領していた西郷弾正左衛門（正勝）もしばらくして松平方に寝返り、牧野弥次右衛門尉も西郷といっしょに今川から離反した。今川氏真は早速西郷の所領だった篠塚の百貫文と大崎の百貫文を没収して、牛久保を守っていた匂坂長能に給与しているが、このときの判物で「たとえ今後西郷が味方に戻って忠節を励み、この所領を還附されたとしても、二百貫文相当のところを下条の中で与えることを約束する」と付け加えている。いったんは松平に味方したが、そのうち西郷も戻ってくれるかもしれないと、氏真は考えていたのである。

　しかし事態は思うようには進まなかった。大塚にいた岩瀬吉右衛門が松平元康に味方して、九月には今川の軍勢と戦いを交えた。さらに北の山あいの要地にあたる野田城にいた菅沼定盈《すがぬまさだみつ》が松平に味方すると宣言し、野田にいた岩瀬小四郎は菅沼と袂を別って牛久保に入った。翌永禄五年二月には西郡（蒲郡市）の上之郷《かみのごう》城《じょう》が松平軍の攻撃を受けて陥落し、城主の鵜殿長照《ながてる》は討死した。これによって西郡から大塚に至る海沿いの地域は松平氏の勢力下に帰し、小坂井のすぐ近くまで軍勢が迫ることとなり、これを撃退するべく今川方も軍を進めた。小坂井とその周辺はいちおう今川の領国の中にあったが、今川と松平の戦いの影響をまともに受けることになったのである。

　二月十六日、「小坂井八幡神主宮内大夫」にあてて今川氏真の禁制が発給された。「如律令」の方形朱印が捺された三か条の禁制で、軍勢や甲乙人の濫妨狼藉、陣取り、社内での竹木伐採を禁じる内容のものである。前にみた小坂井郷あての義元禁制では軍勢や甲乙人の濫妨狼藉禁止のみ規定されていたのに対して、氏真の禁制ではこれに加えて、陣取りと濫りに竹木を伐り取ることを禁止するという条目が記されている。「小坂井八幡」は現在の菟足神社にあたるが、こうした神社の境内は軍勢が布陣するには格好の空間で、何もしなければねらわれかねなかったから、あらかじめこうした条文を記した禁制をもらっておく必要があったのだろう。また境内にある竹や木も軍勢によって伐り取られる危険性が高かった。たとえば竹は弓矢の素材になるからである。こうしたことを未然に防ぐために、最後の一か条も付け加えられたものと考えられる。

禁制の宛名となっている「神主宮内大夫」は、八年後の元亀元年（一五七〇）の菟足大明神の棟札にみえる「神主宮内大輔良政」のことであろう。天文十四年の棟札にみえる「禰宜藤原良正」もおそらく同一人物で、数十年にわたって菟足社の禰宜（神主）をつとめていたと考えられる。松平軍を撃退するべく今川方が進軍を試みるなか、自らの社と地域を守るために彼は今川氏に禁制下付を願い、これを獲得したのである。

松平康忠と平井・宿・小坂井

宝飯郡の西端に位置する長沢城は、今川氏の三河支配の拠点の一つだったが、自立を果たした松平元康は、東三河の入口にあたるこの城の攻撃に着手し、結局これを奪い取って今川方に対する最前線の基地とした。そしてこの長沢を出身地とする長沢松平氏は、元康に従って活動することによって、宝飯郡に再び勢力を拡大しようと試み、元康に対して知行地の給与を求めた。この願いは聞き入れられ、全体で一八一〇貫文に及ぶ所領の知行を認めるとの元康の判物が松平源八郎康忠にあてて出された。永禄五年八月六日のことである。

この判物に列記されている所領は二一か所に及び、それぞれについて貫高が記されているが、そのなかに「平井」と「宿小坂井」がみえる。「平井」の高は六〇貫文、「宿小坂井」は一二〇貫文だった。「平井」はもちろん平井村のことだが、「宿小坂井」という記載については議論の余地がある。これを「宿《しゅく》」と「小坂井」をあわせた表記とみるのが自然だろうが、「宿小坂井」という単位があった可能性も捨てきれないからである。

「宿小坂井」というまとまった単位だとすると、小坂井のうち「宿」の部分が「宿小坂井」で、「宿」以外の小坂井（いまの小坂井）はここには含まれないことになる。ただ八年後の元亀元年十二月の菟足大明神社殿葺替のときの棟札には「領主松平上野守康忠」という記載があるから、菟足神社のある小坂井の地頭が松平康忠だったことはまちがいない。このようにみていくと、やはり「宿小坂井」は「宿」と「小坂井」の意味で、松平康忠はこのとき宿と小坂井の知行を松平元康から認められたとみるべきだろう。

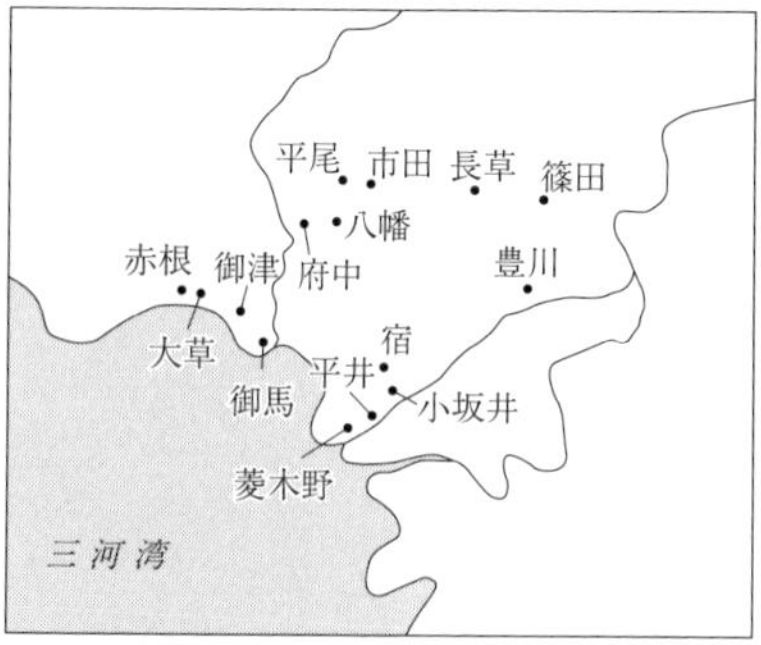

図5　松平康忠の所領

「小坂井」や「平井」は古くからの村だが、「宿」という村もこの時代にはすでに存在していたのである。東海道に沿って、吉田と御油《ごゆ》の中間点にあたるこの地には、戦国時代にはそれなりの宿場が形成され、そのため「宿」とよばれることになったとみていいだろう。

二一か所の所領のなかには「菱木野」三八貫文もみえるが、これは現在の日色野《ひしきの》にあたる。ここは平井の隣村だから、小坂井・宿・平井・菱木野というまとまった地域を支配する権利を、松平康忠は認められることになったのである。さらに海沿いに西に向って、御馬《おんま》・御津《みと》・大草・赤根と続く郷村もこの所領の中に含まれており、ことに「御津村」は四二〇貫文という大きな高をもつ。御津は長沢松平氏の所領の中核にあり、この一門の拠点だった可能性も高い。また府中（国府）・八幡・平尾・市田・長草・篠田といった北の山麓一帯の郷村もこの注文の中にみえる。

前述したように今川氏の侵攻の直前の段階で、長沢松平氏は宝飯郡の各地に所領を広げていたが、今川軍に敵対したためにその多くを没収され、勢力縮小を余儀なくされていた。義元の戦死と元康の自立によって、今川に奪われたかつての所領を回復し、再び宝飯郡方面に勢力を伸ばそうと、松平康忠（およびその祖父親広）は切望したに違いない。そして元康に申請して、一八一〇貫文に及ぶ知行地を与えられることに成功したのである。

しかしこの当時、小坂井も平井もいまだ今川氏の勢力下にあり、松平康忠がこれを支配できる状況にはなかった。それにもかかわらず、康忠はこれを所領の中に書き入れ、安堵の申請を行ったのである。このようにいまだ敵方にある所領の安堵を行うことはよくあることで、今川の軍勢を追い払ってこの地域を制圧できたあかつきには、小坂井・平井・宿といった郷村を知行してもかまわないと、あらかじめ約束した、というのが実際のところだったのである。

家康が小坂井に陣取る

小坂井や平井のあたりまで松平の勢力下に早く入ってほしいと、松平康忠は願っていただろうが、そう簡単にことは運ばなかった。前記したように御津の西にある大塚城は、城主の岩瀬吉右衛門が元康に応じたため、松平方の前線となっていたが、吉右衛門の子の彦三郎家久が、父と袂を分かって今川方に転じ、今川の軍勢を城に引き入れて、これを乗っ取ってしまった。九月二十二日夜のことである。この戦いで岩瀬吉右衛門は討死し、岩瀬家久は功績を認められて大塚城主におさまった。翌永禄六年五月には松平勢が長沢から東に攻め入ったが、御油口での戦いに敗れて退却した。

七月に元康は家康と改名するが、秋になると土呂（岡崎市）本宗寺などの一向宗の寺院が家康の支配強化に反抗して決起し、松平の家臣たちの多くもこれに与同して、家康の周辺は騒然となった。本拠地での内乱によって、東三河侵攻どころではなくなり、松平勢の攻撃はいったんなりをひそめた。伊奈の領主だった本田助大夫は、借銭がかさんで今川の蔵から借り入れをしたためか、伊奈の知行権を失っていたが、この年の十二月、今川氏真に訴えて本領還付を果たし、伊奈城をきちんと守ってみせますと言上している。本田助大夫もこの段階では今川方にいて忠節を励むと誓っていたわけで、今川方が巻き返しに転じているようにみえていた。

しかし永禄七年正月に一揆軍と戦い、勝利を収めた家康は、まもなく和議をまとめあげ、なんとか危機を乗りきった。そして再び東三河侵攻を開始する。五月になると大塚城の岩瀬家久が家康に降伏するが、かつて自分に味方して討死した父の功績を重んじて、家康は家久の帰参を許し、そのまま大塚を知行することを認めた。情勢は松平有利に動き出し、まもなく家康は自身出馬して東三河に乗り込むことになる。

この年の五月、小坂井の八幡宮（菟足神社）は家康から禁制を与えられた。かつて今川義元や氏真からも禁制をもらっていたが、今回の禁制は横長の木札に墨書されたもので、中央上部に釘を打って神社の外に掲げられた。内容は三か条で、「当社」において軍勢が濫妨狼藉を働くこと、材木を伐採すること、「当宮」を放火することが禁止されている。松平の軍勢が迫ってくるなかで、先手をとって神社の側が申請して与えられたものだろうが、しばらくして家康が率いる軍勢が小坂井に至り、ここに本陣を置くことになる。

家康が「小坂井」の地から出した古文書の写がある。八月二十一日づけで家臣の本多広孝にあてたもので、相談したいことがあるからこちらに来るように、といった内容の簡略な書状だが、差出書の部分に「小坂井より」と書かれているのである。家康が小坂井にいたのはこの時期しか知られていないので、この書状は永禄七年八月のものとみていいだろう。今川方の最前線である牛久保城を攻めるために、家康は小坂井を本陣と定めたのである。

菟足神社の神主川出家に伝わる記録に、家康が「矢倉屋敷」に本陣を置いていたことがみえ、またこの場所に龍徳寺（龍徳院）を建立したとも書かれている。この地には堀がめぐらされた形跡があり、今でも「糟塚砦」の跡として伝えられている。家康の軍勢は菟足神社のそばにあるこの一帯に陣取っていたとみていいだろう。

牧野成定の帰参

家康がそのまま長くここにいたかは定かでないが、松平の軍勢は小坂井に陣をすえて、牛久保や吉田の攻略を進めた。牧野氏の当主の立場にあった牧野成定（右馬允）は、一門の定成（八大夫・山城守）や岩瀬和泉守などの家臣たちとともに、牛久保城を死守し、隣の吉田城に三百俵の兵粮を送り届けたりもしていた。しかし劣勢は覆いがたく、永禄八年には吉田城が松平勢に明け渡され、残るは牛久保城のみとなった。難攻不落の城のため、力攻めは無理と判断した家康は、身柄を保証し所領も安堵するから自分に従ってほしいと、牧野成定に対して説得を続けた。永禄九年五月、ついに交渉はまとまり、牧野成定は家康に帰参、多くの所領をそのまま安堵された。その所領の中には先に松平（長沢）康忠が家康から安堵された郷村も四か所交じっていたが、家康は牧野の本領知行を認めるとともに、松平康忠にも判物を書いて、この四か所は牧野に渡してほしいと頼み、その分は替地を与えると約束している。

この四か所のひとつに、「平井」六〇貫文がみえる。小坂井・宿・平井というまとまった村は、家康軍がこの地域を制圧した段階でようやく康忠の実質的所領となったと思われるが、それも束の間、牛久保の牧野が帰参したことによって、康忠は平井村を明け渡さざるを得なくなったのである。なおこのとき康忠が牧野に明け渡したのは、平井のほかに「豊河市場方」「同中条方」「八幡本所方」の計二五〇貫文だった。

この三か月後の八月八日、牧野八大夫定成は「平井郷」にかかわる判物を与えられたが、そこには郷の高や支配にかかわることがらが三か条にわたって書かれていた。一条目は平井郷の「成ケ《なりか》」は九二貫文なので、先例どおりに支配せよというもので、「舟付」があったらこれも同様に申し付けよと記されている。「成ケ」（成箇）は一般に年貢高の意味だが、ここでは村高のことかと思われる。かつての安堵状などには平井は六〇貫文とみえるから、あらたに田畠がみつかったかして高が増えたのだろう。また平井に船着場があったこともこの記事からうかがうことができる。

二条目は平井の名職についての条文で、どこでも「発田」して「手作」せよと記されている。どこでもいいから新たに田を開墾して、自分で「手作」するようにと定められているのである。おそらく牧野のほうが要求してこうした条目が加えられたのだろうが、家康にしてみても新田開発は奨励すべきものだったから、新たに開墾した田地は牧野が「手作」することを認めたのだろう。

最後の三条目は、もしも平井郷全体で九二貫文以上の高があるということがわかっても、郷を「一円」に与えたのだから、九二貫文以上あるといった訴えは認めない、という内容である。とりあえず決まった高を越えた収穫があることを告発してくるような人がいることを想定して、もしそうしたことがあっても、平井郷は「一円」に牧野に与えたのだから、こうしたものは聞き入れないと家康は約束したのである。

　この判物を与えられた牧野八大夫定成は、一門の長老的立場にあって当主成定を支えてきた人物だった。家康に帰参したころから牧野成定は病身だったらしく、まもなくして死去してしまうが、牧野定成（山城守）は家康に申請してその跡職を安堵するとの一札をもらい、さらに刈屋の水野信元にも牧野家の家督相続が穏便になされるようとりはからってほしいと頼んだ。成定の子息（のちの康成）はまだ十二歳の少年で、駿河の今川氏のもとに人質として置かれていたが、依頼を受けた信元は、この少年が帰国できるように奔走すると約束し、もしも岡崎（家康）からいろいろ言ってきたとしても、わが身にかえて弁護してやるから心配しないように、「出羽殿父子」が復帰したいと訴えてきたとしても、家康にきちんと言って受け入れないようにするから任せてほしいと続けている。

「出羽殿」というのはかつて今川氏への離反を問われて没落した牧野出羽守保成のこととみてまちがいないだろう。牧野民部丞の一件にかかわって家督の座と所領を失っていた牧野保成は、この段階でまだ存命で、子息とともに復活を企てていたのだろう。考えてみれば松平勢の侵攻は、今川に叛いた保成にしてみれば願ってもないもので、家康に訴えて家督の座を取り戻すことも夢ではなかったはずである。しかし家康は長く牛久保に籠城して抵抗した牧野成定の権益をそのまま認め、家督の地位も保証してしまったのである。こうした成り行きに不満をもった保成父子が、成定の死去を好機とみて行動に出ることは充分予想されたわけだが、牧野定成らの必死の工作によって保成の復権は実現されず、牧野康成が牧野家の家督として認められることになる。詳しい経緯は不明だが、康成はやがて駿河を出て三河に戻り、家康のもとで活躍することになる。

徳川領国の時代

牛久保の牧野成定が帰参したことによって、松平家康は念願の三河統一を成し遂げた。永禄九年（一五六六）の十二月、家康は松平から徳川に姓を改め、同時に三河守に任官した。このとき家康は二五歳、なんとか一国を支配する戦国大名として名乗りをあげたわけだが、これにとどまらず、その領国をしだいに拡大してゆくことになる。

二年後の永禄十一年十二月、東方の駿河で大事件が起きる。甲斐を拠点に信濃に領国を広げていた武田信玄（晴信）が、突如として駿河に攻め込んだのである。もともと駿河の今川氏真は武田と同盟を結んでいたが、氏真の妹の夫にあたる武田義信（信玄の子）が父と対立して抹殺されたこともあって、今川と武田の同盟は不安定になり、武田に攻め込まれるのではないかとおそれた氏真は、その背後にいる上杉謙信とひそかに連絡をとりはじめていた。これがかえって駿河侵攻の名目を信玄に与える結果になったのである。襲撃を受けた氏真は駿府を逃れて遠江の懸川城に入り再起を図った。

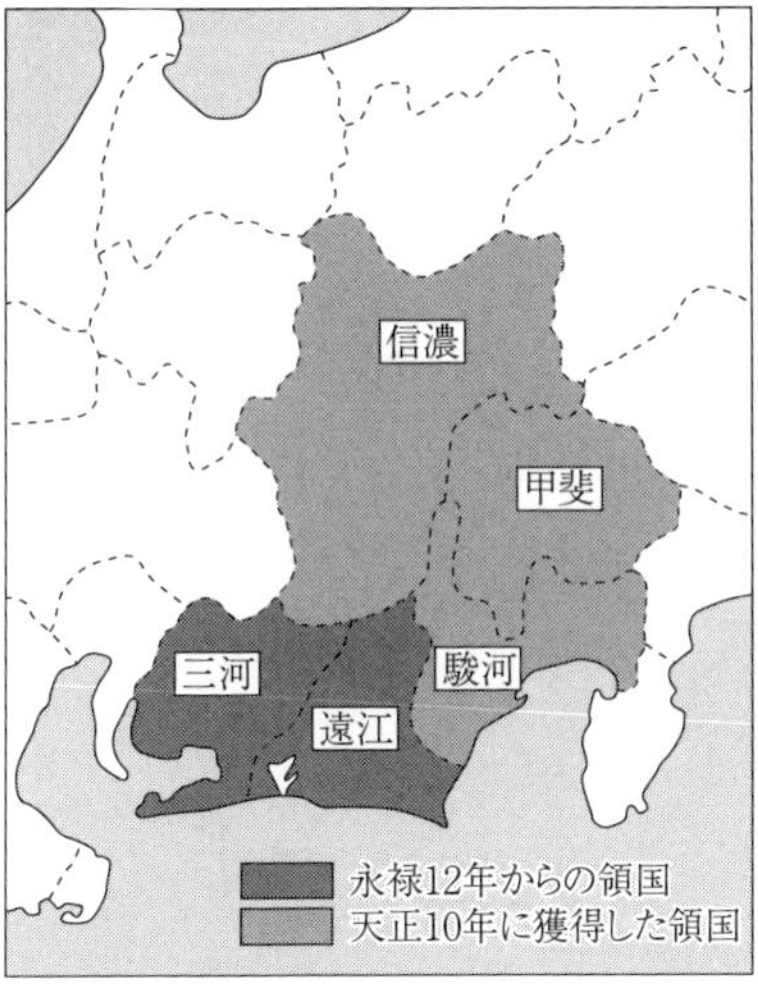

図６　徳川領国の拡大

信玄の侵攻に呼応して、徳川家康も西から遠江に攻め込んだ。家康はかねてから信玄と連絡をとりあっていたらしく、三河の安定を図るためにも、この機会に遠江に攻め入って、ここをわがものにしようとしたのである。本坂峠を越えて遠江に入った家康は、浜松に拠点を据えて今川方の武将たちをつぎつぎに服属させていった。永禄十二年四月には浜名湖に面した堀江城の大沢基胤が帰参して、遠江西部が家康のもとに属し、五月になって懸川にいた今川氏真も城を出て小田原北条氏を頼り、懸川城は家康のもとに接収された。武田の侵入という混乱に乗じて遠江を手に入れた家康は、元亀元年（一五七〇）には浜松に新たに城を築いてここを居所とすることにした。尾張から美濃に領国を拡大して、すでに岐阜を拠点としていた織田信長と、家康は同盟を結んでおり、西方はとりあえず安泰だったから、あらたに獲得した遠江の支配を進め、東方の武田氏に対抗するためにも、居所を東に移す必要があると家康は考えたのだろう。

　信玄が駿河に攻め込んだとき、小田原の北条氏康は同盟違反を怒って東から駿河に入り、富士川以東をほぼ制圧した。そのため信玄は駿河のうち富士川以西の部分を押えるにとどまったが、いずれにせよ甲斐・信濃に加えて駿河の過半を手に入れ、武田の領国は一挙に拡大した。武田と徳川は当初こそ友好関係を結んでいたが、駿河を手にした武田と遠江を押えた徳川の両者が決裂するのは時間の問題だった。元亀二年、信玄は駿河から遠江に出陣して小山城《こやまじょう》を攻め落とし、高天神城《たかてんじんじょう》にも攻撃を加えた。さらに武田の勢力は信濃から南下して三河に迫り、吉田城の近くまで武田軍が攻め寄せた。元亀三年になると遠江の二俣城《ふたまたじょう》が武田軍の攻撃を受けて開城し、浜松の北の山麓部分を武田に押えられる形になった。十二月二十二日、西に向かって進軍していた武田信玄の軍勢に攻めかかった家康は、三《み》方原《かたがはら》で手痛い敗北を喫した。

　しかし武田軍は浜松には攻め入らずに西上し、翌天正元年（一五七三）に信玄が死去したことによって家康は窮地を脱し、以後は信玄のあとを継いだ武田勝頼との戦いに明け暮れることになる。いったん武田方となった奥平定能を再び味方に引き入れ、長篠城《ながしのじょう》も武田から奪い返した。しかし勝頼も積極的に攻撃を繰り返し、天正二年には遠江の高天神城を攻略した。そして天正三年、勝頼は大軍を率いて三河に攻め入り、長篠城を取り囲んだ。窮した家康は織田信長に援軍を頼み、織田・徳川の連合軍が武田軍と対峙する形になるが、長篠から進んで連合軍を撃破しようと試みた勝頼は、結局大敗を喫して甲斐に逃げ帰った。

この一戦によって武田の脅威は去り、三河は家康の安定的領国となった。思いおこせば永禄三年から永禄九年までの間、東三河は松平（徳川）と今川のせめぎあいの場となり、牛久保開城によって平和が訪れたものの、その後は主たる戦場は遠江に移り、東三河に拠点をもつ武士たちも、家康の命を受けて遠江の城の防備や普請などにあたったものと推測される。三河設楽《しだら》で武田軍を撃退したあとも、遠江では武田との戦いが続いたが、三河に武田軍が攻め込んでくるという事態は回避され、東三河の地にもようやく平和が訪れることになったのである。この時期小坂井の領主は松平康忠で、平井は牧野康成が知行していた。元亀元年十二月、小坂井の菟足大明神の社殿の葺き替えの儀が執り行われ、棟札が作られたが、そこには「領主松平上野守康忠、代官小野道西」という記載がみられ、松平康忠が地頭で、家臣の小野道西が代官として小坂井郷の管理にあたっていたことがわかる。このほかこの棟札には「神主宮内大輔良政」と「中嶋縫殿助重氏」「伴《ばん》藤左衛門家氏」「中野弥三郎重俊」もその名を連ね、「赤岩山権大僧都法印俊海」が導師を勤めたと記されている。「神主宮内大輔良政」は天文十四年の棟札に「藤原良正」としてみえる川出良政で、中嶋・伴・中野の三名はこの地域の有力武士とみていいだろう。また「赤岩山」は多米《ため》（豊橋市）の赤岩寺《せきがんじ》のことで、川を越えた赤岩寺の住持が菟足大明神の儀式で導師をつとめたことがわかる。

牧野成定の帰参によって、いったん松平康忠に与えられた平井が、家康によって牧野氏に安堵されたことは前述したが、成定の死去によって家督を継承した子息の牧野康成が平井の地頭となって所領をひきついだとみてまちがいないだろう。永禄十二年六月に為当村の稲荷大明神が造立されたとき、「牧野右馬允様」が銭一五貫文を寄進したと棟札にみえるから、この段階で牧野康成（右馬允）が為当の地頭だったことは明らかである。父親が死去したとき、康成はまだ人質として駿河にいたようだが、なんとか帰国を果たし、家康の家臣に加わって活躍することになったのである。

今川義元の時代に伊奈を支配した本田助大夫は、いったん知行を失いながら、永禄六年の十二月に今川氏真から本領を還付され、伊奈城を守備すると約束している。しかしまもなく家康軍の侵攻を受けて降伏したらしく、その子孫は家康の家臣として続いてゆくことになる。家康がこの地域を制圧したころ、伊奈の東漸寺《とうぜんじ》の全徹が住持職の安堵を家康に願い、判物をもらっているが、元亀元年二月になって、吉田にいて東三河の押さえにあたっていた酒井忠次が、あらためて安堵状を下付している。重臣筆頭の酒井忠次がこうした住持職の安堵を行っていたわけで、ここに本田氏のかかわりはみえない。伊奈にかかわる権益はそれなりに保っていただろうが、吉田の酒井の影響力はこの地にも及び、本田も酒井に従いながら転戦していたのではないだろうか。

ところで小坂井の菟足神社には、松平甚太郎（家忠）・石川伯耆守（数正）・酒井与四郎（重忠）の三名が連署した木札の禁制が残されている。「宮殿」を破り取ることと、竹木を伐採することを禁じた内容のもので、二月十五日という日付があるが、年次は書かれていない。松平家忠は吉良東条を本拠とする松平一門、石川数正は家康の重臣で西三河衆のまとめ役をつとめ、酒井重忠は西尾城主である。この三名は西三河の統治にあたっていた人々であり、なんらかの事情で菟足神社の近くに来たときに、神社側の要請を受けて禁制を下したのだろう。酒井重忠が家督を相続する天正四年六月から、松平家忠が死去する天正九年十一月までの間のものだが、年次は特定できない。

池田照政の入部

浜松を拠点とした徳川家康は、武田勝頼との戦いを続けていたが、天正十年になって織田信長の命によって大軍が送り込まれ、勝頼は甲斐の田野で滅亡した。武田の滅亡によって家康は駿河も手に入れ、その領国は三河・遠江・駿河の三国に広がった。そののち京都で信長が明智光秀に襲われて横死すると、上方に出ていた家康はなんとか帰国を果たし、領国拡大の好機とみて、東に向って進んだ。武田滅亡ののち、甲斐には河尻秀隆が入部していたが、信長滅亡を聞きつけた武士たちに討ち取られ、甲斐は一種の空白状態になっていた。家康はこの機をとらえて甲斐に入りこみ、ここを手中にすることに成功、さらに信濃に進んで、北の上杉領国を除く信濃の過半を管下に置いた。こうして家康は三河・遠江・駿河・甲斐・信濃とつながる五か国を併呑する大大名となったのである。

こうした時期、上方では羽柴秀吉が明智を滅ぼして台頭し、天正十一年には越前の柴田勝家を滅ぼして主導権を握った。こうして西の秀吉と東の家康が並び立つ形勢となり、天正十二年になって家康は尾張の織田信雄《のぶかつ》（信長の子）と結んで決起し、尾張の小牧山《こまきやま》に陣を据えて、楽田《がくでん》に出てきた秀吉軍と向かい合い、五月には尾張の長久手《ながくて》で秀吉方と戦い大勝した。その後も両者のにらみあいは続くが、結局は和議が成立し、家康は秀吉の下の大名として位置づけられることになる。

家康を配下に置いたことによって秀吉の天下は確立し、天正十五年には九州の島津氏が軍門に下り、天正十八年には関東の北条氏が大軍に囲まれて降伏、北条氏はここに滅び去った。そして没収されたその遺領に、徳川家康が新たに入ることになる。八月一日、家康はあらたな居城である江戸に入り、家臣たちもそれぞれの新たな城に入部することになった。牧野康成は上野の大胡《おおご》で二万石を領し、松平康直（康忠の子）は武蔵深谷で一万石を与えられた。また本田康俊（八大夫の孫）は下総の小篠《こざさ》で五千石、西郷家員（正勝の孫）は下総生実《おゆみ》で五千石を領したと伝えられる。またかつて小坂井を領した戸田氏の流れにあたる戸田政成も、武蔵の鯨井で五千石を与えられた。小坂井やその周辺の地頭として活動した武士たちは、揃って関東に移り、新たに与えられた知行地で再出発を遂げることになったのである。

そして徳川配下の武士たちが去った東三河には、あらたな領主として池田照政が入部することとなる。照政は織田信長に仕えた池田恒興の子で、天正十二年の長久手の戦いで父の恒興と兄の元助が戦死したことにより家督を継ぎ、翌年には秀吉から岐阜城を与えられて十万石を領する大名となった。そして今回の国替えによってあらたに三河吉田に居城を命じられ、十五万石が与えられたのである。このとき照政は二六歳だった。

吉田に入った照政は、早速家臣たちに新たな知行地を配分し、十月十八日づけで一斉に知行宛行の判物が出されることになった。ここにみられる所領は東三河だけでなく、額田郡などにも及んでおり、照政が与えられた知行が東三河に限らないものだったことがわかる。小坂井の近辺の事例をみると、重臣筆頭の荒尾平左衛門が与えられた三千石余の中に、「牛窪」六八四石七斗五升と「長山」一二〇〇石八斗四升がみえる。また伊奈の隣の「小田淵《おだぶち》」の内で一〇七石五斗が、岡嶋五平次という家臣に宛行われている。

さらに年次は書かれていないが、七月一日づけの照政の判物（才庵あて）に、「宝飯郡篠束村」の六一二石をはじめとする合計千石を遣わすと書かれてあり、篠束村が「才庵」という人物に与えられたことがわかる。降って文禄三年（一五九四）十月には「上沢木」（上佐脇であろう）の内の二五〇石が佐藤勝兵衛に加増として与えられ、文禄五年二月には松原新八に「下地村之内弐拾石」が給与されている。小坂井町内では篠束村のことしかわからないが、このように村単位あるいはその中を分割する形で、多くの家臣が知行地を配分されていたのである。

ここにみられる知行人のほとんどは、もともと池田家に仕えていた家臣たちで、三河の現地の人物の姿は数少ない。もともとこの地域にいた武士たちはおおかた関東に移住し、外来の領主たちが村を支配することになったわけだが、こうした状況も長くは続かなかった。吉田入部からわずか十年で照政は播磨に移封となり、その家臣とともにこの地を去ることになるのである。

文禄三年に照政は徳川家康の娘の督姫と婚儀を結び、家康の婿として親しく行動を共にすることになる。慶長三年（一五九八）に秀吉が死去し、家康と石田三成らとの対立が表面化、慶長五年には天下を二分する戦いが繰り広げられることになるが、この中で照政は家康方の先鋒として活躍した。石田に与した上杉景勝を討つべく、家康は上方から下野小山《おやま》まで進み、照政も従軍するが、石田方の決起を知った家康は西上を決意、照政は福島正則らとともに先鋒隊として東海道を進み、諸将の人質を吉田に集めたうえで清須に入り、さらに美濃岐阜城に攻め入ってこれを陥落させた。岐阜城陥落によって美濃から東は家康方が押えることになり、家康は抵抗を受けずに東海道を進み、関ケ原で石田軍を撃破した。この戦いに照政も参加し、勝利ののち進んで大坂城に入り家康の入城を待った。並み居る諸将の中でも功績抜群だったことを認められ、照政は播磨で五二万石を与えられる。一五万石から五二万石へ、三倍を越える加増だった。

池田照政が去ったのちの東三河の領主については、詳しくはわからないが、吉田には竹谷松平家の松平家清が入部して三万石を領し、田原には戸田尊次が入って一万石を知行したという。かつて東三河にいた領主の一部が帰郷を果たした形になるが、いったん関東に赴いた領主たちのほとんどは、徳川の天下掌握によって加増を受け、あらたな居城に赴いていった。牧野康成は石田との戦いのときに徳川秀忠（家康の子）のもとに従軍しながら、軍令違反の罪に問われて逼塞するが、その子の忠成は大坂の陣で軍功を上げ、越後長峰で五万石を与えられ、さらに長岡に移って長岡藩（七万四千石）の祖となった。長沢松平家では康直が死去したのち、家康の子の松千代が家を継ぎ、松千代死去ののちは兄の忠輝が家督を継いで、越後福島城主となったが、元和二年（一六一六）に忠輝が所領を没収されたため、長沢松平氏も断絶することになった。また下総生実にいた西郷正員（家員の子）は、元和六年に一万石に加増されて安房の東条に移り、戸田康長は各地を転々としたのち、信濃松本で七万石の大名となった。そして伊奈の本田氏の流れをくむ本田康俊は、三河の西尾で二万石を与えられたのち、元和三年に近江の膳所《ぜぜ》に転封となり三万石を領することになる。

領主はこのようにそれぞれの歩みを始めるが、小坂井やその周辺に生きる百姓は、居所を動くことなく地域に留まり、あらたな領主のもとで支配されることになった。長く続いた戦いはようやく終わりを告げ、江戸の幕府と各地の大名たちが列島支配を進め、地域の人々もその下で活発に動き出す、あらたな時代が始まるのである。

V　三河寺部城合戦と今川義元感状

内山俊身

①去廿四日寺部へ相動之刻、②廣瀬人数為寺部合力馳合之處、岡崎幷上野人数及一戦砌、弟甚尉最前ニ入鑓、粉骨無比類之處、當鉄炮令討死、因茲各重合鑓、遂粉骨之間、即敵令敗北之条、甚以忠節之至也、彼者事者、③去辰年上野属味方刻、勝正同前ニ従岡崎上野城へ相退砌も、既尽粉骨之上、彼城赦免之儀相調之間、彼此以忠功令感悦者也、仍如件、

永禄元年

四月廿六日　　義元（花押）

足立右馬助殿

右に掲げた今川義元感状は、平成十六年十一月に茨城県立歴史館史料部に寄託されたもので、新出史料である。料紙は楮紙で、現状は横切紙、法量は縦一六・五cm、横三九・七cmを測る。花押の形状は同時期の今川義元花押に一致し、本文筆跡も同年の義元発給文書と同筆で、原本と見做してよいものである。

宛所の足立右馬助は、三河国碧海郡上野の土豪とみられるが（煎本増夫『戦国時代の徳川氏』五六頁、新人物往来社）、永禄三年（一五六〇）の徳川家康（松平元康）の丸根砦攻めの際に、その親兵の一人として見える「足立左馬助」（『武

徳編年集成』）その人と思われ、家康の譜代家臣の一人と推測される。

内容は、永禄元年二月からの三河加茂郡寺部城（豊田市寺部）の合戦（傍線部①②）や、二年前の弘治二年（一五五六）の碧海郡上野城（豊田市上野町藪間）帰属問題（傍線部③）での、右馬助の弟甚尉の活躍や討死を賞したものである。

まず本史料の背景となるこの時期の三河の政治状況を述べておきたい。今川義元は、天文十八年（一五四九）の家康の父松平広忠の死を契機に積極的に三河支配を展開するが、政治的不安定は止揚できず、天文末年から永禄初年にかけて、織田氏と結ぶ三河国人や松平庶家の反今川敵対行動を受ける。天文二十年十二月には東条松平忠茂の兄甚二郎、翌二十一年六月には大給松平氏、弘治元年九月には加茂郡寺部城の鈴木氏、挙母城の中条氏、広瀬城の三宅氏、閏十月ごろには西条の吉良氏が叛している。そして弘治二年がそのピークとなり、二月前には牛久保の牧野民部丞、九月には段峰の菅沼大膳亮定継、十月前には作手の奥平九八郎貞能・同彦九郎ら、地縁的一揆と推定される東三河国人層が敵対行動を展開している。この東三河の反今川行動は弘治年間には一応の終息を見るが、永禄元年二月になると再び寺部城の鈴木氏が織田信長と結び今川氏に叛している（寺部城合戦）。

本史料は、これらの政治状況に新たな二点の事実を付け加える。一つは寺部城合戦の時期と状況である。寺部城合戦は家康の初陣としてつとに著名であるが、この合戦は、永禄元年二月五日に、今川の人質であった家康（元康）が駿府より岡崎に戻り、岡崎衆を率いて寺部城主鈴木日向守重辰を攻めたと伝える（家忠日記増補追加など）。その後家康は与同する梅坪城、広瀬城、挙母城を攻略したが（三河物語）、寺部城の合戦の終期については未詳であった。『譜牒余録』巻四十二に載る同年四月十二日付の松平次郎右衛門宛て今川義元感状写からは、鈴木重辰の再入城など巻き返しがあり、同日にはまだ落着をみていない事実が知られるが、四月二十六日付の本史料では、足立甚尉が寺部城で討死したのを「去廿四日」（傍線部①）とし、「即敵令敗北」める結果となったと記している。ここより寺部城合戦は今川方の勝利で落着し、その時期は四月二十四日直後のことであった事実が判明する。また傍線部②からは、織田方に荷担する広瀬衆（豊田市東広瀬町城下・城主三宅高清）が鈴木氏の寺部城へ加勢したのに対し、家康側では岡崎衆の他、上野衆が合戦に及んだ事実が知られる。この上野衆とは、家康の三河譜代の一人、酒井将監忠尚の家臣団のことと思われるが、忠尚は、天文十五年松平広忠によって上野城主となった人物で、この時期には岡崎衆と並び立つ実態を有していたことが分かる。

本史料から窺える二点目は、反今川の敵対行動がピークに達した弘治二年段階の西三河の政治動向である。傍線部③に「去辰年上野属味方刻」とあるように、弘治二年段階に反今川の立場にあった酒井忠尚が今川氏の「味方」へと転じ、その「赦免之儀」が図られていた。弘治二年の反今川行動は、東三河の国人層に見られたのみでなく、西三河、とくに上野城の酒井忠尚も展開していた事実を確認できるのである。またその過程で、忠尚に従う足立甚尉が勝正（兄右馬助カ）と共に「従岡崎上野城へ相退」く事態があったことも注目される。その内実は不明であるが、忠尚の赦免に至る過程で岡崎の政治状況に何等かの変化があったことも予想できる。なお戸田伝十郎宛ての弘治二年二月三日付今川義元判物写（内閣文庫所蔵参州戸田文書・『静岡県史』資料編7―二三一六号）には「就今度上野城所用」として黄金百両・代物百貫文を戸田伝十郎に取り越させている。本史料の上野城赦免と関連する史料と思われ、上野城の右の動向は二月前後のことと見られる。

酒井忠尚は翌弘治三年十一月の浄妙寺宛て寺領安堵状（浄妙寺文書・『新編岡崎市史』第六巻―六七七頁）には岡崎城奉行人の一人として見え、本史料のように永禄元年の寺部城合戦、同三年の丸根砦の合戦では、岡崎衆の一人として見える。これらは赦免後の動向として位置付けられるが、しかし永禄六年の三河一向一揆では家康に反し、反家康の中心勢力となる。『松平記』巻二では、同七年九月には再び家康に叛して敗れ、駿河に走ったと伝える。家康の三河譜代の一人であっても、しばしば独自の政治行動をとる姿が窺える。本史料に、岡崎衆と並んで上野衆と見え、また弘治二年前に反今川の立場にあった事実は、この動向と不可分の関係にあろう。

【付記】上野城や酒井忠尚について、近年村岡幹生氏が永禄六年段階の動向を検討している（「松平三蔵について」『安城市史研究』第六号、二〇〇五年）。参照されたい。

Ⅵ　天文・弘治年間の三河吉良氏

小林輝久彦

一、本稿の目的

平成二三年一〇月三〇日に安城市歴史博物館で開催された「第二回松平シンポジウム　三河逆心―桶狭間以前の一〇年間―」にパネリストとして参加させていただき、「『吉良殿逆心』の背景について」と題して基調報告をさせていただいた。しかし時間の制限もあり、十分に意を尽くすことができなかった。ここに紙面をお借りして自説を再陳し、もってシンポジウムでの基調報告を補充することを本稿の目的とする。

二、室町期における吉良氏と斯波氏・今川氏・東条吉良氏及び荒川氏の地位

【吉良氏と斯波氏】　室町期の吉良氏は、斯波氏とともに足利一門において特別の地位を占めていた。このことは既に先行研究により明らかにされている。(1)すなわち吉良氏と斯波氏はともに鎌倉期には、足利本宗家と共に御家人として鎌倉幕府に出仕しており、鎌倉時代を通じて、「足利」を名字としていた。この理由については必ずしも明らかでは

ないが、両家とも一旦は足利本宗家を相続しながら、北条得宗家を外戚とする弟に家督を譲り、別家を立てたことが理由の一つではないかと考えられている(2)。

このため、南北朝期を経て室町期に入り、足利本宗家が京都に幕府を開くと、両家は足利一門の中でも最高の家格を認められるようになった。斯波氏は足利尊氏との対決を経て、管領に就任して足利本宗家に次ぐ地位を占めるようになった。しかし足利義教の時代に儀礼的秩序が整備されて、斯波氏の庶兄の流れになる石橋氏及び渋川氏とともに吉良氏が「足利氏御一家」の家格を獲得するようになると、この「御一家」の筆頭格である吉良氏は管領家である斯波氏に替わり足利本宗家に次ぐ地位を占めるようになったとされる。このように吉良氏は家格としては斯波氏を凌駕したものの、室町期を通じてその官途は同列であって、地位の上下は微妙な問題であったようである。このことが戦国期に入り、後掲のように三河国上野原に両者が参会した時も「御位のあらそいと相聞」という事態を招来し、結果として和睦が成立しないということにも繋がる問題となったのである(3)。

【吉良氏と今川氏】これに対して駿河今川氏は、吉良氏の分家で、一次史料の上では鎌倉期に独立した御家人としての活動の証左がない。駿河今川氏の始祖の範国は、足利（吉良）貞義の猶子となり、足利名字を称したことがある。このためか、もともと吉良氏本宗家の受領名であった「上総介」は、以後駿河今川氏歴代当主の受領名となるが、これは吉良氏本宗家の地位を今川氏が承継したということを必ずしも意味しない(4)。室町期に入ると、今川氏は駿河国の守護職を獲得して、足利義政の時代には「外様大名衆」に列せられたものの、その地位はあくまで「吉良殿御一家」という位置付けであり(5)、「足利氏御一家」に列せられたわけではない。従って「今川記(6)」が説く「室町殿の御子孫たへなは吉良につかせ、吉良もたへは今川につかせよ」との言葉は正確ではない。今川氏はあくまで吉良氏の家督継承者として吉良氏の家督を継ぐ地位にあったのであり、吉良氏家督の継承を経ずして足利本宗家の家督継承を主張できる家ではなかったのである。

【吉良氏と東条吉良氏】吉良氏には、一族として鎌倉期に分立した東条吉良氏があった。しかし南北朝期に貞家が奥州管領となり、一族を率いて奥州に下向したので、その旧領である吉良庄東条を吉良満義の子義貴（系図史料では尊義）が引き継いで吉良本宗家から分立した。先行研究は、この流れを奥州の東条吉良氏と区別して後期東条吉良氏ともいっている。義貴は一時「吉良氏惣領」に立てられたらしく(7)、このために兄の満貞と戦闘に及んだが、のち和睦したとされる。室町期に入ると満貞系が嫡流として西条吉良もしくは上吉良、庶流義貴系は東条吉良あるいは下吉良と称された(8)。史料上、前者は単に「吉良殿」、後者は「東条殿」と記される。東条殿は吉良殿とは異なり、「足利氏御一家」には列せられておらず(9)、また幕府に常時出仕していないために、その儀礼的地位も不明な点が多いが、幕府出仕の際の待遇は吉良殿と同格であったようである(10)。

【吉良氏と荒川氏】なお、戦国期に入ると「吉良殿御一門」「吉良殿御一族」として「荒川甲斐守殿」が登場する(11)。系図史料によると彼は東条吉良持清の次男であり、なるほど吉良氏の一族である。しかし彼が継承した地位は、室町期の史料に「荒川殿」として登場する荒川本宗家ではないと考えられる。

「荒川殿」は承久の乱後に兄の仁木氏・細川氏とともに三河国に来住した、広沢判官義実の三男戸賀崎三郎義宗の次男の満氏を始祖としている。満氏は吉良庄内の荒川（愛知県西尾市八ッ面町）を名字の地としたため荒川氏を称した(12)。このの ち荒川氏は南北朝期の動乱には一手の大将軍として活躍し(13)、石見国守護職に補任されたこともある。しかし康暦の政変で没落して後は守護家としての地位を保てず、奉公衆として幕府に勤仕した。以後、代々五番奉公衆に属し、仮名は「三河三郎」、官途は「治部少輔」、受領名を「三河守」と称した[14]。

明応の政変の後は、「申次衆」として将軍に近侍している。この家は所領を越中国に持っており、名字の地である三河国との所縁は切れたものと見える。ただ、先行研究[15]が永正十年と比定する西条吉良義信の書状に、その奏者として「荒河播磨入道」の名を見るので、奉公衆荒川氏の庶家が名字の地である三河国に残り、西条吉良氏の被官化したものと考えられる。前掲の「荒川甲斐守殿」とは、その受領名から推して奉公衆荒川氏ではなく、この西条吉良氏家臣の荒川氏の家督を継いだということとするのが妥当であろう。「荒川甲斐守殿」は東条吉良氏の出自であるため「吉良殿御一門」「吉良殿御一族」として遇せられたのであって、その勢力は大きかったと考えられるものの、儀礼的地位としては吉良氏家督を望めるような立場にはなかった。

三、天文十五年駿河今川氏の三河侵攻以前の三河吉良氏

1．室町期から戦国期の三河吉良氏の研究状況

室町期の三河吉良氏については、北原正夫氏[16]・新行紀一氏[17]の先駆的研究があり、それを批判・検証する形での北村和宏氏の研究[18]、北原氏の活用していない史料についての松島周一氏の後続的な研究[19]がある。そして鎌倉期から戦国期までの通史的なものとして柳史郎氏の古典的研究[20]があり、『吉良町史　中世後期・近世編』の自治体史[21]、そして最近

では谷口雄太氏の画期的研究[22]がある。

戦国期の研究については、横山住雄氏[23]・北村和宏氏[24]・大塚勲氏[25]の研究のほか、最近では『安城市史研究』においての村岡幹生氏の研究[26]がある。しかし、戦国期の三河吉良氏に係る古文書・古記録などの同時代史料は極端に乏しいため、その動静についてはいきおい近世史書の記述に頼らざるを得ず、先行研究もこれら近世史書の記述に立脚している。ところがこれらの近世史書の内容にはかなりばらつきがあるため、なお検討の余地があるといえる。以下においては、できるだけ同時代史料を中心にして東西吉良氏の歴史像を描いてみたい。

2．西条吉良義郷と東条吉良持広の死

永正期の吉良氏については、既に北原氏、北村氏及び松島氏の研究によりその動向はかなり明らかになっている。西条吉良氏の当主は義信で、明応の政変後の足利幕府の家督争いの際に、将軍義尹派に与した。松島氏は、永正五年に義尹が還京して将軍職に復すると、義信が三河国守護職に補任された可能性を示唆される。従うべきであろう。しかしその後遠州において斯波氏と今川氏の抗争が勃発すると、遠江国内に浜松庄地頭職を有していた義信はその対応に苦慮した。京都での政争と遠州での争乱とに疲弊した義信は永正十三年に家督を孫の珍王丸に譲った。ふつうこの珍王丸は義堯のこととされている。同十六年に珍王丸は元服し、将軍にその御礼の贈物をしているがこの時義信の名前が登場しないから、義信はこの間に死去したものであろう[27]。

東条吉良氏の当主は持清で、永正六年には将軍義尹に年始の祝儀を贈っている。このとき既に左京大夫の官途を得ていた[28]。京都の公卿上冷泉為広・為和父子と歌道を介して親交があり、大永二年に持清が領国の東条に下向する際に

は冷泉邸にて和歌を贈られている。[29][30]また大永六年には連歌師の柴屋宗長が駿河からの上京の路次に三河国で「東条殿」に参上している。この東条殿も持清であろう。系図史料では持清は天文元年に死去したとする。冷泉為和は享禄四年九月に駿河に下向し、天文二年六月になって駿河下向の路次の三河で世話になった松平兵衛大夫入道に和歌を贈っているが、持清に対しては音信していない。[31]これは既に持清が死去していたからであろう。

天文年間の京都での吉良氏については、史料が少ない。僅かに「大館記」に天文七年の正月に西条吉良氏が将軍義晴に年始の挨拶をしたため、同年七月八日に御内書を賜ったことが知れる。[32]先行研究で触れられていない史料なので次に掲出する。

一、吉良殿年始御礼被申ニ付て、被成　御内書之間、可致調進之由、治部大輔晴忠被仰下之条、則調進上仕也、

為年始祝儀、太刀一腰・勝栗五箱・白鳥一・鰹扣五桶到来、喜入之状如件、

七月八日　　　　御諱御判

吉良殿

御料紙鳥子半切也、御上巻ニハ吉良殿と斗調申之、御諱も無之、御判も被略之也、

天文七年は、永正十三年に西条吉良義堯が家督を継いでから二十年余が経っており、このころに代替わりがあったと考えられる。系図史料では義堯の跡はその子の義郷が継いだとしているので、[33]この年始の挨拶をした「吉良殿」とは義郷のことに比定されよう。

ここで宛名が単に「吉良殿」とのみあるのは、おそらく官途が僭称であり、無位無官であったために記されることがなかったためであろう。

実は「吉良殿」は永正以後、天文七年までは断続的に京都との関係を保っていた。[34] しかし、この年を境として以後、幕府に出仕しなくなったのである。すなわち幕府内談衆の大館常興は、その日記の天文十年十二月二十六日条に次のように記す。[35]

一、細川豆州より預書状吉良殿ハ近年御無音いつ頃御礼御申候哉之由尋承候、仍去天文七年七月御礼御太刀其外御賀例かちくり巳下進上候き、其後ハ一向御無音候旨令返答申也、

つまり、この日将軍義晴から使者細川高久を介して大館常興は「吉良殿は近年出仕をしてこないが、いつ頃まで挨拶してきたのか」と尋ねられ、「天文七年に年始の挨拶をしたのが最後です。その後は一向に挨拶がありません」と返答しているのである。前記のような足利将軍家を中心とした「足利氏御一家」の筆頭家としての儀礼的地位は、吉良氏にとってその家の存立に欠かせない基盤となっていたはずである。その精神的紐帯を維持するために欠かせないであろう幕府への出仕を停止する原因としては、まず戦乱による領国の混乱が考えられるであろう。

これについて直接説明する同時代史料は見当たらないが、系図史料や比較的早く成立した近世史書には義郷が天文九年に戦死したことを記すものがある。[36] これらの記述はいずれも「養寿寺本吉良氏系図」[37]の義郷の項文が基となっていると考えられる。そこには、

尾州三劦之敵一味雖攻西尾城義郷並家老冨永氏数度退治其後天文八年八月二日冨永伴五郎珍感討死其後終不叶天文九年四月廿三日於西尾城討死

と記されている。

つまり尾張国と三河国の敵が同志となり西尾城を攻めたけれども義郷と家老の冨永氏が数回これを平らげた。その

のち天文八年に冨永伴五郎珍感が討死してからは思うようにならず、天文九年四月二十三日に西尾城において討死したというのである。

これについては従来、ここにある「尾州」とは「駿州」の誤りであると考え、義郷が織田方と通じたことを理由に、駿河今川氏に吉良庄を攻められて天文六年（一五三七）正月に戦死したことをいうのであるとして理解されてきた。[38]これは近世史書として信用性があるとされる「三河物語」や「松平記」が、いずれも天文四年十二月から五年三月と推定される[39]松平広忠の伊勢流浪の後に「吉良殿」が駿河の軍勢のために戦死したことを記していることからの推定によるものであろう。しかし、「三河物語」「松平記」の両書の吉良氏関係記事は、年次の異なる事績をまとめて記すなど、その記述に混乱や矛盾が見受けられ、信用性は余り高くないものである。この点は後述する。

また、この当時の駿河今川氏には、当主氏輝と弟彦五郎の急死により、残された兄弟の間で家督相続を巡って争いが起きており、今川氏家督を継承した義元がこの争乱に当たり甲斐武田氏と接近したことで、その後小田原の後北条氏との関係が悪化して天文六年には河東地域（富士川以東の駿河国富士郡・駿河郡）に後北条氏が侵攻するという「河東一乱」が勃発していた。[40]つまり天文六年正月当時の駿河今川氏は、領国東部の駿河国境で紛争があって、とても西三河に出兵できるような余裕はなかった。

さらに付言すると、天文六年以前の吉良氏と駿河今川氏の関係は今川氏親の嫡女が西条吉良義尭の妻となるなど姻戚関係もあり、良好なものであって敵対関係にはなかった。これらは先行研究も指摘するとおりである。[41]

これに対して天文九年六月に尾張織田氏の信秀は、吉良庄に隣接する三河国碧海郡の安城城を攻撃しており、[42]この「安城乱」は同年十二月になっても終息しなかった。そして天文十年九月、遂に信秀は朝廷から「三河守」に任ぜられることに成功しており、三河国支配への野心を露わにしていた。[43] このように天文九年以後の三河国西部は尾張織田氏の攻勢を受け、実際、戦乱下にあったのである。

同年の正月、吉良庄内では、恵祥なる人物が三河国吉良庄内の平坂山（西尾市平坂町）に無量寿寺建立のため、実相寺領を寄進しており、[44] 代官の長田兼知が証状を出していることが知られる。[45] この恵祥については吉良義郷に比定する説[46]もあるが、ここは素直に当時の実相寺住職と考えるべきだろう。ただこの寄進は代官の証状が出されていることから、実相寺の大檀那である吉良氏当主の義郷の意思が働いているものと見るべきである。そうすると、なぜ義郷がその家の宗旨である臨済宗東福寺派の寺院でもない、浄土真宗本願寺派の無量寿寺の建立に尽力したのであろうかという疑問が生じる。実はこの当時尾張織田氏の三河国侵攻が既に吉良庄にまでも及んでいたのではないだろうか。だから義郷としては、菩提寺の寺領を寄進することをしてでも本願寺派の歓心を買い、その門徒勢力を味方につけ、かつその寺院設備を軍事利用しようとしたのではないだろうか。

このように天文九年当時の三河国の情勢を考えれば、親今川派であった吉良義郷が、駿河国の「河東一乱」の混乱に乗じて三河国支配を目指して侵攻してきた織田信秀の軍勢と戦って戦死した、と系図の字義どおりに解釈することも十分可能である。

また東条吉良氏は、系図史料によれば天文元年に持清が死去したのち、その跡は子の持広が継いだとする。しかしこの持広も天文八年に死去したと系図史料などは伝える。[47] 持広の死因については何も記されておらず、仮にこれが病死であるとしても、天文八年の東条殿の死去に続いて翌九年に吉良殿が戦死したのだとすれば、東西吉良庄内はかなり混乱したものと思われる。吉良殿の幕府出仕停止の原因はここに求められると考えてもよいのではないだろうか。

四、天文十五年駿河今川氏の三河侵攻と吉良氏討伐

１．駿遠軍中衆矢文写について

河東一乱を一応終息させた今川義元は、これにより東の脅威が減退したことから、遠江の西域に目を転じ、天文十五年冬に入りいよいよ三河国に侵攻を開始した。三河国は本来足利本宗家の守護国であり、このため足利家の御料所を支配する奉公衆や御家人が割拠しており、伝統的に守護の支配力が弱かった。戦国期に入っても奉公衆や御家人に替わり台頭した国衆が各地に相互に牽制し合うかたちで割拠しており、絶対的な支配力を持つ勢力が生まれていなかった。そこに義元の付け入る隙もあったのである。

この時期の吉良氏の動向を探る史料として「駿遠軍中衆矢文写」という文書がある。同文書は以前より自治体史史料編で採録されるに当たり、「本文書検討ノ要アリ」[48]とか「本文書は検討の余地がある」[49]「この文書は検討の余地がある」[50]とかの注釈が付けられ、あたかも偽文書であるかのような扱いを受けてきた。しかしここでは横山氏[51]や村岡氏の見解どおり、真正文書として扱うこととしたい[52]。

当該文書の年代比定は先行研究のとおり天文十八年としてよいであろう。この年九月に駿河今川氏の部将の太原崇孚雪斎らが荒川山（西尾市八ツ面山）に在陣していることと符合するからである。今川の軍勢から西尾城内に矢で放たれた降伏勧告文であり、文章は雪斎が作成したとされる。日付は九月五日付け、宛所は「謹上　西条諸老御中」になっており、吉良殿宛となっていない。吉良殿宛の文書の書札礼については当時から争いがあったから分明でないが[53]、

吉良氏の分家の駿河今川氏家臣であり、陪臣の雪斎の身分としては、直状形式では書けなかったと理解しておきたい。全文の文意については既に村岡氏が『新編安城市史5資料編古代・中世』の五四一号文書の解説として明らかにされているので詳細はそれに依られたい。

まず文書は、天文十五年の義元の三河征伐以来、「御屋形様」に対して「御見除」すなわち軍事行動は起こさず、局外中立の立場を守るように要請したことを述べ、その理由として吉良氏と今川氏の特別の由緒のあることを歴史的に説き、このため義元が「御屋形様」のことを大切に思っているからだとしている。しかるに「御屋形様」は義元の数代に亘る大敵であるところの尾張守護の斯波氏と御縁嫁を結ばれたばかりか、「去比」に今川氏の織田氏に対する軍事行動に際して織田氏に加担するとも取れる行動をしたとしてこれを非難している。そしてこのような行動は「畢竟義元可有御退治御造意」、すなわち義元を退治しようというたくらみがあったからであるとし、そうであるならば「雖成御家督之競望、不可及他之褒貶候哉、新御堂殿十一代末孫国氏一流之外、此儀更不可有異論歟」、つまり義元が吉良氏家督を望んだとしても他の者はどうこう言えないのではないか、そして吉良氏の分家の出自である義元の他には吉良家家督資格者はいないと恫喝している。だからといって義元は吉良氏家督を奪うということを企てたりはしないとしてこれを宥めている。そして「今度」の「御屋形様」の「御行跡」はきっと御心中から出たものではなく、「御屋形様」の外戚である後藤平大夫の奸計であろうと推測し、西条吉良氏の諸老臣で評議して早々に後藤を処断して「近年」の「御屋形様」の非行を改めるべきである、このことは義元の申し渡しもあり、改めて申し入れる、と結んでいる。

「御屋形様」が斯波氏と縁戚となったとあるのは、斯波氏の娘を妻に迎えたことをいうのであろう。天文十八年当時の斯波氏当主は義統であるから、義統の娘が「御屋形様」に嫁したということになる。斯波義統は、天文十年にも旧守護国である越前への入国を模索し、本願寺証如を通じて加賀門徒の動員を働きかける策動をしており、[54]失地回復に熱心な人物であったから、同じ旧守護国である遠江国の回復の野望があっての縁組であり、義元を遠江国から排除しようと斯波氏と吉良氏が連携していると義元が疑うのも無理のないところであった。

また斯波氏を後援する尾張織田氏の軍事行動に加担したとする行動として「去比」に「為可相助竹千代之出陣、渡筒針発向之刻、御人数被移安城」、つまり竹千代を救出するために今川方が出陣し、岡崎市渡町・筒針町に向かった際に、吉良氏がその軍勢を安城城に入れてこれを妨げたこと、「其後」にも「中嶋奪捕之時、至半途被出御馬候事」つまり中島を奪い捕える際にも途中まで「御屋形様」自らが出陣したことがあったとしている。前者はふつう天文十六年九月二十八日に行われた渡の合戦のことを指すとされている。竹千代とは岡崎城主松平広忠の一子松平竹千代のことで、この当時は尾張織田氏により尾張国内の熱田に預けられていたはずであるが、一時安城に入城していたことがあったのであろうか。また中島とは人名のようにも取れるが、地名ならば中島郷（愛知県岡崎市中島町）のことだろう。中島郷内の崇福寺に対して、東条吉良持広がその末寺の支配につき安堵状を出していた事実があるから、[55]中島郷が東条領内であるかどうか分からないが東条殿の支配下にあったらしい。崇福寺の檀那の由良氏は中島城主で吉良氏旗下であったと伝える近世地誌もある。[56]すると由良氏の反今川的行為を除こうとして今川方がこれを捕縛しようとしたところ、主君の吉良氏が由良氏を助けようとして自らが出馬して途中で引き返したという事実があったのかもしれない。但しこの年次は不明である。このようにみると「御屋形様」が尾張織田氏に与したのは天文十六年頃のことになるだろう。この年、尾張織田氏の信長が「吉良大浜」を襲撃していることを「信長公記」は伝えており、[57]このような織田方の吉良方面への積極的な侵攻が「御屋形様」が織田方となる契機となったのかも知れない。

2. 西尾城落城

その後の経緯は不明だが、「御屋形様」は降伏勧告を無視したらしい。今川方は荒川山に陣を取り、十八日には安城・桜井方面に出陣して織田方と戦闘があった。二十日には今川の部将の大村弥三郎が吉良方面に出陣して吉良方を追い込み「端城」において名のある武将を打ち取った。(58)「端城」とは本城に対する外城、つまり外曲輪を指すから、これは西尾城の外曲輪まで今川方が攻め込んだということである。(59)当時の西尾城は掘り方が台形の溝で区画された方形居館の集合体であったと推定されており、(60)このような設備では一支もなく落城したものと考えられる。こうして「御屋形様」は今川氏に降伏し、主謀者の後藤平大夫は処断されたものと思われる。当時のならわしでは、反逆者は助命されたとしても国外追放になるのが通常である。しかし「御屋形様」が三河国外に追放されたと記す史料はない。また義元はその「吉良殿御一家」としての地位からさかんに吉良氏家督を望むそぶりを見せたが、結局義元が吉良氏家督を相続して「吉良殿」とならなかったのは周知の事実である。

ところでこの「御屋形様」であるが、従来の自治体史史料編の注釈では一様にこれを西条吉良義堯の三男の義昭に比定している。これは「今川記」に「義郷御他界の後。此義昭御家督御相続候」とあるのを素直に解しているためであろう。しかしこの人物比定については別項で改めて考えてみたい。

3. 東条殿の恭順と西条吉良氏の代替わり

こののち史料の上からは、「東条殿」が今川氏の一部将として三河国内に戦い、今川氏に恭順していることが伺える。

某年四月二十三日付で義元は「東条殿御人数中」に対して、賀茂郡衣城が支配する知行地内の麦毛を刈取る軍事行動に出た際に、東条殿が出陣してこれを助けたことを謝す書状を出している。(61)先行研究のとおりこの書状の年代は天文十九年に比定できる。(62)そうすると天文十八年の西尾城落城ののち「東条殿」は駿河今川氏に帰順し、その一部将として今川氏の軍事行動に参加していたことになる。

続く天文二十年には「東条殿」が義元から「饗庭郷」を与えられていたことが分かる。(63)同年十二月二日付松平甚太郎忠茂宛今川家重臣山田景隆等連署血判起請文によると、松平甚太郎の兄甚二郎が織田方となったため、甚太郎は今川方に通報し、自身は「御屋形様幷竹千代丸」(今川義元と松平竹千代)へ忠節を尽すと申し出て、兄の跡式を今川氏から与えられている。ただし甚二郎の跡式のうち「本知あいはの事ハ只今東条殿へ被進候間、いまハなりかたく候」としている。つまり甚二郎の本領である饗庭郷は現在東条殿に与えられているので、今のところは与えることはできない、というのである。饗庭郷は現在の西尾市吉良町饗庭を中心とした地域のことで、当地は本来幕府奉公衆饗庭氏の名字の地であった。(64)しかしその所領は遠江国にあり、既に永正十七年当時、饗庭氏一門は東三河の牛久保・千両(豊川市)に居住していたことが史料から伺えるから、(65)早くから本貫地を失ったらしい。甚二郎が饗庭郷を「本知」とした経緯は不明だが、饗庭郷は東条領の内ではなかったのだろう。「東条殿」が饗庭郷を与えられたのは、前年の衣城への出陣に見られるような今川方への忠節を尽した恩賞であると看て取れる。従来の自治体史史料編の注釈ではこの「東条殿」を義昭に比定しているものが多い。

また天文二十三年には、吉良庄西条領内の鈴木八右衛門が「義元」から屋敷の不入を安堵されている。(66)次に掲出してみる。

御判（折紙）
平口鈴木八右衛門
屋敷之儀従通山
御代家十間分為
不入折紙被下候如
其當御代も被仰付候
不可有相違者也
仍如件

五月十五日

天文廿三年

鈴木八右衛門

この文書には「検討の余地がある」との注釈が付けられている。なるほど、袖判宛行状の「五月十五日」の月日と「天文廿三年」の年号の記載位置が通常のものと逆になっており、かつ年号の干支が記載されていない、宛所の「鈴木八右衛門」が文書のかなり低い位置に書いてあり、かつ宛名が呼び捨てで「殿」などの敬称が付されていない打付書で全体的に見てかなり薄札であるなど、知られているその他の義元の袖判宛行状としての様式から外れているという不

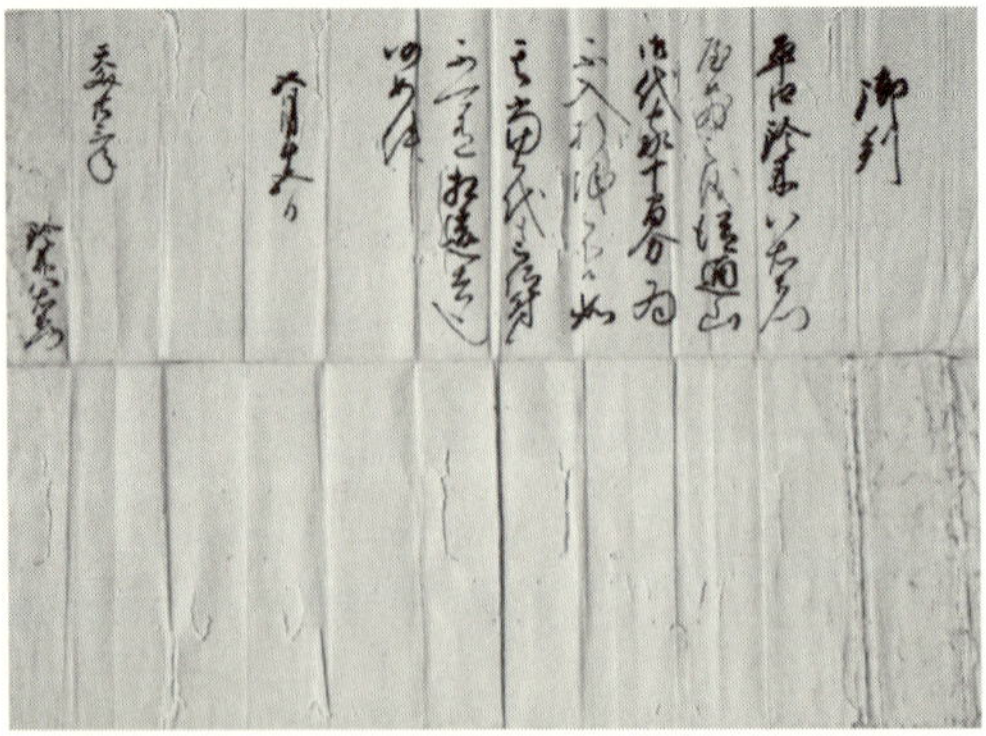

天文23年5月15日付袖判宛行状写　「鈴木家文書」（西尾市平口町）　西尾市教育委員会寄託

審な点はある（上図：天文二十三年五月十五日付袖判宛行状写参照）。しかし本文自体には特に違和感はないから、年月日等の記載は書写段階での誤写・脱漏と解釈しておく。文中「通山」とあるのは、西条吉良義堯の道号である。[67]従って「従通山御代家十間分為不入折紙被下候如其當御代も被仰付候」とあるのだから、これは代替わりの安堵状である。前記のとおり義元が吉良氏家督を獲得して「吉良殿」となった歴史的事実はないのであるから、この安堵状の発給者は義元ではなく、義堯の跡を継いだ「吉良殿」であると考えるのが自然である。ならば宛名がかなり薄礼となっているのも理解できる。これは義元の宛行状ではないからである。なるほど、義元の袖判宛行状でも宛所が薄礼となっている例はあるが、これは相手が本百姓か商人又は中間身分の者であるからで、土豪クラスとはいえ、新支配地の武士に対してかかる薄礼は見られない（表：今川義元袖判宛行状一覧文書番号11・21・25・27）。正しくこれは西条吉良義堯の跡を継いだ「吉良殿」が発給したものであると考えられる。そうすると義堯から「義昭」への代替わりは天文二十三年にあったということになろう。

前記「駿遠軍中衆矢文写」のとおり、天文十八年に義元は吉良氏家督を「競望」（一つのものを取得しようとして他と争うこと）していた。つまり当時「御屋形様」は吉良氏当主の地位には就いていなかったからこそ義元もそれを争うことができたのである。また宛所が「謹上西条諸老御中」と在所名になっており、「謹上吉良殿諸老御宿所」となっ

文書番号	年月日	発給者	文書形式	宛名	分類	所収文書・写本名	出典＊1
1	天文 7.1.15	今川義元	？	大和田清林寺宗悦	判物写	駿河志料巻七六松源寺文書	606
2	天文 15.8.21	今川義元	？	長源坊	判物	富士宮市宮町宮崎文書	719
3	天文 18.12.19	今川義元	？	宛名を欠く	判物	豊橋市雲谷普門寺文書	924
4	天文 19.3.21	今川義元	切紙ヵ	大納言殿	判物写	富士宮市村山浅間神社文書	937
5	天文 20.5.7	今川義元	折紙	本田縫殿助殿	判物写	摩訶耶寺文書	1010
6	天文 20.11.27	今川義元	折紙	臨済寺納所	判物	静岡市大岩臨済寺文書	1048
7	天文 21.3.20	今川義元	折紙	甘利弾正とのへ	判物	東京都葛飾区甘利文書	1081
8	天文 21.4.17	今川義元	折紙	森彦左衛門尉	判物	山梨県南部町森秀夫所蔵文書	1087
9	天文 21.10.11	今川義元	折紙	杉山小太郎殿	判物	杉山文書	1110
10	天文 23.5.15	今川義元	折紙	鈴木八右衛門	判物写	鈴木文書	1167＊2
11	天文 23.9.20	今川義元	折紙	伊東七郎左衛門尉	判物	伊藤一美氏所蔵文書	1180
12	天文 23.10.29	今川義元	？	奥平監物殿	判物写	東大総合図書館松平奥平家古文書写	1189
13	天文 23.12.17	今川義元	折紙	大日別当	判物写	遠江国風土記伝巻二	1206
14	弘治 2.2.29	今川義元	折紙	熊野新宮庵主	判物	熊野新宮本願庵主文書	1271
15	弘治 2.10.13	今川義元	折紙	禰宜惣七郎	判物	島田市相賀石田文書	1309
16	弘治 2.10.24	今川義元	？	林次郎兵衛殿	判物	林文書	1312
17	弘治 2.11,29	今川義元	？	東谷座元禅師・景筠座元禅師	判物	藤枝市下之郷長慶寺文書	1316
18	弘治 2.12.5	今川義元	？	菅沼十郎兵衛尉・八右衛門尉	判物写	三川古文書	1318
19	弘治 3.1.23	今川義元	？	井上但馬守殿	判物写	駿河志料巻七八友野文書	1321
20	弘治 3.2.13	今川義元	折紙	蓮華寺	判物	森町森蓮華寺文書	1324
21	弘治 3.4. 晦日	今川義元	折紙	米屋弥九郎・奈良屋次郎左衛門尉	判物	磐田市歴史文書館成瀬家文書	1332
22	弘治 3.11.26	今川義元	？	富士登二郎殿	判物写	後権鎰取鎖是氏文書	1372
23	弘治 4.3.25	今川義元	折紙	鈴木八右衛門尉殿	判物写	西尾市鈴木文書	1387
24	（永禄元）閏6.23	今川義元	切紙（もと折紙）	増善寺	判物	静岡市慈悲尾増善寺文書	1404
25	永禄元 .8.16	今川義元	？	御油二郎兵衛尉	判物	林文書	1417
26	永禄 2.7.4	今川義元	？	中村助太郎殿	判物	天宮神社文書	1467
27	永禄 3.3.12	今川義元	折紙	中間藤次郎	判物	静岡市研屋町寺尾文書	1501

今川義元袖判状一覧

＊1　出典は全て『戦国遺文　今川氏編第一巻』『戦国遺文　今川氏編第二巻』であり、数字はその史料番号を表わす。　＊2　検討の余地あり。

ていないのもこのことを伺わせるものかもしれない。素直に考えれば、天文十八年の「御屋形様」が同二十三年に吉良氏当主となり、「吉良殿」となったということであろう。義元としては叛逆者である「御屋形様」に対して非常に微温的・融和的措置を取ったといえるだろう。

五、弘治年間の吉良氏再叛と駿河今川氏の再討伐

1．弘治元年の「吉良殿逆心」

弘治元年十月頃、西条の「吉良殿」は再び義元に叛した。最近江川文庫で発見された今川義元書状は、その時のものと考えられる(68)。

今川義元書状（竪紙、裏打）
自筆之尊□（翰カ）［　　　　］本望候、
先々被□□□□［　］珍重候、西尾
之御事大方御□□［　］（御心カ）得候哉、義□御
造意不及□□（是非カ）即時ニ御舎弟
長三郎殿為人質緒河へ御越候而、
緒河・苅屋之［　　］（人数カ）西尾城ヘ被入候、
何御不足候哉不能分別候、下ニ而ハ

大河内・冨永与十郎両人張
本人之由申候、荒河殿・幡豆・糟塚・
形原堅固候、何を別而馳走候、可御
心安候、猶々無油断御養性簡要候、
重［　　　］、恐々□□、
十月廿三日　　義元（花押）
荒［　　　］
［　　　］

全体として落剥が激しく、解読不明の文字の多いことが惜しまれる。日付の十月二十三日は、弘治元年であることが確実な閏十月四日付の義元の北条幻庵宛書状(69)の中で触れられている「吉良殿逆心」と連動していると考えられ、また先の天文十八年の反逆は、前記のとおり九月二十日後まもなく終息していたと考えられることから、この書状も弘治元年のものと見做してよいだろう。宛名は「荒」の字しか読めず、以下が不明だが、書札礼から見ると書き止めが「恐々謹言」で、宛所は判読できないが仮に「御宿所」であるとすれば、義元の同輩の位置にある者に宛てたものと推察できる。(70)そうすると候補としては「吉良殿御一族」として遇せられていた「荒川甲斐守殿」が挙げられるのではないか。であれば文中の「荒河殿」とは荒川甲斐守の居館荒川城を指すのだろう。

文意は大略、以下のとおりであろう。

自筆の書状に預かりまして感謝しています。西尾のことはおおかたご理解されたでしょうか。義□の企みは言葉で表わすまでもないことです。直ちに弟の長三郎を緒河に人質に寄こして緒河と苅屋の軍勢が西尾城に入りました。どんな不満があるというのでしょう。思慮に及ばないことです。下々では大河内・冨永与十郎が謀反の張本人であると言っています。荒河殿を始め、幡豆・糟塚・形原の諸城を当方で固めております。何れも西尾に同心せずに奔走していますから、心安く思って下さい。なおあなたはお身体のご養生が肝心です。

つまり吉良殿は家臣の大河内・冨永の勧めにより再び義元に反逆し、緒川の水野氏に弟長三郎を人質に入れて加勢を要請した。水野氏はこれに応えて緒川・刈谷の軍勢を西尾城に入城させたというのである。ただ吉良方も一枚岩ではなくて、吉良氏勢力下にある荒川・幡豆・糟塚・形原の諸城は今川方の立場を堅持したというのである。家格の高い吉良殿にとって、国衆の水野氏に服従して加勢を頼むのは屈辱的なことであったろう。

その後の戦闘の経緯はよく分からないが、前述の北条幻庵宛今川義元書状によると、今川方は翌月の閏十月四日からさほど遠くない時期に西条領に侵攻して吉良庄内をことごとく放火して二百余人を打ち取ったという。しかし戦闘はこれで終息したわけではないようである。永禄三年に今川氏真は桶狭間で戦死した遠江国衆の松井宗信の軍忠を時系列に書き出して子の八郎に与えているが[71]、それによると吉良西条において今川方が敗軍した際に宗信が引き返して敵を追い込め、防戦して家臣四人を戦死させたとしている。この戦闘の年代は記されていないが、前条の「苅屋入城」が天文十九年で[72]、次条の「大給筋動」[73]が弘治元年九月のことと考えられることから、この西条の戦闘も弘治元年のことと考えてもよいだろう。そうすると西条領内で今川方が破れたこともあったようなのである。

翌弘治二年三月には織田信長が吉良庄内荒川に侵攻して野寺原（愛知県安城市野寺町）で今川方の松井左近尉と戦っている[74]ことから、緒川水野氏の背後には尾張織田氏が居たことがわかる。同年九月に京都の公卿山科言継は駿河国に下向しているが、伊勢から篠島まで海路を取り、そこから再び船に乗って室津（愛知県豊橋市牟呂町）に上陸して吉田城に入っている。そこで城代の伊藤左近に挨拶しようとしたが、左近は西三河に出陣して留守であったとしている。[75]言継は翌三年三月に駿河から上京した際には、吉田から陸路御油を経て岡崎に入り、岡崎から矢作川を下って荒川に上陸し、吉良庄内を通って再び船で鷲塚に渡り、鷲塚から陸路で大浜に入っていることが知られるから、[76]弘治二年九月当時、吉良庄内は戦乱で通過できなかったものと看て取れる。このように吉良庄内の戦闘が長期化したのは、弘治元年から三河国内の各所で国衆による反今川蜂起が多発したからであろう。弘治元年に始まる国衆の「三河逆心」については第二回シンポジウムの村岡氏及び山田氏の基調報告を参照されたい。

2. 上野原参会と吉良殿の尾張国退去

弘治年間、尾張織田氏は信秀の死後信長が家督相続していたが、最近の村岡氏の研究にもあるとおり、その地位は決して安定したものではなかった。北方の岩倉守護代などの敵対勢力の脅威があったからである。[77]また前述のとおり義元も三河国内での国衆の反乱の続発に悩まされていた。このような利害の一致から信長と義元の双方にとって和睦が必要とされていた。「信長公記」は、四月上旬、三河国上野原での「三川国吉良殿」と「武衛様」すなわち斯波義銀の「御無事御参会」（和睦会見）のことを記す。[78]この年代は不明であるが、ここは村岡氏の説に従い、弘治三年のこととしておく。[79]

この和睦は義元が「吉良殿」を「取持」ち、つまりその身分を保障することを引き受けたので会見の準備が整ったとされる。そうであるならば、弘治二年九月頃まで敵対関係にあった「吉良殿」の帰順を義元が赦したということであろう。

ただし会見自体は、「吉良殿」「武衛様」双方がお互いに一町半ほどを距てた床几に腰を掛け、それから双方一〇歩ほど歩み出たのみで、両者ともそれからは何の所作もなく元の床几に戻ったという。前述のとおり、室町期を通じて吉良氏と斯波氏の地位の序列は甲乙つけがたい微妙な問題であったから、所作が定まらなかったのだろう。またふう和睦では、和睦の条件を記した誓紙や人質を取り交わすことがなされるが、ここでは「別の御品も無御座」とあるとおり、人やモノの交換は行われていない。こうして会見は中途半端なものとなり、和睦は儀式としては成立しなかったもようである。義元としては室町幕府下の儀礼的秩序の中で「足利氏御一家」として斯波氏を凌駕する家格を持つ「吉良殿」をして優位な立場で和睦をすることを期待していたのであろうが、和睦が成立しなかったため、結果として「吉良殿」は面目を失ったものとみえる。

さて「吉良殿」のその後であるが、「信長公記」は次項において、信長が斯波義銀を尾張国主に据え、清州城を進上して自身は城の北矢倉に隠居したとするが、そののち義銀は尾張国端の海岸沿いに居館を構える石橋殿において、河内の服部左京助と連携して駿河今川勢を海上から尾張国に引き入れ、信長を滅ぼそうと吉良・石橋・斯波の三氏で策謀した。しかし謀反半ばにしてこのことが家臣の内から信長に露見したので、信長は「御両三人」を国外に追放したと記している(80)。

石橋殿とは、吉良殿とともに将軍家御一家に連なる名家で、斯波氏の兄の流れに当たる。当時の当主は治部大輔忠義で、尾張国富田庄（名古屋市中川区）を所領としていた(81)。義銀は前述のとおり尾張国守護として清州城に居た。従って石橋氏・斯波氏の「御両（人）」が尾張国を追放になったのは理解できる。問題は「三（人）」が「御国追出し申され候なり」とあることで、そうすると「吉良殿」も当時尾張国内に居住していたと取れることである。これが正しいとすると、上野原参会の失敗ののち、「吉良殿」は何らかの理由で信長の庇護を求めて尾張国に出奔したのではないだろうか。ただし尾張国を追放された「吉良殿」がどうなったのかは、「信長公記」は語らない。

六、天文十八年以後の吉良氏当主の人物比定

1. 先行研究による人物比定

戦国期の三河吉良氏の歴代当主の人物比定については、研究者によりかなり開きがある。これは室町期についても同様であるが、要するに三河吉良氏の本領である吉良庄内での在地支配関係の古文書が皆無に近い状態であり、歴代当主の生存年代が分からないため、研究も古記録を中心にせざるを得ないからである。だから三河吉良氏が在京を中止し、中央政界から遠ざかると古記録などの史料から消えるため、その後の動向についてはいきおい近世の編纂物に頼らざるを得なくなる。しかし、これらの近世史料の内容があいまいであるためばらつきが生じているのである。本稿はこれまで史料に登場する「吉良殿」「東条殿」の人物比定をせずに記述を進めてきたが、以下は近世史書の内容を批判・検討しながらその人物比定をしてみたい。

先行研究では、天文十八年以後の東西吉良氏当主については、西条吉良義堯や義堯の長男義郷には比定せず、義堯の次男義安と三男義昭のいずれかを当て嵌めることに争いはないようである。そして前述の天文十八年の「駿遠軍中衆矢文写」の「御屋形様」、天文十九年及び二十年の古文書に登場する「東条殿」、弘治元年に今川氏に逆心をした「吉

良殿」、「信長公記」の上野原に「参会」した「吉良殿」を何れも西条吉良義堯の三男義昭に比定するものが多いようである。

これは『新編岡崎市史中世2』が天文十八年に東西吉良氏が義元に降伏した際に東条の義安が駿河に移され、義昭がそのまま西条に居たと理解していることに基づいていると思われる。つまり「松平記」に記される駿河今川氏の吉良進攻の記事を天文十八年のことと捉えた上で、「力なく吉良殿東西ともに今川殿へ降参被成。今川義元、いや〳〵只今御一味有ても、三河衆にすすめられ、やゝもすれば尾州一味被成候間、此次でにとり奉るべしとて、吉良殿を駿河へ呼申、やぶ田と云所に置被申し事、今川殿威勢つよきゆゑ也」とあるのを字義どおりに取っているためであろう。しかし同じように叛逆した兄弟のうち、何故義安のみを捕虜として駿河に連れ去り、義昭を西条に残したのかについて「松平記」は何も説明していない。

2.「松平記」の吉良氏関係記事の矛盾

先行研究の多くは、江戸時代の比較的早い時期に成立した近世史書である「三河物語」「松平記」及び「今川記」の吉良氏関係の記述に依拠して立論している。しかしまず「三河物語」については、村岡氏が既に指摘されているように、その著者である大久保忠教が吉良氏に関して持ち合わせていた知識はかなりあやふやなものであるから信憑性は高くない。それでは「松平記」の記述はどうであろうか。多少長い引用になるが以下に「松平記」中の吉良氏関係記事を掲出してみる。

①一、吉良西条殿は、尾州織田殿と御一味有。駿河・遠江は今川殿御支配有。清康も今川殿と一味の跡なれば、

広忠も駿河へ御下向有。石川殿を御頼被成、今川殿へ御出仕有。今川殿は東条殿被仰置、筋目、又清康と御一味の跡なれば、何とぞ岡崎へ返し可申候との儀也。駿河衆吉良へはたらく。荒川甲斐守殿は、吉良殿御一族なれども、是は駿河方を被成合戦なり。吉良殿一人爰にて御討死被成候間、力なく吉良殿東西ともに今川殿へ降参被成。今川義元、いや〳〵只今御一味有ても、三河衆にすすめられ、やゝもすれば尾州一味被成候間、此次でにとり奉るべしとて、吉良殿を駿河へ呼申、やぶ田と云所に置被申し事、今川殿威勢つよきゆゑ也。

②一、弘治二年卯月の比、吉良殿義安と申て駿河の藪田村に御座候御弟義昭を名代として、西尾の城に御座候が、逆心を起し尾州一味被成、東条の城へ義昭御移り、西尾の城へ牛久保の牧野新次郎をよび入置給ふ。岡崎衆東条衆と日々のせり合御座候。其比上野の城に酒井将監殿御座候を、吉良殿・冨永・瀬戸・河上・大河内など申衆、日々攻申候間、中島の城主松平主殿助・大炊助父子加勢として上参候。東条衆中島の町に忍を入れ、差明と申所へ押懸申候。敵多勢を不存、父大炊助は跡に残り、子息主殿助は早々先上野の城へ被参候間、差明に隠れ居りたる吉良衆押かゝり合戦を初め申候間、大炊助を初として其弟松平十郎左衛門・松平太郎左衛門。久太夫、同新八郎・同孫十郎、主殿内の随分の侍卅余人、吉良衆に被討取候也。

③一、吉良殿御一門荒川甲斐守殿、義昭と少不和に成候て逆心被成、岡崎衆と内通被成。酒井雅楽助を荒川へ引入置、西尾と日々せり合御座候間、牧野新次郎西尾に不叶じと、終に城を岡崎衆に渡し、牛久保へ帰り申候。依之西尾の城へ酒井雅楽助移り申候。義昭の籠られ給ふ東城へ押寄、付城を取、岡崎衆被攻小牧の取手に本多豊後、供国の取手に松平左近在陣し、日々せり合有之、弘治二年九月十三日本多豊後大将にて、藤波なはてより被攻。義昭の家老冨永半五郎大将にて終日の合戦、岡崎衆大久保太郎八郎、鳥居半六郎討死仕、東城の大将

　冨永廿五歳にて討死也。其後不叶して義昭も降参有り。

④一、永禄元年春三河国寺部城主鈴木日向守、義昭と一味致し、未降参不申候間、元康初陣に御発向被成比類なき高名被成、城外放火被成本城計に被成候間、今川殿大に感じ御太刀を被下、山中三百貫の知行返給る。譜代衆寄合今一合戦して、岡崎本領を申給はらんとかせぐ。

⑤一、駿河今川義元は駿遠二ヶ国の兵を以、三河へ切に働き、一門なれども吉良殿尾州と御一味被成、やゝもすれば駿河と御手ぎれ有とて、吉良殿を取巻、去弘治年中に西条殿をばせめころし、東条殿をば駿河へよび越、やぶ田と云処に置申。其弟を東条にうつし置、三河一国手にたつものなく、甲斐の信玄も御旗下に成、加勢有。小田原氏康も此比は無事と有て、子息助五郎を駿河へこし給ふ。されば東方には手にたつものなし。

一読しても相互の章の矛盾が明らかである。すなわち①の章では「西条吉良殿」の戦死を松平広忠が駿河今川氏に出仕した天文五年から六年の直後のこととしているのに、⑤の章では「吉良殿」「西条殿」が駿河衆に攻め殺されたのを「弘治年中」としている。また駿河国内の藪田（静岡県藤枝市）に幽閉された人物を①では「吉良殿」とし、⑤では「東条殿」としている。さらに弘治二年四月に義昭が駿河に逆心した際に、自ら西尾城を出て東条城に入ったように記しながら、⑤の章では義昭（「其弟」）を東条城に移したのは今川義元自身であると説明しているのである。「松平記」については早くから「「松平記」の吉良氏関係記事は錯乱していて、弘治二年と永禄四年の戦闘が一つにされている」[82]などと指摘されているとおりである。なぜこのような「錯乱」が生じたのかは分からないが、同書の成立はふつう慶長年間である[83]とされており、「三河物語」より先に成立していた[84]ことになる。しかし「松平記」には流布本と内容の相当異なる異本の存在が指摘されており、今後の書誌学的研究による精密な検討が期待される。

3.「今川記」の吉良氏関係記事の矛盾

「今川記」は、今川氏歴代の伝記で、今川家臣で駿河国蒲原の住人であった齋藤道斎なる人物が当時駿河に在国しており、駿・遠・三州の三国のことにつきよく知っているので七十歳余の時に「見聞きし事のたしかなる」を書きのせたとする。その成立年代は不明だが、おそらく江戸初期のことであろう。この「今川記」もしばしば引用されるが、その記述にも矛盾が多い。以下関係部分を掲出してみる。

①一、長氏の御一男満氏三郎實相寺殿吉良の初祖也。次男国氏今川の初祖也。満氏一男貞氏右兵衛督満義寂光寺殿。其弟貞弘は荒川殿。満氏の御子満貞道貞寺殿。其弟有義一色殿。満長橋田殿尊義東條殿満康岡山殿也。然に此尊義は満義御隠居の御跡東條を押領にて満貞と忽御中悪成。御合戦のありけれと。後は御和談にて終に東條御相続也。吉良東條殿と申は此御末也。満貞の御子尊義。其子俊氏龍門寺殿□(其カ)御子義尚正法院殿。其御子義眞拈花院殿。其子義信常楽院殿。義元少林院殿。其子義堯乾福院殿。其御子義郷寶珠院殿。其弟義安義昭也。義郷御他界の後。此義昭御家督御相続候へ共。駿河と度々御取合にて終に御没落也。然に義安は東條殿御遺跡を御相続にて候へ共。義昭御没落の時。今川殿御はからひにて。又西條をも御相続と承及。義安の御時より両吉良御相続にて。今西條殿計御座有し也。

②一、東條殿と申は満義の御子尊義霊源寺殿。東條の初と也。其御子朝氏右兵衛督光榮寺殿。其御子持長長榮寺殿。其子持助功徳寺殿。其子義藤亀蔵寺殿。其御子持廣花岳寺殿也。持廣は松平親忠の聟也。女子一人まし〳〵御跡継なくて、西條義安を養子してむことして東條を相続有し也。然共義昭御没落の後。西條殿御断絶により。

今川殿御計ひにて。義安又西條も御相続也。両吉良共に御相続也。後に義安を駿河へ義元よりとり申。藪田と中所に置申されし。駿州没落の後御帰国被成候也。

ここでは、①の章で駿河今川氏に度々逆心を起こし干戈を交えたのを義昭としながら、②では、今川義元が駿河に呼び寄せて藪田に幽閉したのは義安であるとしており、その理由を全く説明していない。合理的に考えれば、義元が吉良庄から呼び出して駿河国内に幽閉しなくてはならない危険人物は、駿河と「度々御取合」した義昭のはずである。また「義昭御没落」の後、「今川殿」はその計らいにより、東条殿の遺跡を相続していた義安に西条殿の遺跡も相続させたとしている。この「今川殿」とは②の文脈からして義元のはずであるが、通史では義昭が最終的に「没落」したのは、義元が戦死したのちの永禄七年の三河一向一揆の後のことであるからこれも史実と齟齬している。

4.「松平記」及び「今川記」の記述の検証と再構成

「今川記」に西条の「吉良殿」が「度々御取合」したというのが天文十八年と弘治元年のことを指すのは前述の史料からも確認できる史実である。従って義元が駿河に幽閉した「義安」こそが、駿河と「度々御取合」をした「吉良殿」であったということになる。このように解すると天文十八年の「駿遠軍中衆矢文写」の「御屋形様」、天文十九年及び二十年の古文書に登場する「東条殿」、そして弘治元年に今川氏に逆心をした「吉良殿」、「信長公記」の上野原に「参会」した「吉良殿」は何れも義昭でなく義安に比定されることになる。それではなぜ「今川記」は義安ではなく、義昭が駿河と「度々御取合」したと記したのか。実は「今川記」の①及び②の部分の記述は、寛永十八年に吉良義安の子の義定が幕府に提出した系図[85]と酷似している。これは「今川記」の当該記述部分が江戸初期の吉良氏の影響下で執筆されたためだろう。そして江戸初期の吉良氏と今川氏は重縁の姻戚関係を結んでいた。すなわち義定の妻は今川氏真の娘であり、その間に誕生した義弥の妻も氏真の子範以の娘であった。さらに江戸初期の吉良氏と今川氏は共に高家職にあってその職務上も密接な関係があったのである。[86]

このような江戸初期の吉良氏・今川氏にとって、両家の父祖である義安と義元が「度々御取合」をしたというのは不都合な真実であったため、これを隠蔽したのではないだろうか。義定が提出した系図[87]は「寛永諸家系図伝」に掲載された系図の底本であるが、「寛永諸家系図伝」の吉良系図が極めて政治的意図を以て作成されていることは既に村岡氏が『安城市史研究』で指摘しているとおりである。

このように「松平記」「今川記」を批判・修正を加えた上で事実を整理すると次のようになる。「今川記」には東条吉良持広には「女子一人まし〳〵御跡継なくて、西條義安を養子してむことして東條を相続有し也」と記しているから、義安は東条吉良持広の娘婿となり、「東条殿」となったはずである。そののち義安は西条吉良氏家督も望んで西尾城に入り、「御屋形様」と称されたが直ちに西条吉良氏当主にはなれなかった。先に東条吉良氏当主となるために持広の養子となった経緯からすれば、荒川甲斐守を始めとする西条吉良家臣団の反対があったものだろうか。義安の外戚は「後藤平大夫」であったのだから、母親は今川氏親の嫡女ではない。従って今川氏との血縁関係はなく駿河今川氏の後ろ盾もなかった。後藤平大夫の出自は不明だが、仮に彼が先行研究の説くように遠州日比沢の幕府奉公衆後藤氏の係累であったとしても、[88]その仮名から推して嫡流の者ではない。[89]義安の母親の身分は決して高いものではなかった。このため尾張国主の斯波氏との縁組をしてその地位を固めようとしたのではないか。当然、斯波氏の娘が正室の地位を占めたのだろう。しかしこれは義元の疑念を招き、天文十八年に今川氏の侵攻を受けた。降伏した義安は外戚を処断することで赦免されたが、直ちに西条吉良氏当主にはなれなかった。その後義安は「東条殿」のまま義元に忠勤を励んだことで義元の理解を得て天文二十三年に「吉良殿」となった。これが「今川記」のいう「今川殿御はからひにて。又西條をも御相続と承及。義安の御時より両吉良御相続にて。今西條殿計御座有し也」「今川殿御計ひにて。義安又西條も御相続也。両吉良共に御相続也」の実態であろう。ところが「吉良殿」義安は弘治元年に再び義元に背いた。義元から見れば、義安に対しては叛逆を赦免して助命したばかりか西条吉良氏当主にまで就けてやったりするなど、きちんと「筋目」を立てて随分譲歩をしていた。だから「何不足候哉不能分別候」と慨嘆したのは正直な気持ちであったろう。「三河物語」や「松平記」のいうように義元の駿河勢が「屋形」あるいは「吉良殿」（義郷）を攻め殺したのが史実であったならば、かかる言葉は出ないのではないだろうか。

弘治元年の「逆心」による戦闘を経て、弘治三年四月の「上野原参会」ののち尾張国を追放された「吉良殿」の行方について語る史料はない。ところで先行研究が示す通り、弘治三年十月には西尾城には今川氏部将の城代が置かれ、西条領は今川氏の直轄地と化していた[90]。そして「三河物語」「松平記」及び「今川記」などの近世史書は一様に吉良義安の駿河国内藪田への幽閉を記している。そうであれば、この義安の幽閉と今川氏の西尾城接収は連動しているものだろう。そうなると以後の経緯は次のように整理できるのではないか。

弘治元年に義元に反逆した義安は水野氏及び信長の支援もあって容易に降伏せず、戦線は膠着した。その後尾張・三河国内の事情の変化により、義元は和睦の必要に迫られて義安を赦免してこれを担ぎ出したが、和睦儀礼は成立しなかった。面目を失った義安は尾張国に出奔して信長の庇護下にあったが、のちに再び義元に心を寄せて信長に反逆して失敗した。義安は今度は義元を頼るが、天文十八年・弘治元年の二回に亘る義安の叛逆を重く見た義元は、義安を助命はしたものの、その西尾城復帰は許さずに接収して城代を置き、義安は自身の監視の目の届く駿河国内に幽閉した、というストーリーである。

西条領内には今川氏による検地が行われた[91]。これは西条領が直轄地化されたということである。前述の鈴木八右衛門には、義元から「忠節」によって以前「吉良殿」から安堵されていた分に加えて新たに二十間分の屋敷の諸役免除分を増加される袖判宛行状が下された[92]。この「忠節」とは弘治年間の「吉良殿逆心」に吉良氏に与同せずに今川氏に加担したことを指すのであろう。

東条領が直轄地とされたかどうかは分からない。饗庭郷については直轄領化されたことを示す文書があるが[93]、前述のとおり饗庭郷は東条領の内ではないらしい。また中島郷も今川氏による検地が行われたが[94]、これも前述のとおり中島郷が東条領内であったことが明らかではないからである。

江川文庫の今川義元書状にある長三郎が誰であるかは分からないが、仮に彼を系図史料にある義安の弟の義昭であるとするならば、尾張・三河和睦ののちに長三郎は吉良庄に帰り、義元により東条城に置かれたという推定も可能であろう。これは義昭がこののち東条城に在り、永禄四年に勃発した松平元康（竹千代・元信）の反逆を原因とする「三州錯乱」を今川方として松平氏と戦った[95]ことからくる推定である。

七、弘治元年の吉良殿逆心の背景

それでは義元にこのような恩恵を受けた義安はなぜ弘治元年になって再び義元に背いたのであろうか。史料上では天文十八年の叛逆は、外戚後藤平太夫、弘治元年の叛逆は家臣大河内・冨永氏という、吉良氏家臣団が中心となり反今川運動を行っていたことが看取できる。そうであればこれは全国各地の守護大名家と同じく、自立的な家臣団に対する統制に大名が失敗して家臣団内の対立抗争を招き、結果として疲弊し、没落していった類型に吉良氏も含まれるとも考えられる。しかし果たしてそれだけだろうか。

前述のとおり、松島氏は永正五年に西条吉良義信が三河国守護職に任ぜられた可能性を指摘されている。その後の三河国守護職に誰が補任されたのかは不明である。しかし次の事実がある。まず義元が天文十五年に三河侵攻するに際し、「御屋形様」に「御見除」を申し入れたという事実、次に上野原参会における尾張・三河両国の和睦交渉に際し、「尾張国主」の斯波氏に対抗して義元が「吉良殿」を担ぎ出しているという事実、そして永禄元年の段階でも義元が三河国守護に補任されていなかったという事実(96)である。

これは義元が西条吉良家当主である「吉良殿」を「三河国主」に擬しているためではないだろうか。実際に三河国守護職に補任されていなくても、補任されるべき家として認識していたのではないだろうか。「松平記」には「吉良殿」が「三河衆にすすめられ」て尾張国と「一味」することを義元が危惧したと記す。これも西条吉良氏当主が三河国主として三河国衆に担ぎ出されてしかるべき家であったと解釈することはできないだろうか。そして義元は三河支配につき、「吉良殿」の「三河国主」としての権威を利用しようとしていたのではないか。

しかしこの時期、義元は三河支配についての政策転換をしている。今川氏の三河支配については、東三河と西三河では違いのあったことが既に指摘されている(97)。義元は、西三河について最も有力な国衆であった松平氏についても東三河と同様にその直轄領の今川知行化や家中衆の今川直臣化を図ったが、松平宗家権力は既にその機構が解体できないほど強固なものとなっていた。このため義元は松平宗家権力の解体・再編を断念し、松平宗家を利用する政策へと転換した。この政策転換のためになされたのが弘治元年の松平竹千代の元服であったのである。(98)こうして弘治元年三月に義元は松平竹千代を元服させ、その烏帽子親となり、偏諱をして元信と名乗らせることで松平宗家と主従関係を結んだのである。

ところでこの行為は、竹千代の父広忠の代には東条吉良持広が行っていたものである。すなわち天文六年に広忠が元服した際に烏帽子親となり、一字を授けて広忠と名乗らせたのは「東条殿」である持広であった。広忠の父清康の「清」の字もまた持広の父持清の偏諱ではないか、と北村氏は推測している。(99)そうすると清康の父信忠の「信」の字も西条吉良義信の偏諱の可能性もあろう。だとすれば従来、松平宗家である安城松平氏当主は「吉良殿」「東条殿」と元服の儀式を介して主従関係の中に公式に位置づけられていたことになる。そして松平竹千代の代になって、この地位を義元が奪ったということになろう。これは「吉良殿」義安にとっては脅威であったろう。以前義元は吉良氏家督を「競望」していた、そして今度は従来の吉良氏の地位を奪って松平宗家と主従関係を結んだ。こうした行為は「三河国主」としての吉良殿の立場をないがしろにするものであると考えて義安は叛逆に踏み切ったのではないだろうか。

一方、義元の側からすれば、「三河国主」としての吉良殿の権威は想定したほどのものではなかった。家臣団の統制もままならず、上野原の和睦にも失敗した。それにひきかえ、松平宗家を中心とする松平一族の結束は固いものであった。このことは弘治合戦における青野松平氏当主である甚太郎忠茂の戦死にも見ることができる。最近の研究によると深溝松平氏当主である好景の戦死も永禄四年ではなく、実は弘治二年のこととされている。(100)そうであれば好景の戦死も「御屋形様幷竹千代丸」のために尽された忠誠であることとなる。十四松平ともいわれる松平支族のうち二つの支族の当主が弘治年間の三河国衆の反今川蜂起の鎮圧に際して「御屋形様幷竹千代丸」に忠節を尽して落命した。義元はこの事実に刮目して政策を転換した。「三河国主」の吉良殿を切り捨て、松平宗家を介しその上位者として君臨して三河支配を完全なものとする、それこそが義元の目的であった。そうして松平元信に今川一族関口氏の娘を配して今川一門に遇したのである。

義元はもう実態のない「三河国守護」の地位にはこだわらない。永禄三年五月八日に義元は朝廷から「三河守」に任じられた[101]。幕府ではなく今度は朝廷の権威を利用して三河における最高の政治的地位を獲得した。こうして義元は桶狭間に向かったのである。

八、小括

いままで言説してきたことは、従来の自治体史や先行研究と異なるところがある。これは疑問のある史料についても再検討を加えながら採用できるところは採用しようとした姿勢を取っているためと、史料についてかなり踏み込んだ解釈をしているためである。それは個々の史料から伺える事実を総合的にみて整合性のあるものとして歴史像を構築しようとしているためである。また東西吉良氏当主の人物比定についても、通説とされる自治体史や『安城市史研究』における村岡氏の論考とは異なっている。これは「松平記」などの近世史書の内容の解釈の違いによって生じているものである。従ってこの人物比定については今後新出史料によって訂正されることがあるかもしれない。それでも次の疑問は残る。なぜ義元は駿河と「度々御取合」をした義昭ではなく、義安を駿河に幽閉したのか、そして桶狭間での義元の戦死によってようやくそのくびきを脱することができた義昭がなぜ今度は駿河と三度「御取合」をせずに今度は今川方として「三州錯乱」を戦い、終には敗北して没落したのか、ということである。

註

（1）佐藤進一『南北朝期の動乱』（中央公論社、一九六五年）。
（2）『吉良町史原始・古代中世前期』（吉良町、一九九六年）。
（3）谷口雄太「足利氏御一家考」（佐藤博信先生退官記念論集　佐藤博信編『関東足利氏と東国社会　中世東国論⑤』岩田書院、二〇一二年）。
（4）『静岡県史通史編2中世』（静岡県、一九九七年）。
（5）「文安年中御番帳」（『群書類従』二十九輯、続群書類従完成会、一九七九年）所収。
（6）「今川記」（『続群書類従』二十一輯上、続群書類従完成会、一九七九年）所収。
（7）新行紀一「三河国臨済禅小史」（『臨済禅と武家の心　三河の禅林』型録、岡崎市美術博物館、二〇〇九年）所収。
（8）北原正夫・新行紀一「吉良氏の系譜と事歴」（『室町幕府守護職事其上』新人物往来社、一九八九年）所収。
（9）「建内記」嘉吉元年六月二十三日条は、吉良東条氏のことを「御一族」と記すが、これが「足利氏御一家」を指すのかは明確でない。
（10）「年中恒例記」「長録年中御対面日記」（『続群書類従』二十三輯下、続群書類従完成会、一九七九年）所収。
（11）「松平記」（久曾神昇編『三河文献集成　中世編』愛知県宝飯郡地方史編纂委員会、一九六六年）。
（12）『西尾市史古代中世・近世上』（西尾市、一九七四年）。
（13）『愛知県史資料編8中世1』（愛知県、二〇〇一年）一三二三・一三二四文書。以下、「県史八―一三二三・一三二四」と表記する。
（14）「永享以来御番帳」「文安年中御番帳」「長享元年九月十二日常徳院江州御動座当時在陣衆着到」「永禄六年諸役人附」（『群書類従』二十九輯、続群書類従完成会、一九七九年）、羽田聡「足利義晴期における内談衆編成の意義について―人的構成の検討を通じて―」

（『年報三田中世史研究』六、一九九九年）。
(15) 谷口雄太「中世吉良氏の研究」（東京大学大学院人文社会系研究科修士学位論文、二〇〇九年）なお、私は以前この文書を永正四年としたが（小林輝久彦「永正期の吉良氏」『静岡県地域史研究会報』一一六、二〇〇〇年）、これを訂正する。
(16) 北原正夫「室町期三河吉良氏の一研究」（『歴史研究』二七・二八、一九八三年）。
(17) 前掲註（8）論文。
(18) 北村和宏「吉良義尚・義元考」（『歴史研究』五、三河・遠江の史的研究会、一九九〇年）。
(19) 松島周一「永正前後の吉良氏について」（『尾張・三河武士における歴史再構築過程の研究』科学研究費補助金成果報告書　代表研究者青山幹哉、二〇〇七年）。
(20) 柳史郎「吉良氏十五代記」（私家出版、一九七七年）。
(21) 『吉良町史中世後期・近世』（吉良町、一九九九年）。
(22) 前掲註（15）谷口論文。
(23) 横山住雄『織田信長の系譜―信秀の生涯を追って―』（教育文化出版協会、一九九三年）。
(24) 北村和宏「三河吉良氏の断絶と再興」（『吉良上野介義央・義周』義周没後三〇〇年記念事業実行委員会、二〇〇六年）。
(25) 大塚勲「今川義元の三河西条城接収」（岩田選書地域の中世⑤『今川氏と遠江・駿河の中世』岩田書院、二〇〇八年）。
(26) 村岡幹生「天文年間三河における吉良一族の動向」（『安城市史研究』九、二〇〇八年）。
(27) なお、この時期の西条吉良氏当主の人物比定について北村氏はこれと異なる比定を行っており、村岡氏もこれに従うが、北村氏の比定には問題があり、ここでは採らない。小林輝久彦「永正期三河吉良氏当主の人物比定」（『静岡県地域史研究会報』一六三、二〇〇九年）参照。
(28) 前掲註（21）書。
(29) 『冷泉家時雨亭叢書十一巻　為広詠草集』（朝日新聞社、一九九四年）「自永正十八年至大永六年詠草」大永二年十月九日条・『冷泉家時雨亭叢書七十六巻　為和・政為詠草集』（朝日新聞社、二〇〇七年）「為和詠草」大永二年十月四日条。なお、為広と持清

の交流を考えると、「自永正十八年至大永六年詠草」永正十八年二月二十五日条に和歌を寄せた吉良某も持清またはその子の持広のことをさすと考えられる。
(30) 県史一〇—九六三。
(31) 県史一〇—一一四八。
(32) 「大館記（一）」（『天理図書館報ビブリア』七八、一九八二年）所収
(33) 前掲註（6）「今川記」。
(34) 「御湯殿上の日記」『群書類従補遺』（続群書類従完成会、一九三四年）大永七年九月六日条・享禄三年三月四日条、「後法成寺関白記」（『陽明叢書』思文閣出版、一九八八年）大永六年正月六日条、享禄二年二月七日条、同月十六日条、享禄四年四月二十日条
(35) 「大館常興日記」（『続史料大成』第十五巻、臨川書店、一九七八年）。
(36) 水戸藩士の浅羽昌儀（一六五六〜一七二八）が編纂した系図集である「浅羽本吉良系図」は、義郷につき「天文九子四月二十三日討死」と記す。また、寛文四年（一六六四）に播磨国姫路藩主榊原忠次が編纂した近世史書である「御当家紀年録」は、義郷の戦死を「（天文九年条）四月二十三日三州西城守護吉良義郷討死」と記す。
(37) 西尾市下矢田町養寿寺が所蔵する吉良系図で、江戸幕府旗本家吉良氏の子孫吉良太郎義道氏が所持していた系図である。成立年代は不明だが、豊橋市美術博物館の「大河内家文書」二四八六にこれとほぼ同じ「吉良家系図」が収録されており、その記述が江戸期の高家職にあった吉良上野介義央が天和元年に勤めた朝鮮通信使の接待の記事で終わっていることから、この頃までには成立していたものと見える。その全文は『西尾町史上巻』（西尾町、一九三三年）に翻刻されているが、一部脱漏があるので注意が必要である。
(38) これは、『西尾町史上巻』が、諸説の多い義郷の末路につき諸史料を考察して出した結論でそれを踏襲しているものである。しかし、この出処は磐城森山藩主の松平頼寛（一七〇三〜一七六三）が編纂した「大三河志」に拠るものである。
(39) 『新編岡崎市史中世2』（岡崎市、一九八九年）。

(40) 有光友學『人物叢書今川義元』(吉川弘文館、二〇〇八年)、大塚勲前掲註(25)著書。
(41) 前掲註(15)谷口論文。
(42) 『愛知県史資料編10中世3』一三二八号文書(以下、県一〇―一三二八と表記する)。
(43) 県史一〇―一四二一。
(44) 県史一〇―一三五〇。
(45) 県史一〇―一三五一。
(46) 前掲註(39)書。
(47) 前掲註(24)北村論文。
(48) 『新編岡崎市史史料古代中世6』(岡崎市、一九八三年)。
(49) 『静岡県史資料編7中世三』一九四一号文書(静岡県、一九九四年)。
(50) 県史一〇―一七〇六。
(51) 横山住雄(『織田信長の系譜―信秀の生涯を追って―』一九九三年)。
(52) 前掲註(26)村岡論文、小林輝久彦「駿遠軍中衆矢文写について」(『静岡県地域史研究会報』一三〇、二〇〇三年)。
(53) 前掲註(32)「大館記(一)」。なお関東吉良氏の例であるが、宛所を「謹上吉良殿御宿所」とするものとして「里見家永正元亀年中書札留抜書」(『千葉大学人文研究』一七、一九八八年)がある。
(54) 県史一〇―一四一七。
(55) 県史一〇―二二一一。
(56) 新行紀一「三河浄土宗教団小史」(『三河浄土宗寺院の名宝―浄土へのいざない―』型録(岡崎市美術博物館、二〇一一年)所収。
(57) 前掲註(24)村岡論文。
(58) 県史一〇―一六九九・一七〇〇・一七〇一・一七〇四。
(59) 大塚勲「端城ということ」(『古城』三八、一九九三年)。

(60) 鈴木とよ江「西条城から西尾城―発掘調査の結果からみた歩み―」(『シンポジウム戦国から織豊、そして近世城郭への道』愛知中世城郭研究会、二〇一一年)所収。
(61) 県史一〇―一九七七。
(62) 村岡幹生「新出の今川氏真判物と桶狭間合戦前後の高橋郡」(『豊田市史研究』二、二〇一一年)。
(63) 県史一〇―一八一〇。
(64) 『吉良の人物史』(吉良町、二〇〇八年)、『浜岡町史通史編』(御前崎市、二〇一一年)。
(65) 『戦国遺文今川氏編第一巻』(東京堂出版、二〇一〇年)所収三四八「八幡八幡宮奉加帳写」。
(66) 県史―一八九五、『西尾資料叢書一　鈴木家文書』(西尾市教育委員会、一九九四年)。
(67) 前掲註(37)「養寿寺本吉良系図」、「吉良系図」(『続群書類従』五輯上　系図部、続群書類従完成会、一九二五年)所収。
(68) 有光友學「史料紹介江川文庫蔵後北条氏発給文書等の紹介」(『古文書研究』七〇、二〇一〇年)、小林輝久彦「弘治年間の三河吉良氏―新出史料の江川家文書の検討を通じて―」(第三六三回戦国史研究会報告要旨『戦国史研究』六〇、二〇一〇年)。
(69) 県史一〇―一九七六。
(70) 前掲註(32)「大館記(一)」。
(71) 県史一一―五〇。
(72) 『刈谷市史第二巻近世』(刈谷市、一九九四年)。
(73) 県史一〇―二〇〇七。
(74) 県史一〇―二〇一二。
(75) 県史一〇―二〇三〇。
(76) 県史一〇―二〇四七。
(77) 村岡幹生「今川氏の尾張進出と弘治年間の織田信長・信勝」(『愛知県史研究』一五、二〇一一年)。
(78) 県史一〇―二〇五〇。

(79)『新編安城市史1通史編　原始・古代・中世』（安城市・二〇〇七）。
(80)奥野高広・岩沢愿彦校注『信長公記』首巻（角川日本古典文庫、一九六九年）、県史一一―一七九。
(81)下村信博「足利将軍家御一家石橋氏と尾張戸（富）田荘」（『名古屋市博物館研究紀要』二三、一九九九年）、「尾張国海東・海西郡と勝幡系織田氏」（『名古屋市博物館研究紀要』二八、二〇〇四年）、谷口雄太「都鄙における御一家石橋氏の動向―室町期を中心に―」（『静岡県地域史研究会報』一八一、二〇一二年）。
(82)前掲註（39）書。
(83)加藤友康・由井正臣編『日本史文献解題辞典』（吉川弘文館・二〇〇〇）「まつだいらき　松平記」の項。
(84)前掲註（83）書「みかわものがたり　三河物語」の項によると草稿本は元和八年に成立していたとされる。
(85)前掲註（67）「吉良系図」
(86)大嶌聖子「近世初頭江戸幕府における三河吉良氏の位置」（『愛知県史研究』第十二号、二〇〇八年）。
(87)『寛永諸家系図伝』第二（続群書類従完成会、一九八〇年）。
(88)前掲註（21）書。
(89)後藤氏歴代の仮名は「九郎」、官途は「左京亮」、受領名は「能登守」「佐渡守」である。小林輝久彦「三ヶ日の後藤氏―蔭涼軒日録にみる幕府奉公衆の系譜―」（『静岡県地域史研究会報』一六八、二〇一〇年）参照。
(90)県史一〇―二〇七〇・二〇七一及び前掲註（24）北村論文参照。
(91)県史一〇―二一一三。
(92)県史一〇―二〇九三。
(93)県史一〇―二一一七・二一三五。
(94)県史一〇―二一一一。
(95)県史一一―一五五、ただし注釈に「この文書は検討の余地がある」とする。これは文書の内容が、形原松平氏の所領である形原地内においての戦闘に対し吉良氏が感状を出すという違和感からくるものであろう。しかし江川文庫蔵今川義元書状にあるように形原は本来吉良氏の支配下にあったものとみられるから、この文書を「疑問」とするには再考が必要である。このほか小林輝久彦「三州錯乱における松崎城」（『静岡県地域史研究会報』一六五、二〇〇九年）参照

(96) 有光前掲註（40）著書。
(97) 久保田昌希「戦国大名今川氏の三河侵攻」（『駿河の今川氏』第三集、一九七八年）。
(98) 平野明夫「今川氏と松平氏」（『戦国期静岡の研究』清文堂出版、二〇〇一年）所収。
(99) 前掲註（24）北村論文。
(100) 『戦国人名辞典』（吉川弘文館、二〇〇六年）「まつだいらよしかげ」の項・澤田善明執筆。
(101) 県史一一―八。

Ⅶ

一五五〇年代の東美濃・奥三河情勢
――武田氏・今川氏・織田氏・斎藤氏の関係を中心として

小川　雄

はじめに

近年、戦国大名武田氏の東美濃経略に関する研究が著しく進展している。そこで、平山優氏・丸島和洋氏・横山住雄氏・小笠原春香氏・柴辻俊六氏などの成果[1]に学びつつ、武田氏が東美濃に進出していく過程を簡略に整理してみたい。

武田氏の勢力拡大は、天文末年から東美濃方面にまで及び、美濃遠山氏の帰属などをめぐって、斎藤道三・義龍との緊張関係が形成された。また、織田信長が美濃国に進出していくと、やはり東美濃において武田・織田両氏の競合関係が生じ、一旦は当該地域を両属とする協調関係が成立した。しかし、元亀年間から織田方は東美濃の支配強化を志向し、さらに武田氏も元亀三年（一五七二）に徳川領国への侵攻を開始するとともに、東美濃では岩村遠山氏の従属を受容して同地域に軍勢を派遣しており、武田氏と織田氏の関係は、協調から破綻に転じることになった。

このように、武田氏の東美濃経略は、斎藤氏や織田氏との対立を招く要因となり、外交・軍事に多大な影響を与えた。だが、永禄末年までの武田氏は、北信濃や西上野を主戦場としており、本来、東美濃への進出は、副次的な戦略であったと考えられる。そこで浮上するのは、武田氏は何故に東美濃経略に着手することになったのかという問題であり、その解明には、今川氏の三河国進出との関連付けが不可欠ではないかと、筆者は認識している。

武田氏と今川氏は、今川義元の家督相続後に同盟・姻戚関係を結んでいたが、さらに天文二十一年（一五五二）以降は、武田義信（晴信嫡子）が義元息女（嶺松院殿）と結婚し、より一層の関係強化がはかられた。そして、天文末年から永禄初年とは、今川氏が奥三河経略を課題とした時期であり、武田氏の勢力が、伊那・木曽地域から東美濃へ及んでいった時期とある程度符合する。

本稿は、武田氏の東美濃経略と今川氏の奥三河経略について、美濃斎藤氏・尾張織田氏の対応も絡めて考察し、武田氏が東美濃経略に着手した意図、そして武田氏の外交・軍事において、東美濃問題がいかなる変貌を遂げていったのか、その分析を目的としたものである。

一、武田氏・今川氏の西進

今川義元の三河国侵攻は、天文十五年（一五四六）以降に本格化し、天文十八年までに田原戸田氏・岡崎松平氏・西条吉良氏などを服属させ、さらに安城攻略によって、織田信秀の三河国進出を挫いた。次いで今川氏は、天文十九年から翌年にかけて尾張国にも侵攻し、水野氏から苅屋城を奪取するなどの成果をあげた(2)。また、この間に後奈良天皇や将軍足利義藤（義輝）による和平調停が進行し、天文二十年七月までに停戦が成立した(3)。同年十二月になると、今川方は織田信秀の「懇望」を名目にして、苅屋水野氏を「赦免」するとともに、鳴海城の山口左馬助に「味方筋之無事」を依頼した(4)。鳴海山口氏を通じて、水野氏の苅屋城復帰、今川方に帰属した尾張国衆の身上保証が交渉されたのであろう。

なお、この和平交渉には、南近江の六角定頼も介在していた。近衛稙家（義藤叔父）は「就土岐美濃守（頼芸）入国之儀、尾州織田備後守令相談□（候）由候」として、今川方に織田方との停戦維持を要請し、委細を六角定頼の使僧春蔵主に説明させている。[5] 当時、美濃守護土岐頼芸は斎藤道三によって追放され、六角氏はその頼芸を庇護していた。そこで、六角定頼は織田信秀に依頼して、道三に頼芸の美濃国復帰を働きかけようと望み、今川氏の尾張国侵攻を停止させる必要が生じたのであろう。[6] つまり、今川・織田両氏の和平は、政情の安定を望む足利義藤、土岐頼芸の復権をはかる六角定頼、今川・織田両氏の「境目」となった鳴海地域の被害を避けようとした山口左馬助の仲介で実現したことになる。

ところで、今川義元が織田信秀と停戦するだけでなく、大幅な譲歩（苅屋水野氏の赦免など）を見せたことは、三河方面の情勢が関連していると考えられる。ほぼ同時期（天文二十年十二月）に松平（青野）甚二郎の「逆心」が露顕し、[7] 松平（大給）親乗も同調するなど、[8] 永禄初年まで繰返される動乱の予兆が萌芽していたのである。こうした状況に対応するには、前線の整理や、織田氏・水野氏との関係調整が不可欠となったのであろう。[9]

しかし、織田家中では、天文十八年から信秀・信長父子の間で権力移譲が進んでおり、[10] さらに天文二十一年三月に信秀が死去すると、信長は翌月に今川方への通謀を理由に山口左馬助を攻撃した。[11] 同年九月には、今川方も尾張国八事に出兵しており、[12] 今川氏と織田氏の停戦は、一年も満たずに破綻することになった。両氏の和平は、織田方が土岐頼芸の復権を周旋することを成立因子の一つとしたが、斎藤道三は土岐小次郎（頼芸子息）の身上こそ保証した[13]ものの、頼芸の帰国は承認していなかった。今川氏との和平維持は、頼芸復権交渉の継続と同義であることから、斎藤氏との関係悪化を招く危険性を孕んでおり、道三の女婿にあたる信長としては、容認し難い路線であったと考えられる。

天文二十二年四月、織田信長は斎藤道三と正徳寺で会見したが[14]、対今川氏戦争を遂行すべく、岳父道三との提携関係を深め、その軍事支援を引出すための行動であろう。天文二十三年正月、信長は今川方の尾張村木砦を攻略するにあたって、道三から援軍を得ており[15]、斎藤・織田両氏の関係は、今川氏を共通の敵とする軍事同盟に移行したと考えられる。こうした状況について、後に武田晴信は「尾州《織田氏》・井口《斎藤氏》、只今対今川《義元》当敵」と表現している[16]。

さて、武田氏と今川氏の間で、晴信嫡子（義信）と義元息女（嶺松院殿）の婚礼準備が進むのは、天文二十年四月以降であり、翌年十一月に婚儀が執行された。今川氏としては、西進（三河・尾張侵攻）が急速に進み、織田氏との停戦を試みつつ失敗するという状況の中で、武田氏との同盟強化には成功したことになる。

この婚姻との相関性は明確でないものの、武田氏は天文二十三年に信濃国で佐久・伊那・木曽三郡に及ぶ攻勢を発起しており、武田義信もこの時に初陣を果たしたとされる[17]。さらに同年九月に、武田晴信は今川方の遠江国衆天野景泰に伊那郡の制圧を報じ、以後は「近所」として頻繁に連絡し合うことを申入れた[18]。伊那・木曽地域への侵攻とは、武田氏の領国を西方に拡大させる行動であり、とくに伊那郡は駿河国・遠江国・三河国と隣接していることから、三国を勢力圏とする今川氏との協調は、より重要な課題となったはずである。そこで、今川義元の婿である義信を、軍事作戦の前面に押出したのではないだろうか。

また、天文二十三年の攻勢によって、伊那・木曽地域では、多数の国衆が武田氏に帰順しており、とくに下条氏（吉岡城主）の服属は、武田氏の勢力が東美濃にまで及ぶ発端ともなった。

【史料二】天文廿三年極月廿日付・武田晴信判物写[19]

知久平之内、如濃州上村之郷、所務相渡候、若有不足之儀者、重而可加下知者也、恐々謹言、

天文廿三年極月廿日　　晴信

下条兵庫助（信氏）殿

下条信氏に対して、知久平の内で美濃国上村郷のように「所務」を給付すると通知した文書である。下条氏が美濃国内にも所領を有し、すでに武田氏から安堵されていたことを確認できる。

また、天文二十四年正月には、東美濃の岩村遠山氏が、武田晴信の禁制を大円寺に掲げたとされ[20]、その前後より武田氏を上位権力として仰ぐようになったと見られる。さらに後述する経緯から、苗木遠山氏も天文二十四年までに武田方に帰順したと考えられる。天文二十三年の攻勢は、武田氏勢力を急速に西進させ、東美濃においても、武田氏に服属する勢力を続出させたのである。

二、武田氏・斎藤氏の対立と三河国動乱

武田氏の東美濃進出は、天文二十四年（一五五五）から美濃斎藤氏との緊張・敵対関係を生じさせることになった。

【史料二】（天文二十四年）八月十八日付・武田晴信書状[21]

追而、先日調候井口（斎藤）へ之書状、早々可被遣歟、

大島へ之注進状披読、如文章者、従井口（斎藤）相揺之由候、因茲其元之備無心元候、雖然大井徒就相揺者、定而急度可引退候哉、其上之行、各遂談合、無聊爾様ニ備専用ニ候、毎時無表裏可被申談候、自何伊那郡衆更不見届人数ニ候条、悉皆肝煎不可有油断候、猶相替儀、急度注進待入候、恐々謹言、

八月十八日（天文二十四年）　晴信（武田）（花押）
秋山善右衛門（虎繁）尉殿
室住豊後（虎光）守殿

【史料二】において、武田晴信は斎藤氏（「井口」）の攻勢にあたり、現在の「備」では不安があるとしつつも、「大井徒」（甲斐国西郡の大井氏、あるいは信濃国佐久郡の大井氏）を増援とすることで、斎藤方を撤退させようとしている。また、伊那郡の国衆が十分な兵力を供出していないとして、秋山虎繁・室住虎光に「肝煎」を求めた。両人とも武田氏譜代の重臣であり、斎藤方の動静を大島城に注進したように、伊那郡または東美濃に出向し、斎藤氏の軍事行動を監視・抑止する任務についていたのであろう。

【史料二】の年次について、丸島和洋氏は天文二十四年に比定しているが、筆者としても、【史料三・四】や美濃国の政治情勢と関連付け、天文二十四年説を採るべきと考えている。

【史料三】（天文二十四年）九月廿七日付・武田晴信書状写[22]

就高森之儀、□□□預御飛脚候、祝着存候、諸口御味方相調、城中堅固之由肝要候、仍尾州（織田氏）・井口（斎藤氏）、只今対今川（義元）
当敵之儀、晴信（武田）駿州へ入魂之事者、可有御存知候歟、若高森之城、尾州・井口へ有御渡者無曲候、其御分別尤候、
猶自甘利藤三所可申候、恐々謹言、
追而、御用之子細候間、以中村美作守申候、御同心可被□候、
九月廿七日（天文二十四年）　晴信（武田）（花押影）
木曽中□大輔（義康）殿

【史料三】の晴信書状は、苗木遠山氏の高森城が、織田氏（「尾州」）・斎藤氏（「井口」）に奪取される事態を防ぐために、木曽義康などを動員して、高森城の支援体制を構築しようとしたものである。また、晴信は斎藤氏・織田氏について、今川氏の「当敵」とする認識を提示しており、武田氏・今川氏の西進に対し、斎藤氏・織田氏が連携して抗おうとする状況も看取できる。

但し、【史料二】追而書によると、武田晴信は「井口へ之書状」を用意しており、斎藤氏との通信を試みようとしていた。すでに天文二十二年から北信濃をめぐって越後長尾氏と敵対し、天文二十四年八月当時も第二次川中島合戦が進行中だったことから、対斎藤氏戦争は回避しようとしたのであろう。ところが、斎藤氏は交渉に応じず、むしろ織田氏と結び、東美濃で武田氏と対決しようとした結果、【史料三】の状況に至ったと考えられる。

こうした斎藤氏の強硬姿勢は、奥三河における反今川派勢力と、これに与同した美濃遠山氏の動向から理解することもできる。

【史料四】（天文二十四年）九月十六日付・今川義元判物(23)

鱸兵庫助小渡依取出、為普請合力岩村衆并広瀬右衛門大夫令出陣、右衛門大夫去八日令帰陣処、阿摺衆馳合遂一戦、手負数多仕出、安藤藤三・深見与三郎両人者、安藤新八郎・同名宗左衛門討捕之段感悦也、此外七日・八日両日ニ於明智、近所通用之者討捕、手負数多仕出ニて是又粉骨也、同名権左衛門・横山九郎兵衛・鱸与八郎・阿摺衆神妙之旨可申聞、弥当口之儀無油断可被異見事専一也、仍如件、

（天文二十四年）
九月十六日　　　　義元（今川）（花押）

原田三郎右衛門尉殿

簗瀬九郎左衛門尉殿

【史料四】によると、天文二十四年九月初頭頃に「鱸兵庫助」（足助鱸氏）が小渡に進出し、「岩村衆」（岩村遠山氏）と「広瀬右衛門大夫」（広瀬三宅氏）も「普請合力」のために出陣している。また、今川方の阿摺衆は、同月八日に広瀬右衛門大夫を追撃し、並行して「明智」（明智遠山氏）を攻撃したという。奥三河の反今川派国衆は、岩村遠山氏・明智遠山氏と連携して今川氏に抵抗しており、美濃国までが戦場となっていたのである。小渡は三河・美濃両国の境界付近に立地しており、美濃遠山氏の奥三河出兵を中継する拠点として、砦の普請がおこなわれたと見られる。

さらに九月十四日には、今川方も遠江国衆（犬居天野氏・二俣松井氏など）まで動員し、「諸手」によって松平（大給）親乗を攻撃している。[24] 鱸兵庫助は松平親乗の異父弟であり、[25] 今川方の軍事行動（大給松平氏討伐）を牽制すべく、美濃遠山氏を奥三河に引入れようとしたと考えることもできる。このような状況によるものか、大給松平氏は「先勢」の天野景泰・藤秀などを負傷させ、今川方の攻勢を退けた模様である。奥三河では、大給松平氏・足助鱸氏が軸となり、同地域の広瀬三宅氏や、東美濃の岩村遠山氏などを巻込み、反今川派勢力を形成していたのであろう。

なお、岩村遠山氏の当主景前は、嫡子景任の妻に織田信秀の姉妹を迎えており、[26] 東美濃・奥三河の反今川派勢力をして、織田信長・斎藤道三の同盟と結合させる媒介となりうる存在でもあった。信長・道三が苗木遠山氏を攻撃する機会を窺ったのは、今川方と敵対する岩村遠山氏・明智遠山氏を支援しての行動と考えられる。武田氏は天文二十四年初頭までに岩村遠山氏を帰順させながら、その自立的な行動を統制できず、「入魂」であるはずの今川氏の三河国経略に相当の支障を生じさせていたことになる。

東美濃における武田氏の統制不全は、前述した第二次川中島合戦との関連性が想定される。つまり、武田晴信は同年四月から閏十月まで、川中島で長尾景虎と対陣しており、東美濃方面に十分な影響力を行使できる状況ではなかったのである。

この第二次川中島合戦は、今川義元の調停によって終息したが、義元の意図も、やはり東美濃・奥三河の情勢と密接な関係にあったと理解すべきである。元来、義元の和平仲介は、九月の奥三河動乱よりも先行して、七月以前から始まっていた。動乱の誘因と見られる大給松平氏討伐は、遠江国衆も出動しての大規模攻勢であり、今川方は美濃遠山氏の介入をある程度予期し、長尾景虎との敵対を解決することで、武田氏の関心を西部方面に誘導し、かつ美濃遠山氏の行動を掣肘させ、東美濃・奥三河に跨る反今川派勢力の地域的連帯を分断しようとしたのであろう。

だが、第二次川中島合戦の和平交渉は、七月頃に一旦頓挫していた。当時、武田晴信は長子義信について「今川殿之為忘父子之契約候」と評価し、自身も「五郎殿《（今川氏真）》之為伯父ニ候」と称しつつも、現状を「和睦之沙汰態一切停止之」と述懐した[27]。今川氏との友好に配慮しながら、北信平定をより優先させた態度と考えられる。晴信・義信の間に、対今川氏関係をめぐる齟齬が萌芽していたことを窺わせる文言でもある。その後、同年八月より東美濃情勢が緊迫した結果、晴信は長尾氏との講和を望み、義元の調停を受容して、閏十月に和平を実現したと理解することもできる。

このように、東美濃・奥三河では、武田・今川両氏と斎藤・織田両氏の対峙という構図が生じようとしていたが、天文二十四年のうちに政情は急転していった。同年十月以降、斎藤家中では、道三・義龍[28]父子の内訌が勃発し、翌弘治二年（一五五六）四月の長良川合戦にて、義龍が道三を討滅したのである。

勝俣鎮夫氏は斎藤道三の滅亡について、失政から家中の支持を喪失した可能性を指摘しているが[29]、織田信長との同盟に深入りして、武田氏・今川氏との敵対という苦況を招いたことも、失政の一つに数えるべきかもしれない。そして、斎藤氏がこの危機を克服するには、信長との同盟継続は障害となり、信長を擁護する道三を暴力的にでも排除する必要があったとも考えられる。

なお、三河国の動乱は、斎藤氏が内訌に陥った時期にも継続していた。弘治二年二月二十日には、保久・大林などの合戦で、松平忠茂（今川方）が討死しており[30]、さらに三月には、織田信長が荒川城に向かって進撃し、野寺原で今川軍と交戦した[31]。前年に比して戦域が南下、かつ織田軍が西三河に侵入するなど、反今川派勢力が優勢に立っていたことを確認できる。

こうした状況は、東三河にも少なからぬ影響を及ぼしたと見られる。同地域の田峰菅沼氏においては、すでに天文二十二年の段階で、今川方に対する「逆心」が「年来」に及ぶ勢力が一族中に存在しており[32]、弘治元年になると、惣領の定継も反今川方に転じた[33]。加えて作手奥平氏の家中でも、親今川方の定勝と反今川方の定能が、弘治二年に父子で抗争する事態に至っている[34]。

菅沼定継・奥平定能の行動は、前年から続く今川方の苦境を前提としていたと考えられるが、前年とは違い、三河国外の勢力が介入に出ることはなかった。美濃遠山氏については、川中島合戦を一旦収拾した武田氏が東美濃に対する統制を強め、積極的な反今川派活動を展開できなくなったと見られる。尾張織田氏においても、弘治二年四月の斎藤道三滅亡により、信長の立場が動揺して、弟信成（信勝）との対立が顕在化し、両勢力は同年八月に稲生合戦を勃発させた。この緊張関係は、永禄元年（一五五八）十一月に信長が信成を謀殺するまで続き、織田方の優勢は、弘治二年三月の野寺原合戦を絶頂として失速していったのである。

このように、織田氏・遠山氏の三河国に対する干渉が鈍化したことで、菅沼定継・奥平定能の動向とは裏腹に、従前の反今川派勢力は退潮した。足助鱸氏は弘治二年後半までに今川方に帰順し、一族の藤三郎は親今川方として田峰菅沼氏の内訌に参戦した。[35]松平親乗についても、弘治三年正月に駿府出頭が確認され、[36]やはり弘治二年中に今川方に帰順していたはずである。

これにより、今川方は作手奥平氏・田峯菅沼氏の内訌制圧に傾注できるようになった。弘治二年八月には、小笠原氏興（遠江馬伏塚城主）などが作手方面に出動している。[37]また、田峯菅沼氏の家中でも、同年九月に菅沼定氏（定継弟）などが親今川派の林左京進などに内通し、惣領定継と敵対する状況に至った。[38]

なお、今川氏は武田氏にも奥三河出兵を依頼したと見られる。

【史料五】弘治三年正月二日付・武田晴信書状写[39]

旧冬三州武節谷へ遣士卒砌、別而捺之由候、忠信無比類候、猶以戦功可為肝要候、恐々謹言、

弘治三年正月二日　　晴信御朱印

下条兵部少輔殿

【史料五】から、武田氏が弘治二年冬に信濃国伊那郡から下条氏などを三河国武節谷に出動させたことが判明する。武節谷には、田峯菅沼氏の持城が存在しており、[40]同氏の支配領域に対する軍事行動であったと考えられる。武田氏の武節出兵は、田峯菅沼氏・作手奥平氏の内訌に際会し、今川方と連携して、とくに菅沼定継の勢力を挟撃するための軍事行動であろう。

さて、作手奥平氏・田峯菅沼氏の内訌は、武田軍の参戦も相俟って、親今川派優勢に進行し、弘治二年十月に今川義元は奥平定勝の「懇望」を容れ、定能の赦免を承認した。[41]菅沼定継についても、籠城中の布里を林左京進などに攻

撃され(42)、同年十二月までに親今川派が「山中」（田峯菅沼氏の領域か）をほぼ制圧した(43)。

斎藤道三の滅亡を機として、奥三河の反今川派勢力は国外の支援を失い、ごく短期的ながら鎮静されたのである。

三、永禄初年の東美濃・奥三河情勢

道三の死後、斎藤氏は一転して織田信長と敵対するようになったが、武田氏との緊張関係も依然として継続していた。

【史料六】六月十七日付・武田信玄書状(44)

自井口（斎藤義龍）働之由注進候間、則信州衆申付、可立遣之仕度専一候キ、其上及十日令長陣者出馬、遂一戦之旨談合議定候処、無功退散、先以心地好候、於向後者、其身上無二二可見続心底候、加勢・城米等無隔心可被申越候、委曲長延寺（師慶）・甘利（昌正）可申候、恐々謹言、

六月十七日　信玄（武田）（花押）

長井隼人殿

【史料六】によると、武田氏は斎藤義龍を共通の敵として、長井隼人と結び、状況次第では、「信州衆」の派遣に加え、信玄本人の美濃出馬まで検討していたことを確認できる。また、斎藤方が攻勢を中止した後も、長井隼人への支援を維持して、その要請に応えて援兵・兵糧などを提供する姿勢も示している。

長井隼人は斎藤義龍の叔父、あるいは庶兄とされ、道三討滅時には義龍を補佐した(45)ものの、後に義龍と訣別し、永禄四年（一五六一）五月に義龍が死去して、その後継龍興と同年六月に和解するまで、斎藤氏とは敵対関係にあった(46)。

長井隼人の居城は、金山城とも関城ともされるが[47]、いずれも中美濃に位置しており、武田氏は道三生前よりも美濃情勢に深入りしていたことになる。

ところで、【史料六】の発給時期は、①武田晴信が「信玄」を号する時期（永禄元年十二月以後）、②長井隼人が斎藤氏と敵対していた時期（永禄四年六月以前）、③信玄自身が美濃方面に「出馬」しうる時期から、永禄二年六月から同四年六月までと想定される。この年次比定と関連して、次の文書にも注目すべきである。

【史料七】十一月廿三日付・織田信長書状[48]

先度者陣中江御使本望候、仍雖不思召寄事候、大鷹所望候、誰々就所持者御調法候而、可被懸御意候、猶垣原新右衛門尉可申候、恐々謹言、

（永禄元年カ）十一月廿三日　　信長（織田信長）（花押）

秋山善右衛門尉（虎繁）殿

御宿所

軍事行動中の織田信長が、武田方の秋山虎繁から「御使」を送られたことを謝すとともに、「大鷹」を所望した文書であり、信長・虎繁の間で、すでに幾度かの通信が重ねられていたことを示唆する内容である。なお、【史料七】の発給時期については、花押の形状から永禄元年頃に比定されている。

秋山虎繁は武田氏の伊那郡支配を担う立場にあり、【史料二】に見られるように、斎藤氏の軍事行動への対処にも責任を負っていた。道三滅亡後も斎藤氏との緊張が解消しない状況にあって、義龍と敵対する織田信長との交渉ルートを開設したのであろう。信玄周辺の意向に基づく行動か否か、明確ではないが、少なくとも極端に乖離していない

と考えられる。

これらの状況は、斎藤氏が外交的孤立に陥る一因となった。

【史料八】永禄三年七月廿一日付・六角承禎条書案(49)（抄）

義弼（六角）自然之時、為合力、従井口（斎藤義龍）可有出勢と、各被存候哉、頸ニ綱を付而も不可出候、その故ハ越州（朝倉義景）・尾州（織田信長）を左右ニ置、

遠山初而東美濃を跡に置、人数出儀不可成候、さ候へハ、此国用ニ何として可立候哉、

永禄三年当時、南近江の六角義弼は、斎藤義龍との同盟を模索していたが、父親の承禎はこの路線を批判し、斎藤氏は越前朝倉氏・尾張織田氏や美濃遠山氏などと敵対しており、効果的な連携は期待できないという情勢分析を示した。武田氏（あるいは秋山虎繁）と交信する織田信長、従前から武田氏に服属していた美濃遠山氏、さらに義龍と訣別して武田氏の支援を受ける長井隼人の存在によって、武田氏は信玄本人の美濃出馬を実行するまでもなく、斎藤氏の封じ込めに成功したのである。

なお、武田氏の対織田氏接近は、今川氏に対する背信行為と同義ではない。『信長公記』によると、某年四月上旬に織田信長は尾張守護に擁立していた斯波義銀を帯同して三河上野原に出張し、今川氏が三河吉良氏惣領に擁立する義昭と会見させている(50)。『公記』はこれを「御無事御参会」と表現しており、今川氏との停戦交渉を意味する挿話と見られる。同会見の時期は、弘治三年と考えられるが(51)、同時期の織田家中では、信広（信長兄）・信成（信長弟）が斎藤義龍と結んで信長に対抗する動きを見せており(52)、信長には対今川氏戦争を回避する必要があった。弘治三年以降、今川・織田両氏の戦闘は、永禄二年後半まで確認できなくなる。この空白を和平成立の結果と理解するならば、武田氏の外交において、対今川氏同盟・対織田氏接近は矛盾しなかったはずである。

むしろ問題とすべきは岩村遠山氏の動向である。奥三河の動乱は、永禄元年に再発しており、同年正月に設楽郡足込の河合源三郎が「逆心」して「敵」を「引入」れ、[53]二月までに寺部城の鱸日向守も反今川方となった。[54]寺部城は間もなく今川方に占領されたが、[55]三月には、菅沼定継が河合源三郎と結び、設楽郡長峰の伊藤貞守屋敷を攻撃しており、[56]四月までに寺部城も鱸日向守に奪回された。[57]この反今川派勢力の再起は、天文二十四年の奥三河動乱と同じく、国外勢力の動向が絡んでいたと思われ、五月に岩村遠山氏が岩小屋（菅沼定継の属城か）の後詰として三河国名倉まで出兵し、今川方の作手奥平氏と交戦した。[58]

第二次川中島合戦で一旦和睦した後も、武田氏・長尾氏の関係は好転せず、永禄元年二月頃にも、信越国境で戦闘に及んでいた。その結果、武田氏の関心は北信方面に再び偏り、東美濃に対する統制力は相対的に弱まって、岩村遠山氏にとっては、奥三河への干渉を再開することが可能な状況が現出したのであろう。

但し、天文二十四年とは違い、岩村遠山氏の矛先は、加茂郡ではなく設楽郡に向けられた。かつて提携していた足助鱸氏は、今川方に帰順しており、同じく広瀬三宅氏は、鱸日向守と結んだものの、四月二十四日に今川方の岡崎松平氏・上野酒井氏に撃破されていた。[59]そのため、小渡砦のような橋頭堡も確保できず、反今川派勢力が残存する奥三河東部に出兵したものと考えられる。

このように、武田・今川両氏の同盟関係において、東美濃で武田氏に服属しながら、奥三河で反今川派活動を展開する岩村遠山氏の存在は、少なからず瑕疵になっていたが、さらに永禄二年に入ると、今川・織田両氏の和平も破れ、[60]尾張大高城を中心に軍事衝突が再開された。[61]武田氏にとっては、織田氏との交信が、今川氏との同盟に抵触しうる事態に至ったのである。永禄三年の桶狭間合戦で今川義元が敗死すると、この矛盾はより深刻化する。すなわち、織田信長の勢力が拡大し、東美濃方面にも進出したことから、武田氏は織田氏と同盟を結んで、東美濃での軍事衝突を避けたものの、今川氏との関係は冷却から破綻に向かうのである。

おわりに

武田・今川両氏の関係において、一五五〇年代とは、同盟の強化と勢力の西方拡大が実現した時期に該当する。とくに武田氏は、天文二十三年（一五五二）の攻勢で伊那・木曽地域を制圧したが、隣接する東美濃の遠山一族も、武田氏に服属するようになった。また、伊那郡域には下条氏のように、美濃国内に所領を有す国衆が存在しており、そうした権益を保障するうえでも、武田氏は東美濃に関わらざるをえなくなった。

一方の今川氏については、天文十九年から翌年にかけ、尾張国内へ侵攻したものの、以後は三河国衆の反抗や内訌に直面し、その西進は著しく停滞した。また、尾張の織田信長も、美濃の斎藤道三から助力を得て、今川氏に対する反撃を展開していた。

斎藤氏の織田氏支援は、東美濃方面で武田氏勢力に挑戦する方向にも作用し、武田・今川同盟と斎藤・織田同盟が、東美濃・奥三河で対峙した時期すらある。殊に斎藤氏は、道三・義龍抗争を経て、織田氏と断交した後も、武田氏との敵対関係を継続した。

武田氏も、当初は斎藤氏との敵対を回避しようとしたものの、やがて斎藤義龍に対抗する長井隼人や織田信長と結び、従属下にある美濃遠山氏も加え、斎藤氏の東美濃に向けての軍事行動を抑制するようになった。本来、武田氏の東美濃経略とは、伊那・木曽地域の平定に付随する形で生じた課題だったが、領国西方に無視しえぬ緊張を抱え込む結果を招いたのである。

また、美濃遠山一族のうち、岩村遠山氏は尾張織田氏と婚姻関係にあり、かつ奥三河の反今川派国衆（足助鱸氏など）と地域的連帯を形成していたと思しく、越後長尾氏との戦争によって、東美濃方面で武田氏の統制力が弱まると、しばしば奥三河に出兵して今川方と交戦した。

このように、武田氏が従属国衆の反今川派活動を満足に抑制できず、かつ織田信長と交信を持つという状況は、今川氏との友好関係に支障を生じさせる可能性を孕んでいた。後年の信玄・義信抗争や今川氏との断交に至る要因は、すでに一五五〇年代から形成されていたと位置付けることもできるだろう。

註

（1）平山優『川中島の戦い』上・下（学研M文庫、二〇〇二年）、丸島和洋「信玄の拡大戦略　戦争・同盟・外交」（柴辻俊六編『新編武田信玄のすべて』新人物往来社、二〇〇八年）、横山住雄①『武田信玄と快川和尚』（戎光祥出版、二〇一一年）、②『織田信長の尾張時代』（戎光祥出版、二〇一二年）、小笠原春香①「武田氏の外交と戦争―武田・織田同盟と足利義昭―」（平山優・丸島和洋編『戦国大名武田氏の権力と支配』岩田書院、二〇〇八年）、②「武田氏の東美濃攻略と遠山氏」（柴辻俊六編『戦国大名武田氏の役と家臣』岩田書院、二〇一一年）、柴辻俊六「武田信玄の東美濃進攻と快川国師」（『武田氏研究』第四六号、二〇一二年）。

（2）『愛知県史　資料編一〇中世三』一七五三号「本成寺文書」・一七五四号「定光寺文書」。『戦国遺文　今川氏編』（東京堂出版）、一六一五号「土佐国蠧簡集残編」。

（3）『戦国遺文　今川氏編』九九四号「臨済寺文書」・九九八～一〇〇一号「近衛文書」・一〇一七号「御内書要文」・一〇一九～

一〇二四号「近衛文書」。
（4）『戦国遺文　今川氏編』一〇五一号「妙源寺文書」。
（5）『戦国遺文　今川氏編』一〇一九号「近衛文書」。
（6）村岡幹生「今川氏の尾張進出と弘治年間前後の織田信長・織田信勝」（『愛知県史研究』第一五号、二〇一一年）。
（7）『戦国遺文　今川氏編』一〇五三・一〇五四号「観泉寺所蔵東条松平文書」。
（8）松平（青野）忠茂は兄甚二郎と訣別して今川方に留まり、翌年五月には大給松平氏を攻撃した（『戦国遺文　今川氏編』一〇九七号「観泉寺所蔵東条松平文書」）。甚二郎と大給松平氏の連携を前提とした軍事行動であろう。
（9）松平甚二郎は忠茂によって追放されると、尾張国に一旦退去したものの、さらに関東へと流浪していった（『戦国遺文　今川氏編』一三〇二号「観泉寺所蔵東条松平文書」）。今川・織田両氏の停戦により、尾張国にも逗留できなくなった結果と考えられる。
（10）柴裕之「戦国期尾張織田氏の動向」（同氏編『尾張織田氏』岩田書院、二〇一一年）。
（11）『信長公記』（角川文庫ソフィア）、首巻（十一）。
（12）『愛知県史　資料編一〇中世三』一八二三号「定光寺文書」。
（13）『愛知県史　資料編一〇中世三』一八〇一号「村山文書」。
（14）『信長公記』首巻（十）。
（15）『信長公記』首巻（十六）。
（16）『戦国遺文　武田氏編』（東京堂出版）、六四五号「諸家文書写」。
（17）『勝山記』天文二十三年条。
（18）『戦国遺文　武田氏編』四一〇号「天野文書」。
（19）『戦国遺文　武田氏編』四二四号「武家事紀」。
（20）註（1）前掲横山著書①・柴辻論文。但し、横山氏は大円寺に武田晴信制札が掲げられた時期を弘治二年（一五五六）正月下旬ともする（「臨済宗五山派・美濃大円寺の興亡史」『花園大学国際禅学研究所論叢』第六号、二〇一一年）。この説を採るならば、岩村遠山氏の武田氏帰順は、後述する道三・義龍抗争の最中と理解すべきかもしれない。
(21)『戦国遺文　武田氏編』六四二号「吉田家文書」。
(22)註(16)前掲文書。
(23)『戦国遺文　今川氏編』一二二九号「和徳寺文書」。
(24)『戦国遺文　今川氏編』一二七〇号「天野文書」、一六一五号「土佐国蠧簡集残編三」。
(25)松平親乗の母親は、安城松平氏の出身であり、夫乗勝の死後は足助鱸氏に再嫁し、兵庫助を生んだとされる（平野昭夫『三河松平一族』新人物往来社、二〇〇二年）。松平親乗・鱸兵庫助の兄弟関係は、『言継卿記』元亀二年四月十日条でも裏付けられる。
(26)『岩村町史』（一九六一年）。
(27)『戦国遺文　武田氏編』補遺一五号「雑録追加」（『武田氏研究』第四五号、二〇一二年）。
(28)当時の実名は「高政」であるが、叙述の都合から「義龍」で統一する。
(29)勝俣鎮夫「戦国時代の美濃」（『戦国時代論』岩波書店、一九九六年）。
(30)『戦国遺文　今川氏編』一二六七号「観泉寺所蔵東条松平文書」。
(31)『戦国遺文　今川氏編』一三〇三号「観泉寺所蔵東条松平文書」。
(32)『戦国遺文　今川氏編』一一五四号「浅羽本系図」。
(33)『戦国遺文　今川氏編』一三四八号「浅羽本系図」。
(34)『戦国遺文　今川氏編』一三一〇号「松平奥平家古文書写」。
(35)『戦国遺文　今川氏編』一三二八号「三川古文書」。
(36)『言継卿記』弘治三年正月五日条など。
(37)『戦国遺文　今川氏編』一二九七号「紀伊小笠原文書」。
(38)『戦国遺文　今川氏編』一三一七号「記録御用所本古文書」。
(39)『戦国遺文　武田氏編』五二五号「下条由来記」。

(40)『愛知県史　資料編一一織豊一』一三四号「譜牒余録」。
(41)註(34)前掲文書。
(42)『戦国遺文　今川氏編』一三五五号「浅羽本系図」。なお、菅沼定継は弘治二年八月に自害したとされるが、田峯菅沼氏の内訌は、むしろ同年九月以降に本格化しており、定継は少なくとも永禄元年(一五五八)まで健在であったと考えられる。
(43)註(38)前掲文書。
(44)『戦国遺文　武田氏編』九〇二号「長井家文書」。
(45)『信長公記』首巻(卅)。
(46)「永禄沙汰」(『岐阜県史　史料編古代・中世二』)に収録された林鐘初六付(〈永禄四年四月六日〉)・瑞龍寺三役者書状は、織田信長の美濃侵攻が続く状況下で、斎藤龍興・長井隼人の「和談」が成立したことを開善寺に報知している。
(47)横山住雄『斎藤道三』(濃尾歴史研究所刊)。
(48)『愛知県史　資料編一〇中世三』二一三〇号「新見文書」。
(49)『戦国遺文　佐々木六角氏編』(東京堂出版)、八〇一号「春日匠氏所蔵文書」。
(50)『信長公記』首巻(卅二)。
(51)織田信長が斯波義銀を擁立した時期は天文二十二年(一五五三)七月以降。信長は弘治二年(一五五六)三月に三河野寺原で今川方と交戦し、翌月に斎藤道三を救援すべく美濃国へ出兵しており、「四月上旬」に自ら三河国に出向き、今川氏と停戦交渉をおこなえる状況は、早くとも弘治三年以降となる。
(52)『信長公記』首巻(十九)、『愛知県史　資料編一〇中世三』二〇五二号「徳川美術館所蔵文書」。
(53)『戦国遺文　今川氏編』一四〇七号「早稲田大学荻野研究室所蔵文書」。
(54)『戦国遺文　今川氏編』一三八三号「向坂家譜」。
(55)『戦国遺文　今川氏編』一三九〇号「譜牒餘録」。
(56)註(53)前掲文書。

(57) 註(55)前掲文書。
(58)『戦国遺文　今川氏編』一四〇〇号「国立公文書館古文書写」・一四〇一号〜一四〇二号「松平奥平家古文書写」。
(59)『戦国遺文　今川氏編』一三九三号「横山智則氏所蔵文書」。
(60)『信長公記』首巻(卅二)によると、織田信長の斯波義銀擁立体制は、服部左京亮の画策で崩壊しており、斯波氏・吉良氏を媒介とした今川氏との停戦も失効したものと考えられる。
(61)『戦国遺文　今川氏編』一四七四号「土佐国蠧簡集残編」・一四七八号「松平奥平家古文書写」・一四七九号「浅羽本系図」。

第4部　尾張・桶狭間合戦と義元

Ⅰ　今川氏の尾張進出と弘治年間前後の織田信長・織田信勝

村岡幹生

はじめに

本稿は、織田信長による尾張平定過程を検証するものである。ただし、それは彼の父である信秀の存在、とりわけ晩年の彼の有り様と密接に連関している。

織田弾正忠信秀は、天文十七年（一五四八）三月、三河国額田郡小豆坂において今川義元の軍勢と戦ったものの、決定的勝利を収めることなく帰国した。[1] これは対今川戦略の観点からすれば敗北に等しい軍事上の失敗であり、尾張における彼の威勢衰退への転換点となった。

信秀は、かつて天文十二年には安城城を奪い矢作川以西の三河国碧海郡・額田郡に勢力を振るった。[2] 一方、美濃国境においては犬山城に弟信康を入れ、[3] 天文十三年には岩倉守護代配下の小口城主織田寛近、清須守護代家三奉行の一人と伝えられる織田因幡守、熱田大宮司家の千秋紀伊守らをも動員して斎藤利政（道三）を攻め、稲葉山の山下村々（井ノ口）まで攻め入った。しかしこの遠征は、道三の逆襲に遭い信秀敗走の結末となり失敗に終わっている。[4]『信長公記』首巻によると、その後某年（天文十七年か）十一月十七日、大柿（大垣）城に入れ置いた織田播磨守支援のために信秀は西美濃に攻め入ったが、同二十日に清須守護代家の重臣らが信秀の居城である古渡城を襲撃したので信秀は撤収し、尾張で信秀と清須守護代家の戦いとなり、翌年秋の末（九月）に和睦したという[5]。

小豆坂の戦いの翌天文十八年、安城城は今川軍勢の長期にわたる攻撃を受けて、遅くとも十一月中に陥落し、今川氏配下となった。以後今川軍勢は尾三国境近く各方面に進出した。今川氏の脅威が増すにつれ、信秀は美濃との和睦に転じた。天文十八年までに道三の娘が信長に嫁して信秀と道三の同盟が成立し、信秀は北方からの攻撃の恐れを断った。然るに、天文十九年一月十七日、犬山織田氏と楽田織田氏が「かすがゐ原をかけ通り竜泉寺の下柏井口」を襲い、処々に放火した（公記首巻八[6]）。

かくして信秀の威勢衰退のうちに、天文二十一年三月、彼は病没する。こうした一連の推移およびその後について、加藤益幹氏は、信秀は尾張国の国内体制には手を加えずに国外への積極的軍事動員によって自身への求心力を高めていたため、「晩年の軍事的失敗や信秀の死を迎えると、尾張は地域的利害を優先し同族間で相争う割拠状態に再び戻った」と評価している[7]。信秀が率いた権力は、一般化して表現すれば、守護体制下において生まれ存在した、信秀の一家すなわち織田弾正忠家を核とした武家一族一揆である。ただ、それが中世後期における一般的武家一族一揆に比して異彩を放つのは、信秀という一人の人物の傑出したリーダーシップによって創出された点と、国外に敵を求める対外戦争の絶え間ない継続によってその求心力を高め維持した点である。したがって彼の隠退や死は直ちに、一揆結合の弱体化と対外戦争の後始末をどう付けるかという、二つの課題を突き付けることになる。本稿では信秀没後解体の危機に瀕したこの一族一揆を、弾正忠家一族・一派と表記する。

信秀没後に織田諸家をはじめとする群雄割拠状態の国内を勝ち抜き、信長が尾張を平定していった過程については、

『新修名古屋市史第二巻』第七章第一節において下村信博氏が詳しく解明しており、信長による尾張平定過程がそれなりに紆余曲折を経たものであったことが知られる。しかし、後に天下平定に向かった信長を知るこんにちの我々には、天下人信長にとって尾張平定は序章に過ぎず、織田信秀の後継者にして情勢への判断力と軍事上の智略に長けた信長が尾張を平定したのは当然とする潜在意識が働くためか、信長の尾張平定過程に存した尾張内部の諸矛盾、また当時の尾張に向けられた周囲からの諸力、ならびにこの両者の連関について、意識的考察が不足しているように思う。織田信長の尾張平定過程は、前述の一族一揆の克服過程に他ならない。本稿は、従来意識的に取り上げられてこなかったと思われるところの以下の諸観点に従い、天文十八年安城城陥落の翌年以降、永禄二年（一五五九）と推定される岩倉城攻略の頃までの期間について、信長の成功譚としてではなく地域政治史として考察し、信長を取り巻く政治課題とそこに働いた政治的諸力のありさまの解明を試みるものである。

【観点一】今川氏の尾張進出は、尾張国内の諸勢力間にいかなる利害対立をもたらしたか

天文十九年以降尾張国内に今川軍勢が進出したことについては、少なくとも鳴海・笠寺方面についてはよく知られた事実である。今川氏の軍事的脅威のなかで尾張平定が進んだことが明白でありながら、これまで信長の尾張平定はもっぱら「同族間で相争う」尾張国内の動きとして説明される傾向が強く、今川氏の軍事的動向と尾張の諸勢力の動き方とを直接関係付けた考察が不足していたきらいがある。

【観点二】信秀の後継者は信長であるという前提の再検討

尾張国内の織田諸家との抗争を勝ち抜いて尾張を平定した事実を以てすれば、信秀がかつて有した国内における威勢を回復したという意味で、信長は信秀の後継者である。しかし、それは結果である。ここで問題とするのは、信長

は果たして弾正忠家一族・一派を率いる継承者として尾張平定を成し遂げたのかである。同母弟である末盛城主信勝（江戸時代以降の系図史料などで信行とされた人物）との対抗について考察することによって、これに迫りたい。

【観点三】守山が尾張平定に占めた役割について

先述したように天文十九年一月に犬山織田氏・楽田織田氏が春日井郡を南下し庄内川べりまで侵入したとき、末盛城より信秀の軍勢が賭けつけて一戦に及び、敵数十人を討取り、そのころ弟信光を守山城主とした（公記首巻八）。つまり守山は、岩倉守護代および尾張北方の織田諸家への備えとして、末盛城主である晩年の信秀が設けた北方最前線の役割を担った。一方三河との関係では、守山から岩崎を経て三河に至る道は、当時尾張・三河を結ぶ主要道の一つとして、鳴海・笠寺方面を走る東海道に並ぶものであった(8)。後述するように、今川軍勢は天文二十一年には岩崎まで進出している。守山城主がどの勢力と結ぶかは、信長居城である那古野や信勝居城である末盛を含む愛智郡下の動向に直ちに影響を及ぼしたはずである。

一、今川氏の尾張攻勢と尾駿停戦交渉（天文十九・二十年）

安城城を今川氏が奪取した翌天文十九年（一五五〇）には、今川氏の尾三国境一帯への攻勢が本格化した。同年十月十九日の菩提心院日覚書状は、「駿河・遠江・三河の軍勢が六万ばかりで弾正忠（織田信秀）を攻めて来たが、尾張側はこれを国境で支えるためにことごとく出陣しており、今でも那古野の辺りまで兵の姿が見えない」という伝聞を記している（本成寺文書、『中世3』一七五三）。『定光寺年代記』の同年条に「尾州錯乱、八月駿州義元五万騎ニテ智多郡へ出陣、同雪月帰陣」とあるのは、これに対応している（『中世3』一七五四）。同年八月、尾三国境南方で、今川方五万余の大攻勢があったが、十二月（雪月）に至り今川軍勢は退いたと記している。ただし、今川軍勢の尾張侵入は同年八月以前から始まっていたらしく、同年閏五月十六日の日覚書状でも「尾州も以外大乱にて候」とある（同文書、『中世3』一七三八）。

天文十九年五月十日付津坂源四郎秀長証状によると、彼は笠寺十二坊の一つ東光坊に対して山口平八郎遺領の下地を保証している（東光院文書、『中世3』一七三二）。この津坂源四郎秀長は何者であるか判然としない。文中に、かの下地の儀については「『不及巨細候へ共』前々のごとくに御相違なく引得《ひかえ》らるべく候」とあり（「引得らるべし」とは「自身のもとに留め置いてよい」の意）、結びは「後々において違乱煩の儀あるまじく候『之件』」となっていて、変則的である。「巨細に及ばず候へども」とは、「詳しいことは存知しないが」の意で、証状としてはかなり心許ない表現である。つまりこれらの変則的文言は、元来、津坂がこの地に対して土地利権の安堵を為す領主的立場の者でなく、にわかに笠寺近辺を押さえた実力者にすぎず、東光坊の求めに応じて「後々」のためにひとまず証状を発したという事情を物語っていよう。とすれば津坂は、当時笠寺付近が織田・今川の争奪の場となったのに際してこの地に入った人物という推定が成り立とう。確証はないが、津坂秀長は今川氏の臣ではなかろうか。

以上から、天文十九年の今川軍勢の尾張攻めは五月ごろに始まっており、『定光寺年代記』の記述については八月に至り大軍が押し寄せたものと理解しておきたい。これは、尾三国境北部の動向からも窺えるところである。同年五月九日に篠原《ささばら》（愛知県豊田市）の永澤寺《ようたくじ》に今川義元の禁制が与えられており（永澤寺文書、『中世3』一七三一）、また、同年六月までに福谷《うきがい》城（同みよし市）に今川方として丹羽隼人佐が入り織田方と抗戦している(9)（同年十二月一日付丹波《ママ》隼人佐あて今川義元感状、里見忠三郎氏所蔵手鑑、『静岡県史資料編7中世三』二〇二五、『中世3』未収録）。さらに同年九月十七日、白坂（同瀬戸市）の雲興寺に対して今川義元の禁制が与えられている（雲興寺文書、『中世3』一七四五）。

十二月に今川軍勢が帰陣するに至った事情は定かでないが、この年のうちに後奈良天皇が義元の臣太原崇孚に「するかとおはり、と（疾）くわほくの事」（駿河・尾張が速やかに和睦すること）を申し入れた（後奈良天皇女房奉書、臨済寺文書、『中世3』一七七四）のを考慮した、今川側の判断による帰陣とみられ、合戦で信秀方が勝利を収めた故ではなかろう。公記首巻九に「備後守（信秀）殿疫癘御悩みなされ」とある。それがいつごろからのことかは明記されていないが、天文十九年十二月時点では、信秀がかつてのように戦の陣頭に立てるような健康状態ではなかった徴候がある。信秀発給文書は、天文十九年十一月一日付判物（祖父江金法師秀重あて、氷室光太夫家文書、『中世3』一七五五）を最後とし、以後のものが伝わらない。一方、信長は天文十九年十二月二十三日、熱田社座主に「備後守の判形に任せ」笠寺別当職を安堵している（同日付織田信長判物、密蔵院文書、『中世3』一七七三）。備後守すなわち信秀の判形に任せ安堵するとある。一般にこうした表現は代替わりの安堵状にみられるものであるが、信秀はいまだ没してはいない。後述のとおり、天文二十年十一月段階で彼が病床にあったことは、確実である。

信長の家督相続については次章で検討するとして、織田・今川の和睦に考察を戻そう。内部的にはともあれ、今川氏との対外交渉において、外部からは信秀が当事者とみなされていた。天文二十年六月二十八日、将軍足利義藤は、「織田備後守」すなわち信秀との和睦継続を今川家中に働きかけるよう前太政大臣近衛稙家に求め、これを受けて稙家は同年七月五日、今川義元にあてて将軍御内書の添状を発している（御内書要文、近衛文書、『中世3』一七八八、一七八九）。同年と推定される十二月五日付明眼寺・阿部与五左衛門あて今川義元書状（妙源寺文書、『中世3』

一八〇九）から、この年の末には織田・今川当事者間で和睦条件が詰められていたことが判明する。書状冒頭に「今度山口左馬助、別して馳走すべきの由、祝着に候」とある。義元が織田方との交渉の窓口としていたのは、鳴海城主山口左馬助教継であった。この書状のなかで義元は、「織備」すなわち織田備後守信秀が懇望するので「苅屋令赦免候」と述べる一方、この上は「味方筋之無事」について異議のないよう「山左」すなわち山口左馬助教継が申し調えるように、との希望を述べている。「苅屋令赦免候」とは、刈谷水野氏領を今川領国に編入せず、織田・今川の緩衝中立帯とし、独立した領地としての存続を認めるという今川側の譲歩であり、「味方筋之無事」とは、前年の攻勢時に今川に属した国境一帯の者に対し織田は報復攻撃をするなという要求であろう。この文書では「苅屋令赦免候、此上（は）…」と記されており、その書きぶりからすると、この時点ですでに義元は刈谷城主水野氏の復帰を許していたように読める。

なお、これに先立ち、今川軍勢が「苅屋入城」を果たしたことを示す史料が存在する。[10]前後の情勢から判断して天文十九年のうちであろう。

ところで天文二十年五月、水野藤九郎清近なる人物が尾張国愛智郡の祐福寺（愛知県東郷町傍示本）に禁制を与えている（同年五月日付水野清近禁制写、祐福寺文書、『中世３』一七八五）。水野藤九郎とは、このころ惣領家小河（緒川）水野氏に繋がっていた刈谷城主水野家当主の歴代通称である。然るに刈谷水野氏に清近なる人物は知られていないが、新行紀一氏の研究によると、天文十九年三月ころには小河水野家忠政の子（系図では信近）が刈谷家の養子となって藤九郎を名乗っていた。[11]祐福寺文書に記された水野藤九郎清近とは、その通称からして刈谷城主としか考えられない。してみると刈谷城主水野氏は、天文二十年五月段階でこのような禁制を発給し得る領主としての地位を今川家より「赦免」されていたということになる。祐福寺側の事情としては、先の義元書状から推定されるところの、刈谷水野氏の織田・今川の緩衝としての存在に期待して寺の安全を請うたものと理解できる。

かくして、織田・今川間に正式の和睦が成ったとはみえないものの、両者正面の干支を控え、外交交渉を主とした駆け引きのうち天文二十年は打ち過ぎ、翌年三月、織田信秀の死を迎えた。ところで信秀は、天文十八年から備後守を名乗っているが、それ以前は弾正忠と称し、彼の父信貞（法名月岩）、祖父（法名材岩）も弾正忠と称した。したがって本稿でもこの家の家督を問題にするに際しては、通例に従って織田弾正忠家の語を用いる。

天文二十年中の織田・今川の停戦交渉における尾張側表向きの当事者は信秀とされているものの、実際のところ彼は病床にあった。それでは、実際には誰が外交上信秀の代行を務めていたのか。その答は、この年と推定されるところの十一月五日付土岐小次郎あて織田与十郎寛近書状写（村山文書、『中世3』一八〇一）に求められる。美濃守護土岐頼芸は、これ以前に斎藤道三によって追放されていた。あて先土岐小次郎については、頼芸の子に小次郎がいるが、彼はこの時点では没していたとも伝えられ、頼芸とどういう関係なのかはよく分っていない。文面は、「美濃守殿（土岐頼芸）の儀は、不慮の仕合せで是非もないことである。あなた様の身上については保証すると、道三が申している。委細は稲葉伊予守（良通）の指図に任せられるがよろしかろう」という内容である。最後に「備後守病中故、我等方より如此ニ候、恐惶謹言」とある。斎藤道三の意を土岐小次郎に伝えるという外交上の役割を病中の信秀に代わって寛近が務めている。この織田与十郎寛近とは、延徳三年（一四九一）に父である丹羽郡大久地《おぐち》（小口）の城主織田遠江守広近（岩倉守護代織田敏広の弟）の寿像を制作させた寛近（『虎穴録』所収織田広近寿像賛并序、『中世3』四二五）と同一人であろうから、天文二十年当時確実に七〇歳を超えていた。元来、岩倉守護代家織田の一族であるが、「はじめに」で見たとおり、天文十三年には信秀と行動をともにして美濃攻めに従事した人物である。

当時、道三による土岐頼芸追放後の事態収拾に向けては、幕府が動いており、美濃問題は織田・今川の和睦に直接関係していた。先に、織田・今川の和睦のために近衛稙家が天文二十年七月五日、今川義元にあてて将軍御内書の添状を発したことを述べたが、実はその文面に「土岐頼芸を美濃に入国させるについては、備後守と相談させるというお考えであるから、そのために尾三国境がいよいよ「無事」=平和であれば喜ばしいというのが将軍の意向である」と記されている（『中世3』一七八九）。つまり「美濃の事態解決のために織田信秀を立てねばならぬから、今川は尾三国境で戦を起してくれるな」という要請である。幕府としては、道三と信秀の誼にかけて信秀から道三への宥めを期したものであろう。

このように、美濃問題と今川との和睦は連動していたから、両者への対応についてそれぞれ別のところで意思決定がなされることはありえないであろう。今川に対しては、さすがに信秀が病気であることは秘されたと推測されるが、内部における意思決定を織田寛近が代表するという体制であり、天文二十年当時、病床の信秀に代わって信長が少なくとも表立って信秀代理の役を果たしていないことが判明する。先に天文十九年十二月二十三日付熱田社座主あて信長判物に見たとおり、信長は信秀の統治権継承者であることを明らかにしていた。にもかかわらず、信秀との信頼関係がいかに深く、かつ年長の者であるとはいえ、弾正忠家一族ではない織田寛近が、外交上信秀を代行するとはどういうことか。いったい織田弾正忠家に何が起こっていたというのか。章を改めて考察したい。

二、織田弾正忠家家督（信秀後継）の迷走

織田信秀は、天文二十一年（一五五二）三月三日病没した。[12] 信秀は家督後継者を決め、また生前に後継者に統治権を移譲した上で没したのであろうか。ここで信秀晩年の状況について天文十八年に遡って、彼の身辺に考察をめぐらすこととする。

信長は、天文十八年十一月に熱田八か村にあてて制札を発している（こんにち知られる最初の信長発給文書、加藤秀一氏所蔵文書、『中世3』一七一四）。鳥居和之氏は、この信長制札が出される「必然性」を論じて、信秀は天文十八年十一月に信長を跡継に決めたのだと断じている。氏によると、この時点では、安城城が今川氏の手に落ち、城を守っていた信長の兄信広が一旦は今川氏に捕獲されており、これは信秀およびその後継有力候補者の一人と目された信広の前途への信頼を失墜させかねない事態であったから、これに対する処置として信秀は信長を後継者に指名し、それを公にしたのがこの制札であるというのである。[13] あくまで当時の状況に基づいた推定に過ぎず直接の証拠は示されていないが、当時において、事実、信広が後継有力候補者の一人と目されていて、彼が今川側のもとに拘束中のこととすれば、それなりの真実味を帯びる。なお鳥居氏は、信長が後継者として公表されたことと、信長が信秀の統治権を継承して実際にそれを行使し始めることとは別としている。

しかし、鳥居説には一方で素朴な疑問も生じる。信秀が四十歳にも達さない若さで後継者公表などすれば、むしろ自身の威信低下を加速させはしないだろうか、と。ところで、そもそも安城城陥落がこれほどにも信秀の権威失墜を招くものであったにもかかわらず、天文十八年三月から十一月の長期にわたる安城城攻防戦の期間中、彼は城陥落を回避すべく一度なりとも自身出陣した形跡がない。少なくとも安城城攻防戦が押し詰まった同年の秋の末（九月）時点では、信秀はすでに道三と和睦しており、清須守護代との関係も修復を遂げていたのであるから、政治情勢において彼自身の出陣を躊躇わせる要素はなかったと思われる。何故出陣しなかったのだろうか。

伊勢内宮一禰宜《いちのねぎ》荒木田守武が記した、自身のもとへの進物や彼から他者への贈り物のメモを主たる内容とする日記断簡が神宮徴古館農業館に伝わる。それの天文十八年「卯月」部分に「一、万度　長鮑千本　五明　弾正忠入道」とあり、次行の一つ書きを隔てて「一、四百　おハりより同道　若殿分祓・のし一ハつ、、宮内卿同道」と記されている（『中世3』一六八九）[14]。万度祓（万度の祓をした祓串を白紙貼の祓箱に入れたもの）・長鮑（熨斗鮑）千本・五明（扇）を、守武が弾正忠入道に贈ったことを示している。

彼が名字を記さず単に「弾正忠」と記した人物とは、天文十年に七百貫余の寄進によって伊勢外宮仮殿の遷宮を支えた織田信秀を除いてはまず考えられまい[15]。問題となるのは「入道」とある点である。信秀は、天文十八年十一月二十八日付祖父江五郎右衛門尉秀重あて判物（氷室光太夫家文書、『中世3』一七一三）では備後守を称しているから、「入道」とあるのを文字どおりとすれば、弾正忠から備後守に名乗りを変える間に一時的に出家したことがあったということになる。ありえないわけではないが、出家を事実と認めるのはやや窮屈のようにも思える。いずれにせよ、おハり（尾張）の「若殿」とも記されていることから、少なくとも、荒木田守武においては、織田信秀は隠居（入道）して家督を「若殿」に譲ったという認識であったことは事実である。「若殿」とは、確証はないが、『三重県史　資料編　中世1（下）』、『中世3』が校注するように、正妻の子である当時十六歳の信長とするのが自然である。鳥居氏が推定したのとは異なり、天文十八年十一月の安城城陥落に先立って、すでに同年四月の時点で信秀は隠居したとする認識が定着していたことになる。私は、信秀はこの時点で健康不安を抱え、隠居していたと推定する。信秀が古渡城を破却して末盛城に移ったのはこのころである。

信秀の命を奪った病について、横山住雄氏は脳卒中ではないかと推定している（『織田信長の系譜』一九六ページ）。信秀の葬儀の導師である大雲の下火語《あこのご》に「俄然として一朝災疫に罹り、忽ちに壮年の雄姿を損す」とある（大雲禅師語録、雲興寺文書、『中世3』一八二四）のに注目したもので、妥当な推定である。公記首巻九によると、発病以降種々の祈禱や療治がなされたが平癒しなかったとあり（『中世3』一八二二）、発病から死に至る間にそれなりの期間があったことを窺わせるので、食中毒や感染症による頓死である可能性は低い。四十歳に満たない強壮な男子が、下火語によれば、俄かの発病によって突如精気を削がれたと記されている点よりすれば、心臓ないしは脳の血液循障害をもたらす病気の発作があったのち晩年心身不如意であった状態を想定するのが自然である。心筋梗塞や脳梗塞の場合は、数年にわたって発作を繰り返すうちに症状を重篤にし、死に至らしむる場合がある。横山氏は、信秀が病床にあったのは「天文十九年ごろから」とみている（『織田信長の系譜』一九五ページ）。

しかし、彼と直接贈答を交わした荒木田守武が天文十八年四月段階において信秀を入道と記している事実、同年中の安城遠征断念という事実からすると、病床に常時伏せるほどには至らなかったにせよ、天文十八年四月ころには心臓ないし脳の血液循障害の初期段階の発作を発していた可能性が高い。この段階で小康状態を得ることはよくあることで、それ以後における「備後守」としての安堵状発給の事実は説明がつく。そもそも、同年のうちに未だ健康に不安を感じさせるものが微塵もなかったとすれば、いかに安城陥落に前途を悲観したとしても、彼の年齢からすれば、後継者指名を急ぎ公表する必然性がない。そのような自身への結集力減退を加速させるおそれのある決断は、隠居の覚悟なくしてはなしえないはずである。なお、小島廣次氏は、天文十八年の信秀・信長の花押形態などから、同年三

月段階における信秀隠居・重病説を唱えている。(16)

信秀生前の信長発給文書は、明確には二通、年が記されていないがそう推定される一通、合わせて三通伝わる。二通とは、すでに触れた天文十八年十一月付熱田八か村あて制札と天文十九年十二月二十三日付熱田社座主あて判物である。後者文書をあとの論述の便宜のため文書Aとする。文書Aにおいては「備後守の判形に任せ」とあり、一般にこうした表現は代替わりの安堵状にみられるものであると先に述べた。『信長事典』小島解説が「これは信長が信秀を嗣いだ立場に立っていることを示すとみてよい」としているとおり、信長はすでにこの時点では信秀からその統治権を継承していた。

しかるに翌天文二十年九月二十日、信長と同腹の弟勘十郎信勝は、熱田社座主にあてて前年に信長が安堵したのと同内容の権利を安堵している（密蔵院文書、『中世3』一七九六）。この文書を論述の便宜のため文書Bとする。文書Bには「備後守（信秀）并三郎（信長）の先判の旨に任せて」とある。『信長事典』小島解説は、この文書をして「これは安堵の権能者が信長から信行（信勝）に代わったことを示している」と評価している。文言からは、おのずとそうした解釈が導かれる。するとこの間に、信長が自ら信勝へ家督を移譲したのか、信長が不同意であるにもかかわらず信勝が一方的に家督を得たとして独自に統治を開始したのか、またいずれであるにしてもそれには病床の信秀の意向が働いていたのか、といった検討課題が立てられよう。(17)これらに直接の解答を与える史料は存在しないが、信長が自ら進んで信勝へ家督を譲ったとは前後の状況から考えにくく、またそのようにする動機も思い当たらないので、そうではなかった方向で考察を進める。

このころの信長と信勝の関係を示す史料として、年未詳四月十日付織田信長判物がある（加藤家文書、『中世3』

一八二八）。これは、熱田の豪商である西加藤家の左助に対して熱田大瀬古余五郎跡職座の買得を安堵したものである[18]。『織田信長文書の研究』は花押の形状から天文十九年としている[19]。署名が単に「信長」とある点と花押の形状は、文書Aと共通である。信秀没後天文二十一年のうちに出された信長文書においては、「三郎信長」と署名されることが多く花押も変わっているから、確かに信秀生前信長発給文書の一つである。この文書には「委細勘十郎理申候条、無別儀申付候」と記されている。「詳細を勘十郎信勝が説明したので、問題なしとして安堵する」と読むのがもっとも自然である。『信長事典』小島解説、『中世3』の綱文ともに、信長が信勝の「取次」によって左助に安堵したと解釈している。信勝が信長に安堵状発給を促す立場にあったことを示しているので、このような信勝の立場は文書Bの出される天文二十年九月以前の状況を示すとみられ、『中世3』は天文二十一年以前としているが、天文二十年以前の文書である。加藤左助が信勝を経てのち信長の保証を得た事情は不明であるが、家督継承者信長のもとでも、領内統治にかかる一定程度の権能を信勝が有していたことを示している。

この時点から文書Bに至る間に、信勝の立場は明らかに上昇しており、文書B段階で少なくとも熱田座主に対しては信勝が新たな統治権者として振舞っている。そのような彼の立場の上昇は、末盛城に同居する病床の父信秀の意思を踏まえ行なうと主張することによって可能となったと考えるのが自然である。事実、文書Bにおける信勝の花押の形状は、備後守を名乗り始めて以降の、つまり隠居後の信秀のそれと似ている（『中世3』花押・印章一覧23織田信秀、32織田信勝参照）。しかし一方で、文書Bにおいて「三郎の先判の旨に任せて」とあり、信長先判の無効を宣したものでないことよりすれば、自身の統治行為が直ちに信長の統治権を否定・排除する行為にあたるとは、信勝自身において認識されていなかったと理解できる。

いったんは信長が後継と決められながら、その後生じた家督継承についてのこのような曖昧さ、並びに信秀はまだ生存しており今川との和睦交渉の当事者として外から期待されているという織田弾正忠家の複雑な状況こそが、織田寛近が、外交上信秀を代行するという結果となったものであろう。とはいえ信長は、ともあれ後継指名を受けた身なのだから、信長が進んで外交を代行するという選択もありえたであろうし、実際そのようにすれば信長の嫡流としての地位を内外に明確にすることに結果したはずである。しかし事実がそうなっていないのは、信長が今川との和睦に消極的であったからであろう。

天文二十一年三月の信秀の葬儀において、信長はおよそ葬儀の場にふさわしくない異形の恰好で焼香に立ち、抹香を「くはっ」と掴んで仏前に投げ捨てて葬儀の場を立ち去った（公記首巻九）。信長の仕儀はその場で「例の大うつけよ」と皆の評判となったと公記首巻は記すが、そうした揶揄を受けるだけで済まされるはずのない行為であり、「僧衆三百人ばかり」という大葬儀の喪主の立場を放棄したも同前である。

公記首巻は、葬儀について「三郎信長公、林・平手・青山・内藤、家老の衆御伴なり」に並べて「御舎弟勘十郎公、家臣柴田権六・佐久間大学・佐久間次右衛門・長谷川・山田以下御伴なり」と記述している。信長・信勝の二人喪主として葬儀が営まれたように読める。抹香を仏前に投げつけて即座に帰ったという信長の行動は、彼が父信秀との間に軋轢を抱えていたか、あるいは一方的に不満を募らせていたか、ともかくその鬱憤ばらしを、公の場、それも葬儀という弾正忠家一族・一派の頭目としての地位にかかわる決定的な場面で演じたものである。横山住雄氏は、生前決して守護体制を否定しようとはしなかった律儀な父の政治路線への信長の不満が、葬儀の場で示されたと解釈しているが（『織田信長の系譜』二〇〇ページ）、そのような理性的な父親批判ではなく、感情の爆発としかいいようがない行為とみるべきであるし、この行為の結果はそう生やさしいものとは思われない。実のところ、これは信長覚悟の上での行動ではなかったか。何故かあまり注目されていないようだが、公記首巻は、葬儀記事の直後に次のように記している。

一、末盛の城勘十郎公へまいり、柴田権六・佐久間次右衛門、此外歴々相添へ御譲りなり。

葬儀の後、信長は末盛城の信勝のところに出向き、柴田権六らの重臣を添えて「御譲り」になった。公記首巻にははっきりとそう記されている。何を「御譲り」なったのか。家督である。それ以外ありえない。私は、このとき信長と信勝とのあいだで家督分割についてあらためて合意がなされたものと解釈する。「あらためて」というのは、これ以前、信秀最晩年に家督の分割相続の方向に事態が進んでいたと考えるからである。

武家の家督の継承とは、実質としては所領と家臣の継承である。信秀は、晩年に海西・海東・愛智三郡を中心とした自身の所領を分割し、大まかにいって西部を信長、東部を信勝に分け与える考えを周辺に示していたのではあるまいか。家臣について、葬儀の時の公記首巻の記述で信長・信勝それぞれに従った家臣を見比べると、信長重臣は那古野城を譲られた際に付けられた四家老（「青山」については、青山与三右衛門は信秀による天文十三年稲葉山城下侵入のときの合戦で討死と公記首巻四にあるので、与三右衛門の後継者）のみで、他は悉く「勘十郎公…御伴なり」となっている。自身の死後そうするように信秀が重臣らに遺言していたかは不明であるが、結果的に死後そのように推移していくのを放置、つまり信長を明確に唯一の後継者とする措置も遺言もなきままに信秀が没してしまったことこそ、信秀葬儀の場で信長が鬱憤を爆発させた理由ではなかったか。「信長・信勝協力して跡を継げよ」といいながら、父の居城である末盛城と父の配下にあった重臣のほとんどを信勝が継承しているという現実が葬儀の場における信長の眼前に展開していた。事実上、信勝を後継とせよと遺言したのと同じ結果となっているのであり、信長の怒りが仏前に向けてぶちまけられて当然である。一方でこの現実を受け容れる、つまり「父の後継者が信勝であり弾正忠家一族・一派を率いるというなら、そして信勝にそれができるというなら、そうするがよい。しかし、自分こそが嫡流であって信勝の下でもない。これからは独立した対等の存在として存分にやってやろうじゃないか」という覚悟があってこそ、かの行動に出たと考えられる。

天文二十一年中の信長発給文書は、信秀没後のものばかり四通が知られる。うち三通が、他の年と比べて特徴的なことに、「三郎信長」と署判している（単に「信長」とのみある一通は写）。このころ信長は、父の通称であった三郎（すなわち嫡流）を継承しているのは自分であるという事実をあらためて強く意識し、外に向かってことさらに宣する意図と必要性があったことの証拠である。[20] また、信秀没後において信長が用い始めた花押が、それ以前に彼が用いていた足利様系統ではなくなっているのは、弾正忠家一族・一派を率いる立場を放擲したとの推定に対応するものであり、あわせて以上に推定した彼の拠って立つ場の変化に対応している。[21] つまるところ、信長がこの時点で選び取った道は、父が築き父の死によって解体の危機に瀕した一族一揆を継承せず、むしろ離脱して、比喩的に言えば若き日の父の人生そのままに自身の手でもう一度権力基盤を築き直すという道である。

このとき信長が信勝に譲ったという家臣の中に、葬儀において信勝に従ったとある佐久間大学の名がみえない。単なる公記首巻の書き漏らしではなかろう。のちに信長・信勝の衝突の明確な表れとなった弘治二年（一五五六）の稲生の戦いにおいて、佐久間大学は信長派として登場しており、信勝派と戦っている（公記首巻一八）。信秀の葬儀直後に行われた末盛城における家督分割についての信長・信勝会見の際に、信長が彼を獲得した可能性が高い。実は、信秀の死の直前、信長による「御披官あらため」が進行していたことを示す史料がある。天文二十一年二月二十一日、林源左衛門信勝・林藤助頼安・角田新介勝頼は連署して熱田西加藤家の延隆に対し、日比野修理・同彦左衛門について「御披官あらためニ付て申入候処、其方御免許之筋目承分ニ（候）」として、日比野修理らが加藤延隆の被官であることを認めている（『中世3』一八二二）。連署三人の主人を直接特定できる史料はないが、『中世3』の綱文は「織田信長の臣」としている。信秀没後、東加藤家が織田信勝から安堵を受けるのに対し西加藤家はもっぱら織田信長から安堵を受けていること、また、三人の筆頭に署判する林信勝が末盛城に奉公する者ならば織田信勝との同名は憚るであろうことから、確かに彼らは信長の奉行人であるとしてよいであろう。

公記首巻によると、信長は尾張統一までの間、「究竟の度々の覚の侍衆七八百」（公記首巻一九）つまり、究竟（屈強）にして度々の武功で知られた侍七〇〇ないし八〇〇人を独自の直下軍勢として率い活動している。先の林信勝以下連署証状は、信秀没直前において信長が自身直下に専属する独自家臣団を形成する作業として「御披官あらため」を進行させていたことを示すものである。信長軍団形成の成否は、信秀家臣団継承問題と連動しており、佐久間大学獲得は、そのような中で信勝との直談判によって得た成果と位置付けられよう。

さて、信秀が没すると鳴海城の山口左馬助・九郎二郎父子は今川に通じ、笠寺砦に今川軍勢を置いたといい、天文二十一年四月十七日、信長は八〇〇ばかりの兵を率いて出陣し、鳴海の北方赤塚で山口九郎二郎と戦った（公記首巻十一）。今川との停戦を破る行為であり、それが引き起こす事態は極めて重い。にもかかわらず信長はそれを単独で実行している。弾正忠家一族・一派を率いるべき頭目としての自覚を欠いた行為として、一族・一派内において非難されて当然である。同年六月二十二日、信秀死後四〇日余にして信長の舅斎藤道三が織田玄蕃允秀敏（信長の大叔父）

に返書して「(織田)御家中の体、仰せの如く外聞然るべからざる次第に候」と述べている。奥野高廣氏はこれを評して、「秀敏が信長の家中の不統一を慨歎したのに対し」ての、道三の返信としている。[22] そのとおりではあるが、むしろここで両者が交わしている主題は、信長の弾正忠家一族・一派の頭目らしからぬ振舞いそのものであって、まさしくそのことが「外聞然るべからざる次第」であり、弾正忠家一族・一派の不統一をもたらす原因として両者共通の嘆きの種となっているのである。道三は「三郎殿様(信長)御若年の義に候、万端御苦労もっともたるべく候」と秀敏を慰めつつ、「此方に於いて迷惑せしめ候、寄《よ》り退《の》かず候あいだ、共々捨て置かれず、仰せ談ぜらるべきこと然るべく候」(自分としても困惑しているが、付いたり離れたりしない覚悟だから、お互い放置しないでよく連絡を取り合っていきましょう)と述べている。「私は信長を見捨てる気はないから、どうかあなたも見捨てないでやってくれ」と依頼しているのである(熱田浅井家文書、『中世3』一八三五)。

同年十月二十一日、玄蕃允秀敏は信長の判物によって「桃岩(信秀)判形の旨に任せ」所領の安堵を受けている(尊経閣古文書纂、『中世3』一八五〇)。信長を信秀後継者と認める立場を保っている。

三、今川軍勢の八事進出と清須異変(天文二十一・二十二年)

信秀の死後天文二十一年四月に、信長が俄に鳴海の山口氏を攻撃したことにより、今川氏との停戦は破綻した。『定光寺年代記』に、同年「九月、駿州義元、八事マテ出陣」とある(定光寺文書、『中世3』一八二三)。天文十九年の攻勢で福谷城まで進出していた今川軍勢が、同二十一年九月に和睦を破って尾張国八事まで侵入したというのである。実際のところ、義元自身の出陣まではなかったにしても、このころ今川武将の八事進出があったことは確かである。当時「八事南迫《やごとみなみはざま》」という地名は、日進市から名古屋市天白区にかけての天白川・植田川流域一帯を指していた。天白川流域においては、翌二十二年の三月時点で、藤島城主が「庭ノ右近」（丹羽右近）であること、岩崎城主が福島《ふくしま》氏であることが確認できる。後者は「するかより被越候て被持候」とあり、歴とした今川家臣である（『大村家盛参詣道中日記』、大村家文書、『中世3』一八六五）。『寛永諸家系図伝』『丹羽氏軍功録』などによれば、そもそも遡って天文二十年当時、岩崎城主であった丹羽右近氏識は、近隣藤島の城主であった庶族丹羽右馬允氏秀と対立し、氏秀が織田信長を引き入れて氏識を攻めたのに対し、氏識は逆に平針まで打って出て信長方侍の首級をあげたと伝える。したがって、翌二十一年の今川軍勢の八事侵入は、右近氏識の迎え入れるところであり、氏識は自身の岩崎城を今川の将福島氏に譲り、自らは氏秀より奪い取った藤島城に移ったという経緯が推定される。(23)

『丹羽氏軍功録』など後代史料が伝える天文二十年の信長の平針出陣は、同時代史料である『大村家盛参詣道中日記』が伝える天文二十二年の状況にこのようにそのまま矛盾なく繋がるので、おおよそ史実とみなしてよかろう。信長は、天文二十年当時の今川との和睦基調の状況下においても、今川を挑発する軍事行動を控えてはいなかったのである。先に信長は今川との和睦を支持していなかったと推定したが、これはその証拠である。

さて、今川軍勢の八事侵入に信長・信勝ら弾正忠家一族・一派が軍事的に応戦したと伝える史料は見当たらない。(24)公記首巻はもっぱら、この前後、信長と清須守護代の関係が悪化し、信長が清須守護代を攻撃したことを記している。天文二十一年と推定される八月十五日、清須守護代の将坂井大膳らが突如、松葉（海東・中嶋両郡境）の城・深田の城を奪ったのに対し、翌十六日、信長と守山城主織田孫三郎信光（信長の叔父）が出陣し、萱津で合戦となり信長軍・

信光軍は清須衆を切り崩し（萱津合戦）、ついで松葉・深田二城を奪い返した（公記首巻十二）。さらに同年のうち、清須城にいる守護斯波義統の臣簗田弥次右衛門が信長に内応してきたので、信長は清須城下に侵入し、町に火を掛け清須城を「生城《はだかじょう》」とした上で、城中簗田の手引きによる城乗っ取りを謀ったが失敗に終わった（公記首巻十三）。八月十五日に突如、清須守護代方から仕掛けられた弾正忠家一族・一派への挑発行動は、客観的に見て九月の今川軍勢の八事侵入を助ける行為となっている。直接の証拠はないが、清須守護代は今川と通じ信長を押さえ込む挙に打って出たという推定が可能である。

ところでこの年の守護斯波義統側近の信長への内通は、翌二十二年七月の清須守護代による斯波義統殺害に結果する。清須城内で守護代によって奉られていた義統が、何故に天文二十一年ころから俄かに守護代との間に隙を生じたというのか。公記首巻によれば、簗田が義統の家臣らに「『清洲を引わり』信長に付けば知行が与えられますよ」とそそのかしたからというが、当時弾正忠家一族・一派主流からも浮いた単独冒険主義路線を突き進んでいた信長に、彼らが我が身と主《あるじ》義統を賭す理由としては、説得力を欠く。清須守護代側からしても、義統殺害にまで走ったからには、義統本人と守護代家との間に相容れぬ矛盾を生じていたからとしなければ説明が付かないことである。

その理由は、清須守護代と今川の接近を想定することで説明がつく。尾張守護斯波家には、今川義元の父氏親と永正年間に遠江守護権をめぐって数度遠江で戦い、永正十四年（一五一七）に敗れて斯波義達は捕らえられ、尾張に送還されたという屈辱的歴史がある（『中世3』八五一～八五三）。眼前の現実にではなく、家の歴史にこそ存在の根拠を自他ともに認めるが故にこそいまだなお守護として存在している守護義統にとって、宿敵今川と手を結ぶことなど断じて認められなかったはずである。守護代が今川に通じたのなら、むしろ今川を恐れず今川に対する挑発行動をやめない信長に信頼を寄せたとて不思議ではない。

公記首巻は、天文二十一年八月十六日の萱津合戦で、守山城主織田信光が信長とともに戦ったことを強調している。しかしながらこれは、この段階で信光が信長の独歩自立路線に協力する立場を鮮明にしていたことを示すものではないだろう。実はこの戦いには、信勝派である柴田権六も加わり、清須守護代家の両家老として坂井大膳に並ぶ坂井甚介の首を取ったことが、その武功に比して不釣合いにそっけない表記ではあるが、公記首巻には確かに記されている。つまり、この戦いは弾正忠家一族・一派こぞって清須守護代家と戦ったものである。先の推定に従うと、清須守護代側においては、松葉・深田両城攻撃は織田弾正忠家一族・一派に仕掛けられた今川に通じた陽動戦である。しかるに、これを受けた弾正忠家一族・一派においては、そのような深謀は知るところでなく、同一族・一派に対する勢力圏荒らしとして反撃に打って出たまでであろう。公記首巻におけるこの合戦の書きぶりをみると、信長軍・信光軍・柴田軍はそれぞれ独自に動いているようであり、信長を中心にまとまっているようには見えない。

また、信光の参戦が特に強調して記されているが、これは、翌年以降において弾正忠家一族・一派のうちで真っ先に明確に信長と共同歩調を取った事実を前年にまで投影したものとみられ、信光の萱津合戦への参戦動機において柴田権六に特に優るものがあったとは考えられない。事実、信光は、その直後の信長による清須城乗っ取り作戦には同行していない。

さて『大村家盛参詣道中日記』によると、天文二十二年三月十九日に斎藤道三の城下美濃国井ノ口から尾張国岩倉に着した旅人大村家盛は、同二十二日、岩倉を発って関東巡礼への旅を続けている。この日の行程は守山を経て岩崎までである。岩倉から守山まで、岩倉守護代の臣である山内・前野・高田が同行したとあり、守山から岩崎までは「人を付けられ」たとある。守山城主織田信光が道案内兼用心棒の人を付けてくれたということらしい。岩崎城下より五丁ばかり行って藤島に宿をとった（岩崎城主福島氏、藤島城主丹羽右近）。翌二十三日の行程は三河国入りで、岡崎を経て山中までである。岡崎まで「人をそへられ」とある。やはり福島氏が人を付けてくれたということであろう。

美濃から尾張を経て三河に向かう時、尾張国内において守山に宿泊している例は、『あつまの道の記』に記された天文二年（一五三二）の旅にも見られ（『中世3』一一六八）、十六世紀においては、美濃から入って岩倉、守山、岩崎を経て三河に通じる道が確立していたと思われる。大村家盛の旅日記のうち、ここで注目されるのは、織田信光の拠点守山と今川の臣福島氏が押さえた岩崎の間に、天文二十二年三月下旬段階で一応の平和が存在している点である。守山城主織田信光はこの時点で、前年九月に八事まで進出してきた今川勢力と戦っていない。これからすると、信光は信長の対今川強硬路線とは距離を置いているとみなされる。なお、末盛城は守山城より八事にはるかに近いが、旅日記は特に軍事的緊張の気配を記していないから、末盛の信勝も同様であろう。

ところが、大村家盛が関東巡礼を終えての復路、およそ一か月後には、状況は一変していた。大村は四月二十六日に岡崎に至った。ここで大村が得た情報によると、「三河・尾張取相にて」すなわち今川と織田の戦争が勃発したので、往路に用いた藤島方面へ通じる道は通れないとのことであった。大村は岡崎から安城方面に南下して大浜（碧南市）に迂回し、船を利用し知多半島に渡り、半島を陸路横断した後再び船で伊勢に渡っている。この、天文二十二年四月の「三河・尾張取相」について記した史料は他に見当たらないが、少なくとも、先に見た一か月前の守山・岩崎間の平和が崩れたことは確からしい。この間にこの方面における勢力均衡を崩すいかなる情勢の変化があったというのか。

天文二十二年四月上旬、斎藤道三は出向いて尾張国富田聖徳寺で信長と会見している（公記首巻十）。これに先立ち同年閏正月十三日、信長の二長《にのおとな》平手政秀が切腹している（公記首巻九、高野山過去帳）。一般に、信長の「うつけ」の振舞いを自身の命を以て諫めたとされる有名な事件である。信秀のもとでは、宗教分野におよぶ広い人脈を生かして外交交渉を得意としていた平手にとって、信長が突き進むところの、自ら好んで弾正忠家一族・一派のうちにおいて孤立を招くかのごとき単独冒険主義路線は、理解・許容の範囲を超えたものであったと思われる。平手の死で、信長の孤立はいっそう深まったはずである。一方、道三においては、信長の危うさを伴った強情ぶりは、自身の生き方と共鳴する好ましいものとして映っていたのかもしれない。公記首巻によると、会見は道三から呼びかけたものという。会見の詳細は公記首巻の記事以外に知る史料がなく、必ずしも同書も明言はしていないが、会見の場で道三が信長の将来性を確信したことを強調しているので、どうやら信長は道三から全面支援の約束を取り付けたとおぼしい。信長は細心・周到の演出をして会見に臨んだ様子が記されているが、この約束を取り付けることにこそ、そもそも彼が会談に臨む最大の動機・目的があったはずである。

確証はないが、道三・信長の会見を踏まえ、守山の織田信光は、信長の対今川主戦論に同調してというよりは、むしろ道三が今川との対決全面支援の約束を明確にしたのを知り、守山～岩崎の間の封鎖の動きに出たのではなかろうか。大村家盛が同年四月二十六日に岡崎で得たところの、「三河・尾張取相」により往路に用いた岩崎経由の道は今通れないという情報は、この事実がやや誇大に伝わったものではなかろうか。この時点での文字どおりの「三河・尾張取相」に相当する戦乱を伝える史料が他に見当たらないことも、以上の推定と矛盾しない。

道三との会見に続いて同年七月十二日、信長にとって幸運な事件が起こった。清須守護代の将坂井大膳らが、清須城内にて守護斯波義統を殺害した。義統の子岩竜丸（斯波義銀）は那古野に逃れ、信長の保護下に入った（公記首巻十四)[25]。信長は、労せずして義統の子を得て、主殺しをした清須守護代を攻撃する正当な根拠を得たのである。守護殺害という事態に接しても、織田弾正忠家一族・一派はまとまって対処していない。義統殺害七日目の七月十八日、信勝派の柴田権六の軍のみが、清須に攻め入り合戦し、清須守護代の重臣河尻左馬丞・織田三位・原殿・雑賀殿ら三〇騎ばかりの頸を取った。「上総介信長御感斜めならず」という（公記首巻十五）。高みの見物を決め込んだ信長がともあれ喜んだことは確かであろうが、柴田としては、単独で清須に攻め込んだのは、弔い戦を果たした実績を周囲に示すことによって信長による幸運の独り占め（岩竜丸獲得）を牽制し、対抗する意図に基づく出陣であって、決して信長の歓心を買うために出陣したのではなかろう。

天文二十二年は信長にとって、それまでの単独冒険主義がもたらす孤立から脱却し、道三の強力な後ろ盾を獲得した転換点であった。ただし、それによっていっそう対今川戦争遂行路線を邁進することになる。そこに急接近し始めたのが、守山の織田信光である。

四、清須・守山ライン形成による信勝封じ込め（天文二十三・二十四年）

織田信秀の舎弟として、公記首巻は「与二郎殿、孫三郎殿、四郎二郎殿、右衛門尉」を記している（同一）。うち与二郎（信康）は、天文十三年の稲葉山城下合戦で討死している（同四）。孫三郎を系図史料に従い実名を信光とすることについては、異説がない。同書では、天文十七年における信秀の三河小豆坂遠征に従軍（同二）、「織田孫三郎殿一段武篇者なり」（同八）とあって、武闘能力が称えられている人物である[26]。天文十九年一月に犬山・楽田の織田が信秀を攻めたとき、病床の信秀に代わって防衛戦の実質的指揮を執ったのは、彼であろう。そのころ、守山城主であった（同八）。信秀晩年・没後の弾正忠家混沌の中で、強い影響力を及ぼし得る立場にあるが、彼が一族団結のために積極的に働いた形跡はない。そうした方面での統率力・対人交渉能力の発揮は彼の得意とするところではなかったのであろう。

天文二十三年になると、信光は信長派としての行動を明確にする。同年一月の信長による小河（緒川）の水野氏支援のための遠征すなわち村木攻めに、信光も自らの軍を率いて出陣している。なお、道三は、信長出陣に先立ち、「那古野留守居として安東伊賀守大将にて人数千ばかり」を送り、後方支援した。村木攻めに際しては、信長の一長《いちのおとな》林秀貞とその弟林美作守は不同意で（「不足を申立」）、荒子（名古屋市中川区）の与力前田与十郎の城に退去し、従軍しなかった（公記首巻十六）。信光・信長接近の深まりとは逆に、このころより信長と林兄弟の間に隙が生じてくる。

同年四月二十日、信光は招かれて清須城中に入り、不意を襲って守護代織田彦五郎を殺害する（公記首巻十七、『中世3』一八九四、『定光寺年代記』は同年「五月」のこととしている。『中世3』一九五二）。殺害に至るまでの首尾は公記首巻に詳しいが、著名な事件なのでここでは省く。ただ注目すべきことに同書によれば、予め信長・信光の間に〈信光は、清須城乗っ取り後、清須城を信長に渡し、「おたい川」（庄内川）を限って下四郡を分かち、二郡は信長、残る二郡は信光で分割する〉との密約がなされていたといい、実際事件後、清須に信長、那古野に信光がそれぞれ入城し、居城を移した。この下四郡分割の密約を文字どおりとすれば、末盛城の信勝の存在を完全に無視したものである。さらに信光を那古野城の新たな城主と信長がした事実は、信長・信光と林秀貞・同美作守兄弟の間に軋轢を生むことになる。このころ信長と信光は強く同調し、おそらく、村木攻めにせよ、清須城乗っ取りの陰謀およびその後の処理にせよ、林に諮ることなく信長が勝手に道三や信光と話し合って決めていったところであり、信長の一長としての林の面子は丸潰れであったと思われる。当時林兄弟は那古野城近く西南の米野・大秋（名古屋市中村区）に居館を有していたらしく（後述）、また先述のごとく村木攻めに際して彼らはさらにその西南の荒子に退去しており、この方面を基盤としていた。林兄弟が、本拠地近く那古野城に入ってきた信光への警戒心を高めるのは必然である。

「其年の霜月廿六日、不慮の仕合出来して孫三郎殿御遷化」といい、公記首巻は〝思いがけないめぐりあわせが起こって〟と、何故かことさらに真相を隠したかの思わせぶりの表現で、天文二十三年十一月二十六日の孫三郎信光の死を伝え、「しかしながら（＝まったくもって）上総介（信長）殿御果報の故なり」と、信長の幸運の種であったと評している（『中世3』一八九四）。『定光寺年代記』（『中世3』一九五二）は、信光は那古野城で殺された旨を記し、同年十一月二十八日のこととしている。「御果報の故なり」とは、信光は信長のよき協力者ではあったが、のちのちのライバルとなる可能性があったという、公記筆者の認識を示すものである。横山住雄氏は、真相は信長による謀殺であるとしている。真相は不明であるが、信光に恨みを募らせ那古野城中を熟知する林兄弟が殺害を仕組んだ可能性も考慮されよう。信光死後は、林秀貞が那古野城主となっている。信長が林を宥めるには適切な処置である。

さて、信長・信光の密約ではその存在が無視された信勝である。信勝は先にみたように、信秀生前から熱田羽城の東加藤家に対して安堵の判物を出しているが、信秀没後も引き続きそれを繰り返している（天文二十二年十月日付織田信勝判物、加藤景美氏所蔵文書、『中世3』一八八三）。一方、熱田旗屋の西加藤家は、信長から判物の給付を受けている。『信長事典』小島解説は、「熱田の大富豪である東西両加藤家が信長派と信行（信勝）派に分かれていたのか、それとも経済的に重要地点である熱田をめぐって、信長と信行が味方獲得競争をしていたのか、いずれかである」としている。東加藤家の加藤順盛は、天文二十一年四月に信長の攻撃を受けた鳴海の山口父子の一族とおぼしき山口孫八郎の後家と子供を受け入れていたが、天文二十三年十月二十日、信長に掛け合って彼らの尾張国内居住の自由について保証を得ている（加藤景美氏所蔵文書、『中世3』一九四二）。これは書状であり、判物ではない。ことの性質上、ほかならぬ信長から保証してもらわねば意味をなさない。東加藤家が信勝派であったとしても、信長との交渉の窓口が断たれてはいなかったことを示している。小島氏が述べるとおり、熱田をめぐって信長・信勝のせめぎあいが繰りひろげられていた。

このころ、信長判物が弾正忠家ゆかりの津島など海西郡から愛智郡にまたがり多く出されているのに対し、信勝の判物は東加藤家あての他はほとんど見ることができない。ただし、後代において信勝文書が廃棄される可能性は、信長文書におけるそれに比べれば格段に高いから、今日伝来する信勝文書の数を以て、直ちに彼の実際発給した文書の数の規模とみなすのは適切でない(27)。そうしたなかで、桂甫広済寺あて天文二十三年十一月二十二日付勘重郎達成判物写（『尾張徇行記』所収(28)、『中世3』未収録）が注目される。桂甫の甫は村を意味し、海東郡桂村のことである。勘重郎は他ならぬ勘十郎信勝を指し（当時の文書では名前において同音異字が用いられること稀ではなく、しかもこれは写であるから「勘重郎」は写作成時点で誤まった可能性がある）、達成とは信勝改名後の名である。同年十二月日付東加藤家の図書助順盛にあてた「達成（花押）」の署判で出された判物があり、これも信勝改名後に発した文書である（加藤文書、『中世3』一九五五）。花押は、信勝と名乗った時期のものに少し変化を加えたものとみなしうる（『中世3』花押・印章一覧九八五ページ33織田信勝参照）。

前者文書は、広済寺に対し祠堂銭権益を奪わず、寺中への理不尽の譴責使を入れないと保証した内容である。信勝（達成）の実効支配が及んだのは熱田はじめ愛智郡東部であったと考えられるから、これは随分と離れた所に出されたものである。ただ、このような安堵の判物は、申請がありさえすれば実効支配が及ばぬ地にも発給され得るものである。

ここで注意すべきは、達成という名前である。いうまでもなく、達の字は清須守護代を務めた織田大和守家当主において達定・達勝と続いて用いられた字である。すると、信勝には、信長・信光連合によって滅ぼされた清須守護代の地位を襲うという意識を以て、達成と改名し、自領内外にこれを宣したのではあるまいかという仮説が立てられよう。彼の実効支配が及んだとは考えにくい海東郡桂村の広済寺が達成の判物を得たのも、この宣言に応じた故と考えれば納得がいく。ただし、達成の名で発された文書は、以上の二通しか伝わっておらず、この仮説が正しいとして、それがどの程度の広がりを以て受け止められたものかは不明としなければならない。

発給文書は少ないが、ほかにも信勝の動向を伝える史料は存在する。「長滝寺真鏡」所収天文二十二年五月三日付仏像光背銘写によると、信勝は施主として美濃国白山社に仏像光背を寄進している（『中世3』一八七一）。「織田勘四郎信勝」と記されているのは、「長滝寺真鏡」所収段階で勘十郎を誤記したものであり、信勝が、父信秀が熱心であった白山信仰を踏襲していることを示している。[29] 勘十郎（信勝）はまた、同じ年の六月に熱田社に菅原道真画像を寄進している（熱田神宮蔵画像軸裏銘、『中世3』一八七六）。さらに天文二十四年五月上旬に尾張国政秀寺の沢彦宗恩が記した法語に、「織田霜台御史達成」と記されている（『中世3』一九六五）。霜台も御史も弾正台の官職唐名であるから、すなわち「織田弾正忠達成」の意である[30]（忠は弾正台の三等官であるから本来の読みは「じょう」であるが、当時は忠の字を記しても発音しないのが慣例であったと思われる）。信勝が歴代に継がれた弾正忠を称した上で達成と改名していることよりすれば、守護不在のなか、途絶えた清須守護代の任務を弾正忠家の正統である故を以て代行するという自己認識であったと考えたい。そうであるとすると、もはや岩竜丸を擁する信長との対決は避けられない。

織田孫三郎信光が天文二十三年十一月に没して以降、守山は、信長と信勝のいずれにとっても自らの統治権を維持・拡張していく上での焦点の地となった。信光死没の記事に続き「守山の城主織田孫十郎殿」と公記首巻に記されている。信光が那古野城に移ったので守山城は信長によって孫十郎に与えられたと説明されることが多いが、公記首巻にそう記されているわけではない。この孫十郎は信秀の弟右衛門尉（信次）とするのが一般的であるが、別の弟信実（通説では四郎二郎）とする説もある（横山住雄『織田信長の系譜』二〇四ページ、ただし同書七二ページでは信次としている）。しかし、公記首巻が列記する信秀舎弟のうちには孫十郎の名はみえない。守山区大森の法輪寺に「薩摩守殿禁制」と記録された天文二十三年十一月付禁制の写しが伝わる（『中世3』一九五三）。この記録を信じれば、「薩摩守殿」と称された人物こそが、この時点の守山城主である可能性が高く、織田孫十郎が薩摩守である。信光が没したのと同じ月に禁制発給が求められた事情は、信光の頓死と関係しよう。清須守護代殺しに先立つ信長・信光の密約は尊重されたはずだから、信光が那古野城に移ったとしても守山城は信光の実質的配下にあったと考えられる。したがって、禁制が発される背景には一般的に軍事的緊張・支配者の交代があることを勘案すれば、この禁制は信光に代わる新たな守山の支配者となった織田孫十郎薩摩守某が法輪寺に与えたものと解釈すべきであろう。信光の後継者とすると信光の子息を当てたくなる。この段階で薩摩守を名乗っていることからすると、信長や信勝より年上のようにも思える。いずれにせよ、信光生前から信光に添ってきた人物であろう。

系図史料では、信光の子としては守山と大森の間に小幡城主織田市之介信成がいて、信長の妹がその妻となっている。天文二十四年五月八日付「をは田殿」あて織田信長の仮名交じりの書状（初瀬川建治氏所蔵文書、『中世3』一九六四）は、小幡殿すなわち、かの信長妹（小幡城主妻）にあてたのもので、守山の長慶寺住持分・同寺領を小幡殿に安堵する内容である。文中に「其さまへ進之候うへは、もり山よりとかくの申事あるましく候」とある。「これらの所領を「其さまへ」差し上げたからには、守山城主の妨害を受けないようにしてやる」と述べており（「其さまへ」は妹本人、あるいは彼女の夫か）、信長は孫十郎の牽制に自信を示している。これは、信長が信光死後速やかに信光の子の居館のある小幡を自身の統制下に置きつつ、守山にも影響力を強めていたことを示していよう。ただし、織田孫十郎薩摩守某が守山城主として守山近辺に独自の統治権を展開していたことも以上の史料から確かであるから、守山は信長に従属するばかりではなかったと思われる。

天文二十四年六月末または七月上旬に起こった喜六郎殺害事件は、信長・信勝双方にとって守山を自身の勢力下とする絶好の機会であった。公記首巻によれば、二人の同母弟喜六郎が、守山城主織田孫十郎の家臣によって誤って殺され、孫十郎は二人の譴責を恐れて出奔した。『定光寺年代記』は孫十郎出奔を七月六日のこととし（『中世3』一九六七）、公記首巻十七は六月二十六日とする。公記首巻によると、信勝はいちはやく守山に出陣して町に火を掛け、距離的に不利にあった信長も清洲から息も継がず馬を跳ばせて出陣したが、「守山入口矢田川」まで駆けつけ「是より清洲へ御帰」とある。すでに信勝が守山に入り、この口（守山南方）を固めたのに対し、軍事的に信長が優位に立てる見込みがないと判断したからであろう。

城主は出奔したものの、守山城には角田新五・坂井喜左衛門の両長《りょうおとな》はじめ孫十郎家臣団が籠城した。信勝はその臣柴田権六・津々木蔵人を大将として守山の南方木ヶ崎口方面（木ヶ崎は長母寺のある辺りをいい、守山とは矢田川を挟んだ対岸）を固め、信長はいずこかこれとは別方面に飯尾近江守らを置き、膠着状態となった。ここで信長は佐久間信盛の献策を容れて、信長の異母兄信広の弟である「安房守殿」を新城主とする一方、角田・坂井の守山城主家老としての地位を約束するとの取引を角田・坂井との間でおこない、両名はこれに同じて籠城衆を裏切って織田安房守を城に引き入れた（以上、公記首巻十八）。同年七月、信長は、守山近く大森村正法寺に禁制を与えている（寺社制札留所収文書、『中世3』一九六八）。信長が外交戦によって当初の出遅れを挽回して信勝に対して優位に立ち、同時にことのいきさつからして織田安房守は信長の傀儡であるから、事実上信長が守山をみずからの統制下に組み入れたことを示している。瀬戸市白坂の雲興寺に、弘治二年（一五五六）二月二日付織田安房守秀俊禁制が伝わる（『中世3』二〇〇九）。守山城主その人であろう。守山から距離のある雲興寺へのこの時点における禁制給付は、後述のようにこのころ信長は対今川積極攻勢に打って出ているから、信長に呼応して瀬戸市方面に彼の軍事行動が及ぶ事態があったからであろう。

天文二十二年末までに形成された信長・信光連合以降、信光頓死事件、喜六郎殺害事件と、信長も予期し得ない事件が打ち続くなかで、信長は一貫して守山を重視し、ついには同二十四年七月、完全に自身の統制下とした。これは要するに、守山が信勝封じ込めのための要石だったからである。

五、信長暗転、稲生の戦い・竜泉寺築城、信勝暗転（弘治元年～永禄元年）

天文二十四年（十月二十三日弘治と改元、一五五五年）以降、三河国では岡崎周辺、今橋（このころから吉田、今の豊橋）周辺ならびに渥美郡を除く各地で反今川蜂起が勢いを得て、西三河においては、加茂郡東北部諸土豪、碧海郡上野城

（豊田市上郷町）の酒井忠尚、幡豆郡西条城の吉良義昭を結ぶ反今川ベルトが形成された。こうした三河国内の反今川の動きの背後に信長があったとみるのが通説であるが、尾張におけるめまぐるしい時局の転変のなかで信勝への対抗に意を注いでいた信長が、三河に実質どこまでに関与しえていたかについては、慎重であらねばなるまい。

ただこの動きにより、それまでに尾三国境を越えて尾張側に侵入していた今川の勢力の後退があったことは充分に想定されるところである。天文二十四年十月一日、信長が花井三河守に八事・池場（八事南迫の西端、名古屋市天白区元八事・池場付近）などを知行として与えているのは（妙心寺光国院所蔵文書、『中世３』一九七二）、こうした事態と関係しよう。ただし、この時点で花井が八事・池場を実効支配していたかは別で、この時期の知行給付には、「おまえが実力で奪ったなら、そこをおまえの知行としてよい」というのが実際のところである場合も多い。なお、花井氏は、永正年中においては大高付近に勢力を張った一族である（朝苧社遷宮祝詞写、久米家文書、『中世３』七五三）。

ところが、翌弘治二年二月初旬以前に上野城の酒井忠尚が今川方に寝返る。前記反今川ベルトの中間部に突き刺さる今川方の楔となった。三月、信長は自身吉良領三河国幡豆郡荒川（愛知県西尾市八ツ面町付近）に出陣し、碧海郡野寺原（安城市野寺町南方一帯）において今川軍勢と戦い（今川義元感状、観泉寺文書、『中世３』二〇一二）、吉良義昭に指示して上野城を攻撃させた（『松平記』、一連の経過の考証は註〈31〉参照）。上野は瀬戸市方面あるいは八事南迫方面に通ずる尾三国境東北部と岡崎を繋ぐ交通の要衝に位置する。信長の動きは、対上野戦略としては迂遠であるが、ともあれ信長はこのころ今川支配地への反転攻勢に積極的に打って出た。上野の確保のためであれば、信長が八事・岩崎方面から直接に上野攻めに向かうのが手早かろうが、そうしていないのは、この方面には信勝が進出していたためであろう。信勝が当時今川に対して基本的にどう対処していたかを示す同時代史料は伝わらないが、『寛永諸家系図伝』

酒井忠次譜は、信勝派の柴田権六が弘治二年に福谷城を包囲したと伝えている。ありうることである。

そのころ、美濃情勢が急変した。斎藤道三はこれ以前に長男義龍に家督を譲ったものの、父子不仲となり、ついに弘治二年四月二十日、義龍と戦い、敗れて頸を取られた。前年のうちに義龍が弟二人を謀殺するなどの道三一家の異変は、信長の耳にも達していたと思われるが、三月の時点で信長が三河に遠征しているのは、自身の後ろ盾である道三の引き続く安泰を疑っていなかったからであろう。信長は、道三・義龍合戦開始の報を聞き、美濃国「大良の戸嶋」まで出陣し、義龍方と戦ったが、道三を救うことはできなかった。それどころか、道三が没し、義龍が反信長として明瞭となったことは、たちまちに信長を取巻く尾張政治情勢を一変させ、信長を窮地に追い込んだ。このとき岩倉守護代の軍勢が、信長の留守となった清須近くを襲った。信長は尾張にとって返し、逆に岩倉近辺を焼き払って後、清須に帰城した（公記首巻三十一）。信長にとって、三河で攻勢に出るどころでなく、一転して清須西方美濃境と北方岩倉守護代領境への軍事的備えが喫緊の課題となった。

「去程に」、信長の臣林秀貞・その弟林美作守・信勝の臣柴田権六の「三人として勘十郎殿を守立候はんと候て既に逆心に及ぶの由風説」が立つ中、同年五月二十六日、信長と守山城主安房殿は、林秀貞の居城那古野城に出向いた。ときに弟美作守が信長を殺害せんとするのを秀貞が止め、信長を帰した。「一両日過ぎてより御敵の色を立て」、林与力の荒子の城は熱田と清須を塞ぎ、同じく「こめの（米野）、城・大脇の城」は清須と那古野の間を占め、清須・那古野断交の事態となったという（公記首巻十八）。柴田権六はもとより信勝派であるから、問題は林兄弟が信勝派に転じた時期と動機である。「逆心に及ぶの由風説」が立つなか、あえて信長が那古野城に出向いたというのは不自然な話である。これは公記筆者による信長の胆力強調のための潤色で、ここは因果が逆転した記述と考えた方が、納得がいく。信長が那古野城で林兄弟に対して、彼らが到底受け入れることのできない何らかの屈辱的要求を突きつけたために、彼らが信勝派に走ったというのが真相であろう。守山城主安房殿を伴ったというから、その要求には、彼が絡んでいたのであろう。

大胆な推定を述べるなら、林兄弟に対し信長は、軍事的緊張が高まった岩倉守護代への備えとして、彼らがその前線に立つことを要求し、そのために那古野からの移転を迫ったのではあるまいか。守山城主がそれに絡むとすれば、具体的には、守山・那古野の城主入れ替わりの要求である。信長においては、これは情勢の急転に応じた然るべき提案であるが、林兄弟にとっては、これは「先年の守山城主織田孫三郎の那古野入城の二の舞、しかも先に守山に話を通じておき有無を言わせず我らに強いるのも、かのときの二の舞」との思いが昂ずるのが当然で、何とも受け入れがたい要求である。

この推定の当否はおくとして、守山が、信勝封じ込めのための要であることに加えて、道三が没して以降、対岩倉備えの要としても、信長にとっての重要性を高めたことは、確かである。その守山城で、この直後に異変がおこった。守山城主安房殿が、両長の一人角田新五に殺害された。角田は「岩崎丹羽源六者共」を引き込み、「城を堅固に相拘」えた。これに対し、信長は喜六郎殺害事件以来牢人であった織田孫十郎を守山城主として復活させた（公記首巻十八）。

角田が城主殺害に及んだ理由とは、両長の一人坂井喜左衛門の子が安房殿の衆道の相手となって重用されるようになり、角田は自身が軽んじられたのを怨んでのことと、公記首巻は述べている。そのような事実があったにせよ、重要なことは、この事件により、守山が一時信勝派に属することになったという結果である。「岩崎丹羽源六者共」は、かつて喜六郎殺害事件直後に主《あるじ》孫十郎不在の守山城に角田らが籠城した際に、ともに籠城した衆に数え上げられている。『丹羽氏軍功録』によれば、天文二十年ころから信長と対立していた岩崎城主丹羽氏識の子が丹羽氏勝で、幼名は源六郎である。したがって、丹羽源六（郎）氏勝は一貫して反信長の立場である。角田が信長と取引し織田安房守を引き込んだ時点では一旦岩崎と守山は切れていたが、角田は信長に叛するに及んで、再度丹羽氏に協力を要請したものであろう。ところで、角田の籠城をどのようにいつの時点で破って、信長が織田孫十郎を再度守山城に入れたのかは記されていない。おそらくそれは、次に述べる稲生の戦いで角田が戦死した後のことと思われる。

弘治二年八月二十四日、ついに信長・信勝の決戦となった。稲生の戦いである。ことの直接のきっかけは、信勝による「信長御台所入の御知行篠木三郷押領」という。柴田権六軍一〇〇〇・林美作守軍七〇〇と信長軍七〇〇未満が稲生で合戦し、少勢の信長が勝利した。信長自身、美作守の頸を取り、角田新五は美作守の軍に属し、頸を取られた。林秀貞は那古野城に、織田信勝は末盛城に籠城したままで打って出なかった。末盛城に居る信長・信勝の「御袋様」のとりなしで、信勝・柴田は降参し、林ともども命を許された（以上、公記首巻十八）。

信勝が春日井郡篠木を押さえたのなら、信勝にとっても守山は生命線である。角田は稲生の戦い前まで守山城を維持し、信勝に協力していた可能性が高い。したがって、稲生の戦いが開始される直前には、井ノ口（斎藤義龍）〜岩倉（織田伊勢守）〜守山（角田新五）〜末盛（織田信勝）〜那古野（林秀貞）〜米野・大秋（公記首巻には「大脇」とあるが大秋のこと、元来林兄弟の拠点で当時ここを押さえたのは林美作守か）〜荒子（林与力前田与十郎）という、清須（信長）包囲のラインが形成されていたことになる。戦いに勝利した信長は守山を回復し、このラインを断ち切って、信勝派勢力を封じ込めた。この戦い後の信勝に、信長と対等またはそれ以上に振舞う立場、清須守護代としての名実は、もはや存在しない。

某年某月、信長の異母兄織田三郎五郎信広が「既に御謀叛思食立」、斎藤義龍に通じた。手引きして斎藤の軍勢を川を越えて尾張に侵入させ、これを撃たんと信長が出陣した隙に留守の清須城を乗っ取る計画であったが、先に出陣した信長が、遅れて清須に到着した信広が出陣しようとしないのを不審に思い、急ぎ引き返したので謀叛は失敗に終わったといい、戦い半ばにして不利に陥った信広を助ける者はいなかったと伝える（公記首巻十九）。信広の孤立した動きであることからすると、稲生の戦い後の事件であろう。同書によると、それまで信長出陣に応じて信広が出陣するとき「清洲町通りを御通りなされ」るのが恒例であったという。このとき斎藤の軍勢は、清須の西方から木曽川を越えて進入したと考えられるので、信広の居城は清須の南ないし東方面と推定されるが、場所を特定できる史料は伝わらない。

かくして弾正忠家一族・一派内の反対者を抑えこんだ信長は、弘治三年ころからたびたび岩倉守護代との軍事衝突を辞さない姿勢を明確にする。下津郷（愛知県稲沢市）の正眼寺を対清須の砦とするために、その近く「たん原野」に陣を敷いた岩倉守護代織田伊勢守軍三〇〇〇と信長軍は合戦した。信長は「清洲の町人共かり出し」「町人共に竹やりをもたせ」、自らの少ない軍勢を補ったという（公記首巻三十二）。

このせり合いの決着半ばのころ、信長は、三河国上野に出向いて、今川との和睦の儀式を執り行った。その様子は、次のようであった。四月上旬、「三川国吉良殿」（義昭）と「武衛様」（斯波義銀）の「御無事御参会」（和睦会見）が、今川義元が義昭を「取持ち」（引き受け）準備調ったので、信長は「武衛様御伴」して出陣した。上野原で互いに兵を揃えて対峙すること、その間一町半。義昭、義銀、ともに床机に座り、それから双方一〇歩ほど歩み出て、両者何の所作もなく下がってもとの床机についた。これにて会見は終わり、信長は直ちに尾張に帰った（公記首巻三十二）。この会見は、吉良義昭が今川への叛逆から帰順に転じていた時期から弘治三年と推定され、また信長側の申し入れによって実施されたと考えられる。(32) たしかに、三河国内に相次いだ反今川蜂起を抱えた義元、北方に敵対勢力を抱えた信長、双方にとって和睦は必要とされていた。しかし、和睦の儀式としては成り立っていないようにもみえるにもかかわらず、信長は直ちに撤収している。

実は、信長にとってこの儀式は、多分に尾張国内向けの意味を持つものであったと考えられる。岩竜丸がいつ元服して義銀となったのかははっきりしないが、この会見の時点では「武衛様」すなわち尾張守護斯波義銀として登場している。つまり、国境についての「御無事」（紛争決着）を信長が「武衛様御伴」して調えたこと自体が重要であり、信長にとって自身を明確に尾張守護代として内（弾正忠家一族・一派）外（岩倉守護代）に示したことに最大の意義があったと考えられる。

さて、稲生の戦いで敗北後に勘十郎達成から武蔵守信成と名乗りを改めた信勝は、しかし依然として末盛城主であって、戦い以前に続いて熱田東加藤家に対して船津の権利を安堵している（弘治三年十一月二十五日付織田信成判物、加藤文書、『中世3』二〇七七）。そうした信勝のもとに、弘治三年四月十九日、密かに斎藤義龍からの書状が届けられた。その文面は「其の表、相替わる子細これなく候や、御意承りたく候」と、一見穏やかであるが、末尾に「この書状を届けに遣わす者に委曲を申し含めてあるから、この者からあなた様が直に聞こし召されるとよい」とあるから、穏やかでない（斎藤高政＝義龍書状、徳川美術館所蔵文書、『中世3』二〇五二）。承りたい御意とは、つまるところ〈信成（信勝）に義龍と通じて信長に対して再度立ち上がる可能性はあるか、その気はあるか〉ということである。信勝がこれにどう応じたかは不明であるが、それから一年後の永禄元年四月十八日（弘治四年二月二十八日、永禄と改元）、信勝は守山の北東庄内川左岸に位置する竜泉寺に築城を開始した（『定光寺年代記』、『中世３』二〇九二）。信勝が竜泉寺を占めれば、信長に従う織田孫十郎が持つ守山城の戦略上の意味は大きく後退し、信勝には、岩倉守護代や斎藤義龍と呼応した軍事行動の可能性が開かれる。ただし竜泉寺築城の目的がそこにあったとも断定し難い。むしろ、このころ品野（瀬戸市）方面に展開した今川軍勢への備えとして、信長承知の上での築城であった可能性も考慮される。[33]

ここに信勝に思わぬ事態が生じた。柴田権六が信長に寝返ったのである。柴田は信長のもとに走り、信勝に再び謀叛の企み有りと知らせたという。同年十一月二日、信長は詐病を用いて信勝を清須城へ見舞いに呼び寄せ、殺害に及んだ（公記首巻二十五、『中世３』二一二八）。公記首巻は、信勝が竜泉寺に城を拵え岩倉守護代と結んで、信長蔵入地である篠木三郷を押領しようとたくらんだと、稲生の戦いのときの記述にまたも繰り返して春日井郡篠木三郷のことを記し、信勝を非難している。信勝が実際に岩倉守護代に通じていたとすれば、すでに柴田権六が信長に走った後に清須城に赴くとも考えにくい。ただ信長は、それが現実となることを恐れたからこそ、信勝殺しに及んだに違いない。

信勝殺害に先立つ永禄元年七月十二日、信長は浮野（愛知県一宮市）に出陣し、岩倉守護代方に勝利した（公記首巻三十四、『中世３』二一〇六）。またそのころ、弥富の服部左京助が駿河衆を海上より引き入れるたくらみに斯波義銀らが関与していたとして、信長は義銀を国外に追放した（公記首巻三十三）。弘治二年をピークとした三河国内の叛乱を鎮め、再度尾張への攻勢の準備が整った今川とは和睦がいずれ破綻するのが必定とすれば、尾三「無事」の象徴として祭り上げ利用した義銀は、もはやかえって今川に都合よく利用されかねない危険な存在と判断したということであろう。

永禄二年二月二日、信長は五〇〇人ほどを従えて上洛し、七日に京を立って帰国した（言継卿記、『中世３』

二一三七、公記首巻二十六)。この上洛の目的は、尾張支配者としての正当性の認定を幕府から得ることにあったに違いないが、京滞在日数の短さからすると、それは達せられなかった可能性が高い。帰国後三月、信長は岩倉城を攻め、二、三か月にわたって包囲ののち、攻め落とした(公記首巻三十五、『中世3』二一〇六)。かくして信長は、信勝殺害後半年を待たぬうちに、尾張における守護体制を名実ともに一掃し、智多郡南部ならびに犬山市域北部を残すものの一国支配の頂点に立った。

おわりに

刊行された『中世3』所収史料と公記首巻という、今や誰でも目にすることのできる史料を中心に、織田信秀晩年から織田信長による岩倉攻略までの過程を、信長とその弟信勝の間に繰り広げられた権力闘争を軸に、一部大胆な推定を交えて考察した。「はじめに」示した本稿の三つの観点に沿って、述べてきたところをまとめておく。

信秀が国外に敵を求めて繰り広げた戦争の処理は、美濃については信秀自身が斎藤道三との和睦によって決着を着けたのに対し、三河で鋭く対決した今川義元との関係は未解決のままに信秀没後に引き継がれた。信秀が作った織田弾正忠家を中心とする一族一揆の主流が、今川との和睦に傾いたのに対し、弾正忠家一族・一派を率いる後継者としての役割が期待された信長はこれに反対して冒険主義的主戦路線をひた走り、かの役割を放棄して孤立した。のみならず彼の路線は、清須守護代との敵対関係を招いた。しかし天文二十二年以降、道三の支援を得て信長は国内における孤立から徐々に脱し、今川に対して攻勢に出た。また同二十三年、信長派は清須守護代を滅ぼした。ところが弘治二年に道三が没して以降、情勢は一変して信長は美濃を敵とし、あわせて岩倉守護代への備えが主たる課題となった。今川とは和睦を結び、この過程で自らを守護代として内外に認めさせる演出に成功し、岩倉との戦いに突き進んだ。【観点一】

信秀没後に弾正忠家一族・一派を率いたのは、信勝である。信長派によって清須守護代が滅ぼされた後は、弾正忠家の正統を継ぐ者として清須守護代を代行する役割を宣したと考えられ、信長との対立は避けられぬものとなった。弘治二年に道三が没してまもなく、信勝派は信長に優る軍勢を以て稲生において信長に襲いかかったが、逆に敗北した。信勝敗北後も彼が美濃・岩倉と通ずることを恐れていた信長は、永禄元年、岩倉攻めの最終段階を前に信勝を殺害した。【観点二】

信長・信勝双方にとって戦略上の要石となったのが守山である。公記首巻が守山に相次いだ変事をかなり詳しく記しているのは、このことに原因が求められる。信長にとって守山は信勝封じ込めの蓋であり、信勝にとって守山は反信長諸勢力に打通する突破口であった。【観点三】

註

（1）天文十七年三月二十八日付今川義元感状写、記録御用所本古文書ほか『愛知県史　資料編10　中世3』（愛知県、二〇〇九年）一六五九～一六六三号。以下、本稿では『中世3』一六五九のごとくに示す。

（2）天文年間の安城城をめぐる織田・今川の攻防を中心とした動向については、『新編安城市史1　通史編　原始・古代・中世』第一〇章（村岡幹生執筆部分）参照。

（3）犬山市域における織田諸家の動向については、横山住雄『新編犬山城史』（私家版、一九六八年）、『犬山市史通史編上』（犬山

市、一九九七年）中世第四章（加藤益幹氏執筆部分）参照。
（4）天文十三年九月日付織田寛近奉書、立政寺文書ほか『中世3』一五二三〜一五二八。
（5）太田牛一『信長公記』首巻。奥野高広・岩沢愿彦校注『信長公記』（角川ソフィア文庫、角川書店、一九六九年）による。同書首巻（六）。以下本稿では、公記首巻六のごとくに示す。横山住雄氏は、西美濃出陣を天文十七年としている。同氏『織田信長の系譜―信秀の生涯を追って―』（教育出版文化協会、一九九三年　以下、『織田信長の系譜』と表記）一五三〜一五七ページ。下村信博氏は、ここにいう清須守護代方との抗争を天文十六、十七年と推定している。『新修名古屋市史第二巻』（名古屋市、一九九八年）五九九〜六〇〇ページ。
（6）この記事に年次は記されていないが、従来この事件は天文十八年とされてきた。横山住雄氏は、「永泉余滴」に収められた奇岳宗才禅定門（すなわち犬山市羽黒城屋敷を拠点とした武将梶原左近）への下火語（火葬時の法語）によって、「春日井討死」あるいは「森山口打死」と記される彼の葬儀が天文十九年正月十九日であることを指摘し、天文十九年が正しいとしている。『織田信長の系譜』一八六〜一八七ページ。横山説に従う。
（7）『犬山市史通史編上』三四二ページ。
（8）天文四年（一五三五）十二月、岡崎を発して岩崎に一泊してのち守山に至った松平清康は、同五日、守山で横死と伝えられる（『松平記』ほか『中世3』一二二六、一二二七など）。
（9）『静岡県史資料編7中世三』静岡県、一九九四年。「丹波隼人佐」とあるが、丹波は丹羽の誤植である。この点を含め、当時「高橋表」「高橋筋」と呼ばれた矢作川以西の三河国加茂郡および同碧海郡北部一帯地域に対する今川家の支配については、村岡幹生「新出の今川氏真判物と桶狭間合戦前後の高橋郡」（『豊田市史研究』二、二〇一一年）参照。
（10）永禄三年十二月二日付松井宗恒あて今川氏真判物写、土佐国蠧簡集残篇三所収、『愛知県史　資料編11　織豊1』（愛知県、二〇〇三年）五〇号。新行紀一氏が『刈谷市史第二巻本文（近世）』（刈谷市、一九九四年）七六〜七九ページにおいて早くにこの文書に言及し、天文十九年における今川氏による刈谷城奪取の事実を指摘している。
（11）『刈谷市史第二巻本文（近世）』四一〜四三ページ。ただし『寛政重修諸家譜』に信近と記されたこの藤九郎について、信近と記した同時代史料は知られていない。なお、戸田純蔵『東浦雑記』（愛知県郷土資料刊行会、一九八一年）に緒川の入海神社につき、天文十三年十二月付「入海神社奉造立御神殿壱宇」という史料が収められており、「水野十郎左エ門信近」の記載がある。横山住雄氏はこれを棟札写と見て、天文十三年当時の小河水野家の当主を水野十郎左衛門信近と「ほぼ確定出来（る）」としている（『織田信長の系譜』一二一〜一二三ページ）。原本は所在不明である。「入海神社奉造立御神殿壱宇」とあるのが原態ならば不自然というほかなく、一般的には「奉造立入海神社御神殿壱宇」とあるべきものであるし、全体の体裁は、棟札と見ても奉加帳と見ても中途半端である。

また「石浜宗右エ門」ともあるが、十郎左衛門にせよ宗右衛門にせよ当時のものなら一般に衛門には尉など四等官のうちのいずれかの一文字が付くこと、「広忠初名也」「上様御附女房」「不明」などの文言は原態を示す文言とは考えられず収録者の解釈を記した文言らしいなど、正確な原態をイメージするに困難な史料である。

（12）『中世3』一八二三〜一八二四。織田信秀の没年は、今日までの研究により天文二十一年とほぼ確定しており、命日について、同年三月三日と伝える『信長公記』と同年三月九日と記す『定光寺年代記』の相違が指摘されてきた。横山住雄『織田信長の系譜』、鳥居和之「織田信秀の尾張支配」（『名古屋市博物館研究紀要』一九、一九九六年。以下、鳥居論文と表記）、『新修名古屋市史第二巻』六〇六ページ（下村信博氏執筆部分）など。命日に関しては、伝える年に相違はあっても、三月三日と伝えるものが多い。水野智之氏は、初七日に際してその死が公表された可能性を述べ、『定光寺年代記』の記す三月九日という日付は、定光寺（瀬戸市）において知るところとなった日付の記録に因るものかと推測している（『新川町史通史編』〈清須市、二〇〇八年〉、九九ページ）。命日は三月三日としてよい。なお、信秀の法名桃岩（のちに桃巌とも）の「桃」が上巳式日に由来したものである可能性も考慮されよう。

（13）鳥居論文一一〜一二ページ。

（14）『中世3』でこの日記について冊子としているのは、原本調査の結果を正しく表現していない。現状は、もと冊子の綴じが解けた十八枚の丁が一部錯綜して貼付された巻子装一巻である。題箋に「荒木田守武真筆日次記断片」とある。全文は『三重県史資料編　中世1（下）』（三重県、一九九九年）所収。同書「史料解題」参照。この日記が天文十八年以降に記されたものであることは、「天文十八年　たのもし二度ノ由アリ」という記述などから確実である。「三月」部分が天文十八年であることは、その記載内容からして『三重県史　資料編　中世１（下）』が校注するとおりで、当該の「卯月」記事も同年と見てよい。

(15)　下村信博氏はこの史料に言及するが、「この弾正忠入道を信秀とは断定できない」としている（『新修名古屋市史第二巻』六〇六ページ）。織田信秀による伊勢外宮仮殿遷宮費用寄進については、『中世３』一三六五～一三七〇、一四二一～一四二四参照。

(16)　小島廣次氏は、信秀が天文十八年以降備後守として発給した文書に用いた花押が、従来の足利様系統のものとは「まったく趣を異にするもの」である一方、信長が同年十一月に熱田八か村あて制札に用いている花押が「以前の信秀花押に近似し、祖父信定以来の系統」すなわち足利様系統のものであることを指摘している。続けて「俗書ではあるが」とした上で、三種類の本があるという『武功夜話』の信秀死亡記事の三本三様の記述を引用し、「少なくとも天文十八年三月段階で何らかの異変―信秀の隠居・急死・重病―といったことがあって、信長が家督を嗣いだとみればすっきりする」と述べている。以上、岡本良一ほか編『織田信長事典』（新人物往来社、一九八九年）「兄弟姉妹」の項（以下、『信長事典』小島解説と表記する）。

小島氏は、同稿で信秀天文十八年死亡説は「誤りが指摘されている」として排しているので、事実上、天文十八年三月段階における信秀隠居・重病説を唱えていることになる。結論において村岡の論と矛盾しない。小島氏の真意としては、天文十八年段階の信秀・信長の花押形態から同年中における信秀の隠居を推定したものの、隠居の事実やその理由を直接に証明することの困難から『武功夜話』を援用したものと忖度する。しかし、遺憾ながら引用された三本の『武功夜話』の記事を見るかぎりでは、信秀没年について、天文二十一年説に従った一本、天文十八年説に従った一本、「天文十八年に死亡したが、死は秘されて両三年後に葬儀がおこなわれた」という折衷的説明を記した一本、のそれぞれが存在する（このこと自身『武功夜話』なる書物の不思議な成立事情を物語る）ということにすぎない。『武功夜話』の記事自体は、天文十八年信秀重病発症とか隠居とか少しも述べておらず、小島氏の推定とは何の関係もない。要は、信秀天文十八年三月死亡説を単なる誤伝と処理すべきではなく、そこに隠居の年が誤り伝えられた可能性が考えられはしないかという説である。氏が、天文十八年段階の信秀花押の変化・信長の花押形態に注目した点が重要である。なお、『中世３』花押・印章一覧九八五ページ22織田信秀花押、23織田信秀花押、25織田信長花押参照。

（17）この点に関連して、鳥居論文は、文書Aにせよ文書Bにせよ、「信秀の意志を承けたものか、信秀の決定の追認または現状の保証であり、知行宛行権は有していない」とし、さらに両文書の筆跡を検討してともに「信秀の右筆により執筆されていた」とする。そして信長にせよ信勝にせよ、信秀在世中は「固有の権限が付与されていたと考えられず」と述べている。鳥居論文は、信長は天文十八年十一月時点で信秀の後継者に指名されたものの、「信長は信秀の手の内にあった」「信長が信秀在世中に確固たる地位を得ていなかった」点を強調する。しかしどうであろう。仮に初期信長発給文書の右筆が信秀のそれであったことが事実として、そのことが「信長は信秀の手の内にあった」ことの証拠といえるのだろうか。若くして父の家督を継承した息子が父の右筆を継承することが、不自然なことなのか。氏は文書Aと文書Bに加えて信秀死後の天文二十一年十月二十一日付の信長判物（『中世3』一八五〇）も等しく信秀の右筆の手になるものとしている。それが事実とすれば、信長はいつのころからか信秀右筆の少なくとも一人を那古野城に引き取っていたという証拠である。那古野城にいる信長が家督を継承して統治権を行使することと、その文書がかつての「信秀の右筆により執筆されていた」事実とは矛盾しない。後者の事実を以て、信長が末盛城にいる「信秀の手の内にあった」ことの根拠とはならない。

なお、氏は文書Aと文書Bの筆跡に「信秀の右筆により執筆されていた」共通性を指摘しているが、真意を解しがたい。氏も文書Aと文書Bの「書体は異なるが」としているので、両者が同一右筆人の手になるものとまでは断じていないのではないようでもあるが、信長と信勝の居所が那古野と末盛に離れているのであるから、右筆が同一人物であることはまずありえないだろう。

（18）加藤左助は、父加藤延隆（全朔）の天文二十一年九月二十日付書状（『中世3』一八四八）において、自活の進路について言行不一致の数々を非難され「其方ミかきり候」と叱責されている「佐介」と同一人物である。

（19）奥野高廣『増訂織田信長文書の研究上巻』（吉川弘文館、一九六九年初版、一九八八年増訂版）一九ページ。

（20）織田信秀の通称が三郎であったことは、山科言継一行が天文二年（一五三三）に尾張に滞在したときの彼の日記から明らかである（『言継卿記』『中世3』一一四九）。

（21）佐藤進一氏は、変更後の花押（『中世3』花押・印章一覧九八五ページ25織田信長）について、「信長」の二文字を「左横に」（当時における横書きの際の通常である右から左に進むのではなく、その逆）に配したのち、これを裏返した形と推定している（『日本花押史の一節」『名古屋大学日本史論集下巻』吉川弘文館、一九七五年）。氏はその創作意図を文書偽造対策に求めているが（以上については、同氏『花押を読む』平凡社、一九八八年でも再論）、形について氏の推測が正しければ、これを、信長が弾正忠家一族・一派を率いる立場を放擲し（足利様系統花押の放棄）、後方の位置（信）より前方（長）に向かい、翻って頭目の地位を襲わんとの秘めたる意趣を影したもの、と読み取るのは穿ち過ぎであろうか。

（22）奥野高廣「三郎殿様」（『日本歴史』二三九、一九六八年）。

（23）このころの丹羽一族の動向については、前掲（9）村岡論文参照。

（24）天文二十一年十月十二日、織田信長は、智多郡ならびに篠島の商人が守山まで行き来する自由を、商人については「敵味方致すべからざるもの也」、として大森平左衛門に保証している（『古今消息集』所収織田信長判物写、『中世3』一八四九）。大森平左衛門は、文書の内容、その名字からして守山近くの大森を拠点とした有力商人であろう。彼がこの時点で、信長からこのような文書をもらうのは、対今川主戦論の信長が、今川氏の影響力が強い智多郡方面と信長領の通行を封鎖ないしは規制していたからに違いない。大森近く守山城主織田信光からも同様の保証を大森平左衛門は授与されていながら、その文書はたまたま伝来していない可能性も否定しきれないが、後述のとおり、翌二十二年三月の段階で守山〜岩崎（今川支配下）間の通行は維持されていることよりすれば、今川氏の八事進出が直ちに信長以外の弾正忠一族・一派における今川との全面的な軍事衝突をもたらしていたと想定しなくてよいであろう。

（25）公記首巻は義統殺害の年を記していないが、この事件の翌年とおぼしき清須守護代殺害が『定光寺年代記』で天文二十三年に記されているから（『中世3』一九五二）、義統殺害は天文二十二年とされる。

（26）『中世3』守護・守護代・守護又代一覧（尾張国）九八〇ページに、織田孫三郎を守護代として載せているのは、なんらかの錯誤によるものだろう。

（27）例えば信長の異母兄織田信広は、公記首巻の記述からすると清須より南ないし東と推定される地を拠点としており、独自の所領を有していたように記されているが、彼の発給文書は一通も伝わっていない。公記首巻も、彼の居館の地を明記していないので、弾正忠一族のうちの重要人物であるにもかかわらず彼の拠点すら不明である。現存する信長発給文書のみをもってすると、あたかも信長が信秀没後、愛智・海東・海西の全域を統治したかのごとき印象を与え、過大評価となってしまいかねない。

(28)『名古屋叢書続編第七巻　尾張徇行記（四）』名古屋市教育委員会　一九六八年、三二一ページ。

(29) 新井喜久夫「織田系譜に関する覚書」（『清洲町史』、同町、一九六九年）は、『尾張志』の伝える裏書には「織田勘十郎信勝」と記されていることを指摘している。なお、織田信秀の白山信仰については、横山住雄『織田信長の系譜』九七〜一〇二ページ参照。

(30) この史料に早い段階で注目したのは新井喜久夫「織田系譜に関する覚書」であるが、そこでは「むしろ『霜台御子』の誤記ではあるまいか」と述べており、信勝（達成）自身が弾正忠を称したことに懐疑的である。しかし、『定光寺年代記』に、永禄元年三月十八日に「織田弾正忠」が竜泉寺に城を築き始めたとする記事があって（『中世3』二〇九二）、これは信勝（この時点では達成からさらに信成と改名）のことである。信勝が弾正忠を称したのは疑いない。なお、『定光寺年代記』のこの記事の「織田弾正忠」を、信長にあてるむきもあるが、この史料は筆跡から、まさしく永禄元年のこの年にひとまず作成され、以後年々書き継がれていった記録と判断できるので、足利義昭を奉じて上洛して以降に弾正忠を名乗った信長のことを指してこの時点で「織田弾正忠」と記すことはありえない。

『定光寺年代記』は、全文が『瀬戸市史　資料編三　原始・古代・中世』（瀬戸市、二〇〇五年）に翻刻されている（第二部二九二）。同書四〇〇ページの史料解題参照。永禄元年以前の記事についても、定光寺および周辺の記事ならびに少なくとも大永年間以降の尾張の動向記事は、同寺で作成されたオリジナル記録がもとになっていると判断され、これらの記事は同時代史料に匹敵する。

(31) 以上、前掲（2）書、六〇八〜六一三ページ（執筆同前）参照。

(32) 前掲（2）書六一四〜六一六ページ（執筆同前）参照。

(33)『松平記』および永禄元年四月一日付今川義元感状写（『中世3』二〇九五）に記された同年三月の今川軍勢による品野攻撃については、前掲（2）書六二一ページ（執筆同前）参照。なお、同年三月三日付今川義元書状（『静岡県史資料編7中世三』二六一二、『瀬戸市史　資料編三　原始・古代・中世』第二部二四〇）に、「織弾」とあるのは信勝（信成）であらねばならないが、この文書は花押その他疑点が多く、用いることができない。

Ⅱ

織田信秀岡崎攻落考証

村岡幹生

はじめに

二〇一四年三月刊行『愛知県史資料編14中世・織豊』（愛知県発行）に補一七八号として、法華宗（陣門流）総本山長久山本成寺（新潟県三条市）の文書のうちから九月二十二日付菩提心院日覚書状（本成寺充て）を収録している。あわせて写真も口絵図版17として掲載されており、その全貌を見ることができる。『愛知県史資料編』の中世・織豊の編纂においては、史料一点ごとに複数の委員による検討・討議を経つつ綱文確定や年代比定などをおこなっているが、各史料には、調査および原稿作成の担当委員が当然ながら存在する。当該文書は村岡が担当した。調査は、二〇一二年夏、本成寺において恒例の年一度の寺宝物風入れ（曝涼）のおりに県史編さん室より請うて実施し、播磨良紀委員（現「中世2・織豊」部会長）とともに原本を拝見した。

前掲書の当該文書綱文に「菩提心院日覚、織田信秀が三河国において今川軍を破り、松平広忠を降参させたことを越後国本成寺に伝える」とあるとおり、尾張・三河の戦国史上きわめて重要な情報を含んだ文書である。書状であるから年が記されていないが、同書で天文十六年（一五四七）に比定した。ただし、残念ながら紙幅の都合から、比定の根拠を記載することはできなかった。

本稿は、その根拠を示したのち、この文書が天文十六年と確定することによって明らかとなってくるところの、従来知られていなかった当該期三河の政治情勢について、関連する他史料とあわせて考察するものである。(1)

一、日覚書状の年代比定

当該文書の年代比定に関する従来の説を確認しておこう。

この文書はすでに一九七九年刊行『三条市史資料編第二巻古代中世編』（三条市役所発行）で紹介されている（一七〇号）。そこでは、文中の「三州ハ駿河衆敗軍の様ニ候て」を桶狭間の戦いにおける今川義元敗北のことと解し、続く「弾正忠先以一国を管領候」の弾正忠を織田信長として、永禄三年（一五六〇）に比定している。ただし、「『長久山歴代譜』によると、日覚は、「天文十九戊戌年十一月十六日遷化」となっていて、あわない」との注記を付している。『長久山歴代譜』とは日覚が第九世をつとめた本成寺の住持歴代記である。(2)その後一九八四年に刊行された『新潟県史資料編5』（新潟県発行）においても、『三条市史』を踏襲した年代比定・注記がなされている（二六九七号）。しかし、桶狭間の戦い当時の信長はいまだ弾正忠を名乗っておらず、これらの年代比定は明らかに誤りである（奥野高廣『増訂織田信長文書の研究上巻』吉川弘文館、一九八八年参照）。

二〇一一年刊行久保田昌希・大石泰史編『戦国遺文今川氏編第二巻』（東京堂出版）は、九六五号として当該文書を天文十九年（一五五〇）に載せ、「本文書は年未詳なれど、菩提心院日覚が天文十九年十一月十六日に没しているので、便宜ここに収める」としている。

当該文書を記した日覚は、天文九年（一五四〇）に本成寺住持を退いたのち、陣門流を信奉する越中国楡原保（富山市）の城尾《じょうのお》城主斎藤氏の城下、井田菩提心院に隠居した[3]。当該文書はかの地から本成寺に充てて作成されたもので、斎藤氏周辺の政治状況を述べたくだりがいくつか見られる。うち、冒頭付近にある次の記述に注目したい。

　爰許なりハ、和談已後、如形進退相続分にて候、無威勢沙汰限にて候、所帯先以無相違意にて候、

「ここもと（すなわち日覚を招いた城尾城主斎藤氏）の様子は、和談がなって以後そのまま城主としての立場にお変わりはないものの、威勢の衰えようは言語道断です。（斎藤氏の）所領はとりあえず保証されているといった心持ちです」という。ここにいう「和談」とは、いわゆる「天文越中大乱」（後掲同時代史料に「越中大乱」とある）の和睦を指している。この「越中大乱」は、天文十二年から翌年に及び、神保長職《ながもと》と椎名康胤の対立を主軸として諸国人・土豪を巻き込んだものである。「越中大乱」は、富山城主となった神保氏優位のうちに推移し、その過程で和睦が結ばれた。先の文面は、この大乱において城尾城主斎藤氏が反神保氏側に属した事実に対応している[4]。

なお、当該文書終わり近くにも、「椎名殿は今に至っても無作（無骨でこなれぬ立ち振る舞い）で、神保とは「面趣《おもてむき》申談せらるる分にて候へ共」、心の底では（神保との）わだかまりが解けていないようだ」という旨の記述がある。「越中大乱」和睦への動きは、天文十三年三月には確認できる[5]。しかし同年五月十三日の時点で日覚は、「当国の錯乱、惣国の義は過半無為の曖《あつかい》調《ととの》い寄り候、当城（城尾城）の義、今に相済まず候て鉾楯半ばに候」（原文漢文、読み下し）と述べて、いまだ城尾城の籠城が解かれていない様子を三河国西郡《にしごおり》の城主鵜殿玄長に知らせている。また日覚の弟子で京都本禅寺の日導は、同年六月三日時点で、「越中大乱ニ付而、城尾ニ僧正様（日覚）御在城候、様躰笑止ニ存候」と、

日覚の城尾城籠城の苦難が続くのを憂慮しつつも、「能州より」すなわち能登守護畠山義続よりの「和談之曖」によって解放の日も近いとの見通しを述べている。(6) その後日覚は同年のうちに越中を発ち、鵜殿玄長のもとに逗留した。日覚は、籠城がさらに続くなら、ふとすぐにでも鵜殿のもとに赴きたいと、先の文書で伝えていた。逗留は年をまたがり、翌年五月二十一日に、彼は再び城尾城下菩提心院に帰着している（天文十四年六月七日　日導書状、愛知県史『中世3』一五五二号）。

以上の経緯からすると、日覚が斎藤氏「和談已後」の推移を述べている当該文書の成立は、天文十四年（一五四五）以降である。

神保氏と椎名氏の和議によるこうした静謐・均衡に変化が訪れたのは、永禄三年（一五六〇）三月の長尾景虎の越中進攻によってである。景虎は神保氏を攻めて富山城自落に追い込み、椎名氏を安泰にして帰国した。したがって、当該文書が九月二十二日付であることからすると、当該文書作成の下限は永禄二年となり、先の永禄三年比定説が成立しないことは、この点からも指摘できる。ただし、これは厳密に同時代史料のみによっての考証に限定した場合のことである。現存する日覚関連同時代史料と、日覚没年を天文十九年とする『長久山歴代譜』の伝との間に矛盾があるわけでもなく、ことさらにかの伝を疑わねばならぬ理由もないのであって、『戦国遺文今川氏編』がひとまず下限を天文十九年と設定したのは妥当といえよう。

さて、当該文書の年代を天文十六年と特定する根拠となるのは、尚々書のうち京都の情勢にふれた次の記事である。

京都ハ山門と和談とやらんの様に成候而、心安勤行をも諸法花共ニせられ候よし候、当宗の事、入らく次第の事にて候、過分に代物を仕候而、これほとにも成たる□□候、本禅にも負物過分ニ候、

天文十六年六月十七日、天文五年におこった天文法華の乱以来、洛中において対立状態にあった日蓮宗諸寺と山門延暦寺との間で、近江守護六角定頼を仲介として和睦が成立した。(7)この和睦は、日蓮宗側が山門側に「日吉御祭礼料」百貫文を納めることによって成立したといい、右にも「過分に代物を仕候而、これほとにも成たる」とあり、本成寺末本禅寺の負担にふれているなど、全体として天文十六年の山門・日蓮宗諸寺和睦の事態に対応した記事であることは、疑う余地がない。

ここに、『愛知県史資料編14中世・織豊』のとおり、当該文書が天文十六年に比定されることを確認した。

二、織田信秀三河進攻情報の信憑性

当該文書に記載された三河情報を、以下に見ていく。

一、三州ハ駿河衆敗軍の様ニ候て、弾正忠先以一国を管領候、威勢前代未聞之様ニ其沙汰共候、一、此の十日計已前ニ京都より楞厳坊罷下候、厳隆坊も同心にて候、

(三河では駿河衆が敗戦したらしく、弾正忠がひとまずは一国を押さえている。その威勢はいまだかつてない程度であるように取り沙汰されている)

天文十六年当時、「弾正忠」を称して今川軍勢を破り三河を支配しうる人物は、織田信長の父、織田信秀のほかありえない。

一、彼楞厳坊申来候ハ、鵜殿仕合ハよくも有間敷様ニ物語候、其謂ハ尾と駿と間を見あわせ候て、種々上手をせ

られ候之処ニ、覚悟外ニ東国はいくんニ成候間、弾正忠一段ノ曲なく被思たるよしに候、定而彼地をも只今の時分は攻いらんやと致物語候間、あまりニ□□《（無心カ）》許存候間、近日心□《（城）》坊を可差遣覚悟にて候、

（かの楞厳坊が申し来たるところでは、鵜殿氏にとってめぐりあわせはよろしくないと言う。それというのも、鵜殿はかねて織田と今川の力関係を見計らって、両者との外交でいろいろ上手に立ち回っておいでであったが、このたび思いの外、今川軍敗戦という事態となってしまい、織田信秀は今や、鵜殿へ何ら愛想するまでもないと（「一段ノ曲なく」）お思いとのことだ。楞厳坊が「おそらく今こんにちの時点では、はや鵜殿の城に織田が攻め入っているかもしれない」と言うから、あまりにも心許無く思われるので、近日のうちに心城坊を鵜殿のもとに差し遣わすつもりである）

岡崎ハ弾江かう参之分にて、から〳〵の命にて候、弾は三州平均、其翌日ニ京上候、其便宜候て楞厳坊物語も聞まいらせ候、万一の辺も候てハ、門中力落外見実義口惜次第候、

（岡崎城主松平広忠は、織田信秀への降参者として処遇され、かろうじて命ばかりは許された。信秀は三河を平らげ（「平均《へいきん》」にし）、その翌日に京に上った。楞厳坊の在京中に信秀上京という良いついでが重なり、このように楞厳坊が聞きつけて情報をよこしくれた。鵜殿に万一のことがあれば、当門流にとって痛手であり、体面上も実質においても残念な事態である）

以上に見るとおり、ここに記されている三河情勢は、みな伝聞情報である。ただ伝聞とはいっても、出所の曖昧なものではない。「此の十日計已前ニ京都より」、筆者日覚のもとに罷り下った彼の弟子である楞厳坊ならびに厳隆坊がもたらした（「厳隆坊も同心にて候」）、京都における「其沙汰共」すなわち、うわさ、評判である。そしてその情報は、京に上った当事者織田信秀周辺から発されたものという。この年、信秀が京都にいたとは他の史料で確認できないが、

信秀上京が虚報であるとは考えにくい。

この情報に接しての日覚の主たる関心は、陣門流の有力な信者であり、かの「越中大乱」に際して逃避中に世話にもなった三河鵜殿氏の境遇である。興味本位に噂に興じているのではない。

ところで、ときに日覚は、尾張にも確かな情報源を有していた。当該文書には、「尾州よりハ、当年ハ細々子細候て、人の往通候キ」とあり、それは「孫右」なる者が美濃に在国しているからだ、と記している。「細々」は、それに続いて「子細候て」とあるから、「ほそぼそ」「こまごまと」ではなく「再々」の意味と思われる。さらに門流の尾張国山田郡稲《いの》生《お》の「妙本寺よりハ細ニ書状候キ」とも記されている。そもそも、日覚は尾張国「春日井郡」守山（当時は正しくは山田郡に属した）の生まれで、僧としては「同国稲生妙本寺日昭弟子」として歩みを始めたという（『長久山歴代譜』）。先年の三河滞在の経験を含めて、彼には、尾張・三河の政治情勢について、甚だしくは外さない程度の判断力や土地勘が備わっていたとしてよい。尾張から複数の経路でもたらされているという、その情報に、先の三河情勢に関わるものがあったとは当該文書にはまったく記されていないが、彼が荒唐無稽の尾張・三河情報に踊らされる状況にはなかったことは確かである。

以上、当該文書に記されている天文十六年における三河急変の情報が、基本的には伝聞情報ではありながらも、史実を反映している可能性をくむべき素材であると確認した。ただ、その情報源が織田信秀周辺に発したものである以上、当然に、織田信秀の三河における優位を実際以上に誇るものであった可能性への配慮が必要であることも、論を俟たない。

三、織田信秀の岡崎攻落を伝える別文書

楞厳坊は、織田信秀が三河「一国を管領」、また「弾（弾正忠織田信秀）は三州平均」と伝えながらも、鵜殿氏が降伏したかについては、確報としてではなく、事態が必然的にもたらしているであろうと彼自身が懸念するその後の展開（彼の憶測）として語っている。これからすると、鵜殿氏の本拠地たる蒲郡市付近やそれ以東の東三河の地までが、信秀上洛以前に信秀にすでに制圧されてしまっているとまでは楞厳坊が認識していなかったことも確かである。当該文書の「一国を管領」「三州平均」という表現には、あきらかに誇張が含まれているのであって、これを直ちに史実とみなすことには慎重であらねばならない。

当該文書が、三河における信秀の「威勢前代未聞」という事態に関し、確かな情報として語っているのは、次のことである。

岡崎ハ弾江かう参之分にて、から〲の命にて候、

この岡崎情報はまことに衝撃的である。というのも、江戸時代以来の通説では徳川家康の父松平広忠は、天文六年（一五三七）に岡崎城主となってのち同十八年（一五四九）に没するまでの間に、今川義元の配下となったことはあっても、この間ずっと岡崎城主としての地位は保ち続けたとされてきたからである。ましてや、彼が今川にではなく織田に降参し、しかも「命からがら」の態であったとは、想像だにされてこなかったことである。さらには、これが天文十六年にあった史実だとすると、同年に松平竹千代（家康）が織田の人質として囚われの身となった、また、織田

信長が初陣として「三州之内吉良大浜」に遠征した、さらに、翌天文十七年三月に織田信秀軍と雪斎太原率いる今川軍が小豆坂《あずきざか》で戦った（小豆坂の戦い）、などの諸史実の背景の理解に深く影響を及ぼすことになるからである。とはいえ、こうした前後の史実との関連についての考察はあとにして、ここでは先の岡崎情報について、史実としての信憑性を検討しよう。

実は、天文十六年に織田信秀が岡崎城を押さえたとの伝は、別の同時代史料にも存在する。天文十七年三月十一日付の織田信秀充て北条氏康書状写（内閣文庫『古証文』所収）である。古くは『朝野旧聞裒藁』にも収録されているが（永正三年十一月十二日条）、誤って永正三年の別文書に繋げ末尾が消滅した状態で収録されている。こんにち刊本として本来の姿で、一九七九年刊行『神奈川県史資料編3古代・中世（3下）』六八五二号（以下『神奈川県史』と表記）はじめ、近くは愛知県史『中世3』一六五八号などとして収録されている。

この文書は、天文十七年三月十九日の小豆坂の戦いを間近に控えた同年三月十一日の時点で織田信秀に充てたものである。これ以前に信秀より氏康に向けて発された、北条氏と今川氏との関係についての質問に対し、氏康が「近年一和を遂げ候といえども、かの国より疑心止むこと無く候あいだ、迷惑候」（原文漢文、読み下し、以下同じ）と応じているくだりが主文とみなされる。冒頭に「来札の如く近年は遠路故申し通さず候ところ、懇切に示し給わり候」とあって、今川との決戦を覚悟した信秀から唐突に問い合わせが届いたのを、ことの始まりとしており、外交交渉としてきわめて慎重な配慮と意思を込めたやりとりと推察される。すなわち、信秀があわよくば織田・北条の同時作戦による今川挟み撃ちに期待をかけたのに対し、氏康が「和睦後も今川が当方に対し挑発的でたいそう困っている。（すなわち、当方は今川との和睦を第一義としている。みずから積極的に今川と一戦を構える気はない）」と応じたもの（織田からの打診に対する婉曲な拒絶）である。

さてこの北条氏康書状には、右の主文に先だって、次のように三河情勢が述べられている。

仍て三州の儀、駿州へ相談せられ、去年彼の国に向け軍《いくさ》を起こされ、安城は要害、則時ニ破らるの由候、毎度御戦功、奇特に候、殊に岡崎の城、其の国より相押さえ候に就き、駿州ニも今橋本意に致され候、其れ以後、万《よろず》其の国相違の刷《かいつくろい》候哉、茲に因りかの国（に）相詰めらるの由承り候、余儀無き題目に候、就中、駿州・此方の間の儀、御尋ねに預かり候、（以下、前述主文）

＊傍線を付した二箇所は、文字につき説明を要する。

相談せられ（原文「被相談」）……『神奈川県史』や愛知県史『中世3』などは「無相談」と読んでいるが、以前に指摘したとおり、文字自体は間違いなく「被」である。また、原本に「無」とあったものが『古証文』収録時に「被」と誤写されたとみて、「相談無く」がもともとの文意であると判断するのも正しくない。(8)

安城は要害（原文「安城者要害」）……本文書がこれまで刊本に収録された際には、註（8）所掲村岡によるものも含め、「者」に「之ヵ」と傍注している。しかし、「要害」の語を「城塞」の義でなく、「要害」本来の意味である「敵を防ぎ味方を守るのに便利な地」で解し、「安城は要害（にて）」のように、それ以下に続く文に連結する語句を補って読めば、「安城は織田にとって要害ですから即座にこの地の敵をお破りなり」として意味は通る。一方、「安城の要害（城塞）を破る」の意と解しても意味は通るが、不安も残る。一般にこの時期の文書において、「要害を築く」などのように、「要害」の語を自方の砦を指して用いる例はよくみられる。このくだりは織田からの来信の文面を踏襲したとおぼしいが、敵方（今川）の砦を攻落したことを他者（北条）に向かって誇る際に、織田が「（敵方である）安城城という要害を破った」と表現するのは、いささか不自然のようにも感じられる。

四、北条氏康書状の史料批判

ところで、先の北条氏康書状を史料として用いるにあたっては、『古証文』においてこの文書のすぐ前に、同じ天文十七年三月十一日付の織田信秀充て北条氏康書状（『神奈川県史』六八五一号、愛知県史『中世3』一六五七号）が収録されていることから、複雑な史料批判が求められることになる。その本文は次のとおりである（読み下し）。

貴札拝見、本望の至りに候、近年は遠路故申し入れず候、本意に背き存じ候、抑《そもそ》も駿州・此方の間の義、御尋ねに預かり候、先年一和を遂げ候といえども、かの国より疑心止むこと無く候、委細は御使い申し入るべく候条、省略せしめ候、御意を得べく候、恐々謹言、

要するにこれは、先の文書のうち三河情勢にわたる部分を欠落させ、主文のみを記した、より簡潔な返信である。この簡潔な方の文書（以下、氏康A書状と表記）が存在すること、またこれらの二通の『古証文』所収文書の関係について考慮されることもなく、もっぱら三河情勢に言及する先の文書のみが横山住雄、平野明夫の両氏によって取り上げられ（註〈8〉所掲各氏著書）、織田による安城城攻略は何年かという関心から論じられていた。これに対し、註（8）所掲『新編安城市史5』［解説］において、村岡は両文書の史料批判を試みた。その際村岡は、三河情勢に言及した先の長文の文書（以下、氏康B書状と表記）は「全体として疑問のもたれる文書である」と述べ、結論としてこの文書は、氏康A書状をもとにして「後代に改作されたものと推定」した。もしそのとおりとすると、三河情勢に言及

する氏康Ｂ書状は、史実を考察するのに使用してはならぬことになる。しかし、この史料批判は誤りであった。

あらためて両文書の史料批判をおこない、両文書が作成された前後関係を推定し直すことにする。前述［解説］は、文書の伝来に関して考察を及ぼしていない点に問題がある。同一差出人の、文意が重複している同一日付の両文書が、ともに実際に発給されることがありえないのは、前述［解説］で指摘したとおりである。しかし、作成される可能性はある。一つの文書作成にあたって複数の草案が作成されるのはよくあることだ。さらに、両文書が一つの書『古証文』に並べて収録されているという事実は、両文書が同一の場所で採録されたと想定すべきであろう。すなわち両文書が、もともと北条氏のもとに遺されて伝来した控えであった蓋然性をこそ、氏康Ｂ書状は後代創作と想定するのに数倍もして考慮すべきである。

そうすると、両文書のうち一方が先に作成され、他の一方はそれを推敲した文書ということになる。いずれが先に作成されたのか。

織田への返書たる両文書の主文（北条氏康が織田信秀に伝えたいことの眼目）は、前述のとおり、「北条は今川との和睦を第一義としているから、貴意に沿えない」という点に尽きる。すなわち、「織田が予定している近々の三河での織田・今川のいくさに際して、北条は動きません。局外中立です」という返事である。その観点から氏康Ｂ書状をみると、三河情勢に言及した部分においては、この主旨とは逆に織田へのおもんばかりの濃い文面となっている。「毎度御戦功、奇特に候」は外交辞令としての域を出ないとしても、「茲に因りかの国（に）相詰めらるの由承り候、余儀無き題目に候」はあきらかに、信秀が予定している近々の三河進攻に対する明白な支持表明となっている。

このことからすると、いったんは草案として三河情勢にふれた氏康Ｂ書状が作成されたものの、こうした明白な支持表明を与えることが、後日において織田への負い目、あるいは、これを今川が知る事態となった際には今川への負い目となることが危惧され、三河情勢への言及をすべて削除した簡潔な氏康A書状が作成されたという推定が導かれる。

すると三河情勢を述べている氏康B書状は、実際には発給されなかった文書ということになる（氏康A書状もまた結局のところ、届けられなかった可能性がある）。しかし、だからといって氏康B書状が述べる三河情勢が同時代の史実を反映していないということにはならない。いったん記した内容の間違に気づき使用されなかった訳ではないのだから、実際に発給されたか否かと、そこに記されていることの信憑性の有無とは、この場合は別次元の問題である。氏康B書状において三河情勢について述べたくだりでは、文中に「～の由候」「～の由承り候」とある。これは、織田信秀からの来信で「懇切に示し給わり候」ところの三河情勢を、北条側が復唱的に、あるいは意を取る形で述べたことを示している。

以上、氏康B書状が写しではあっても同時代史料とみなしうること、また、三河の当事者でない北条氏が天文十七年三月の時点で述べているところの、「去年」＝天文十六年の三河情勢に関する記述の出所が、当事者織田信秀から北条側にもたらされた情報であることを確認した。

五、北条氏康書状が述べる三河情勢の検討

北条氏康B書状が述べる天文十六年の三河情勢を整理すると、以下のとおりである。

①同年に織田信秀は三河でいくさを起こし、安城の敵を破った。

②また、岡崎城を確保した。

以上は、織田と今川が相談の上でのことである。

③また、今川義元においても今橋を「本意」にした。

右のうち①については、先述のとおり横山住雄氏らの論及がある。これ以前すでに天文九年六月六日に、織田の軍勢が安城まで攻め入って松平の諸将を討ち取った事実があり、江戸時代成立諸書では、これによって安城城が織田のものとなったと伝えている。ただし、このときには松平側は多くの戦死者を出しながらも、織田軍を撃退したと伝えるものもある。いずれにしても、断片的な同時代史料が示す状況証拠・江戸時代成立諸史料を総合すれば、天文十二年までには織田が安城城を奪ったことはほぼ確実である（『新編安城市史1通史編原始・古代・中世』安城市発行、二〇〇七年、以下『新編安城市史1』と表記、村岡執筆五七六～五八五ページ参照）。

しかるに平野明夫氏は、安城城を織田が攻落したのは、実は天文九年ではなく、同時代史料たる①の記述によって天文十六年と正すべきであるとしている（同氏前掲書三一六ページ）。

この史料から確認できるのは、天文十六年に織田が三河で起こした軍事行動以前において、松平ないしは前年以降三河に進入していた今川の軍勢が、織田の支配する安城城を危うくしていたか、ややもすれば安城城を攻落していたという点である。天文十二年以前にいったん織田が安城城を奪ったがその後天文十六年までに形勢が逆転し前記の事態が生じたと考えることも可能である。①の記述があるとしても、そのこと自体を以てして天文九年の史実を論じる根拠にならないのは、自明のことである。

次に、②の織田信秀岡崎攻落の記述については、村岡前述［解説］以前には何故か正面から検討されていなかった。

横山氏は、信秀による岡崎攻落がこれから起こりうることとして言及されている文意に翻訳しているが（同氏前掲書一三六ページ）、当該部分がそのように読める余地はない。さて前述［解説］では、織田信秀が岡崎城を攻落したことを示す史料はこの史料以外に存在しない、と解説した。先の菩提心院日覚書状が天文十六年と確定した今となっては、これは意味を失った。

また③の記述について、同じく前述［解説］において、今川軍が今橋城（城主戸田橋七郎宣成）を陥落させたのは天文十六年ではなく、通説に従って同十五年十一月十五日であるとし（『豊橋市史第一巻』豊橋市発行、一九七三年、三九一ページ参照）、この記述に疑問を呈した。先の②の記述についてともども、氏康B書状後代創作説に傾く根拠として挙げたところである。今橋城天文十五年落城説は、同年十一月二十五日付今川義元感状（天野文書、愛知県史『中世3』一五八四号）が根拠である。同文書には、同年十一月十五日に今川の臣天野景泰が今橋城の「外構」を乗り崩し、「宿城」に乗り入ったことが述べられている。

しかし山田邦明氏は、これをもって今橋城が落城したとは解釈していない。同城近く牛頭天王社の天文十六年六月十三日銘神輿棟札（愛知県史『中世3』一二七一号）に、大檀那として今川義元の名が記されていることを述べ、「今橋城が接収された時期は特定できないが、このころには今川軍の押さえるところとなっていたことが確認できるのである」としている（同氏著『戦国時代の東三河』あるむ発行、二〇一四年、四二～四四ページ）。「宿城」とは、当時「家城」とよばれた、平時における城主居住郭を指すと思われる。籠城戦においては最終的に、より防御機能に優れ堅固で奥まった別郭に籠もるのが常であるから、たしかに、「宿城」に乗り入ったとの記述を以て直ちに今橋城陥落と解釈するのは無理がある。加えて当該の氏康B書状は、今橋を「本意」にすると記している。山田氏前掲書は、今橋城主戸田宣成はこのとき討ち死したとするのが通説であるが、そうではなく、降伏して城を明け渡し今川の臣となったことを明らかにしている。降伏から城明け渡しまでの間に一ヶ月余の和睦交渉期間のあったことを想定することも無理ではない。天文十六年今橋「本意」という記述に、ことさらに疑問を呈する理由も失せる。

さて以上の①②は、織田・今川相談の上でなされたという。これは何を意味するか。

まず①と②は、先の菩提心院日覚書状から、それがあった時期がある程度特定できる。同文書は九月二十二日付であり、そこに記載された三河急変の報は「此の十日計已前ニ京都より」罷り下った楞厳坊らによってもたらされたといい、その情報源たる織田信秀は「三州平均、其翌日ニ京上」という。これによると、②（織田の岡崎攻落）は天文十六年九月上旬、①（織田の安城突破）はそれ以前となる。一方、③（今川の今橋攻め）は、天文十五年九月二十八日時点ではまだ開始されていないがありうることとして想定されており（同日付牧野保成条目写、愛知県史『中世3』一五七八号）、同年十一月十五日時点では、前述のとおり攻撃継続中である。したがって、氏康B書状での書き順とは逆で、まず今川による③があって、それから一年近く後に織田による①→②の事態となったことがわかる。

さて、①→②が織田・今川相談の上でのことであったとなると、今川による今橋支配（城代配置）開始を受けて織田・今川の間で交渉が持たれ、両者による三河分割の線引きについて一定の合意が成立したことを意味する。すなわち、今川による今橋支配に釣り合うものとして織田が岡崎を支配する合意があったという。もっとも、以上は織田の言い分である。ただ、三河支配をめぐり両者間に交渉が存在した可能性はある。菩提心院日覚書状には、織田による岡崎攻落に先立ち、「鵜殿はかねて織田と今川の力関係を見計らって、両者との外交でいろいろ上手に立ち回っておいでであった」との記述がみられ、かかる外交交渉存在の可能性を示唆する。

一方で菩提心院日覚書状は、織田の岡崎攻落をもって鵜殿氏の立場が危ういものに急変したとの認識を示している。もとより織田・今川の密約であったならば、事態の急変を三河国人らが想定し得なかったのは当然であるが、実は氏康B書状が伝えている織田の言い分とは異なり、織田の岡崎攻落は、今川にとっても想定を超える行動であった可能性もある。同書状に、「其れ以後」（①→②以後）によろず織田にとって「相違のかいつくろい」が生じたとあるのは、これを示唆する。

六、松平広忠降参情報の信憑性

天文十六年九月に織田が岡崎を攻落したことを伝える菩提心院日覚書状・北条氏康書状の記述は、もとはいずれも織田信秀から発信された情報である。これまでの検討によって、このとき織田信秀が三河において衝撃的攻勢をかけたこと自体は史実として確定してよい。しかしこの時代、戦国大名などが自身の立場を優位に導くために、まことの情報に疎い遠隔地に向けて、自身の戦況に関し虚実を交えて自己側の戦果を誇大に発信することはよくある。このケースは、信秀によって片や京都において広められた情報、片や関東の北条氏に向けて発された情報である。したがって、天文十六年九月に至るまでの、他史料が示す三河の状況と照らし合わせることによって、この攻勢の実態を吟味することが求められる。

そうした検討に必要と思われる、これまでの研究によって明らかとなっている天文十六年九月上旬までの織田・今川の動きを、既述事項も含め列記する。

天文十二年以前……織田、安城を攻落する。

天文十三年九月……織田、美濃斎藤氏を攻めて大敗する。

同年閏十一月……松平広忠の臣阿部大蔵、尾張・三河境に出陣する。

天文十四年月未詳……松平広忠、安城城を攻める。城奪回かなわず。［安城清縄手《せいなわて》の戦い］

天文十五年十一月……今川、今橋城の戸田橘七郎宣成を攻める。

天文十六年六月十三日以前……今川、今橋を入手する。

同年七月八日以前……今川、医王山に砦普請を終える。

同年九月五日……今川、田原城の戸田孫四郎尭光を攻める。


天文十三年九月の美濃における織田信秀大敗は西三河に影響し、岡崎城主松平広忠による織田への反転攻勢を生じた。安城清縄手の戦いは、のちに岡崎藩主となった本多家などに十七世紀に伝えられたものである。同時代史料によって確認できないが、本多忠豊が戦死した戦いとして合戦場所等詳しく伝承されている。前後の状況からからすれば、とくに疑う理由もなかろう（『新編安城市史1』村岡執筆五八八～五九〇ページ参照）。

天文十五年十一月以降の今川軍三河侵入は、そもそも今川氏の支援によって天文七年に岡崎入城を果たした松平広忠にとって、頼みとする援軍到来である。同家発祥の地である安城城奪回に向けて攻勢を強めたとて不思議ない。にもかかわらず、松平がこの時期に安城城を奪い取ったかといえば、松平中心史観に染められた江戸時代成立諸書にすらそうした伝は存在しない。したがって、天文十六年九月の織田の三河攻勢以前においては、安城城は依然として織田が維持しつつも、松平広忠方の反攻にさらされていたと想定するのが妥当である。北条氏康書状にいう「安城は要害、則時ニ破らる」とは、織田がそうした危機状況を突破したことを指していると考えてよい。

これにつづく織田による岡崎攻落情報の信憑性の検討に移ろう。

天文十六年七月八日以前における今川による医王山（岡崎市羽栗町通称岩尾山）の砦（山中城）普請は、同日付今川義元書状（愛知県史『中世3』一六二一号）によって知られる。この書状で義元は、「仍て三州、此の刻み本意を達すべく候、近日出馬すべく候」（三河をこの機会に平らげようと思っている。近いうちに自身出陣するつもりだ）と、三河遠征中の将天野景泰に述べている。「去比《さんぬるころ》」医王山砦普請が完了したことで三河平定が見えてきたという。医王山砦が睨むのはどこか。のちに桶狭間の戦い後に代替わりした今川氏真は、このときのことを「松平信孝が織田方として大平・作岡・和田（上和田）の三城を築いたので、医王山を堅固に抱えた」と述べている（永禄三年一二月二日氏真判物写、『愛知県史資料編11織豊1』五〇号）。大平・作岡・上和田は矢作川以東岡崎市内において岡崎城の東から南にかけて囲む形で並び、矢作川以西の安城城ともども岡崎城を包囲する。すなわち、医王山砦普請が完了した同年七月時点で今川義元が描いていたのは、今川の前線がそのまま東海道を北西に進み信孝の包囲網を突破して、岡崎の松平広忠に繋がる戦略であったと考えられる。

ところが同年九月五日、天野景泰ら今川軍は一転して田原攻撃に従っている（愛知県史『中世3』一六三一～一六三七号）。今川にとって予定変更を強いられた予期せぬ戦いであった可能性が高い。この日の田原攻めで今川が田原を攻め取ったとするのが通説であるが、山田邦明氏は、史料の文言からすれば、むしろこの日には戸田尭光は今川軍を退け、田原城を維持した事実が読み取れるとしている（同氏前掲書四四～四九ページ）。確かにそのとおりである。今川の田原攻めは、少なくとも九月上旬の一定期間に及んでいたのである。

菩提心院日覚書状・北条氏康書状が伝えるところの、織田による岡崎攻落が事実とすれば、ときに天文十六年九月上旬と先に推定した。まさしく今川は田原での戦闘の最中である。このタイミングで織田が岡崎を攻めれば、岡崎は今川軍の支援を得ることができず、容易に攻落できたはずである。両文書が伝える岡崎降参情報が真実味を帯びる。『信長公記』が記す信長の初陣、「吉良大浜」焼き討ちは、この年のことである（「吉法師殿十三の御年」の「翌年」）。同書は月日を記さないが、九月上旬の信秀の岡崎攻めに連動したものと捉えるのが自然である。同書には「駿河より人数入置候三州之内吉良大浜」とある。「吉良・大浜」とする刊本もあるが、当該部分はこのとき信長が一つ所を攻めた話として記されているから、「吉良の大浜」と読んで「吉良氏の領である大浜」と解すべきである。大浜上宮熊野神社を拠点としていた長田喜八郎に充てた天文十九年十一月十九日付今川義元判物（愛知県史『中世3』一七六六号）に、「先年尾州・岡崎取合之刻」、長田が広忠に対し無沙汰せしめたので所領神田を召し放った云々の文言がある。「先年尾州・岡崎取合之刻」とは、まさしく天文十六年九月にあった織田信秀の岡崎攻めのおりを指していると考えられ、岡崎攻めの一環として大浜作戦があったことが判明する（以上、村岡「天文年間三河における吉良一族の動向」『安城市史研究』9、二〇〇八年参照）。

松平広忠が事実織田に降参したとして、そのまま岡崎城主の地位を保証されていたのか否かは不明であるが、「からくの命」という表現を文字どおりとすれば、城主の地位を追われたということか。

『松平記』『岡崎領主古記』などには、信秀が三河から退去してまもない、天文十六年九月二十八日の渡《わたり》河原の合戦が記されている（『新編安城市史5』五二五、五二六号）。これは「一日合戦」であったといい、織田方の松平信孝が岡崎城を攻め取らんと山崎城（安城市）から出陣したのに対し、岡崎衆は渡河原にて迎え撃ち、信孝軍の矢作川渡河を阻止したという。同時代史料はなく確かなことはわからないが、事実そのようなことがあったとして、これを先述の脈絡で解すれば、いったん岡崎城を奪われた広忠が隙を突いて城に復帰したので信孝が牽制したということになる。しかし当然ながら、広忠は織田に降参していないという前提で解することもできる。

同年十月二十日の時点で、広忠の心が従前の反織田としての立場を肯定するものであったことは確かである。渡河原の合戦以前において、広忠は筧重忠をして松平忠倫《ただとも》（織田に与して広忠に敵対）を殺害せしめたが（『新編安城市史1』五九六ページ参照）、この日、筧の忠節を賞し知行を与えている（愛知県史『中世3』一六四一号）。さらに同年十二月五日、広忠は、父清康の十三回忌供養として大樹寺に田畠を寄進している（愛知県史『中世3』一六四九号）。この時点で岡崎に健在であったことは間違いない。

以上からすると、天文十六年九月上旬に岡崎城が織田の攻撃にさらされたことは間違いない事実として確定できる。しかし、織田が岡崎を攻落したとまで断定することはできず、かりに広忠が降参したとしても、信秀が三河から退去してほどなく岡崎城主としての地位を回復したとみられる。

とはいえ、岡崎城主としての地位を回復することと、外に向かって反織田の旗幟を鮮明にすることとが、この時点で必ず連動するとは限らない。反織田の旗を降ろしたが故に地位回復がかなったというケースも想定されよう。この時点で岡崎城にて広忠が反織田の旗幟を鮮明にしていたかは疑問である。

もとより、広忠降参情報が信秀による謀略的虚偽情報にすぎず、実際には岡崎攻落までに至らなかったとした場合には、広忠の旗幟が反織田としてより鮮明であったのは当然である。しかし、以下にその後の彼の動向を検討するが、それによると、この時点において広忠が反織田の旗幟を鮮明にしていた可能性は低いとみられる。

七、小豆坂の戦いにおける松平広忠の動向

天文十七年三月の小豆坂の戦いのとき、広忠は今川方であったとするのがこれまでの通説である。この合戦の同時代史料として複数の今川義元感状が存在するが、これらから合戦全体を俯瞰するには足りない。後代史料のうちでそれに足るものとしては、『三河物語』が成立も早く、最も良質である。これが記すところは次のとおりである（『安城市史5』五三〇号、平野氏前掲書三三一ページ地図参照）。

織田信秀は尾張から安城に入ったのち、矢作川の下の瀬（渡河原）を越えて上和田砦に移動した。合戦の場を馬《ば》頭《とう》の原と見込み、当日未明に上和田を発した。駿河衆は上和田攻めのいくさと心得て、同じく未明に藤川を発した。小豆坂山中において、お互いの動きを捕捉しえぬまま進軍するうちに両軍鉢合わせとなり、戦いが始まった。織田軍は一度押されて盗人木《ぬすっとぎ》まで退いたが、小豆坂の下まで盛り返した。ここでの合戦は相引となり、駿河衆は藤川に退いた。信秀はいったん上和田に退き、ついで安城に退いた。さらに安城を織田三郎五郎（信広）に守らせて自身は清須に帰った。

意外にも、松平軍勢の動きに一切言及していない。『三河物語』に先んじて成立した可能性が高い『松平記』の小豆坂の戦い部分には、写本の早い段階で文の脱落・錯綜が生じたらしい（『愛知県史資料編14中世・織豊』編纂物・諸記録三号国会図書館本その他、いわゆる流布本『校訂松平記』参照）。同書は、「天文十七年三月十九日、尾州衆岡崎ヲトラント安定（安城）ノ城ニ弾着テ、先手ヲ以テ押来ル」と、このとき「弾」すなわち信秀の出陣目的が、今川本隊との戦いでは

なく岡崎攻落であったといいながら、「今川軍はこれを聞き、矢作川の下の瀬を越えて上和田に陣し、小豆坂を上がった」とする。話の脈絡としても、地理的にもまったく意味をなしていない。一方で、同書の小豆坂における合戦描写自体は、『三河物語』よりはるかに具体的である。

小豆坂における初度の遭遇戦の様子について『松平記』に、朝比奈信置が「一番鑓致シ、岡崎衆ヲ下知シ」織田軍を追い崩した、とある。これに対応する朝比奈信置充て今川義元感状が存在する（愛知県史『中世3』一六六二号）。「敵味方備う処、下知を加え一戦を遂げ、自身真っ先に馬を入れ」とある。

織田軍が再度小豆坂に盛り返してきたときの様子は『松平記』に次のようにある。

敵が二の備えで盛り返して、岡崎衆林藤五郎・小林源之助を初めとして、よき者があまた討ち死にした。そのとき岡部五郎兵衛（元信）が横鑓を入れ今川軍は盛り返した。尾州衆の先手の物頭《ものがしら》である「ヤリ三位」を、駿河衆小倉与助が組み討ちで討ち取り高名仕った。三位が討たれて尾州衆は力を落とし、ことごとく敗軍仕った。

右の岡部元信の働きに対応する岡部充て今川義元感状も存在する（同前一六六三号）「味方難儀の処、半途より取って返し、馬を入れ、敵を突き崩し勝利を得」とあり、続いて「褒美として、このときの岡部のいでたち筋馬の鎧・猪の立物については、以後岡部以外の今川分国武者が使用してはならぬ」とした文書である。

戦いの全体像記述の杜撰さに反し、細部においてかなり正確である。『松平記』における小豆坂の場の合戦描写は、おおよそ史実に見合うものとみてよかろう。これによると、「岡崎衆」は今川軍の先陣を切った朝比奈信置の配下で働いたという。問題は「岡崎衆」の実態である。

織田・今川両軍の動きが『三河物語』のとおりであるならば、「岡崎衆」は遅くとも織田信秀の上和田砦着陣以前の段階で岡崎を離れ、藤川の今川軍に合流していなくては、朝比奈信置の配下に入ることができない。しかし「岡崎衆」といいながら、いずれの書にも松平広忠は登場していない。これまでの通説どおりに、この合戦時において広忠が今川方として岡崎城主としての地位を保っていたとした場合、このとき岡崎を空けて早々に藤川まで移動したなら、敵前逃亡に等しい。岡崎を離れずに今川軍の到来を待ち、織田軍の退路を塞ぐ形で挟撃するのに優る策があろうはずもないから、岡崎を出て藤川に向かうことなどありえない。朝比奈信置配下に事実「岡崎衆」がいたとしても、それは広忠に率いられた本隊では決してありえない。

考えてみれば、『三河物語』が小豆坂の戦いにおける岡崎城の広忠率いる松平隊の動きに一切言及していないのも不自然である。言及がないのは広忠が岡崎を空けていないからだとすると、これまた理解しがたい。広忠は、織田信秀の小豆坂→上和田→安城への退却を傍観していたことになる。事実傍観していたとなれば、それ自体すでに今川への背信にほかならず、事前の織田への内通があったことを意味する。

以上から浮かび上がってくるのは、このとき松平広忠は今川方としてまったく機能していないという事態であり、この戦いで広忠が今川方に属したとする通説への大いなる疑いである。天文十七年三月に再度安城に来たった織田信秀によって、岡崎衆は織田軍の戦闘配置の内に組み込まれていたとすれば、前述の諸矛盾はすべて消える。小豆坂の戦いのとき、今川軍として働いた「岡崎衆」がいたとして、それは岡崎離反牢人衆であろう。

八、松平広忠の病死

『松平記』は、小豆坂の戦い後一月たらずして起こった明大寺耳取の戦いを伝えている（『新編安城市史5』五三三号）。織田方の松平信孝が岡崎城下の明大寺表南から攻め入り、岡崎衆の待ち伏せ攻撃を撃退したものの、信孝は明大寺にて岡崎衆の矢に射られて落命したという。その場所は明大寺村耳取塚であったと、別の史書は伝える（前掲五三三号村岡［解説］参照）。同時代史料は伝わらないが、事実とすれば、広忠は小豆坂の戦い後に織田から離反したということか。ただし反織田ということではなく、戦後における織田の統制力低下をうけて信孝と信広の主導権争いが昂じた結果との見方もできる。なお『三河物語』は、この合戦を小豆坂の戦いの前に記している。小豆坂の戦い以降における広忠の動向をうかがえる同時代史料は伝わらない。

今川による安城攻落戦が開始されるに先立ち、天文十八年三月六日、松平広忠は死没する。『松平氏由緒書』は、「前のとし」に「蜂屋半丞卜申者」（これは後述片目八弥の誤伝）の「むほん」によって村正の脇差しで襲われたといい、その「疵より御腹中へ血こもり候て御煩となる」と伝える。『岡崎領主古記』は広忠三月六日「横死」とし、佐久間の刺客「片目八弥」によって殺害され、のちに「天野孫七卜云者」が佐久間を討ち取ったと伝えている（同書の原典『参州本間氏覚書』では、佐久間について「広瀬之佐久間九郎左衛門と云、又大浜の佐久間某」とある）。

しかし、より成立の早い『松平記』『三河物語』は、たんに病没と記している。『松平記』は、片目八弥なる者に広忠が村正の脇差しで襲われた事件を伝えている。ただし広忠の死とはまったく関係なく、信孝は元来忠節の人であったことを述べるための、彼が天文十二年以前織田方となって広忠と対立する前のエピソードとして述べている。(9) また、八弥の素性にも触れていない（佐久間の命によるという記述なし）。

さて、天文十八年十月二十七日以前、天野孫七郎が加茂郡高橋表で佐久間を切ることによって兼ねての約束を果たし、同日、岡崎松平家の重臣より忠節として賞されている（愛知県史『中世３』一七〇八、一七六一号）。同年の安城城攻防戦のさなかのことである。この文書を伝える『譜牒余録』に、佐久間切りと広忠の死を結びつける記事はない。『三河物語』では、広忠が天野孫七郎に「広瀬之作間ヲ切て参レ」と命じ、天野が佐久間に手負いを浴びせたことを賞して、広忠が大浜に五十貫文与えたことになっている。仮にこれが一面の史実を伝えているとみて先の文書と整合させるならば、加茂郡広瀬の佐久間と広忠との間に何らかの遺恨があり、広忠の死後に佐久間への怨讐が果たされたということになる。

広忠が八弥なる者に襲われたというのは、事実そういうことがあったのかもしれない。天野孫七郎が加茂郡高橋表で佐久間を切ったのは、天文十八年安城城攻防戦さなかの史実である。しかし、それらと広忠の死を結びつける証拠は存在しない。これまでの研究では、織田の陰謀として片目八弥による広忠殺害を説くものが多いが、それはむしろ後代の付会説に引きずられた論というべきである。

小豆坂の戦い後の広忠の旗幟がたんに曖昧であっただけなら、すでに人質竹千代を得ていた信秀が広忠暗殺の挙に出る理由が見当らない。広忠への外交圧力を強めればすむことである。

『松平記』が伝えるとおりに、明大寺耳取の戦いが小豆坂の戦い後の史実であるとして、このとき広忠の旗幟が今川方として鮮明であるなら、織田が広忠を殺害する動機は一応説明できる。しかし、織田は広忠没後も竹千代を生かし置いている。いかなる竹千代の利用価値を見込んでの措置なのか、それが説明できない。広忠を謀殺した上でその子とその家臣団に織田への忠節を期待できるはずもない。できるとすれば、岡崎家中にその謀略にあらかじめ加担する重臣を確保できていればこそだが、はたして織田がそのようなややこしいシナリオを信孝亡きあと速やかに描きえたであろうか。

あるいは、今川による安城城攻めを直前にして、織田はもはや、安城城陥落を想定していたというのか。安城城を今川が奪ったのは天文十八年十一月のことで、陥落まで半年以上を要したことからすれば、この段階で織田がすでにそこまで事態を悲観し、備えとして生かし置いたとみるのは、のちの推移、すなわち竹千代・織田信広の人質交換という歴史の顚末を知る者の付会の説というべきである。

広忠病没説に疑問を挟まねばならぬ理由がどこにあろう。

おわりに――人質竹千代の真相を推理しつつ

最後に、時間は遡って、松平広忠の子竹千代（のちの家康）が田原戸田氏によって奪われ、織田信秀のもとに差し出されたという、有名なエピソードについて考察しておこう。

通説では、天文十六年に田原戸田氏が竹千代を奪って織田に差し出したことが、今川による同年九月上旬の田原攻めを結果したとされる。戸田がかかる挙に出た動機、奪った場所と伝えられる塩見坂とはいったいどこを指すのか、竹千代がそこに至った道程、田原経由とすればその理由など、いくつもの疑問点が呈されながらも、戸田が奪って織田に差し出したというストーリー自体は疑われることはなかった(10)。

田原が織田に通じたから今川が田原を攻めたというのは理由が通っているが、田原戸田の側に身をおいてみれば、織田に内通することはありえても、このように公然と反旗を翻しては（ましてや、塩見坂が遠江国塩見坂であるとすれば、そのような自身の居城から離れた所では、たちまちのうちに謀叛が露顕してしまい）、今川に攻撃される自滅の種をみずから蒔いたに等しく、何の見通しあってのことか、何の益あってのことか理解不能である。今川の攻撃を退けるに足る織田の援助について確たる見通しなくしてはできない行為である。田原と織田内通の有無については、本稿で明らかとなった事実により解けるところである。今川が田原を攻めて苦戦していたのと同じ、まさしく天文十六年九月上旬、織田の岡崎攻落作戦がおこなわれた（第六章）。織田と田原の間に事前に周到な連絡があったと、十分に想定しうる。つまりは両者間に周到な内通があって、この時点で田原の公然たる今川への敵対行動が開始されたのであって、今川の意図するタイミングによって田原攻めが始まったのではない。

では本当に田原戸田氏は竹千代を奪ったのだろうか。竹千代は戸田に預けられていたのではなく、竹千代が近づいたときに戸田がふと拉致したと伝える。拉致する日時を戸田みずからが決めたり、早々と予測することはできない。しかし拉致したならその瞬間に今川への反逆が発覚してしまう。すでに前年の今橋攻めに先立ち今川氏においては、今橋・田原が敵となった場合が想定されていた（愛知県史『中世3』一五七八号）。竹千代略取の知らせを受けて信秀が三河に駆けつける以前に、東三河を制圧している今川軍の攻撃を受けるのは必至である。したがって、織田との事前謀議のうちに竹千代略取計画があらかじめ組み込まれるはずがない。ただ、事前謀議で予定されていた決起の日程に合致する、まさしく千載一遇のタイミングで眼前に竹千代があらわれたなら、奪うことはありえよう。

竹千代略奪ストーリーの前提となっているのは、竹千代は今川に差し出された人質として運ばれる途中であったという、もう一つのストーリーである。今川が三河国人から子息を人質として取ることは、天文十八年以降三河統治を進める中で多く実施されている。天文十六年の段階でことさらに松平広忠に子息差し出しを求める理由があったのだろうか。あったとして、『松平記』に天文十六年当時「国中大方敵ニ成、岡崎一城ニ成申候」とまでいわれた、松平信孝らの包囲網を、いかにして竹千代護送の一行がくぐり抜けたのか。

これに対し、天文十六年九月、織田信秀が松平広忠を「から〳〵の命」に追い込み、竹千代を広忠から差し出させたとみるのは、確証はないにしても、状況としてははるかに合理的で無理のない想定といえる。

さて、想定は以上にして、まとめに移ろう。

天文十六年九月上旬、織田信秀は田原戸田氏（堯光）と連動し、西三河に攻め込み、岡崎城の松平広忠を攻めた。信秀は、直後に岡崎攻落を宣言している。それが事実であった可能性は高い。

いったん信秀が三河から退いた時点で、広忠が岡崎に健在であったことが確認できる。このとき、織田との再度の戦いを辞さない明確な姿勢を示していたのか、反織田の旗を降ろしていたのか不明であるが、以後の推移からすると後者であろう。

天文十七年三月の小豆坂の戦いにおいては、広忠の動向を語る史料が存在しない。そのこと自身、彼が織田の軍門にあったことの間接的証拠として史料を読み解くことができる。

小豆坂の戦い後も、広忠は依然として岡崎城を保っているが、子息竹千代を織田のもとに取られた状態のなか、めだった動きを確認できない。天文十八年三月、今川による安城城攻落作戦が開始される直前、広忠は病死した。

天文十六年九月上旬、岡崎松平広忠に今川と織田の潮目が押し寄せ、嗣子竹千代はその潮目で織田に渡った。以後広忠は、織田の流れに呑まれ、潮目付近に漂う中で生涯を閉じた。

註

(1) これについて先に、二〇一二年十二月九日末盛城講演会「相応寺のつどい」を最初として市民講座・自治体講座等で述べる機会があった。また『読売新聞』の取材に応じ、同紙二〇一四年六月二十九日朝刊に概要が報じられた。

(2) 『富山県史史料編Ⅱ中世』（富山県発行、一九七五年）一五〇一号に『長久山歴代譜』の日覚譜を収めている。

(3) 『富山県の歴史』久保尚文「3章戦国乱世の到来」一一九～一二〇ページ（山川出版社、一九九七年）参照。

(4) 『富山県史通史編Ⅱ中世』（富山県、一九八四年）久保尚文・金龍教英「第四章第二節　神保・椎名の角逐と上杉氏の越中進攻」参照。

(5) 「天文御日記」天文十三年三月十一日条、『真宗史料集成第三巻』（株式会社同朋舎メディアプラン、二〇〇七年再版、初版一九七九年）所収。『富山県史史料編Ⅱ中世』一四四〇号同じ。

(6) 天文十三年五月十三日菩提心院日覚書状・同年六月三日本禅寺日導書状、ともに長存寺文書、『愛知県史資料編10中世3』（愛知県、二〇〇九年、一五一九、一五二〇号。以下において同書所収史料は、本文中に（愛知県史『中世3』一五二〇号）のごとくに示す。『富山県史通史編Ⅱ中世』同章同節九五一～九五四ページ「城尾城籠城問題と楡原法華」参照。

(7) 関係文書（本能寺文書、本禅寺文書、蜷川文書）は、村井祐樹編『戦国遺文佐々木六角氏編』（東京堂出版、二〇〇九年）五八八、五八九、五九六～六〇五、六一一、六一二号。なお、河内将芳『日蓮宗と戦国京都』（淡交社、二〇一三年）「第三章　天文法華の乱」参照。

(8) 「被」「無」の草書体は似ることがある。この文書中の他のくだりで「被」は何度も用いられ、「無」も二度用いられている。『古証文』原本にあたってそれらと比較するに、『古証文』筆記者が当該箇所を「被」と書いていることは明らかである。『神奈川県史』のあと、杉山博・下山治久編『戦国遺文後北条氏編第一巻』（東京堂出版、一九八九年）三二九号、『小田原市史史料編中世二』（小田原市発行、一九九一年、以下『小田原市史』と表記）、二四二号、いずれも「無」としている。

村岡は、担当した『新編安城市史5資料編古代・中世』（安城市、二〇〇四年、以下『新編安城市史5』と表記）五二七号において、「被」と改めた上で「文字自体は「被」である」と解説した（同号・五二八号［解説］参照）。二〇〇九年刊行の愛知県史『中世3』

でこれが一蹴されているのは、残念というほかない。横山住雄氏は、『小田原市史』を出典として明示しながらも、「駿州今川氏に相談のうえ」あるいは「信秀は今川義元と合意の上で天文十六年に安祥を攻略し」などと、「被」で解釈している（同氏著『織田信長の系譜』教育出版文化協会、一九九三年、一三四ならびに一三七ページ）。『古証文』原本に拠ったのであろう。一方、平野明夫氏は、「無」と前提して解釈している（同氏著『三河松平一族』新人物往来社、二〇〇二年、洋泉社よりMC新書として二〇一〇年再刊、再刊本三一六ページ、以下同書のページ数は再刊本による）。これは、織田が敵対関係にあった今川と「相談」の上で三河においていくさを起こすことなどありえないとの判断によるものとみられる。しかしむしろ、去年は今川と「相談」の上で三河においていくさを起こしたが、「其れ以後」に「よろずその国（尾張）にとって相違のかいつくろい」が生じたので、近々に織田信秀が再度三河に出馬することになった、と文章は無理なくつながっており、文意も明白である。これを「相談無く」と解したのでは、かえって「其れ以後」に文章がつながらない。そもそも、織田と今川が敵対関係にあるときには、相談などしないで一方的に攻め入るのは言うまでもないことであって、それをわざわざ「相談無く」などと表現する方がむしろ不自然である。

（9）『松平記』は渡河原の合戦記事の直後に、「去年」のこととしてこの事件を述べている。新行紀一氏は、この「去年」を天文十五年のことと解している（『新編岡崎市史2』新編岡崎市史編さん委員会発行、一九八九年、新行氏執筆七一〇ページ）。この事件では信孝がその場にいて、片目八弥を突き殺したとあり、天文十五年であるはずがない。この「去年」はアバウトに「去んぬる年」の意味である。

（10）私もかつてこの前提の上に立って、それがあったのは、同年七月八日以前と推定したことがある（『新編安城市史1通史』五九四ページ）。今これを撤回する。拙論は、同年と推定される七月八日付今川義元書状（愛知県史『中世3』一六二一号）に「三河をこの機会に平らげようと思っている。近いうちに自身出陣するつもりだ」とあるのを、田原攻めの予告と解した結果であるが、すでに六章で述べたとおり、これは西三河を含めた三河平定の意志を継げた文言と解すべきである。あらためて考えてみれば、そうでなければ義元自身の出馬を告げてまで三河遠征軍を鼓舞することはあるまい。

Ⅲ　永禄三年五月の軍事行動の意図

長谷川弘道

桶狭間の戦いに至る軍事行動の目的を上洛とする通説の根拠は、久保田昌希氏によって否定された[1]。また、久保田氏は東三河に比べて西三河に対する発給文書が少ないこと、さらに反今川勢力が活発に活動していることから今川氏の三河支配は未だ不安定であり、このことから上洛は不可能とする。そして、その目的は、三河守任官（永禄三年五月八日）により三河一国を完全に掌握する名目を手にした義元の、三・尾国境付近における大規模な示威的軍事行動による三河安定化にあるとした[2]。また、その後、小和田哲男氏は、義元は「定十三ヶ条」で三河を領国として認識していること、西三河の発給文書の問題は松平氏に一定の支配権を認めたことに起因すること、そして、既にこの段階で尾張のうち、海西郡・知多郡、春日井郡の一部は今川方の手にあり、義元は信長を追い詰めていたことから、大軍を率いて出陣した目的は信長に最終のとどめをさす、即ち、三河の安定化も含めた尾張制圧にあったとする[3]。両氏の大きな相違点は、局地戦か尾張制圧戦かにあるが、ともに非上洛説である。本稿ではこれらに依拠しつつ、若干の私見を述べたい。

この年三月、今川氏の奉行人関口氏純は、伊勢外宮からの遠江・三河における平均役賦課（正遷宮費用）の依頼に対して、義元の意を受けて、遠江は認められないが、三河については了承するとした上で、「但三州手始令落之候、相残国々之儀、同前ニ可被仰越候、将又近日義元尾州境目進発候」と返答している。[4]「三州手始」という表現から明らかな如く、義元にとっての三河は飽くまでも当面の目標に過ぎなかったのである。そこで、外宮に対しては、既に領国化に成功した三河について了承したのである。久保田氏の述べる如く三河支配が不安定であったにせよ、「落」としたという表現、一国平均役の賦課から見ると、義元には三河を領有・支配しているという認識があったのである。

ところで、義元は、これに引き続いて「相残国々之儀、同前ニ可被仰越候」、つまり、「残った国々についても（手始めに落とした三河と）同様に許可する」として三河以外の国々の攻略および平均役化した勧進許可の可能性を示唆している。その情況の中で尾州境目に進発するというのである。「尾州境目進発」という表現のみ取ってみれば、桶狭間の戦いが尾張・三河国境における局地戦、三河領国安定化を目指した局地戦とみることも出来ようが、史料全体を見渡した場合、局地戦ということは言えまい。少なくとも尾張の制圧は完全に想定されている。さらに「国々」という表現から尾張一国のみとも考えにくい。

既に別稿において述べたように、義元は弘治元年六月に水軍を用いて海上より伊勢・志摩進出を試みている。[5]当時の伊勢・志摩は北畠氏の干渉下にある。その北畠氏と外宮との関係も決して良いものとは言えず、外宮にとっても望むところであったと思われる。[6]また、当時の伊勢（大湊など）が太平洋地域の経済・流通のセンター的役割を担っていたこと、伊勢商人が今川氏の領国ともに活発に往来していたことから、[7]義元が伊勢方面に大きな関心を有していたことは疑いない。今川氏の水軍編成は定かでないが、周知の如き、伊勢・志摩の水軍に対抗しうるとは考えられない。また、美濃・近江への動きも見られない。すると、「相残国々」は当面問題となる尾張、さらに伊勢・志摩を示していると捉えられる。また、外宮にとっても前述の如く、これを望むところであり、「相残国々」という抽象的な表現は外宮も了承ずみだったことを示すのだろう。このように考えると永禄三年の軍事行動は尾張、さらに先の失敗を考慮して陸伝いに伊勢・志摩に向かう、東海地方制圧の開始を意味していたと言える。

以上、本稿では、久保田・小和田両氏の非上洛説に依拠し、新たに東海地方制圧という私見を述べたが、両氏の新説の発表後も天皇との関係を重視し、天下平定の名分を得るために上洛を目指したとするなど、上洛説を支持するむきも強い。(8)しかし、「かな目録追加」で「以私之力量」って国の法を申しつけたと自負し、且つ、別稿でも述べた如く「叡慮」に靡くこともない義元(9)にとって、今更上洛して天下に号令する必要があっただろうか。不明瞭な部分も多いが、戦国大名の意思を実態に則して再究明していく必要があると考える。

註

（1）「戦国大名今川氏の三河侵攻」（『駿河の今川氏』第三集、一九七八年）。根拠の『松平記』などの後世の記録、貴種意識について、同時代史料の『信長公記』『三河物語』などには上洛を裏付ける記載が見られないこと、また、貴種意識がこの頃まで残っていたかは疑問であるとする。

（2）同右。

（3）『桶狭間の戦い』（学研、一九八九年）、「今川義元とその時代」（『今川義元のすべて』新人物往来社、一九九四年）。

（4）作所三神主宛氏純書状写（『古文書集』東京大学史料編纂所架蔵）年代推定および平均役の問題については、拙稿「戦国大名と伊勢神宮―今川氏を例として―」（『国史学』一六〇号、一九九六年）を参照されたい。

（5）拙稿「情報収集の難しさと自治体史」（『千葉史学』三一号、一九九七年）。

（6）文明十九年（長享元年）には内宮と外宮、両宮の地下人の対立に干渉し、内宮に味方した北畠氏は外宮の地下人（山田衆）を攻撃し、外宮を焼き払うという事件が起きている。これらの背景には北畠氏の神三郡への進出・領有・勢力拡大政策とも関係しているという。また、晴具（文亀三年〜永禄六年）の頃には、南伊勢五郡・志摩などを軍事力で制圧している（加地宏江『伊勢北畠一族』新人物往来社、一九九四年、参照）。なお、あくまでも推測の域を脱し得ないが、外宮は正遷宮費用の調達にあたって、今川氏には特に平均役の賦課を依頼していること、また、天文二十二年五月付外宮禰宜松木備彦の書状案（「外宮天文引付」内閣文庫所蔵、一四二函七五七号）において書状の書留文言を他大名には「恐々」とするのに対し、今川氏には「恐惶」として厚礼をとっていることから、今川氏の伊勢進出の背景には北畠氏・内宮に対抗せんとする外宮の働きかけが作用していたとも考えられる。

（7）　永原慶二「伊勢・紀伊の海賊商人と戦国大名」（『知多半島の歴史と現在』4、一九九二年）、「伊勢商人と永楽銭基準通貨圏」（『同』5、一九九三年）など参照。

（8）　今谷明『戦国大名と天皇』（福武書店、一九九二年）。

（9）　拙稿、註（4）論文参照。

Ⅳ

桶狭間の戦い——今川義元はなぜここにいたのか

柴　裕之

桶狭間の戦いの性格

永禄三年（一五六〇）五月十九日、駿河・遠江・三河の三ヶ国を統治領域（領国）に治める戦国大名今川義元は、尾張国桶狭間の地（愛知県名古屋市緑区・豊明市）で、ようやく尾張の戦国大名へと転化しつつあった織田信長の攻撃に遭い、戦死した。

天文十四年（一五四五）までに、甲斐武田氏・相模北条氏との同盟を成立させた義元は、翌年十一月の三河今橋城（愛知県豊橋市）への攻撃を契機に、松平氏たち諸地域領主を従わせ、三河国を領国とした。また、天文十九年（一五五〇）秋より自ら軍勢を率いて尾張に出陣し、桶狭間の戦い直前には尾張国知多・愛知両郡を勢力下に置いていた。

それでは「桶狭間の戦い」とは、どのような性格をもつ戦争であったのだろうか。そのきっかけとなる、この時の義元の軍事行動については、一般的には、上洛が目的としてよく知られている。しかし、これは江戸時代に作成された、『松平記』や小瀬甫庵著『信長記』などの編纂物にしか見られない。これに対し、当時の状況に基づき考証されている局地戦説は、東海地域制圧説から三河・尾張国境地域への軍事的示威説と乱立している。そこで、史料を見ていくと、二ヶ月程前の三月二十日に義元の家臣関口氏純が、伊勢神宮外宮に宛てた興味深い書状（「古文書集」）がある。

これは、前年からの外宮の造営費用支出の協力要請に対し、氏純が義元より三河国からの費用支出は認められたこと、断られた遠江国などについては、近日に義元が尾張国境地域に出陣するので、その時にあらためて要請するよう助言したものである。この氏純の助言に従い、外宮は、義元が尾張国境地域に侵攻した五月に、遠江国への造営の費用支出を求めている。ここから、義元の軍事行動が織田氏と領国が接する尾張国境地域の平定を目的としたものであったことがわかる。

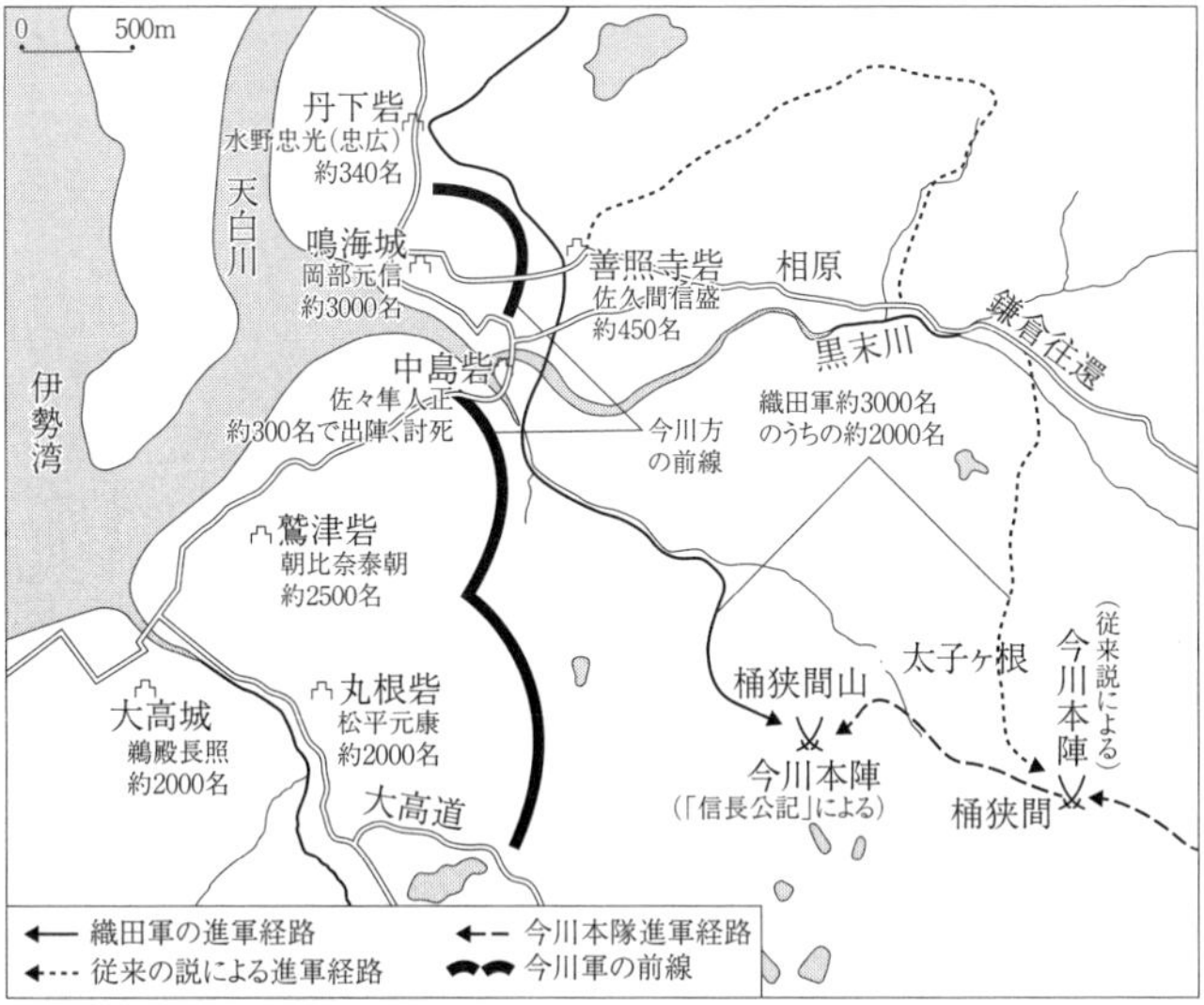

織田軍・今川軍の進軍図　織田軍は迂回ではなく、今川軍の前線を突破して、義元の桶狭間山の本陣へ進軍した。

※『別冊太陽　戦国大名』（平凡社、2010年）掲載図をもとに作成。

国境地域の平定を目指した義元

では、なぜ義元は尾張国境地域の平定にあたる必要があったのであろうか。戦国大名には、領国の平和に努める役割が第一に求められており、義元自身も「かな目録追加」という領国に制定した法律（分国法）で、自分の力量により、領国を平和にしていることを表明していた。ところが、領国境界地域は、敵対勢力の脅威に襲われ、時に敵とも両属の関係をもつなど、その帰属は不安定な状況が見られた。この状況解決と領国の平和維持のために、戦国大名は領土戦争を実施したのである。実際に尾張国境地域は、義元への帰属がまだ年を経ていないうえ、常に織田勢との戦争が絶えず、義元自身が何度か出陣していた。しかもこの時は、早くから準備を進め、二万五千程の大軍勢を率いた軍事行動であったことを鑑みると、本格的に尾張国境地域の平定を目的としたものであったといえる。

しかし、皮肉にも義元は一瞬の油断をつかれ、目標半ばで戦死してしまう。そして、この領土戦争に勝利した信長が、名声を高め登場してくることになるのである。

V

武田氏から見た今川氏の外交

丸島和洋

はじめに

今川・武田氏外交の先行研究は、磯貝正義氏[1]、久保田昌希氏[2]、平野明夫氏[3]らによって着実な成果が積み上げられている。ただし、駿甲相三国同盟または、その前段階の検討が主である点は否めない。つまり氏親～義元期に主眼が置かれているといえる。そのなかで、戦国期全体を俯瞰するという視点に立った研究として、小和田哲男氏の論考は貴重な成果といえる[4]。

一方、今川氏真期については、駿甲同盟崩壊過程を長谷川弘道氏が検討している[5]。ただし長谷川氏の研究は、氏真外交最末期に焦点を当てたもので、氏真外交そのものを検討したわけではない。したがって、今川氏真期の対武田氏外交については、まだ論じる余地があるように思われる。

そこで小稿では、氏真期に焦点をあて、武田氏から今川氏外交はどのように映り、それを踏まえて双方がどう対応したかを検討することにしたい。

一、桶狭間合戦後の今川氏と武田氏

1．桶狭間合戦後の関係不安定化

今川氏真が独自に外交に携わるようになるのは、永禄三年（一五六〇）五月、桶狭間合戦で父義元が織田信長に敗れ、討ち死にした結果である。

合戦の翌月、武田信玄は今川家重臣岡部元信に次掲の書状を出している。

【史料1】武田信玄書状写（傍線筆者）(6)

其以来依無的便、絶音問候事、本意之外候、抑今度以不慮之仕合、被失利大略敗北、剰大高・沓懸自落之処、其方暫鳴海之地被踏之、其上従氏真（今川）被執一筆被退之由、寔武功之至無比類候、二三ヶ年当方在国之条、今度一段無心元之処、無恙帰府、結局被挙名誉候間、信玄喜悦不過之候、次対氏真別而可入魂之心底ニ候、不被信佞人之讒言様、馳走可為本望候、猶期来音候、恐々謹言、

（永禄三年）六月十三日　（武田）信玄　御書印

岡部五郎右兵衛尉（元信）殿

この書状で、信玄は興味深い依頼を岡部元信に対して行っている。「佞人の讒言」を今川氏真が信じないように働いて欲しいと求めているのである（傍線部）。

本書状は、元信が鳴海城で最後まで織田方に抵抗し、氏真の許可を貰って開城・帰国したことを讃えたものだが、

おそらくそれは主眼ではあるまい。この書状の目的は、「佞人の讒言」を防いで欲しいという点にあるとみるのが妥当だろう。このことからすると、どうも今川家臣団のなかに、信玄に不信感を抱いているグループが存在したか、あるいはそのような懸念を信玄が抱かざるを得ない状況に追い込まれていたことがわかる。

信玄は当時駿府に今川氏担当取次穴山信友を派遣しており、同盟関係継続を氏真が承認次第帰国するよう指示している。これが次掲の文書である。

【史料2】武田信玄書状写[7]

翰札披読、長々其府滞留、御辛労察入候、対氏真(今川)無等閑趣被申述、同氏真同意被聞届候者、早々御帰国簡要候、恐々謹言、

(永禄三年)六月廿二日　信玄(武田)(花押影)

幡竜斎(穴山信友)

両者の日付けを比較すると、岡部元信に宛てた書状のほうが九日も早い。信玄としては、一刻も早くこの問題に対処したかったのであろう。ところが穴山信友宛書状からは正反対の状況が浮かび上がってくる。信友は駿府に「長々其府滞留」という状態になっていた。駿甲同盟の再確認は代替わりに伴う当然の手続きのはずだが、義元討ち死にという想定外の出来事で大混乱に陥っていたためか、予想より時間を要していたらしい。

ここで問題とすべきは二点である。第一に、何故今川家中に信玄が懸念するような疑惑が生じたのか、という点。もうひとつは、信玄はどうして岡部元信に調停を依頼したのか、という点である。常識的に考えれば、「佞人の讒言」を防ぐためには、氏真側近に要請したほうが話は早い。

そこで注目されるのが、武田方の軍記史料『甲陽軍鑑』にある桶狭間合戦の記述である。

【史料３】『甲陽軍鑑[8]』

それより四年目、庚申のしかも七かうしんある年の五月と申に、信長廿七の御歳、人数七百計にて、義元公の人数二万計にて出給ふを、見きりをよくして、駿河勢の諸方へ乱取にちりたる間に、身方のやうに入まじり、義元公、三川の国の出家衆と、路次のわき、松原にて、敵はなきぞとて、酒宴してましします所へ、切てかゝりて、則、信長公のうちかつて、義元の御くひを取給ふ、

『甲陽軍鑑』によると、桶狭間における今川方敗北の要因は、駿河勢が諸方に「乱取り」という略奪行為に出てしまい、本陣の防備が手薄になった隙を突かれたのだという。この記述に着目した黒田日出男氏は、「今川義元の敗死となれば、それに変な尾鰭をつけたり、虚偽の記述を付加しなければならない理由・動機は、信玄と武田氏には存在しない。どうしてあの義元が敗れ、こともあろうに討死しなければならなかったのかを、リアルに把握する必要があったに違いない。そこでさまざまな情報を入手しようとしたことであろう。（略）永禄三年当時の武田氏と今川氏は友好関係にあったから、今川氏のほうからも、当主義元が永禄三年五月十九日に討死した知らせ・情報が、武田氏のもとにもたらされたはずである」と述べ、今川勢乱取り敗因説を提唱した[9]。

黒田氏は『甲陽軍鑑』を検討する中で、桶狭間合戦について二〇箇所にも及ぶ記述があることを指摘し、特に戦国期の慣習「乱取り」記載と、天候表記に着目した。『甲陽軍鑑末書』に「その合戦はしまると同時に、夏なれともひやう（雹）ふりとある点[10]が、『信長公記[11]』首巻や『三河物語[12]』の記述と一致するからである。

『甲陽軍鑑』の記述の背景として、黒田氏は武田方の情報収集と今川方の報告の結果と評価した。駿甲間の緊密な

関係がもたらしたもの、という見解である。

しかし【史料1】を見る限り、桶狭間直後の今川・武田両氏の間には、むしろ緊張関係が存在した可能性が高い。そうなった時に、桶狭間合戦で検討から除外されていた問題があることに気がつく。それは「駿甲相三国同盟」とは、軍事同盟であり、相互に援軍を派遣し合う関係にあるという点である。桶狭間合戦の翌年、上杉謙信が関東に攻め込んで来た際、今川氏真・武田信玄はともにみずから援軍を率いて出陣した。[13] こうした事例は、他にも複数挙げることができる。たとえば天正二年（一五七四）の武田勝頼の美濃攻めに際して、北条氏政は東美濃まで援軍を派遣した。[14] 援軍の派遣は相当遠方にまで及んだことがわかる。

桶狭間合戦は基本的には今川方が確保した尾張南部の国境紛争にすぎない。[15] しかし義元の動員兵力は相当誇張されているとはいえ、一万をくだることはなかっただろう。このような大きな戦争であるとすれば、桶狭間合戦にも武田・北条氏は援軍を派遣していた可能性があるのではないか。つまり信玄が援軍を送っていたからこそ、『甲陽軍鑑』の記主は、桶狭間合戦の状況を知り得ていたと理解できるのではないだろうか。

次に、信玄が岡部元信に書状を送った理由について検討したい。今川氏真判物や『信長公記』『三河物語』などから明らかなように、岡部元信は、桶狭間において最前線で奮戦した今川家重臣である。その元信に氏真の懸念を払拭して欲しいと依頼するのだから、武田氏援軍の動静が鍵となっていたのかもしれない。

ここでは、今川氏真が桶狭間における武田軍の働きに不満を抱いていた可能性を指摘したい。だからこそ、信玄は現場をよく知る岡部元信に斡旋を頼んだものと思われる。この結果、皮肉なことに桶狭間直後の駿甲同盟は、今川氏がキャスティングボードを握った。

武田信玄は今川氏真との関係悪化を防ぐよう、努力することになったのである。

2.「義元弔い合戦」をめぐって

永禄四年四月、松平元康（徳川家康）が今川氏を離叛し（「岡崎逆心」）、独立した。[16] この事態を受け、将軍足利義輝は、武田信玄・北条氏康に和睦仲介を指示している。[補注1]

【史料４】足利義輝御内書写[17]

就駿州与三州鉾楯之儀、関東之通路不合期之条、急度和睦可然候、仍対氏真《今川》遣内書候間、堅加意見、可相調事簡要候、為其差下文次軒《孝阿》候、猶委細信孝《上野》可申候也、

正月廿日《永禄五年》　『花押同前』《足利義輝》

武田大膳《信玄》大夫入道とのへ

信玄が和睦仲介に乗り出した際のやりとりが、『甲陽軍鑑』に記されている。[18] 整理すると、信玄は東三河割譲を条件に、徳川攻めの援軍派遣を申し出たという。氏真はこれを拒絶した。理由は①「信玄は義元の仇である織田信長と縁戚関係を結んだ。だから信玄も『仇半分』である」、②「家康は小身だから、今年・来年の内にも滅ぼせる」、③「もし信玄に東三河を渡してしまったら、次は遠江もとられてしまうだろう」というものであったという。

たしかに東三河割譲を条件とした援軍派遣なら、氏真が拒絶しても不思議ではない。また時期も問題で、『甲陽軍鑑』は永禄一一年五月の出来事と記している。つまり武田・織田同盟（甲尾同盟）成立後、一一年末の駿甲同盟破棄の前段階として位置づけられているのである。しかし実際に義輝が和睦調停を命令したのは永禄五年だから、時期が合わない。

果たして、今川・武田間ではどのようなやりとりがなされたのだろうか。

【史料5】今川氏真書状写（傍線筆者）[19]

御帰陣之上早々可申之処、少取乱候而、遅々意外之至候、仍去年以随波斎申候之処、以一書承之候、得其意穏便可申候《（雖脱カ）》、就御在陣□《（遅カ）》引非疎意候、只今存分以定林院□《（令カ）》申候、於氏真無別儀候、将亦初秋至三州可出馬候、如兼約御合力候者、可為祝着候、此時御入魂偏憑存候、於様体者、付彼口上候、猶三浦備後《（正俊）》守可申候、恐々謹言、

六月廿日《（永禄五年カ）》　氏真《（今川）》（花押影）

徳栄軒《（武田信玄）》

【史料5】は、『戦国遺文今川氏編』編纂の過程で見いだされた新出の史料である。永禄五年頃とみられる書状で、氏真は武田信玄に三河出兵への協力を要請している。さらに「兼約の如く」とあるから、これは以前から示し合わせていたものとみて間違いない。

先述したように、これこそが軍事同盟である駿甲同盟（駿甲相三国同盟）の条件なのである。したがって実際には、今川氏真は三河奪還のための軍事作戦を計画し、その際には、武田信玄に援軍を仰いでいた。おそらく、北条氏康にも同様の要請をしたはずである。

3．武田氏側の対応

それでは、これに武田氏はどう対応したのだろうか。次の文書は、永禄六年に信玄が氏真の要請を受け、「岡崎退治の籌略」を指示したという条目である。

【史料6】武田信玄条目写(20)

一、岡崎(徳川家康)退治の籌略をめくらすへく候也、この所下条弾正半途へ越、岡崎より使之者を招密談尤ニ候、若不審候ハヽ、氏真よりの書状披見として、半途江差越へき旨、急度可被申越之事、

一、久々利(可児市)江之俵子、先五百俵相移候哉、重而五百俵必可移候、人足者高遠より下、飯田より上之人夫にて、信濃境迄遣へく候、其より久々利へは、苗左兄弟(美濃遠山氏)之領中より、人夫相催運送あるへき旨、兼而理へき事、

「是(後筆)ハ永禄六年、今川氏真と家康公御手切之時、氏真より信玄を頼調略之時、信玄自筆候ニ而、本書に宛所不見」

内容よりみて南信濃の家臣または従属国衆、おそらくは下条氏に出した条目である。第一条が、徳川家康（岡崎）を滅ぼすための調略に関する指示である。それによると、下条弾正が武田領信濃と、徳川領の国境に赴き、家康の使者を招いて密談せよと指示している。そしてもし家康が警戒するようならば、今川氏真の書状をみせて、使者を国境に来させろと続けている。

どうも今川氏真書状には、和睦要請など、家康を安心させる文言が書かれていたらしい。本条目の目的は家康を滅ぼすことにあるのだから、再度今川・徳川の和睦を仲介すると見せかけて、家康を急襲する謀略であったのではなかろうか。

調略の材料として「氏真よりの書状」が存在する以上、これは信玄の独断ではないだろう。注記にも「氏真より信玄を頼」とある。つまり今川氏真は、信玄に依頼して家康攻撃に有利な状況を作り出そうとしていたとみられる。

以上を整理すると、永禄四年四月の「岡崎逆心」以後、永禄六年にかけて、氏真は三河奪還に向けて動いていた。武田信玄も氏真への協力を惜しまず、同盟条件の履行に尽力していたと考えられる。

二、駿甲同盟崩壊の過程

1. 武田信玄変心のターニングポイント

ここまでみてきたように、桶狭間合戦後永禄六年までの今川氏真の外交・戦争方針は、ある意味武田信玄の眼にかなっていたといえる。この時点の信玄にとっては、今川氏真との同盟継続こそが武田家存続に重要な外交であった。ところが永禄六年末、その状況に変化が訪れる。次掲の史料は、今川氏担当取次穴山信君の家老佐野主税助に、信玄自身が出した書状である。内容から見て、主税助は駿河に派遣されている。

【史料7】武田信玄書状写（傍線筆者）[21]

以幸便染一筆候、仍遠州之体実儀候哉、無是非次第ニ候、①駿州之内彼方之調可然様候て、過半駿之内可相破様ニ候者、早々可致注進、此表者焼動返之事候条、以夜継日急之可納馬候、②又遠州者心替候へ共、駿州衆各守氏真（今川）前、目元三州之備も氏真可有本意様ニ候者、以次暫令在陣、関東之義可明隙候、何ニ両様其方具致見聞、以早飛脚注進待入候、謹言、

追而、③駿州必可相破様ニ聞届候者、此時候間、早々納馬、彼国之本意可相急候、此所能々聞届、注近（進）尤候、

又彼かたへ越書状候、彦六郎（穴山信君）殿渡候間、被指越候者、早々可被届候、以上、

（永禄六年）壬十二月六日　信玄（武田）（花押影）

佐野主税助殿

まずこの書状が出された背景を確認しておく。年次比定は、閏月から永禄六年で動かない。冒頭で信玄は、「仍遠州之体実儀候哉」と遠江で起きた話は本当かと問いただしている。これは「遠州忩劇」と呼ばれる遠江国衆の反乱を指すとみて間違いない(22)。当時、信玄は上野出陣中であった。

この書状において、信玄が主税助に出している指示が興味深い(23)。まず傍線部①をみてみたい。信玄は、「「彼方の調」がうまくいっておおかた駿河国内が敗れるようであれば、早々に報告せよ」と述べ、「昼夜兼行で帰国する」としている。氏真が敗れれば帰国するというのである。

問題はこの帰国の目的である。駿甲同盟を前提におけば、今川氏真への援軍として出陣するためと考えるのが自然であろう。しかし「彼方の調がうまくいって」とある点に留意する必要がある。「駿河国内が破れるようであれば」と続けているので、彼方とは氏真ではない。つまり「今川氏が駿河まで敵の侵攻を許し、敗北するならば帰国する」と言っているのである。そしてそれを「うまくいって（可然様）」と表現している。氏真の側に立った発言ではない。逆に破線部②をみると、遠江国衆が寝返っても、駿河衆が氏真を守るようであれば、しばらく上野在陣を続けると述べている。

以上からすると、帰国の目的は、氏真への援軍派遣ではない。ここでいう「彼方の調」の内容は、反今川勢（遠江国衆）の調略と捉えざるをえないのである。

この点がより明確になるのが追而書である。傍線部③をみると、信玄は「駿州衆（今川勢）が確実に敗れると聞き届けたら、『この時に候間』急いで帰国し、『彼国の本意』を急ぐつもりだ」と述べている。『この時に候間』とは、まさに今が好機なのでという意味である。『彼国の本意』とは、本書状で話題に上っている国、つまり駿河に対する願望を果たしたいとの本音の吐露に他ならない。ここでいう「本意」が駿河制圧であることは説明をするまでもないだろう。

武田信玄は、桶狭間合戦後の永禄三年段階では、今川氏との同盟継続を望んでいた。その姿勢は、徳川家康の独立後、永禄六年まで変わっていない。しかし同年閏一二月の「遠州忩劇」に至り、今川領国の崩壊は近いと判断を転換したものと思われる。以後、情勢に応じて駿河攻めの機会を窺うようになっていった。

つまり武田氏からすると、「遠州忩劇」こそ、駿甲同盟のターニングポイントであったと評価できる。(24) 氏真は「遠州忩劇」の鎮圧に成功したとは言いがたいが、戦火が駿河に波及するまではいたらなかった。このため、信玄は決断を延期するが、既に事態は氏真の想像から離れていたのである。

2．駿甲同盟決裂への道

永禄八年十一月、織田信長の養女が武田勝頼に輿入れし、甲尾同盟が成立する。(25) 誤解されがちだが、甲尾同盟の直接の原因は、美濃における信長の勢力拡大にある。(26) これにより、武田・織田両氏は直接国境を接するようになり、国境紛争の懸念が生じていた。実際、美濃神篦（現岐阜県瑞浪市）で小競り合いがおきている。(27)

問題が大きくなったのは、この意図が武田家中にも理解されなかったらしいということである。信玄の嫡男義信は、今川氏真の妹嶺松院殿を正室に迎えている。そのため、義信近臣は今川氏と関わりが深い。いわば武田家中の「親今川派」の中心勢力であった。彼らは、信玄が「今川義元の仇」織田信長と同盟を結び、今川氏に敵対しようとしていると受け止めたのである。

婚姻成立が迫った永禄八年一〇月一五日[28]またはその直前、武田義信のクーデター計画が発覚した（義信事件）。クーデター発覚後、しばらくして義信は幽閉・廃嫡され、永禄一〇年一〇月に死去した。自害とも病死ともいうが、定かではない。いずれにせよ、武田家中における親今川氏勢力は大幅に弱体化したのである。

そもそも今川氏真からみれば、信長はまさに「仇」であり、甲尾同盟は看過できない事態であった。さらに「義信事件」の勃発で、今川氏真も信玄の「変心」と受け止めたことは間違いない。

結果的に、信玄も氏真の外交方針は「当然変わっただろう」と判断したと思われる。永禄一〇年三月、信玄四男諏方（武田）勝頼が「駿州境目本栖・河内」の防備を固めるよう指示を出している[29]。今川氏も態度を硬化させており、同年八月一七日には、従属国衆葛山氏元が著名な「塩止め」の通達状況を確認している[30]。

永禄一〇年末、氏真は上杉謙信との外交交渉を開始し、信玄「表裏」（裏切り）に備えたことが明らかにされている[31]。そこで関係史料を検討しておきたい。

【史料8】今川氏真書状写[32]

親候義元（今川）以来之被任筋目、態御使僧、祝着候、殊ニ向後別而可被仰合由、勿論ニ候、猶朝比奈備中守（泰朝）・三浦次郎左衛門尉（氏満）可申候、恐々謹言、

十二月廿一日　源氏真

謹上　上杉殿（謙信）

【史料9】朝比奈泰朝・三浦氏満連署書状写（傍線筆者）[33]

態可申入之処、此方使ニ被相添使者之間、令啓候、仍甲州新蔵（武田義信後室・嶺松院殿）帰国之儀、氏康父子（北条氏康・氏政）被申扱候処、氏真（今川）誓詞無之候者、不及覚悟之由、信玄（武田）申放候条、非可被捨置義之間、被任其意候、要明寺被指越候時分、相互打抜有間鋪之旨、堅被申合候条、有様申候、雖如此申候、信玄表裏候ハヽ、則可申入候、猶委曲遊雲斎（永順）可申宣候、恐々謹言、

（永禄十一年）四月十五日　　三浦次郎左衛門
　　　　　　　　　　　　　　　　氏満
　　　　　　　　　　　　朝比奈備中守
　　　　　　　　　　　　　　　　泰朝

直江大和守（景綱）殿
柿崎和泉守（景家）殿御宿所

【史料10】遊雲斎永順書状写(34)

旧冬為使罷下候処、種々御懇之儀共忝存候、仍被仰越候趣、則披露申候処、三浦次郎左衛門尉（氏満）・朝比奈備中守（泰朝）有様被申入候、雖如此候、信玄（武田）表裏程有間敷候間、左候ハヽ、如先度之筋目、様体重而可被申入候、将又貴国へ甲より計策之書状なと御座候ハヽ、急度可被仰越候事尤存候、恐々頓首、

（永禄十一年）四月十五日　　遊雲斎
　　　　　　　　　　　　　　　　永順

直江大和守（景綱）殿
柿崎和泉守（景家）殿
　　　　貴窓下

【史料11】朝比奈泰朝・三浦氏満連署書状写(35)

重而以要明寺被仰越之旨、具令披露候、殊至于信国、御出馬之由、尤簡要存候、於向後、互抜公事不可有之旨、是又専要存候、此上猶存分以遊雲（永順）被申候、於当方之義者、毛頭不可有異儀候、若此旨偽申者、日本国中大小之神祇、殊ニハ当国鎮守富士浅間大菩薩・八幡大菩薩之蒙御罰、受黒白之二病、於来世者、可堕在無間地獄、此旨宜預御取合候、恐々謹言、

十一月廿五日　「三浦二郎左衛門事」
氏満
「朝比奈備中守事」
泰朝

柿崎和泉守（景家）殿
直江大和守（景綱）殿

【史料8】がその中核をなすものである。論点を整理しておこう。

①「親候義元以来」は弘治元年（一五五五）、第二次川中島合戦での和睦調停を指す。
②「向後別而可被仰合由、勿論ニ候」とあり、初信である可能性は高い。
③年代は、武田氏との関係悪化以降だから、永禄九年または一〇年の書状。
④しかし「態御使僧、祝着候」とある以上、使者を派遣したのは謙信である。

ここで今川氏真が積極的に働きかけたとする通説と、④の関係を確認しておく必要があるだろう。

長谷川弘道氏は、【史料8】を初信とし、氏真からの働きかけとする。しかしそうすると、④と矛盾をきたしてしまう。【史料8】が駿越間交渉の初信という主張と、氏真からの働きかけという主張は、両立し得ない。

次に鴨川達夫氏は、【史料11】を永禄一〇年に比定し、さらに同年前半には交渉開始と踏み込んだ主張を展開した(36)。これについて、永禄一一年四月に今川家使僧遊雲斎永順が出した書状をみると、「旧冬為使罷下候処」（【史料10】）とある。「旧冬」と述べているから、永順は永禄一〇年一〇～一二月に越後に赴いている。「旧冬」には、一二月二一日付今川氏真書状（【史料8】）も含まれ、この時の使者の可能性がある。

【史料11】は、鴨川氏が指摘するように交渉初期のものにみえる。しかし「重而」とあるから、往信を繰り返した後のものではないだろうか。逆に上杉側から使僧を派遣した【史料8】は永禄九年の可能性を残すものの、少なくとも氏真の初めての返信と思われる。

以上からすると、通説とは逆に、駿越同盟交渉は上杉謙信から働きかけたものではないだろうか。氏真にとってはまさに「渡りに船」であり、積極的な交渉に突き進んでいくことになる(補注2)。

翌永禄一一年、氏真は未亡人となった妹嶺松院殿（義信室）の帰国を求めた（【史料9】）。その際、氏真は仲介役として三国同盟の一方である北条氏康・氏政を立てている。これに対し、信玄は氏真に誓詞提出を要求しており、この段階での関係崩壊には慎重姿勢をみせた。

この年七月に織田信長が上杉謙信に出した書状で、「駿河・遠江」の件が述べられており(37)、武田・徳川同盟の締結と、今川領分割交渉がこの間に進んでいたと考えられる。おそらく信玄は、この交渉が成立するまで時間を稼ぎたかったのであろう。逆に言うと、上杉謙信は今川氏真が置かれた状況を織田信長を通じて把握していたのであり、この時期に謙信が積極外交に打って出た背景として注目される。[38]

嶺松院殿帰国交渉は永禄一一年四月以前で、義信死去は永禄一〇年一〇月である。したがって氏真は妹が後室となった段階でただちに帰国を求めたことになるが、それは氏真の外交姿勢硬化を信玄に教えることになったともいえる。

この間、今川氏は「信玄表裏程有間敷」と謙信に連絡し、駿甲同盟破棄に備えた（【史料10】）。同時に、武田信玄が上杉謙信と結ぶことを警戒し、使者がきたら教えて欲しいと要請している。実際この後、足利義昭・織田信長の仲介により上杉謙信は武田信玄と和睦する。[39]近世を通じて作り上げられた川中島合戦のイメージと異なり、同時代人にとって、武田・上杉の提携は十分あり得る話であったわけである。

その頃、上杉・北条・武田間で同盟が成立するという噂が流れた。[40]驚いた氏真は、自分を同盟の仲介役にして欲しいと申し出ている。これは明らかに誤報であり、意図的に流された噂の可能性が高い。おそらく、出所は武田信玄であろう。氏真は、武田・上杉両氏の接触を懸念していたがために、見事に乗せられてしまうこととなった。

このことからすれば、信玄は今川氏真と上杉謙信の接触をつかんでいたとみられる。そのルートはふたつ考えることができる。永禄一一年一二月の信玄駿河侵攻時、氏真重臣はこぞって降伏しており、既に調略を済ませていたものと思われる。したがった駿越交渉を知り得る立場にいた重臣に内通者が存在し、そこから情報が漏れていた可能性は高い。

もうひとつ、同盟国織田信長から得た情報の可能性も否定できない。信長は信玄の動静を謙信に伝え、信玄との和睦を要請しているから、逆に謙信の動向を信玄に伝えていた可能性もあるからである。

いずれにせよ、信玄の駿河出兵の大義名分は「今川氏真が上杉謙信と結んで、武田信玄を挟撃するというたしかな情報を得た」というもので、[41] 同盟国北条氏に通達されている。したがって遅くともこの段階では、信玄は一定の情報を得ていたことになる。

その上で信玄は、今川氏真の外交政策（駿越交渉）を同盟破棄の自己正当化に利用した。上杉謙信の軍事行動が鈍いことを見越して、積極策に打って出たのである。

永禄一一年一一月三日、信玄は「甲駿両国之通路不自由」として国境の本栖地下人の諸役を免許している。[42] つまりこの段階で、駿甲国境が封鎖されていたことがわかる。これこそ開戦前夜の証であった。そして一二月一三日、信玄が「府中に至り不慮に乱入[43]」し、駿甲同盟はついに崩壊の時を迎えることとなる。

おわりに

最後に、氏真期駿甲同盟の推移を整理する形で、小稿を終えたい。

永禄三年の桶狭間合戦後、今川家中に武田信玄の誠意を疑う動きが存在した。この背景として、桶狭間には武田氏も援軍を派遣しており、その援軍の働きが不十分であったと捉えられた可能性を指摘した。『甲陽軍鑑』には桶狭間合戦の詳細な記述があるが、それは援軍を派遣していたからこそ得られた情報ではないかと考えた。

桶狭間後の信玄は、今川氏真との同盟維持に腐心することになる。さらに『甲陽軍鑑』の記述と異なり、今川氏真は武田氏に援軍を要請して三河奪還を計画していた。両国は駿甲同盟にもとづいて、軍事協力を図ろうとしていたのである。

しかし「遠州忩劇」により、信玄は今川氏の弱体化を認識し、方針転換を模索しはじめる。その最中、永禄八年に結ばれた織田信長との同盟は、反今川政策と内外に認識された。武田家中の親今川派は、この同盟を防ごうとクーデターを計画するが露見し（義信事件）、勢力を大幅に縮小させることになった。

この二段階の転機を経て、今川氏真も積極的な対応へと動く。氏真は上杉謙信との同盟に向かって動き出し、それを背景に妹の帰国要請という強硬姿勢をみせた。しかし逆にそれが見透かされ、駿河侵攻の大義名分とされることになってしまう。

こうして永禄一一年一二月、ついに駿甲同盟は破棄され、武田氏の駿河出兵へと、事態が動いていくのである。

註

（1）磯貝正義「善徳寺の会盟」（『甲斐路―山梨郷土研究会創立三十周年記念論文集―』一九六九年）。
（2）久保田昌希「今川氏と後北条氏―駿甲相同盟の政治的前提―」（『戦国大名今川氏と領国支配』吉川弘文館、二〇〇五年。初出二〇〇一年）。
（3）平野明夫「武田信虎と今川氏」（柴辻俊六編『武田信虎のすべて』、新人物往来社、二〇〇七年）。
（4）「今川・武田両氏間の同盟と非同盟」（『武田氏研究』四号、一九八九年）。
（5）長谷川弘道「永禄末年における駿・越交渉について―駿・甲同盟決裂の前提―」（『武田氏研究』一〇号、一九九三年）。
（6）「岡部家文書」（『戦国遺文今川氏編』一五四七号。以下、『戦今』と略記）。
（7）『諸州古文書』（『戦今』一五四九号）。
（8）『甲陽軍鑑』（酒井憲二編『甲陽軍鑑大成』本文篇上七一頁、汲古書院）。
（9）黒田日出男「桶狭間の戦いと『甲陽軍鑑』―『甲陽軍鑑』の史料論（2）―」（『立正史学』一〇〇号、二〇〇六年）。「乱取り」

については藤木久志『新版雑兵たちの戦場　中世の傭兵と奴隷狩り』（朝日新聞出版、二〇〇五年）を参照。
（10）『甲陽軍鑑末書』（『甲陽軍鑑大成』本文篇下三六二頁）。
（11）「俄に急雨石氷を投打つ様に敵の輔に打付くる、身方は後の方に降りかゝる」とあり、これが勝敗に影響を与えたという叙述をしている（陽明文庫本を底本に読み下した角川文庫ソフィア版『信長公記』による）。
（12）「車軸ノ雨ガ降リ懸ル処に」（『日本思想大系　三河物語　葉隠』）とある。
（13）「大藤家文書」（『戦国遺文後北条氏編』六八七号）。
（14）『藩中古文書』（『戦国遺文瀬戸内水軍編』四三五号）。
（15）柴裕之「桶狭間の戦い」（黒田基樹監修『別冊太陽　戦国大名』平凡社、二〇一〇年）、同「永禄三年五月今川義元の尾張侵攻」（『静岡県地域史研究会報』一七五号、二〇一一年）。なお、後者は同著『戦国・織豊期大名徳川氏の領国支配』（岩田書院、二〇一四年）五六頁に再録されている。
（16）柴裕之「今川・松平両氏の戦争と室町幕府将軍」（前掲註〈15〉柴著書所収。初出二〇〇五年）。
（17）『秋田藩家蔵文書』（『戦今』一六三八号）。
（18）『甲陽軍鑑大成』本文編上三七〇頁。
（19）『徴古雑抄』（『戦今』二七二六号）。
（20）東洋文庫所蔵『水月古鑑』（『戦今』一九五七号）。なお、第二条目は武田氏に従属していた美濃衆への軍事支援に関する指示である。
（21）水府明徳会彰考館所蔵「佐野家蔵文書」（『戦今』一九五一号）。
（22）小和田哲男「今川家臣団崩壊過程の一齣―「遠州忩劇」をめぐって―」（『静岡大学教育学部研究報告―人文・社会科学篇―』三九号、一九八九年）。
（23）拙稿「信玄の拡大戦略　戦争・同盟・外交」（柴辻俊六編『新編　武田信玄のすべて』、新人物往来社、二〇〇八年）において簡単に触れた。

(24)「遠州忩劇」の影響の大きさについては、久保田昌希「「遠州忩劇」考――今川領国崩壊への途」(同著『戦国大名今川氏と領国支配』吉川弘文館、二〇〇五年。初出二〇〇〇年)を参照。
(25)『甲陽軍鑑』(『甲陽軍鑑大成』本文篇上三六〇頁)。
(26)平山優「武田勝頼の再評価―勝頼はなぜ滅亡に追い込まれたのか―」(網野善彦監修・山梨県韮崎市教育委員会編『新府城と武田勝頼』、新人物往来社、二〇〇一年)。
(27)『信長公記』元亀元年条、慶應義塾大学図書館所蔵「反町文書」(『戦国遺文武田氏編』一六六一号)。なお『信長公記』の記述は「一年東美濃高野口へ武田信玄相働き候」というものであり、元亀元年の出来事ではない。
(28)この日が義信重臣で、クーデターに荷担したとして処断された飯富虎昌の命日である(拙稿「高野山成慶院『甲斐国供養帳』―『過去帳(甲州月牌帳)』―」『武田氏研究』三四号、二〇〇六年)。
(29)「保阪潤治氏所蔵文書」(『戦国遺文武田氏編』一〇五九号)。
(30)「芹沢家文書」(『戦今』二一四一号)。
(31)前掲註(5)長谷川論文。
(32)「上杉家文書」(『戦今』二一五八号)。
(33)『歴代古案』(『戦今』二一七四号)。
(34)『歴代古案』(『戦今』二一七五号)。
(35)『歴代古案』(『戦今』二一九七号)。
(36)鴨川達夫「信玄・勝頼の歩いた道」(『武田信玄と勝頼――文書にみる戦国大名の実像』、岩波新書、二〇〇七年)。
(37)「志賀槙太郎氏所蔵文書」(『上越市史』別編上杉氏文書集六一〇号)。
(38)拙稿「甲越和与の発掘と越相同盟」(『戦国遺文月報武田氏編』六、二〇〇六年)を参照のこと。謙信は永禄十二年になると、北条・武田双方からの和睦要請を受け入れ、東国情勢のキャスティングボードを握るようになる。
(39)前掲註(38)拙稿。

(40)「上杉家文書」(『戦今』二一七六号)。
(41)「志賀槙太郎氏所蔵文書」(『戦今』二二〇八号)。
(42)「寿徳寺所蔵文書」(『戦国遺文武田氏編』一三二七号)。
(43)『別本歴代古案』(『戦今』二二一八号)。また、海老沼真治「武田・徳川氏の今川領国侵攻過程—身延文庫「科註拾塵抄」奥書の検討から—」(『武田氏研究』五一号、二〇一四年)も参照されたい。「辰年十二月十三日ニ駿府へ甲州信源(信玄)押懸、府内放火也」とある。

【付記】本稿は、静岡県地域史研究会シンポジウム「今川氏研究の最前線　ＰａｒｔⅢ」(二〇一四年九月二十三日)の報告を論文化したものである。


【補註1】松平元康が今川氏から独立し、三河で戦争が勃発した年次については、永禄三年説をとる平野明夫氏と(「徳川氏と織田氏」、同著『徳川権力の形成と展開』岩田書院、二〇〇六年。初出一九九五年)、同四年説をとる柴裕之氏(前掲註〈16〉柴論文)および本多隆成氏(「三・遠領有期の農村支配」、同著『初期徳川氏の農村支配』吉川弘文館、二〇〇六年)の見解が対立している。いっぽう松平氏独立に対する足利義輝停戦令の年次は、永禄五年でほぼ一致している。しかし北条氏康が和睦仲介に乗り出した時期は、柴・本多氏が停戦令後の永禄五年とするのに対し、平野氏は停戦令以前の永禄四年としており、やはり一致をみていない。過日、永禄四年独立説を支持する研究が公刊されたが(臼井進「今川義元没後の三河国——足利義輝の駿・三和談令をめぐって」『史叢』九一号、二〇一四年)、義輝の停戦令発令の年次比定を永禄六年としており、かえって議論が錯綜したように思われる。

この議論は、本稿の内容とも関わるので、ここで補足しておきたい。

前提として、『静岡県史』段階で永禄四年とされていた次掲の北条氏康書状が、永禄五年のものであるということを確認しておく(『小田原編年録附録』『静岡県史』資料編7二九二八号)。宛所は、三河国衆で松平氏と近しい水野信元である。

久不能音問候、抑近年対駿州被企逆意之由、誠以歎敷次第候、就其自駿府、当方出陣之儀承候間、氏康自身出馬無拠候、雖然尾州閣急敵、於三州弓矢無所全《ママ》候、云年来之筋目、駿三和談念願、就中三亜相《三条西実澄》如御物語、今程得調被成下京都御下知、当国も被附御内書之由、各御面目時到者哉、松平方江有異見、早々落着之様、偏其方可有御馳走候、委細口上申含候間、令省略候、恐惶謹言、

五月朔日　氏康

水野下野守殿

従来、『小田原編年録附録』所収の写が使われてきた文書である。黒田基樹・柴裕之両氏より、より良質な「水野系譜」（茨城県立歴史館所蔵）所収の写の存在についてご教示をうけたのでそれを掲げた。こちらも文意が通りにくい箇所があり、『小田原編年録附録』所収の写との対校を要するであろう。ただし、『小田原編年録附録』所収の写が「去年来候筋目」とある場所は「云年来之筋目」と記されており、こちらのほうが文意が通る（そもそも松平氏謀叛のようなあるべきではない出来事を「筋目」とは言わないであろう）。つまり従来は、本書状の一年前（去年）が元康独立の年次とされてきたが、この写の出現により、当該部分は誤写である可能性が高まった。他の史料に基づいて確定させる必要が出てきたといえる。現在のところ、柴・本多両氏の検討から永禄四年の独立説が正しいように思われる。

本書状において、氏康は今川氏真から出陣要請を受けており、このままでは自身が出馬せざるを得ない。しかし織田信長を放置して三河で戦ってもしようがないではないか。松平氏へ助言をして、和睦を成立させてくれることを期待している、と述べている。ようするに、このままでは援軍として北条勢が三河に攻め込むことになるが、それでも構わないか、という脅し混じりの和睦要求である。

平野明夫氏は、文中にある三条西実澄の発言（「三亜相如御物語」）を「徳川・今川の和議について、将軍足利義輝の御下知（御内書）が下され、当国（北条宛）へも御内書が下されるそうだとある」と訳している。そのうえで、「この段階では、北条氏康の手元に足利義輝御内書は届いていないことになる」と結論づけた（「織田・徳川同盟は強固だったのか」、日本史史料研究会編『信長研究の最前線』洋泉社歴史新書y、二〇一四年）。

その御内書とは、次掲のものとなる（「大館市立中央図書館所蔵真崎文庫」『戦今』一六三七号）。

就氏真（今川）与三州岡崎（松平元康）鉾楯之儀、関東之通路不合期之条、不可然候、仍差下三条大納言（三条西実澄）幷文次軒（孝阿）遣内書間、急度加意見、無事之段可馳走事肝要候、猶信孝（上野）可申候也、

正月十日　（花押）（足利義輝）

北条左京大夫（氏康）とのへ

これにより、御内書は永禄五年発給、氏康書状はその一年前の永禄四年という評価になったわけである。この点は、臼井進氏も類似した見解を示している。しかしながら、御内書が発給される半年以上も前に、その内容を氏康が知っているという見解は、筆者としては違和感がぬぐえない。もう少し慎重を期すべきではないだろうか。

そこで諸氏の議論を検討すると、例外なく「当国も被附御内書之由」を「北条氏康に御内書が与えられた」と解釈していることに気がつく。この部分を『小田原編年録附録』は「当国ヘモ被、書由」と書写しており、「、」には「原本不詳」と傍注がある。意味が取りにくいのはやむを得ないが、「可」がない以上、これは未来の話をしているのではなく、すでに起きた出来事とみるべきだろう。そして「由」で終わっているのだから、伝聞である。素直に読めば、三条西実澄が北条氏康に話した内容が、「当国も被附御内書之由」で終わる部分となる。

問題は続けて「各御面目時到者哉」（『小田原編年録附録』では「各御面目時到候哉」）とある点である。御内書が下されたので、面目を施したという意味となり、従来は御内書を与えられた氏康が面目を施したと解釈されてきた。しかし、面目には「御」が付せられている上、この文章は「哉」でおわっている。氏康が自分の行動に「御」をつけるとは考えにくく、かつ自分の感情を「哉」で表すというのもおかしい。これは、明らかに第三者の行動への評価ではないだろうか。

とすると再検討をしなくてはならなくなるのは、「当国」の訳である。「当国」は自分の国と訳されがちだが、相手の国という意味もある。より厳密に言うと、「現在話題にあがっている国」というニュアンスが正しい。したがってここでいう「当国」とは、水野信元のいる三河を指すと考えるのが妥当である。

つまり該当部分を現代語訳すると、「当国つまり三河にも御内書が下されたと伺いました、さぞかし皆様も御面目を施されたことでしょうね」となる。そうすると、次に松平元康を説得しろと述べている部分に綺麗につながる。

以上から、氏康書状は正月二〇日付御内書と同年の永禄五年とみて間違いないと思われる。武田・北条両氏は、将軍義輝の命を受け、永禄五年に和睦調停に乗り出したのである。

【補註2】シンポジウム報告段階では本文のように理解をしていたが、質疑応答とその後の検討を経て、鴨川氏の指摘が正しいと考えるようになったため、ここに訂正する。年末詳一一月二五日付書状（【史料11】）で上杉氏使僧要明寺が駿河を訪れた際、「相互に手抜かりはしない」と誓約を求められたという記述が、永禄一一年四月一五日付【史料9】の破線部分と一致するからである。したがって、永禄一〇年一一月段階では、既に「重ねて」交渉を行う関係を構築していたことになる。

次の問題はどちらから交渉を持ちかけたかで、こちらもやはり今川氏真から働きかけた可能性が高いと考えを改めた。【史料8】は永禄一〇年末に交渉が本格化し、大名同士が直接やりとりを行う段階になって、謙信が使者を派遣したものと考えたい。

【初出一覧】

大石泰史「総論　今川義元の生涯」（新稿）

第1部　家督継承の前提

Ⅰ　今枝愛眞「禅宗史料の活用について――付、高松塚出土の塼輪仏塔」（『仏教史学研究』三七巻一号、一九九四年）

Ⅱ　前田利久「今川氏輝文書に関する一考察」（『今川氏研究』創刊号、一九九五年）

Ⅲ　弥永浩二「今川氏家臣福島氏の研究――遠州大福寺文書の検討を中心にして」（『駒澤大学大学院史学論集』二八号、一九九八年）

第2部　花蔵の乱と河東一乱

Ⅰ　前田利久「〝花蔵の乱〟の再評価」（『地方史静岡』一九号、静岡県立中央図書館、一九九一年）

Ⅱ　前田利久「花蔵の乱と駿府――今川氏の「構」について」（『戦国史研究』二一号、一九九一年）

Ⅲ　平野明夫「今川義元の家督相続」（『戦国史研究』二四号、一九九二年）

Ⅳ　平野明夫「家督相続後の義元と室町将軍」（『戦国史研究』三五号、一九九八年）

Ⅴ　長谷川清一「天文七～九年頃の瀬名貞綱について」（『戦国遺文』今川氏編第四巻月報4、東京堂出版、二〇一四年）

第3部　三河と義元

Ⅰ　新行紀一「城代支配下の岡崎と今川部将松平元康」（『新編岡崎市史2　中世』第3章第4節第5項「城代支配下の岡

崎」・同第6項「今川部将松平元康」、一九八九年）

Ⅱ　大石泰史「今川氏と奥平氏——「松平奥平家古文書写」の検討を通して」（『地方史静岡』二一号、静岡県立中央図書館、一九九三年）

Ⅲ　新行紀一「戦国領主 水野信元」（刈谷市史編さん編集委員会編『刈谷市史　第2巻　本文（近世）』第三節、一九九四年）

Ⅳ　山田邦明「戦国時代の小坂井町域とその周辺」（小坂井町史編集委員会編『小坂井町史　通史編』第三章〈原題「戦国時代」〉、二〇一〇年）

Ⅴ　内山俊身「三河寺部城合戦と今川義元感状」（『戦国史研究』五二号、二〇〇八年）

Ⅵ　小林輝久彦「天文・弘治年間の三河吉良氏」（『安城市歴史博物館研究紀要』一九号、二〇一二年）

Ⅶ　小川　雄「一五五〇年代の東美濃・奥三河情勢——武田氏・今川氏・織田氏・斎藤氏の関係を中心として」（『武田氏研究』四七号、二〇一三年）

第4部　尾張・桶狭間合戦と義元

Ⅰ　村岡幹生「今川氏の尾張進出と弘治年間前後の織田信長・織田信勝」（『愛知県史研究』一五号、二〇一一年）

Ⅱ　村岡幹生「織田信秀岡崎攻落考証」（『中京大学文学会論叢』一号、二〇一五年）

Ⅲ　長谷川弘道「永禄三年五月の軍事行動の意図」（『戦国史研究』三五号、一九九八年）

Ⅳ　柴　裕之「桶狭間の戦い——今川義元はなぜここにいたのか」（黒田基樹監修『別冊太陽　戦国大名』平凡社、二〇一〇年）

Ⅴ　丸島和洋「武田氏から見た今川氏の外交」（『静岡県地域史研究』五号、二〇一五年）

【執筆者一覧】

総　論

大石泰史　別掲

第1部

今枝愛眞　一九二三年生。故人。東京大学名誉教授。

前田利久　一九五八年生。現在、清水国際高等学校副校長。

弥永浩二　一九七二年生。元荒川区立荒川ふるさと文化館専門員。

第2部

平野明夫　一九六一年生。現在、國學院大學兼任講師。

長谷川清一　一九八二年生。現在、静岡市立清水高部小学校教諭。

第3部

新行紀一　一九三七年生。故人。愛知教育大学名誉教授。

山田邦明　一九五七年生。現在、愛知大学文学部教授。

内山俊身　一九五四年生。元茨城県立歴史館首席研究員・茨城大学人文学部非常勤講師。
小林輝久彦　一九六三年生。現在、新編西尾市史中世部会調査員。
小川　雄　一九七九年生。現在、日本大学文理学部助教。

第4部

村岡幹生　一九五五年生。現在、中京大学文学部教授。
長谷川弘道　一九六七年生。現在、実践女子学園中学校高等学校講師。
柴　裕之　一九七三年生。現在、東洋大学文学部非常勤講師、千葉県文書館県史・古文書課嘱託。
丸島和洋　一九七七年生。現在、東京都市大学共通教育部准教授。

【編著者紹介】

大石泰史（おおいし・やすし）

1965年生まれ。東洋大学文学部卒。

東洋大学大学院修士課程修了。

2017年NHK大河ドラマ「おんな城主 直虎」時代考証。

現在、博物館展示プランニングを提案する大石プランニング主宰。

静岡市歴史文化施設（仮称）展示監修。

2020年NHK大河ドラマ「麒麟がくる」古文書考証。

著書に『井伊氏サバイバル500年』（星海社新書、2017年）、『今川氏滅亡』（角川選書、2018年）、編著書として『全国国衆ガイド〝戦国の地元の殿様〟たち』（星海社新書、2015年）、『今川氏年表』（高志書院、2017年）、『今川氏研究の最前線』（洋泉社新書y、2017年）、編集史料集として『戦国遺文』今川氏編　第1～5巻（東京堂出版、2010～2015年）、『戦国史研究会史料集5　井伊直政文書集』（戦国史研究会、2017年）、『戦国史研究会史料集　明智光秀関係文書集』（戦国史研究会、2020年刊行予定）がある。

シリーズ装丁：辻　聡

シリーズ・中世関東武士の研究　第二七巻
今川義元《いまがわよしもと》
二〇一九年六月一〇日　初版初刷発行

編著者　大石泰史
発行者　伊藤光祥
発行所　戎光祥出版株式会社
東京都千代田区麹町一-七
相互半蔵門ビル八階
電　話　〇三-五二七五-三三六一（代）
FAX　〇三-五二七五-三三六五
編集協力　株式会社イズシエ・コーポレーション
印刷・製本　モリモト印刷株式会社

ISBN978-4-86403-325-1